Pu
10

ÉTUDES

sur

L'HISTOIRE D'HAÏTI.

ÉTUDES

SUR

L'HISTOIRE D'HAÏTI

PAR B. ARDOUIN

ANCIEN MINISTRE D'HAÏTI PRÈS LE GOUVERNEMENT FRANÇAIS,
ANCIEN SECRÉTAIRE D'ÉTAT DE LA JUSTICE, DE L'INSTRUCTION PUBLIQUE ET DES CULTES.

TOME SIXIÈME.

PARIS
CHEZ L'AUTEUR,
RUE VANNEAU, 40.

1856

PÉRIODE HAÏTIENNE.

PREMIÈRE ÉPOQUE.

LIVRE PREMIER.

COUP D'ŒIL

SUR

LA FONDATION DES COLONIES EUROPÉENNES

DANS LES ANTILLES.

La possession de Saint-Domingue fut un juste sujet d'orgueil pour la France, tant cette colonie était parvenue à un haut degré de prospérité.

Cependant, après d'effroyables commotions, elle cessa de lui appartenir. Un Peuple libre, indépendant et souverain s'y est constitué en nationalité distincte, et la France elle-même a solennellement reconnu son état politique.

Quoique les causes de cet événement aient été exposées dans la première partie de cet ouvrage, qu'il nous soit encore permis d'examiner ici s'il doit être uniquement attribué aux hommes, ou si les desseins de la Providence ne s'y manifestent pas davantage.

En effet, il y a souvent chez les nations les plus éclairées, des institutions tellement contraires aux droits naturels de l'espèce humaine, qu'on serait étonné de leur maintien durant des siècles, si la philosophie ne s'accordait pas avec la religion pour admirer la sagesse de cette divine Providence, en reconnaissant comment elle sait faire résulter le bonheur de ses créatures, de la violence même dont elles ont été longtemps victimes.

Tel fut l'esclavage des Noirs institué dans les Antilles.

Jetons donc un coup d'œil rapide sur la fondation des

colonies européennes dans ces îles, et principalement à Haïti : peut-être trouverons-nous dans cet examen l'explication du fait providentiel qui nous intéresse.

La moitié du globe terrestre était inconnue aux peuples de l'ancien hémisphère. Quelques particularités recueillies dans la suite des temps faisaient soupçonner cependant, qu'il y avait de nouvelles contrées au-delà de l'Atlantique. La découverte du passage aux Indes Orientales par le cap de Bonne-Espérance éveilla la curiosité d'un habile navigateur. Le génie de la science l'anima et le porta à tenter celle qui devait transmettre son nom à la postérité. Il l'entreprit avec un courage héroïque, et le succès qu'il obtint justifia les prévisions de la science et ses convictions personnelles.

Parmi les îles découvertes par Colomb, celle d'HAÏTI fixa le plus son attention. L'étendue de ce pays, ses sites pittoresques, sa magnifique végétation, son climat, la gratitude que lui inspiraient les souverains de l'Espagne qui avaient facilité sa glorieuse entreprise : tout le porta à substituer à Haïti, le nom de *Isla Española*.

Ce fut comme le prélude des maux qui allaient assaillir ses paisibles habitans. D'une hospitalité ingénue, ils avaient accueilli les étrangers qu'ils voyaient pour la première fois ; et cet accueil même aurait dû les rendre dignes du plus vif intérêt. Mais, malheureusement pour ces Aborigènes, ils avaient fait briller *de l'or* aux yeux avides de leurs hôtes, — de l'or, ce métal précieux, objet de la convoitise de tous les hommes qui en apprécient la valeur.

A leur insu, les Aborigènes d'Haïti firent concevoir ainsi à Colomb l'idée de la fondation du premier établissement des Européens dans ces régions jusqu'alors inconnues. Le territoire de leur beau et fertile pays fut aussitôt considéré comme un domaine de la couronne d'Espagne.

En usant du prétendu droit qu'allèguent les nations civilisées contre celles qu'elles appellent barbares, et qui n'est réellement que l'abus des lumières et de la force qu'elles donnent, Colomb ouvrit pour ces enfans de la nature une ère d'iniquités et de persécutions violentes, en retour de la bienveillante hospitalité qu'ils avaient exercée envers lui et ses compagnons.

Chacun sait, en effet, comment la cupidité des Espagnols, attirés à Haïti par *la fièvre de l'or*, décima ces intéressans insulaires, qu'ils contraignirent à son extraction, en employant les moyens les plus cruels [1].

Il n'avait pas fallu un temps bien long à ces farouches colonisateurs, pour reconnaître que la faible constitution des Aborigènes les rendait peu propres aux durs travaux des mines, comme à ceux de l'agriculture qu'il devenait urgent d'étendre pour se nourrir, en même temps qu'ils exploitaient quelques autres denrées indigènes ou introduites dans l'île. En voyant ces infortunés succomber rapidement par ces labeurs pénibles, en les massacrant dans les révoltes que leur férocité occasionnait, les Espagnols ne reculèrent point devant l'opportunité de nouveaux crimes pour assouvir leur rapacité.

Déjà, depuis un demi siècle, les Portugais, bien dignes de leurs voisins, avaient amené chez eux des Noirs qu'ils

---

[1] Voyez à ce sujet l'*Histoire des Caciques d'Haïti* que vient de publier au Port-au-Prince, M. le Baron Emile Nau, notre compatriote : ouvrage dans lequel il a fait preuve d'une érudition remarquable, du talent d'écrivain consciencieux, d'une sensibilité exquise, en intéressant notre pays aux malheurs éprouvés par ses premiers habitans.

tiraient de l'Afrique, par la ruse, la violence et un trafic illicite : ces malheureux avaient été réduits en état d'esclavage, et en Espagne même il s'en était introduit aussi dans la même condition. On avait apprécié leur constitution robuste dans les travaux auxquels ils furent condamnés.

Les Noirs africains parurent donc plus aptes à ceux qu'exigeait la colonisation d'Haïti. Dès les premières années qui suivirent sa découverte, les Espagnols en amenèrent dans cette île, et ils sollicitèrent les Portugais d'y diriger leur infâme spéculation, afin de remplacer les Aborigènes qu'ils exterminaient.

Mais ce commerce de chair humaine parut trop lucratif, pour ne pas exciter l'envie et l'appétit de quelques favoris de l'empereur Charles-Quint. Ils obtinrent facilement de ce monarque, le privilége de peupler Haïti de Noirs d'Afrique, sans pouvoir toutefois suppléer à l'activité que les Portugais y avaient mise eux-mêmes.

Ce fut dans ces circonstances qu'un religieux de l'Ordre des Dominicains, — Barthélemy de Las Casas, — ému du sort malheureux des Aborigènes et dans le but de soulager leur infortune, proposa à la cour d'Espagne de permettre aux colons espagnols de faire directement la traite des Noirs, ou du moins de les acheter des Portugais, afin de s'affranchir du monopole impuissant des favoris.

Las Casas, dont la piété et les lumières ne peuvent être révoquées en doute, voyait, a-t-on dit, dans l'adjonction d'un plus grand nombre d'Africains aux Aborigènes, un moyen de rendre moins pénibles aux uns et aux autres les travaux auxquels ils étaient assujétis. Il admit le fait existant de l'esclavage des premiers, bien que sa raison, supérieure pour son époque, le portât à condamner cet état de choses, et qu'il réclamât une liberté absolue pour les Aborigènes. Il allégua, en outre, que la condition des Africains s'améliorerait même dans cette colonie, parce qu'étant déjà *esclaves* dans leur pays natal, ils recevraient du moins le bienfait de l'enseignement du christianisme sous les maîtres espagnols.

Telle est l'excuse qui a été présentée en faveur du Protecteur des Indiens. Mais, si l'on admet qu'il était sincère dans ce sentiment du prêtre chrétien qui sollicite sans cesse de nouveaux convertis pour sa religion, surtout en considération du temps où il agissait ainsi, — à l'époque où l'Espagne venait de triompher des Maures musulmans, et était en proie à la Sainte Inquisition, — il faut convenir qu'il transigeait étrangement sur le droit naturel des hommes, et qu'il fournissait à ses compatriotes comme à tous les Européens, des argumens spécieux, un prétexte plausible pour persévérer dans cette voie criminelle, devenue si nuisible aux habitans de l'Afrique.

Quelle qu'ait été la bonne foi ou l'erreur de Las Casas, il est certain que c'est à partir de la décision qui fut prise sur ses infatigables instances, que la colonie espagnole d'Haïti accrut l'importation des Noirs par la traite ; et à mesure que la population indigène s'éteignait par l'excès de ses maux, celle venue d'Afrique augmentait en proportion. Par la suite des temps, les autres Antilles, successivement fondées en colonies, formèrent également leur population laborieuse avec les infortunés enfans de l'Afrique réduits en esclavage, parce qu'on avait exterminé aussi leurs habitans.

Il est tout-à-fait inutile que nous revenions ici sur un sujet si souvent traité, et par nous-même dans le premier livre de cet ouvrage. Nous y avons exposé la condition misérable des Noirs dans ces établissemens agricoles, notamment à Saint-Domingue, — cette colonie que la France fonda sur la terre d'Haïti, à côté de celle de l'Espagne. Mais nous avons également prouvé, sur l'attestation d'historiens contemporains aux époques les plus reculées, comment l'amour de la liberté avait bien souvent excité les Noirs à la résistance et à une vengeance énergique contre leurs oppresseurs. En 1784, les gouvernemens des deux colonies furent même contraints de reconnaître *l'indépendance* d'une peuplade établie dans les hautes montagnes de l'île, et par conséquent son droit à la liberté.

Ce que nous voulons faire remarquer, par l'historique rapide auquel nous venons de nous livrer, c'est que, si l'esprit religieux, égaré, mal inspiré en Las Casas, contribua puissamment à une extension excessive de la traite des Noirs, — c'est aussi l'esprit religieux, éclairé, mieux inspiré, aidé des lumières de la philosophie naturelle et de la philantropie née de leur harmonie, qui éleva une sainte voix en faveur de ces opprimés.

En effet, c'est ce sentiment tout chrétien qui animait les philantropes des deux mondes, — en Angleterre, les Grandville Scharp, Thomas Clarkson, Wilberforce, etc.; — aux Etats-Unis, les Antony Benezet[1], Benjamin Franklin, Joël Barlow, etc.; — en France, les Montesquieu, Raynal, Brissot, Henri Grégoire, etc., lorsqu'ils exposèrent avec tant d'éloquence les souffrances des Noirs, les crimes dont ils étaient victimes dans la traite et l'esclavage.

Le système colonial était ébranlé dans ses fondemens

---

[1] Benezet était Français; il se naturalisa Américain et fut quaker.

par les écrits de ces amis de l'humanité, avant que la révolution française vînt saper ces odieuses bases par la célèbre déclaration des *droits de l'homme*. Il devait s'écrouler, du moment que les colons, plus intéressés que leurs métropoles dans ces graves questions, opposaient une résistance insensée à toutes modifications compatibles avec ces droits naturels, légitimes.

A Saint-Domingue, sa chute eut lieu dans le sang des oppresseurs et des opprimés, avec un éclat digne de cette lutte entre le droit et le privilége.

Et comment en eût-il été autrement?

En opérant sa révolution de 1789, la France avait jeté dans le monde les idées les plus libérales, les principes politiques les plus généreux.

Par la déclaration des droits de l'homme, elle n'avait pas stipulé pour les Français seulement; mais, dans ses nobles aspirations à la liberté et à l'égalité, elle embrassa la cause de l'humanité en général.

Une telle résolution était digne de cette grande nation. Elle ne pouvait oublier qu'en la plaçant au centre de la civilisation, la Providence semble lui avoir réservé la mission d'en promouvoir les bienfaits partout. D'ailleurs, son caractère chevaleresque, son enthousiasme habituel, son génie initiateur, la clarté de sa langue qui la rend presque universelle, le progrès des lumières au 18me siècle : tout l'avertissait qu'elle était appelée à exercer une influence décisive sur les destinées des peuples, dont ses philosophes avaient revendiqué les droits imprescriptibles.

En effet, quels prodigieux changemens ne sont pas survenus en Europe et dans le monde entier, par la révolution de 1789, et même par les guerres qu'elle engendra ! Toutes les nations ont subi l'impulsion de ce grand mouvement politique et social, en réformant plus ou moins les abus de leurs gouvernemens, en pondérant mieux leurs institutions.

Est-il donc étonnant que les colonies françaises aient subi elles-mêmes la pression des idées et des principes proclamés du haut de la tribune nationale ? Est-ce qu'elles n'étaient pas partie intégrante de la France, et comme telle, soumises à toutes les modifications, à toutes les évolutions que le temps amenait dans sa constitution ?

Mais, dans ces établissemens éloignés, les populations n'offraient pas la même homogénéité que celles de la métropole. Si les classes inférieures de celle-ci parurent dignes de participer aux bienfaits de sa révolution, les classes inférieures des colonies furent d'abord jugées incapables d'y aspirer, non parce qu'elles étaient plongées dans une profonde ignorance, mais parce qu'elles appartenaient à la race infortunée à laquelle on déniait la qualité d'*hommes*, et qu'elles étaient courbées depuis trois siècles sous le joug que la cupidité des maîtres européens rendait plus lourd chaque jour.

Cependant, à Saint-Domingue, la plus florissante des colonies françaises, les passions de ces maîtres les avaient bientôt divisés en partis distincts. Tandis que l'un de ces partis essayait de s'approprier exclusivement le résultat politique de la révolution, afin de proclamer l'indépendance de cette colonie, — l'autre, secondé par le gouvernement local, imaginait d'armer les esclaves, dans la coupable pensée de s'en faire d'aveugles auxiliaires contre ses adversaires et même contre la révolution, avec l'espoir de réagir ainsi sur ce mouvement national jusque dans la métropole, à laquelle il voulait néanmoins conserver la colonie, tout en maintenant l'esclavage.

Aussitôt que ce conflit survint entre les privilégiés, il fut facile de concevoir que la ruine du système colonial était prochaine, du moins dans la colonie où il avait lieu d'une manière désastreuse.

Entre les esclaves et les maîtres européens, ce système lui-même avait créé avec le temps une nombreuse classe intermédiaire, composée d'hommes qui tenaient aux premiers par les liens du sang, et qui, possédant des lumières, avaient prospéré par leur industrie à l'aide de quelques droits civils établis en leur faveur, parce que la grande majorité d'entre eux descendaient aussi de ces maîtres. Par leur origine même, ils auraient pu servir de boulevard contre la désorganisation de la colonie, tout en facilitant l'adoucissement du sort, l'émancipation graduelle des esclaves. Mais, opprimés également dans ce régime barbare, par la seule raison que la nuance de leur épiderme, ou était semblable à celle de ces malheureux, ou s'en rapprochait; repoussés inhumainement par les colons européens dans leurs justes réclamations, dès les premiers momens de troubles, ces hommes libres avaient dû recourir aux armes.

Cette situation était telle, que ces hommes se virent appelés, par la justice de la France, *à l'égalité* des droits avec les colons. C'était déjà un grand pas de fait dans la voie de la *liberté générale* pour toute la race noire; car les esclaves en étaient aussi dignes que leurs descendans. Reconnaître à ceux-ci leurs droits politiques, c'était préparer aux autres au moins la jouissance de la liberté civile, dérivant de leur liberté naturelle à laquelle la force et le privilége ne pouvaient raisonnablement opposer la prescription du temps.

Mais les colons français, dont les préjugés séculaires étaient entretenus par une insatiable avidité, ne pouvant se résoudre à subir le nouvel ordre de choses survenu en faveur de la classe intermédiaire, par leurs propres fautes et leur égoïsme ; prévoyant en outre les conséquences qui ne pouvaient manquer d'en résulter, ils se réunirent tous alors et se révoltèrent contre la France. Ils firent plus : oubliant ce qu'ils devaient à leur patrie, ils eurent l'indignité d'appeler à l'aide de leurs priviléges anéantis, des puissances rivales pour s'emparer de ses possessions et les lui ravir. A Saint-Domingue surtout, cette infâme trahison réussit au gré de leurs coupables désirs.

La sûreté de cette colonie était trop compromise, pour ne pas amener une de ces résolutions subites devant lesquelles la raison d'Etat ne saurait reculer. Les agents de la France, interprétant d'ailleurs sa déclaration des droits de l'homme dans toute sa sincérité, se virent forcés de proclamer la liberté générale *des esclaves* pour sauver cette possession.

La France elle-même, convaincue alors de la perfidie de ses colons de toutes nuances d'opinions, et qu'elle ne pouvait plus résister au torrent des faits, accomplis sous l'impulsion des idées et des principes qu'elle avait proclamés, décréta solennellement les droits de tous les hommes de la race noire à la liberté et à l'égalité civile et politique. Elle les comprit tous au nombre de ses enfans, de ses citoyens.

Quoiqu'elle fût entraînée, par des circonstances extraordinaires, à cette mesure réparatrice de tant de crimes, ce ne fut pas moins un beau spectacle donné au monde le jour où, par l'organe de sa Convention nationale, la France appliquait ainsi, en faveur des opprimés de ses colonies, les principes qu'elle avait établis pour tous les hommes. Et pouvait-elle éviter ce résultat, sans forfaire à ses devoirs, aux obligations qu'elle avait volontairement contractées envers le genre humain?

Qui pourra donc jamais contester à cette généreuse nation, l'honneur qu'elle a eu dans l'initiative de l'affranchissement de la race noire transplantée en Amérique? De ce jour, devenue le noble agent de la Providence, elle décida souverainement des destinées de cette race dans ces climats, et même de tout ce qui a été fait depuis pour améliorer sa condition sur sa terre natale.

Cependant, quelle fut la conduite des nouveaux citoyens que la France avait créés à Saint-Domingue, lorsque ses colons livrèrent cette possession à ses ennemis?

Nos précédentes publications ont prouvé l'énergie et le courage qu'ils mirent à la défendre, et qu'ils puisèrent dans leur gratitude et leur dévouement envers la métropole, dans ses idées et ses principes. Ils parvinrent enfin à chasser les étrangers qui avaient foulé le sol de leur pays, en plantant sur tous ses points le drapeau tricolore, glorieux emblême de la liberté et de l'égalité.

Néanmoins, pendant cette lutte de cinq années entières, la faction coloniale, dont la majeure partie était au milieu des Anglais, trouva dans l'inintelligence et la perversité de quelques agents de la France, dans l'imprévoyance et la corruption de son gouvernement directorial, le moyen de faire éclore une perfide réaction contre la portion éclairée de la race noire, — l'ancienne classe intermédiaire, — afin de mieux réussir dans l'exécution de la réaction conçue contre les droits acquis de l'autre portion, — l'ancienne classe des esclaves. En même temps cette faction incorrigible parvint à égarer l'ambition d'un chef sorti du sein de ces derniers, et à le porter à entrer complètement dans ses vues liberticides. Devenu l'aveugle instrument de ces desseins rétrogrades, ce chef agit avec fureur contre ses propres frères, dans une guerre civile allumée par le machiavélisme déhonté du gouvernement directorial.

Alors apparut en France un nouveau gouvernement, dirigé par un héros, un grand capitaine doué d'un génie transcendant. Si le génie lui-même n'était sujet à toutes les aberrations de l'esprit humain, ou à subir l'influence des erreurs de son époque, des précédens établis, on devrait s'étonner que, loin de réparer l'iniquité des procédés de son prédécesseur envers Saint-Domingue, le gouvernement consulaire ait cru devoir continuer le plan dressé pour la restauration de l'ancien régime colonial, que la métropole avait détruit. Peu importait, en effet, que ce fût dans un élan d'enthousiasme ou sous la pression d'événemens extraordinaires : *le fait* était accompli, consommé ; il était un heureux résultat de principes généreux, en harmonie avec la justice éternelle, avec le droit compétent à l'humanité entière. Il fallait donc le consacrer, le réglementer s'il était besoin ; et la France eût trouvé alors une nouvelle puissance, dans sa juste action sur les destinées des colonies européennes en Amérique.

Mais, loin de là : la paix générale en Europe vint faciliter une criminelle entreprise contre la liberté des Noirs. Elle fut accueillie par eux-mêmes, tant ils souffraient de l'oppression nouvelle sous laquelle leur chef les avait placés depuis ses succès dans la guerre civile, tant ils avaient *foi et espérance* dans la justice éclairée de la France, dans la magnanimité du gouvernement qui la rendait si respectable.

Le dernier livre de la période française de cet ouvrage a démontré, au contraire, comment leurs illusions à cet égard furent promptement dissipées, comment ils furent victimes de crimes nouveaux, inventés comme à plaisir pour les replacer dans une honteuse servitude.

Mais il a prouvé aussi, par quelle heureuse concorde les deux branches de la race noire, confondant leurs destinées, puisant une nouvelle énergie dans leur dignité d'hommes libres, surent encore s'unir étroitement pour résister aux valeureux guerriers que le gouvernement consulaire avait envoyés à Saint-Domingue.

Leur triomphe ne fut pas seulement le résultat de leur courage, de leur aptitude à la guerre, mais aussi des idées de liberté et d'égalité que la France leur avait inculquées, des principes humains qu'elle avait si loyalement proclamés au début de sa révolution. Enfin, Noirs et Mulâtres se montrèrent dans cette lutte acharnée, aussi bien contre elle-même que contre la Grande-Bretagne, dignes de l'éducation politique qu'ils avaient faite sous ses glorieux drapeaux.

Que la France s'en prenne donc, sinon à elle-même, du moins à la politique injuste et décevante du Directoire exécutif et du Consulat, aux crimes de leurs agents à Saint-Domingue, si cette colonie lui a échappé des mains ! Ces gouvernemens surtout en sont *responsables* devant elle ; car on sait quelle est l'influence du pouvoir politique sur les peuples.

S'il était nécessaire de démontrer cette assertion, nous n'aurions qu'à reproduire ici les aveux de l'auguste captif de Sainte-Hélène, reconnaissant son erreur, son tort, la faute qu'il commit en voulant soumettre Saint-Domingue par la force.

La force devait inévitablement entraîner les crimes auxquels se livrèrent des hommes injustes, imbus des préjugés absurdes nés du régime colonial qu'il s'agissait de rétablir dans toute sa violence. C'est surtout à cette mesure inique, criminelle envers l'humanité, qu'il faut attribuer ces horreurs ; et la France ne pouvait que perdre dans son estime, en la décrétant, en employant sa puissance pour en assurer le succès.

Quelle qu'ait été l'erreur, ou quel que fût l'entraînement de ce génie si remarquable, reconnaissons aussi qu'il n'appartenait qu'à une grande âme, rendue au calme de la réflexion, de convenir d'une telle faute à la face du monde et de la postérité. Plus capable que qui que ce soit d'apprécier la valeur, l'honneur et la dignité, même dans ses ennemis, cet illustre capitaine a ainsi rendu justice aux efforts héroïques des hommes de la race noire qui combattirent à Saint-Domingue, pour conserver leur liberté qu'ils tenaient de Dieu, et à laquelle la France avait rendu hommage.

Par ses mémorables paroles, il a en quelque sorte posé lui-même les bases d'une *réconciliation* entre elle et son ancienne colonie ; car il arrive toujours un moment où les peuples doivent étouffer entre eux leur ressentiment mutuel [1].

Aujourd'hui que de longues années ont cimenté cette franche réconciliation, et que les bienfaits de la liberté ont été répandus également dans la plupart des Antilles, ne doit-on pas reconnaître que c'est par la malheureuse condition de la race noire *dans l'esclavage,* que la divine

---

[1] Napoléon fit encore plus en faveur de cette réconciliation et de la cause des Haïtiens, le jour où il décréta l'abolition de la traite des Noirs. Il nous sera facile de le démontrer.

Providence a su inspirer pour elle des sentimens de sympathie aux nations civilisées de l'Europe ? Le plus souvent, c'est de l'excès des maux que Dieu fait naître le bien pour le genre humain ; et si ses voies sont ordinairement lentes, elles sont du moins toujours sûres. Sa justice ne se révèle aux hommes qu'avec le temps.

Entre toutes les puissances européennes qui profitèrent de la servitude des Africains, quelles sont celles qui montrent de nos jours le plus de bienveillance pour cette race infortunée, qui font les plus nobles efforts, les plus grands sacrifices pour anéantir *la traite*, après avoir aboli *l'esclavage ?* Justement la Grande-Bretagne et la France qui ont le plus lutté contre elle à Saint-Domingue, pour la retenir ou la replacer sous le joug.

N'est-ce pas là une preuve palpable de la volonté divine, amenant graduellement, mais infailliblement, le triomphe des droits de l'humanité contre l'oppression ? La Providence a fait encore plus : elle a voulu que le triomphe de cette race, méprisée, tourmentée, éclatât sur cette terre même où les Européens commencèrent leurs iniquités envers elle.

Toutefois, ce sera toujours un honneur pour elle d'avoir incessamment protesté dans ce même pays contre le régime colonial.

C'est encore à Haïti que les Africains et leurs descendans donnèrent, les premiers, l'exemple d'une lutte sanglante pour obtenir la reconnaissance de leurs droits naturels.

C'est enfin là qu'ils se signalèrent par une résistance plus unanime, afin de s'émanciper absolument du joug européen.

« La guerre est un véhicule de la civilisation », a-t-on dit.

C'est une vérité consacrée par l'histoire générale des peuples ; car il est prouvé qu'il n'y a point de véritable civilisation sans liberté et égalité pour tous les hommes, et que c'est presque toujours par la force des armes qu'ils parviennent à jouir de ces droits sacrés. C'est en passant par les calamités que la guerre engendre, qu'ils arrivent au bonheur : elles en sont en quelque sorte la condition.

L'armée indigène, aidée de circonstances toutes providentielles, venait de triompher à Saint-Domingue contre les troupes aguerries de la France.

Nous allons voir maintenant quel usage ces hommes de la race noire firent de cette belle victoire.

CHAPITRE I.

Après l'évacuation du Cap, Dessalines se rend aux Gonaïves. — Il y convoque les généraux pour proclamer l'indépendance du pays, qui reprend son nom primitif d'Haïti. — Particularités relatives à la rédaction des actes. — Cérémonie militaire. — Proclamation du Général en chef au peuple d'Haïti : il prête, avec les officiers généraux, l'armée et le peuple, le serment de renoncer à la France. — Acte constatant la déclaration de l'Indépendance d'Haïti, le 1er janvier 1804. — Acte des Généraux conférant la dictature à Dessalines, sous le titre de Gouverneur général, avec le droit de choisir son successeur au pouvoir. — Réflexions à ce sujet. — L'armée et le peuple sanctionnent partout les actes précités et y applaudissent. — Conséquences de ces actes. — Examen des opinions et de la conduite de Boisrond Tonnerre, rédacteur des actes. — Dissidence manifestée parmi les officiers généraux sur le projet du massacre des Français. — Le gouverneur général décrète le costume des officiers généraux, la résiliation des baux à ferme des habitations, et favorise la rentrée dans le pays des indigènes expatriés. — Les généraux retournent à leurs commandemens. — Le régime militaire est restauré, l'administration des finances rétablie. — Le siége du gouvernement est fixé à Marchand, dans l'Artibonite. — Réflexions à ce sujet.

La capitulation du Cap et la prise de possession du Môle avaient fait disparaître du sol de l'ancienne partie française de Saint-Domingue, les derniers soldats de l'expédition dirigée en 1802 contre cette colonie. La conquête de cette portion du territoire de l'île était donc consommée : il ne restait plus qu'à conquérir aussi l'autre portion, — l'ancienne colonie espagnole, — encore occupée par quelques troupes de l'expédition. Dans la situation des choses, il était sans doute convenable d'ajourner cette entreprise militaire, afin de fixer les habitans du pays, la France elle-même et le monde entier, sur le but que s'étaient proposé les chefs qui avaient dirigé la résistance contre l'autorité de la métropole.

Liberté ou la mort ! fut la devise choisie et inscrite par Dessalines sur le drapeau indigène, lorsqu'il retrancha la couleur blanche du drapeau tricolore de la France.

En adoptant ainsi un nouveau signe de ralliement pour son armée, il avait notifié déjà aux Français, contre lesquels il combattait, la résolution, irrévocablement prise par lui et ses lieutenans, de proclamer *l'indépendance* de Saint-Domingue après la victoire; car il eût été absurde de leur part de résister et de vaincre, pour rester encore placés sous la domination de la France. Cette métropole avait trop abusé de sa puissance en réagissant contre les droits acquis et reconnus par elle en faveur de la race noire, pour ne pas provoquer cette séparation devenue indispensable au maintien, à la conservation de ces droits.

D'ailleurs, la conquête, heureux fruit d'une guerre juste, avait résolu le problème posé depuis 1789 entre les oppresseurs et les opprimés. Elle était *aussi légitime* pour les hommes de la race noire qu'elle l'avait été pour les colonies anglaises de l'Amérique septentrionale, révoltées contre l'oppression de leur métropole par des causes bien moins importantes aux yeux de l'humanité; car, pour eux, il avait fallu combattre pour ne pas rentrer sous le joug ignominieux de l'esclavage. Leur droit à posséder leur pays était *plus juste, plus légitime*, que pour les Français, envahissant une portion de ce pays sur les Espagnols; — que pour ces derniers, immolant brutalement sa population aborigène en s'en emparant.

Et à qui revenait mieux la noble mission de proclamer l'indépendance si bravement conquise, qu'aux chefs de l'armée qui avaient versé leur sang sur le champ de bataille, en dirigeant les efforts de leurs frères? Ils étaient naturellement *les représentans* de la souveraineté de la nation qui allait se constituer au milieu des Antilles : il n'appartenait donc qu'à eux de manifester sa volonté en cette circonstance.

Procéder différemment, c'eût été se placer dans la nécessité d'appeler au concours d'une si énergique résolution, la plupart des colons ou autres Français restés à Saint-Domingue après l'expulsion de l'armée expéditionnaire. Un tel amalgame n'eût été qu'une dérision. D'ailleurs, *l'autorité militaire* avait toujours dominé dans le pays, avant et depuis les premiers troubles révolutionnaires; et l'assemblée civile et politique, formée par Toussaint Louverture sur les erremens des assemblées coloniales, avait prouvé l'influence pernicieuse des colons dans les conseils publics. Enfin, les derniers crimes commis par Rochambeau sur la population, le rétablissement de l'esclavage, effectué dans les autres possessions de la France, avaient fait prendre la détermination *d'exclure* tous les hommes de la race blanche de la nouvelle société.

Pénétré de ses devoirs, et dominé par la pensée d'arriver promptement à la déclaration de l'indépendance, dès les premiers jours de décembre 1803, Dessalines ordonna le renvoi à leurs cantonnemens respectifs de toutes les troupes qui avaient concouru à la prise du Cap, après leur avoir fait distribuer une grande partie de l'argent provenant d'une contribution de guerre imposée aux blancs de cette ville, comme à ceux du Port-au-

Prince. Ces troupes s'y rendirent, la tête ceinte des lauriers de la victoire qu'elles avaient cueillis au champ d'honneur : leur marche fut triomphale, et partout elles reçurent les bénédictions des populations accourues sur leur passage.

Le général en chef ne tarda pas lui-même à se transporter aux Gonaïves, d'où il envoya l'ordre à tous les généraux de l'armée de s'y rendre aussi, afin de délibérer avec lui sur la forme de la grande mesure qui allait être proclamée. A la fin de décembre, ils y étaient tous, et avec eux les adjudans-généraux de leurs divisions et d'autres officiers secondaires [1].

Les traditions nationales ne font pas savoir, par quel motif la ville des Gonaïves fut choisie pour être le lieu où l'acte d'indépendance dut être rédigé et signé. Ce fut probablement à cause de sa position à peu près centrale, à proximité des habitations Laville et Marchand, où Dessalines avait déjà fait tracer des fortifications destinées à protéger une ville qu'il comptait y fonder ; peut-être aussi, en souvenir de ce que les Gonaïves avaient été la première place conquise par lui sur les Français. Quoi qu'il en soit, il est digne de remarque que ce fut là que le Premier des Noirs a été embarqué, pour aller finir ses jours misérablement en France, après avoir prophétisé le triomphe inévitable de la liberté de ses frères : là même, ils justifiaient la prévision de son génie.

Une idée, émise on ne sait non plus par qui le premier, avait réuni tous les suffrages : c'était de restituer à l'île entière, qui devait former le nouvel Etat, le nom qu'elle

---

[1] Après la prise du Cap, Bazelais et Magloire Ambroise avaient été promus au grade de général de brigade, ce dernier commandant l'arrondissement de Jacmel.

portait sous ses premiers habitans, — HAÏTI. Victimes de la cupidité cruelle des Espagnols, ces intéressans insulaires avaient partagé l'esclavage et les souffrances des premiers Africains amenés sur le sol de leur pays, ils avaient résisté ensemble contre leurs tyrans : leur mémoire réclamait cette nouvelle protestation contre la vaniteuse injustice de Colomb, contre ses pareils qui avaient fait prévaloir le nom de *Saint-Domingue.* C'était encore un nouveau moyen de rompre avec le passé colonial, justement abhorré.

Parmi les officiers de l'état-major du général en chef, qui lui servaient de secrétaires en même temps, Charéron et Boisrond Tonnerre se distinguaient le plus par leur instruction reçue en France. Juste Chanlatte, qui y fut élevé aussi et qui devint son secrétaire général peu après, était alors aux Etats-Unis, où il s'était réfugié depuis assez longtemps.

Charéron était plus âgé que ses collègues et d'un caractère modéré : il jouissait de toute la confiance de Dessalines, qui le chargea de rédiger les actes nécessaires dans la circonstance. Esprit méthodique, admirant l'œuvre de Jefferson, il songea à en faire une sur ce modèle, pour déclarer l'indépendance du second peuple de l'Amérique qui s'affranchissait du joug européen. On assure qu'il fit un bon et beau travail, où il exposait tous les droits de la race noire, et les justes plaintes de la population indigène contre la France. Mais c'était néanmoins, à ce qu'il paraît, une longue énumération de principes et de faits, qui, par la modération de son rédacteur, manquait de chaleur et d'énergie.

Evidemment Charéron n'avait pas saisi l'esprit de son temps, et surtout celui du général en chef des indigènes. Une indépendance politique conquise par les armes, au milieu des passions de toutes sortes, après des actes inouis de perfidie et de cruauté, exigeait, selon les idées de l'époque, un langage plein de fureur et de vengeance, puisqu'on était décidé à en exercer sur les Français restés dans le pays, sur la foi des promesses récidivées qui leur avaient été faites. Pour effectuer ces terribles représailles, il fallait y exciter le peuple par un tel langage.

Le 31 décembre, Charéron lut son travail pour Dessalines, en présence des généraux et de tous les autres officiers. La cérémonie de la déclaration d'indépendance devait avoir lieu le lendemain, 1er janvier 1804, pour commencer l'ère nouvelle avec la nouvelle année. Ce long exposé de faits et de principes produisit une impression fâcheuse sur l'esprit de Dessalines, qui était ardent et animé de vengeance. Il manifesta une désapprobation formelle de l'œuvre de Charéron.

Alors, Boisrond Tonnerre, jeune homme bouillant d'ardeur, passionné, exalté par tous les crimes dont il avait été témoin aux Cayes de la part des Berger, des Kerpoisson et de leurs infâmes suppôts, par tous ceux commis en d'autres lieux, comprenant mieux la situation que son collègue; connaissant d'ailleurs la pensée du général en chef; Boisrond Tonnerre prononça ces paroles sanguinaires : « Pour dresser l'acte de notre indépendance, il faut *la
« peau d'un blanc* pour servir de parchemin, *son crâne
« pour écritoire, son sang* pour encre, et *une baïonnette
« pour plume.* »

Ces idées inhumaines transportent Dessalines. « Oui,
« dit-il, c'est positivement ce qu'il nous faut, c'est ce que
« *je veux*. Je te charge de la rédaction de ces actes. »

Les assistans, ou frémissent ou applaudissent, en raison

de leurs sentimens intimes. Mais qui, parmi eux, pouvait émettre une opinion modérée, lorsque le dictateur s'était ainsi prononcé? Il faut se reporter par la pensée à cette époque de violence et de vengeance, pour comprendre la funeste influence qu'avaient dû exercer sur les esprits, les crimes commis en 1802 et 1803. Sans doute, dans la sévérité de son jugement, fondé sur le respect qu'on doit à la vie des hommes, l'histoire doit blâmer Boisrond Tonnerre d'avoir ainsi excité la fureur de Dessalines ; mais l'équité exige aussi de reconnaître qu'il n'avait fait qu'interpréter en termes sanglans, la pensée intime de son chef et de beaucoup d'autres de ses contemporains. La vengeance, l'oubli des promesses les plus sacrées, contractées par convention écrite et volontaire, étaient à l'ordre du jour; de nombreuses victimes avaient été déjà sacrifiées au Cap, par ordre du chef qui avait signé ces actes : à lui surtout, à sa mémoire d'en supporter la responsabilité, — comme à la mémoire des ennemis qui ont *provoqué* ces fureurs, de répondre devant l'histoire de l'énormité de leurs crimes.

Boisrond Tonnerre se mit à l'œuvre et passa la nuit à écrire *les actes* que nécessitait la circonstance, afin d'être prêt pour la cérémonie du lendemain. On doit en juger ainsi, puisque les pièces préparées d'abord par Charéron n'ont pas été conservées.

Cette auguste cérémonie, essentiellement militaire, réunit sur la place d'armes des Gonaïves les troupes de divers corps, la population de la ville et celle des campagnes environnantes qui, à pareil jour dans le pays, sont toujours sur pied pour célébrer la fête religieuse de la *Circoncision*. Une affluence extraordinaire s'y remarquait, par le motif exceptionnel qui l'attirait.

Les actes rédigés par Boisrond Tonnerre furent préalablement lus à la maison occupée par le général en chef, et ils obtinrent l'approbation de Dessalines ; les généraux et autres officiers présens durent aussi les approuver. Ils y furent signés immédiatement,—la proclamation au peuple d'Haïti, par le général en chef ; — l'acte d'indépendance, par lui et par les autres chefs : — celui qui lui conférait le titre de Gouverneur général, par les généraux seulement, considérés dès lors comme des conseillers d'Etat.

Entouré de ses valeureux compagnons, Dessalines se rendit sur la place d'armes où le son des fanfares militaires l'accueillit. Monté sur l'autel de la patrie, il fit d'abord une allocution véhémente en langage créole, aux troupes et au peuple assemblés, sur le but de la cérémonie ; puis, il ordonna à Boisrond Tonnerre de donner lecture des actes qu'il avait rédigés, dans l'ordre suivant :

Liberté, ou la Mort.

ARMÉE INDIGÈNE.

Le général en chef, au peuple d'Haïti.

Citoyens,

Ce n'est pas assez d'avoir expulsé de votre pays les barbares qui l'ont ensanglanté depuis deux siècles. Ce n'est pas assez d'avoir mis un frein aux factions toujours renaissantes qui se jouaient tour à tour du fantôme de liberté que la France exposait à vos yeux. Il faut, par un dernier acte d'autorité nationale, assurer à jamais l'empire de la liberté dans le pays qui nous a vus naître. Il faut ravir au gouvernement inhumain qui tient depuis longtemps nos esprits dans la torpeur la plus humiliante, tout espoir de nous réasservir. Il faut enfin vivre indépendans, ou mourir !

Indépendance, ou la Mort !.......... Que ces mots sacrés nous rallient, et qu'ils soient le signal des combats et de notre réunion !

Citoyens, mes compatriotes, j'ai rassemblé dans ce jour solennel ces militaires courageux qui, à la veille de recueillir les derniers soupirs de la liberté, ont prodigué leur sang pour la sauver. Ces généraux qui ont guidé vos efforts contre la tyrannie n'ont point encore assez fait pour votre bonheur...... Le nom français lugubre encore nos contrées !

Tout y retrace le souvenir des cruautés de ce peuple barbare ; nos lois, nos mœurs, nos villes, tout encore porte l'empreinte française. Que dis-je ? Il existe *des Français* dans notre île, et vous vous croyez libres et indépendans de cette République, qui a combattu toutes les nations, il est vrai, mais qui n'a jamais vaincu celles qui ont voulu être libres !

Eh quoi ! Victimes pendant quatorze ans de notre crédulité et de notre indulgence, vaincus, non par des armées françaises, mais par la pipeuse éloquence des proclamations de leurs agents : quand nous lasserons-nous de respirer le même air qu'eux ? Qu'avons-nous de commun avec ce peuple bourreau ? Sa cruauté comparée à notre patiente modération, sa couleur à la nôtre, l'étendue des mers qui nous séparent, notre climat vengeur, nous disent assez qu'ils ne sont pas nos frères, qu'ils ne le deviendront jamais, et que s'ils trouvent *un asile parmi nous*, ils seront encore les machinateurs de nos troubles et de nos divisions.

Citoyens indigènes, hommes, femmes, filles et enfans, portez vos regards sur toutes les parties de cette île. Cherchez-y, vous, vos femmes ; vous, vos maris ; vous, vos frères ; vous, vos sœurs : que dis-je ? Cherchez-y vos enfans, vos enfans à la mamelle. Que sont-ils devenus ! Je frémis de le dire........ La proie de ces vautours. Au lieu de ces victimes intéressantes, votre œil consterné n'aperçoit que leurs assassins, que les tigres dégouttant encore de leur sang, et dont l'affreuse présence vous reproche votre insensibilité et votre coupable lenteur *à les venger*. Qu'attendez-vous pour apaiser leurs mânes ? Songez que vous avez voulu que vos restes reposassent auprès de ceux de vos pères, quand vous avez chassé la tyrannie. Descendrez-vous dans leurs tombes sans les avoir *vengés* ? Non ! leurs ossemens repousseraient les vôtres.

Et vous, hommes précieux, généraux intrépides qui, insensibles à vos propres malheurs, avez ressuscité la liberté en lui prodiguant tout votre sang ; sachez que vous n'avez rien fait, si vous ne donnez aux nations un exemple terrible, mais juste, de la *vengeance* que doit exercer un peuple fier d'avoir recouvré sa liberté, et jaloux de la maintenir. Effrayons tous ceux qui oseraient tenter de nous la ravir encore : commençons par *les Français !*....... Qu'ils frémissent en abordant nos côtes, sinon par le souvenir des cruautés qu'ils y ont exercées, du moins par la résolution terrible que nous allons prendre, de dévouer *à la mort* quiconque *né Français*, souillerait de son pied sacrilège le territoire de la liberté.

Nous avons osé être libres, osons l'être par nous-mêmes et pour nous-mêmes. Imitons l'enfant qui grandit : son propre poids brise la lisière qui lui devient inutile et l'entrave dans sa marche. Quel peuple a combattu pour nous ? Quel peuple voudrait recueillir les fruits de nos travaux ? Et quelle déshonorante absurdité que de vaincre pour être esclaves ?...... Esclaves !...... Laissons aux Français cette épithète qualificative : ils ont vaincu pour cesser d'être libres.

Marchons sur d'autres traces ; imitons ces peuples qui, portant leurs sollicitudes jusque sur l'avenir, et appréhendant de laisser à la postérité l'exemple de la lâcheté, ont préféré être exterminés que rayés du nombre des peuples libres.

Gardons-nous, cependant, que l'esprit de prosélytisme ne détruise notre ouvrage ; laissons en paix respirer *nos voisins* ; qu'ils vivent paisiblement sous l'égide des lois qu'ils se sont faites, et n'allons pas, boute-feu révolutionnaires, nous érigeant en législateurs des Antilles, faire consister notre gloire à troubler le repos *des îles* qui nous avoisinent. Elles n'ont point, comme celle que nous habitons, été arrosées du sang innocent de leurs habitans : ils n'ont point de *vengeance* à exercer contre l'autorité qui les protège. Heureuses de n'avoir jamais connu les fléaux qui nous ont détruits, elles ne peuvent que faire des vœux pour notre prospérité.

Paix à nos voisins ! Mais *Anathème au nom français ! Haine éternelle à la France !* Voilà notre cri.

Indigènes d'Haïti, mon heureuse destinée me réservait à être un jour la sentinelle qui dût veiller à la garde de l'idole à laquelle vous sacrifiez. J'ai veillé, combattu, quelquefois seul, et si j'ai été assez heureux que de remettre entre vos mains le dépôt sacré que vous m'avez confié, songez que c'est à vous maintenant à le conserver. En combattant pour votre liberté, j'ai travaillé à mon propre bonheur. Avant de la consolider *par des lois* qui assurent votre libre individualité, vos chefs que j'assemble ici, et moi-même, nous vous devons la dernière preuve de notre dévouement.

Généraux, et vous chefs, réunis près de moi pour le bonheur de notre pays : le jour est arrivé, ce jour qui doit éterniser notre gloire, notre indépendance.

S'il pouvait exister parmi nous un cœur tiède, qu'il s'éloigne et tremble de prononcer le serment qui doit nous unir !

Jurons à l'univers entier, à la postérité, à nous-mêmes, de renoncer à jamais à la France, et de mourir plutôt que de vivre sous sa domination ! De combattre jusqu'au dernier soupir pour l'indépendance de notre pays !

Et toi, peuple trop longtemps infortuné : témoin du serment que nous prononçons, souviens-toi que c'est sur ta constance et ton courage que j'ai compté, quand je me suis lancé dans la carrière de la liberté pour y combattre le despotisme et la tyrannie contre lesquels tu luttais depuis quatorze ans. Rappelle-toi que j'ai tout sacrifié pour voler à ta défense, parens, enfans, fortune, et que maintenant je ne suis riche que de ta liberté ; que mon nom est devenu en horreur à tous les peuples qui veulent l'esclavage, et que les despotes et les tyrans ne le prononcent qu'en maudissant le jour qui m'a vu naître. Et si jamais tu refusais ou recevais en murmurant *les lois* que le génie qui veille à tes destins me dictera pour ton bonheur, tu mériterais le sort des peuples ingrats.

Mais, loin de moi cette affreuse idée. Tu seras le soutien de la liberté que tu chéris, l'appui du chef qui te commande.

Prête donc entre ses mains le serment *de vivre libre et indépendant, et de préférer la mort à tout ce qui tendrait à te remettre sous le joug.* Jure enfin *de poursuivre à jamais, les traîtres et les ennemis de ton indépendance.*

Fait au quartier-général des Gonaïves, le premier janvier mil huit cent quatre, l'an premier de l'indépendance.

Signé : J. J. Dessalines.

Pendant la lecture de cette proclamation, à l'appel fait aux généraux et autres chefs qui l'entouraient, Dessalines, eux et les troupes prêtèrent le belliqueux serment qu'elle contient : ils le firent avec enthousiasme, avec cette mâle résolution qu'ils avaient mise à défendre la liberté de tout un peuple, de toute une race d'hommes voués jusqu'alors à l'infamie de la servitude. Et à l'appel fait à ce peuple, la population des Gonaïves, hommes et femmes, représentant la jeune nation haïtienne et la race noire tout entière, prononça aussi ce serment qui la liait à sa postérité la plus reculée, qui lui donnait désormais une patrie distincte.

Comme ils durent être glorieux, ces guerriers qui, en ce moment solennel, s'engageaient de nouveau, en face du ciel qui avait béni leurs armes, de combattre jusqu'à extinction pour maintenir l'indépendance de leur pays, qu'ils avaient conquise au prix de leur sang !

A nous, qui nous en glorifions aujourd'hui, d'admirer le dévouement de nos pères, se posant sans crainte devant la puissance colossale de la France, après lui avoir ravi sa plus belle colonie !

Et cette France aux aspirations héroïques, qui fut si généreuse dans son immortelle révolution, n'aurait pas *reconnu* l'existence politique indépendante d'un tel peuple, poussé à cette résolution par l'influence de ses principes et de ses idées ! Ignorait-elle que ce fut par la même influence, qu'il avait pu chasser du sol de son pays les légions britanniques que les colons français y avaient appelées ? Après avoir ainsi maintenu sa liberté, au nom de la France même, qui l'avait proclamée pour rendre hommage à la dignité humaine, ce peuple n'avait-il pas le droit de la maintenir aussi contre sa propre métropole ?

L'acte qui suit fut ensuite lu par Boisrond Tonnerre, pour constater la déclaration de l'indépendance d'Haïti :

Aujourd'hui, premier janvier mil huit cent quatre ;

Le général en chef de l'armée indigène, accompagné des généraux chefs de l'armée, convoqués à l'effet de prendre les mesures qui doivent tendre au bonheur du pays ;

Après avoir fait connaître aux généraux assemblés, ses véritables intentions, — d'assurer à jamais aux indigènes d'Haïti un gouvernement stable, objet de sa plus vive sollicitude : ce qu'il a fait par un discours qui tend à faire connaître aux puissances étrangères, la résolution de rendre le pays *indépendant*, et de jouir d'une *liberté* consacrée par le sang du peuple de cette île ; et après avoir recueilli les avis, a demandé que chacun des généraux assemblés prononçât le serment de renoncer à jamais à la France, de mourir plutôt que de vivre sous sa domination, et de combattre jusqu'au dernier soupir pour l'indépendance ;

Les généraux, pénétrés de ces principes sacrés, après avoir donné *d'une voix unanime* leur adhésion au projet bien manifesté d'*indépendance*, ont tous juré *à la postérité, à l'univers entier, de renoncer à jamais à la France, et de mourir plutôt que de vivre sous sa domination.*

Fait aux Gonaïves, ce premier janvier mil huit cent quatre, et le premier jour de l'indépendance d'Haïti.

Signé : Dessalines, général en chef ; — Christophe, Pétion, Clervaux, Geffrard, Vernet, Gabart, généraux de division ; — P. Romain, E. Gérin, F. Capois, Daut, Jean-Louis François, Férou, Cangé, L. Bazelais, Magloire Ambroise, J.-J. Herne, Toussaint Brave, Yayou, généraux de brigade ; — Bonnet, F. Papalier, Morelly, Chevalier, Marion, adjudans-généraux ; — Magny, Roux, chefs de brigade ; — Charéron, B. Loret, Quenez, Macajoux, Dupuy, Carbonne, Diaquoi aîné, Raphaël, Malet, Derençourt, officiers de l'armée, — et Boisrond Tonnerre, secrétaire.

Enfin, le secrétaire donna lecture de l'acte suivant :

Au nom du peuple d'Haïti ;

Nous, généraux et chefs des armées de l'île d'Haïti, pénétrés de reconnaissance des bienfaits que nous avons éprouvés du général en chef Jean-Jacques Dessalines, le protecteur de la liberté dont jouit le peuple ;

Au nom de la Liberté, au nom de l'Indépendance, au nom du Peuple qu'il a rendu heureux, nous le proclamons *Gouverneur général à vie d'Haïti*. Nous jurons *d'obéir aveuglément aux lois* émanées de son autorité, la seule que nous reconnaîtrons. Nous lui donnons *le droit de faire la paix, la guerre, et de nommer son successeur.*

Fait au quartier-général des Gonaïves, ce premier janvier mil huit cent quatre, et le premier jour de l'Indépendance.

Signé : Gabart, P. Romain, J.-J. Herne, Capois, Christophe, Geffrard, E. Gérin, Vernet, Pétion, Clervaux, Jean-Louis François, Cangé, Férou, Yaycu, Toussaint Brave, Magloire Ambroise, L. Bazelais, Daut [1].

Les deux derniers actes furent aussi bien accueillis par les troupes et le peuple assemblés, que l'avait été la proclamation du général en chef : l'une était la consécration du *droit* inhérent à tout peuple qui se voit contraint à la résistance, l'autre celle du *fait* rendu aussi nécessaire par la guerre qui avait suivi cette résistance.

L'*indépendance* avait été le but de l'insurrection contre l'autorité de la France : la déclaration des chefs du pays recevait sa sanction par l'acceptation de l'armée et du peuple.

La *dictature* avait investi Dessalines, général en chef des indigènes, de tous les pouvoirs : elle était continuée entre ses mains sous le titre de gouverneur général, par les généraux qui l'avaient secondé et reconnu déjà comme dictateur. Le droit de choisir son successeur était le même que Toussaint Louverture s'était réservé par sa constitution de 1801.

Mais, y eut-il réellement *délibération* de la part des généraux, pour conférer à Dessalines la qualification de *gouverneur général*, ainsi que l'affirme un auteur national? [2] Quand il s'agira du titre d'*Empereur* et de la

---

[1] Le nom du général Daut ne figure pas dans l'imprimé de cette époque, tandis qu'il paraît dans l'acte précédent : nous le rétablissons, dans la pensée que ce fut une omission purement typographique.

[2] M. Madiou. « Les généraux, dit-il, lui conférèrent le titre de gouverneur « général, supérieur, *en leur esprit*, à celui de général en chef, parce que « Toussaint l'avait pris... Chacun parut *avoir oublié* que ce titre ne convenait « pas au chef d'un peuple indépendant, etc. » *Hist. d'Haïti*, t. 3. p. 119.

constitution de 1805, on verra encore des actes revêtus du nom des généraux, sans qu'il y ait eu délibération préalable entre eux; mais ces actes furent également *acceptés* par eux, par l'armée et le peuple.

Il nous paraît donc tout naturel que, succédant au pouvoir suprême qu'avait exercé Toussaint Louverture, Dessalines lui-même aura pensé qu'il lui fallait prendre le titre que son chef avait porté, et faire consacrer aussi le droit de choisir son successeur ; et alors, sa volonté étant connue de son secrétaire, chargé de la rédaction *des actes* comme l'avait été son collègue, Boisrond Tonnerre aura formulé celui-ci tel qu'il convenait au dictateur ; les généraux l'auront signé, sans vouloir faire la moindre observation à cet égard. Est-ce que, parmi eux, il ne se trouvait pas des hommes capables de juger que le titre de gouverneur général rappelait les anciennes relations de dépendance du pays envers la France ? Boisrond Tonnerre pouvait-il ignorer une telle chose ? Mais on conçoit fort bien que la circonstance était peu propre à favoriser une discussion à ce sujet, et que le caractère et les idées du dictateur s'y prêtaient encore moins.

Toutefois, remarquons une disposition essentielle de cet acte : c'est que, s'il conféra la dictature à Dessalines, ce pouvoir, cette autorité extraordinaire était *conditionnelle*. Les généraux juraient « d'obéir aveuglément *aux lois* » qu'il ferait, mais non pas *à sa volonté personnelle*; et un passage de sa propre proclamation faisait entendre que ces généraux concourraient à la confection des lois « qui assureraient aux citoyens leur libre individualité. » Ils étaient donc *des conseillers d'Etat*, assistant le dictateur dans la législation du pays : c'est ainsi, en effet, qu'ils furent considérés.

Il est clair que dans l'état des choses, avec les idées de cette époque et un chef comme Dessalines, il n'était pas possible de concevoir aucune autre forme de gouvernement : aucune assemblée politique, émanant du peuple, n'était praticable. Mais s'il arrive que les généraux, conseillers d'Etat, ne jouissent pas *réellement* de leurs attributions, on verra naître une sourde résistance *à l'abus* du pouvoir dictatorial, qui amènera la chute du dictateur.

Quoi qu'il en soit, les actes publiés aux Gonaïves et imprimés de suite, furent expédiés à toutes les autorités secondaires, et occasionnèrent des réjouissances publiques : l'armée et le peuple, dans tous les départemens de l'ancienne partie française de l'île, applaudirent aux résolutions des chefs. L'indépendance nationale fut ainsi *ratifiée, consacrée* par l'accord et l'union de tous les citoyens du nouvel Etat.

Le nom d'Haïti, restitué à l'île, indiquait, comme nous l'avons dit, que dans la pensée des chefs qui venaient de proclamer son indépendance, tout son territoire, y compris celui des petites îles adjacentes, devait former le nouvel État. Cette intention avait percé déjà, lorsque Bazelais fut chargé de demander des explications, au sujet de l'évacuation des troupes françaises qui occupaient l'ancienne colonie de l'Espagne ; et la réponse qui fut faite au général en chef de l'armée indigène, quoique fondée sur la capitulation seulement du Cap, ne suffisait pas pour faire renoncer à ce projet. En effet, il eût été absurde de considérer cette portion d'Haïti, comme devant continuer à être une colonie de la France, lorsque l'autre lui avait été enlevée par le droit de la guerre. Un tel voisinage était incompatible avec *la sûreté* de l'indépendance proclamée : il fallait donc conquérir tôt ou tard le territoire en possession des troupes françaises, au même droit qui avait déterminé la conquête accomplie [1].

D'autres raisons existaient en faveur de cette entreprise. Abstraction faite de la démarche et de la soumission anticipée et volontaire des habitans du Cibao, *l'origine africaine* de la grande majorité de la population de ce département et de celui de l'Ozama dictait la mesure. Les anciens esclaves espagnols n'avaient point effectivement changé de condition durant la domination de Toussaint Louverture ; c'était encore pis depuis l'occupation française ; et sous le régime colonial restauré, ils allaient rester *esclaves*. L'indépendance devait donc leur profiter, comme aux autres habitans qui, quoique libres de fait, descendaient de la même race : cette adjonction de forces ne pouvait qu'assurer le noûvel état de choses.

C'est avec cette restriction nécessaire, qu'il faut entendre le passage de la proclamation du général en chef, lorsqu'il dit aux Indigènes d'Haïti de se garder de tout esprit de *prosélytisme* par rapport à leurs voisins. Cette disposition si sage et si politique ne concernait que *les autres îles* de l'archipel des Antilles : par là, le chef d'Haïti rassurait toutes les puissances qui y possédaient des colonies. Il posa ainsi un principe salutaire qui a été toujours observé par tous les gouvernemens qui ont succédé au sien, — non, parce que le peuple haïtien fût indifférent au sort des populations de même origine qui gémissaient dans l'esclavage ; mais parce que, dans l'intérêt propre

---

[1] Qu'on se rappelle la lettre du ministre Monge à Polvérel et Sonthonax, du 26 février 1798, leur ordonnant de faire tous leurs efforts pour conquérir la colonie espagnole, alors que la France était en guerre avec l'Espagne. Haïti étant à son tour en guerre avec la France, pouvait donc désirer de conquérir ce territoire afin de consolider son indépendance.

de leur avenir, il ne fallait pas compromettre l'œuvre de leur émancipation qui devait arriver avec le temps, par l'existence politique même de cette portion de la race noire.

Si les grands intérêts de cette race dans les Antilles, de même que ceux de la nation qui se constituait à Haïti, commandèrent à Dessalines de s'abstenir de toute pensée de troubler la paix des colonies voisines, d'en poser le principe pour être observé par ses concitoyens, afin d'intéresser en quelque sorte les autres puissances européennes à leur existence politique ; combien ne doit-on pas regretter qu'il n'ait pas eu en même temps l'esprit assez éclairé, pour s'abstenir aussi de toute *vengeance* contre les Français restés dans le pays ! N'était-ce pas détruire d'un côté ce qu'il édifiait de l'autre ? Pouvait-il s'imaginer que les nations dont il recherchait les sympathies par cette assurance, verraient, sans éprouver de l'horreur, ces massacres organisés contre leurs semblables ? C'était, au contraire, le seul moyen d'occasionner une recrudescence des préjugés coloniaux contre la race noire, de nuire à l'Etat qu'il fondait, que de montrer ses concitoyens, aux yeux du monde civilisé, comme des barbares incapables de tout frein moral, de tout sentiment de pitié, sinon de générosité.

On conçoit la vengeance durant les combats, alors que la lutte exige des moyens extrêmes pour terroriser son ennemi,— de même qu'on a pu concevoir l'incendie, les ravages de toutes sortes dans ces momens de fureur, pour le dégoûter d'une possession qui lui était disputée. Mais, après la victoire, quand le droit triomphe, la modération, les sentimens généreux doivent prévaloir sur la haine, quelque juste qu'elle soit. *Le vaincu* a aussi son droit aux yeux de l'humanité, aux yeux de Dieu : c'est d'être traité, non comme *ennemi*, mais comme *homme* sans défense. Qu'importait au peuple d'Haïti, vainqueur de l'armée française, que, durant l'occupation de la colonie, elle eût exercé des atrocités inouies ? Il ne fallait pas imiter ces excès : l'humanité, toujours d'accord avec la bonne politique, commandait une autre conduite.

La raison d'Etat exigeait, sans nul doute, que *les Français* fussent déclarés *inhabiles* à faire partie de la société haïtienne. Le passé des quatorze années écoulées depuis 1789 avait prouvé la perversité des colons, le machiavélisme inhumain des agents de la métropole, semant la division entre les hommes de la race noire, pour mieux les dominer et rétablir leur servitude : il était à craindre et à présumer que les mêmes manœuvres se renouvelleraient dans le pays, si l'on admettait les Français comme *citoyens* du nouvel Etat. Mais on aurait dû alors *expulser* tous ceux qui étaient restés après l'évacuation des troupes françaises. Et lorsqu'on considère que la plupart n'avaient pris le parti de rester, que par les promesses de protection qui leur furent faites, leur massacre résolu dans la proclamation du général en chef devient encore plus blâmable.

Certes, on peut dire pour *son excuse*, et non pas *sa justification*, que Dessalines n'a agi ainsi que *par imitation* des actes déloyaux émanés de la métropole même, de ses agents barbares, — *par représailles* des crimes innombrables commis sous toutes les formes les plus hideuses, par ces hommes qui se vantaient de leur antique civilisation ; mais nous l'avons déjà dit : — *les représailles sanglantes, comme les crimes qui les provoquent, sont du domaine de la barbarie.* Nous maintenons cette appréciation que l'humanité nous a dictée.

Un paragraphe de la proclamation du 1er janvier, relatif à *l'exclusion* des Français de la nouvelle société, était complètement *justifiable*, non-seulement par la raison d'État, mais par *les raisons* données le 13 mai 1791, à la tribune de l'assemblée constituante, par le célèbre abbé Maury ; on se rappelle que cet orateur, confondant ensemble les hommes de couleur libres et les noirs esclaves, avait dit d'eux tous : — « que les nègres et les « mulâtres *ne sont pas*, quoi qu'on en dise, *de véritables* « *Français*, puisqu'ils n'ont pas même vu la France ; « qu'ils sont des insulaires *dont l'Afrique est la vérita-* « *ble patrie*, des indigènes *étrangers à la nation fran-* « *çaise*, des hommes qui ne lui sont unis *par aucun nœud*, « *ni par l'habitude du climat, ni par les liens du sang,* « *ni par les relations du patriotisme.* » Et l'assemblée constituante avait basé sa décision de cette époque sur ces considérations politiques. Eh bien ! le général en chef des indigènes d'Haïti répétait *avec justesse* les mêmes considérations, pour motiver *l'exclusion* des Français et de tous autres blancs de son pays. Peut-on adresser aucun reproche à sa mémoire, non plus qu'au peuple haïtien, pour avoir persévéré dans ces idées ? Lorsqu'on leur avait tracé en premier l'exemple d'une exclusion fondée sur des *préjugés* absurdes, avaient-ils tort de maintenir leurs justes *préventions ?*

La conséquence nécessaire, inévitable de cette exclusion et des représailles qui furent exercées en 1804, était *la confiscation* des biens des colons au profit de l'État d'Haïti. Par la conquête, il était substitué à tous les droits de souveraineté dont l'ancienne métropole avait joui ; tout ce qui était du *domaine public* lui échéait également ; il est clair que *les propriétés privées*, devenant vacantes, par la mort ou l'exclusion des *propriétaires*, elles devaient aussi aboutir aux mains de la nation. Mais les terribles vengeances exécutées alors n'ont pas eu lieu *pour s'approprier* ces biens ; elles se sont effectuées comme *représailles*, à cause des crimes commis sur la population pendant l'occupation de l'armée française.

A ce sujet, nous nous croyons obligé d'examiner le passage suivant de l'Histoire d'Haïti, par M. Madiou, tome 3, page 113 :

« Si *les héros* de l'époque sortaient de leurs tombeaux,
« avec quelle indignation n'apprendraient-ils pas, en
« voyant le drapeau français flotter au sein de nos villes,
« que nous avons *consenti*, *oubliant* qu'ils avaient acquis
« la terre d'Haïti par leur courage, *à indemniser* d'une
« somme au-dessus de nos ressources, les descendants
« de ceux qui les avaient torturés, mutilés ? »

En écrivant ces lignes, notre compatriote aura-t-il *oublié* lui-même que, parmi ces héros de 1804, se trouvait Pétion, l'un des plus méritans durant la guerre de l'indépendance, par son courage, son patriotisme, son dévouement à la cause sacrée qu'ils défendirent tous ? Qui d'entre eux pourrait élever la voix plus haut que lui sur cette question ? Seraient-ce Clervaux ou Christophe qu'il entraîna au Haut-du-Cap ? Serait-ce Dessalines même ?

Aura-t-il *oublié* que ce fut Pétion qui admit le principe d'une *indemnité* envers les anciens colons ou leurs descendans, qui la proposa à la France, pour les propriétés rurales et urbaines de ces colons, qui furent *confisquées* au profit de la nation haïtienne ? Ce n'est pas ici le lieu ni le moment d'examiner *les motifs* qu'il a eus pour agir ainsi ; mais lisons encore quelques lignes tracées par le même auteur, à la suite des autres.

« *Cependant*, aujourd'hui que les haines politiques
« sont éteintes, que les plaies de 1802 et de 1803 sont
« fermées, *l'Haïtien doit vivre en bonne amitié avec la*
« *France dont le contact* ne peut que développer le germe
« de civilisation qu'elle a déposé chez nous. Il doit s'ef-
« forcer de s'acquitter de ses obligations envers la France,
« parce qu'il les a rendues nationales, VOLONTAIREMENT
« ET LIBREMENT, sans même avoir tenté la lutte. C'est un
« devoir que l'honneur lui commande aujourd'hui. Mais
« en 1825, *il eût dû exiger* que sa révolution fût sanc-
« tionnée par l'ancienne métropole, telle qu'elle s'était
« développée et accomplie, *sinon accepter la guerre. La*
« *dette d'Haïti envers les colons est aussi illégitime* que
« le milliard qui fut *imposé* à la France en faveur *des*
« *émigrés*, à la chute de Bonaparte. »

Ces lignes sont tout à la fois *un éloge et une censure* de
la conduite de Pétion et de Boyer, son successeur, sous
l'administration duquel cette dette a été contractée envers la France. Si *l'Haïtien*, c'est-à-dire la partie pour le
tout, *la nation entière*, l'a contractée *volontairement et
librement*, c'est qu'apparemment elle a eu *de bonnes raisons* pour agir ainsi ; c'est qu'elle a senti qu'elle n'avait
pas *le droit d'exiger*, ou tout au moins qu'elle n'avait
pas *la puissance* nécessaire à cette exigence ; c'est qu'elle
aura été déterminée *plutôt* à ce contrat, à cette *transaction*, par des considérations d'un ordre *tout moral*, source
de toute bonne *politique* [1].

Nous nous bornons à ces simples observations, nous
réservant d'examiner en temps opportun les questions
soulevées dans ce passage.

---

[1] L'indemnité a été consentie pour les propriétés *privées*, et non pas pour ce qui constituait le domaine public appartenant à l'ancienne métropole.

Mais qu'il nous suffise de dire ici qu'à la paix de 1783, lorsque la Grande-Bretagne reconnut l'indépendance des Etats-Unis, cette République s'obligea *à restituer* à des sujets britanniques *leurs propriétés* qui avaient été *confisquées* durant la guerre[1]. Or, si les Etats-Unis avaient *exclu* les Anglais du droit de cité et de propriété sur leur sol, comme Haïti a agi à l'égard des colons, il n'y a *aucun doute* qu'ils auraient *indemnisé* également ceux dont les propriétés avaient été confisquées.

Nous dirons encore que c'est aussi dans la même année 1825, et non pas à la chute de Napoléon, que la France elle-même *s'imposa* le sacrifice d'un milliard en faveur *des émigrés*, alors qu'elle avait toute sa liberté d'action, et probablement par les mêmes considérations morales et politiques qui guidèrent Haïti.

En 1815, quand Napoléon fut renversé une seconde fois, les puissances étrangères exigèrent de cette grande nation 735 millions, comme *indemnité* des pertes qu'elle leur avait fait subir depuis 1792; et en outre, elles lui imposèrent une contribution de guerre de 700 millions.

Voilà l'exacte vérité sur ces faits.

Nous avons jugé l'œuvre de Boisrond Tonnerre au point de vue politique et moral, quant au pays surtout, en présentant pour lui personnellement ce qui peut être considéré comme atténuation de l'exaltation de son esprit, dans le premier moment où il s'agissait de proclamer l'indépendance. S'il s'était borné à cela, nous ne revien-

---

[1] Art. 5 du traité : — It is agreed, that the Congress shall earnestly recommend to the legislatures of the respective States, to provide for the *restitution* of all *estates*, *rigths*, and *properties*, which have been *confiscated*, belonging to real *british subjects*, etc. — Et il fut fait comme il est dit dans cet article.

drions pas à son sujet. Mais en le voyant persévérer dans sa violence, après les massacres consommés, nous ne pouvons que blâmer ces sentimens haineux qui ne s'apitoyèrent point sur le sort de tant de victimes. En effet, dans la dernière page de ses « Mémoires pour servir à « l'histoire d'Haïti, » écrits et publiés en 1804, après avoir rappelé les conséquences désastreuses de la division suscitée par le général Hédouville, entre Rigaud et Toussaint Louverture, il s'adresse à Dessalines pour le fortifier dans ses idées de vengeance :

« *Dégage* à ton tour, lui dit-il, *de la protection que*
« *doivent les lois à tout homme*, celle qu'elles pourraient
« accorder *au Français* qui sera assez téméraire pour re-
« voir l'île que nous avons *sanctifiée par le sacrifice* de
« tout ce qui portait le nom de Français : *peux-tu jamais*
« *satisfaire à la vengeance commune?.... Et l'on ose*
« *supplier ta clémence !* Non. Moi aussi, *je pleure mes*
« *parens, j'invoque ta fureur contre tout ce qui est Fran-*
« *çais, et l'animadversion des lois contre quiconque*
« *rappellerait ou en souffrirait un* sur la terre qu'ils ont
« ensanglantée. »

On reconnaît dans ces lignes l'aigreur, le ressentiment de l'homme du département du Sud, qui fut témoin des horreurs commises après la guerre civile sur sa population ; mais *par qui*, par ordre *de qui* eurent-elles lieu ? Par Dessalines lui-même, exécutant les instructions cruelles de Toussaint Louverture. Sans doute, ce dernier ne se montra que trop docile aux inspirations des colons ; mais n'eut-il pas aussi *sa volonté individuelle* dans ces excès coupables ? Et de ce que Dessalines avait été l'exécuteur de ses hautes œuvres, était-il convenable de l'exciter maintenant à de nouvelles fureurs, après celles qui venaient d'avoir lieu récemment ? La vengeance ne doit-elle donc pas avoir un terme ?

On ne peut attribuer de telles excitations qu'à la perversité de l'âme, ou à une ambition démesurée, qui portait Boisrond Tonnerre à tenter de prévaloir sur le mérite de ses collègues ; et l'on aperçoit d'avance pourquoi il partagea le regrettable sort de Dessalines. C'est le plus grand malheur pour les chefs, que d'avoir de pareils hommes dans leurs conseils : pour peu qu'ils ne soient pas eux-mêmes portés à la modération, ces conseillers les entraînent toujours dans de funestes voies. On admet qu'il n'est pas ordinairement facile de réclamer contre la violence manifestée par de tels chefs, de leur suggérer des idées raisonnables ; mais du moins, ceux qui les entourent devraient s'abstenir de les y exciter encore. En remarquant un morne silence autour d'eux, ils réfléchiraient sur cette désapprobation intime ; ils s'amenderaient peut-être : dans tous les cas, la responsabilité de leurs actes pèserait sur leur tête seule.

Dans ce passage des mémoires de Boisrond Tonnerre, on voit qu'il était assez éclairé pour savoir que *les lois* doivent protection à tout homme, et surtout à tout homme sans défense ; mais il demandait le contraire, il réclamait une vengeance perpétuelle ! C'est dégrader les lumières de l'esprit, que de s'inspirer d'une haine sans frein. Quand l'esprit est éclairé, le cœur sait d'autant mieux avertir contre les excès. Boisrond avouait encore que d'autres de ses concitoyens suppliaient la clémence de Dessalines, sans doute en faveur de quelques Français que ce chef lui-même avait épargnés de sa vengeance ; mais il invoque sa fureur, non-seulement contre eux, mais encore contre ces Haïtiens que la pitié animait ; il appelle contre eux l'animadversion des lois. Des lois ! elles doivent être la raison écrite sous l'inspiration de la *justice*, et non de la haine, de la violence.

Nous sommes heureux, toutefois, de constater, à l'honneur du peuple haïtien, qu'à cette époque de violence et de vengeance, il se trouva des êtres qui n'en virent aucune nécessité, qui protestèrent par leurs sentimens d'humanité contre ces actes de fureur non exigés par les circonstances.

Une dissidence à cet égard se manifesta même chez le gouverneur général, dans la soirée du 1er janvier, parmi les officiers de tous grades. Tandis que les uns opinaient pour commencer immédiatement l'exécution *à mort* de tous les Français, d'autres disaient ouvertement que l'on devait se borner à les *déporter*, à les *expulser* du pays. Ces derniers étaient presque tous de l'ancien parti de Rigaud : c'étaient Jean-Louis François, Férou, Geffrard, Bonnet, etc. Les autres étaient plutôt de l'ancien parti de Toussaint Louverture. Cependant, on remarqua que H. Christophe s'abstenait, comme Pétion, d'émettre une opinion sur cette question [1]. Dans le dernier livre de la période française, nous avons fait remarquer aussi que Christophe n'avait commis aucun assassinat sur les blancs, à l'arrivée de l'expédition.

La discussion qui avait eu lieu et l'abstention de ces deux généraux, étant portées à la connaissance de Dessalines, il ajourna les ordres nécessaires à son projet d'extermination. Il paraît qu'il se réserva de parcourir le pays avant de les donner, sans doute pour avoir le

---

[1] Hist. d'Haïti, t. 3, p. 120.

temps d'animer, sinon les populations, du moins les chefs principaux et secondaires de chaque localité, dont le concours était indispensable. Le chef qui avait dit à Bonnet, « qu'il n'y avait plus de parole d'honneur depuis « la révolution, » qui avait écrit à Gérin la lettre du 20 novembre 1803, qui avait fait massacrer environ 800 blessés ou malades, qu'il s'était engagé à faire soigner dans les hôpitaux pour les envoyer ensuite en France par bâtimens neutres ; ce chef n'était pas homme à renoncer à ses idées de vengeance, lorsqu'il trouvait d'ailleurs tant d'excitation de la part de quelques-uns des officiers de son état-major et de quelques généraux de son ancien parti politique. Dans une telle situation, comment ceux du parti qui lui fut opposé eussent-ils pu faire entendre des paroles de modération, lorsque H. Christophe lui-même n'osait pas exprimer son opinion sur cette question ?

Il est même présumable que les défiances regrettables de Dessalines, contre les hommes de l'ancien parti de Rigaud, prirent dès lors naissance, parce que quelques-uns manifestèrent une noble répugnance à son projet. Malheureusement, lorsqu'un chef veut se livrer à des actes de violence, il est toujours enclin à considérer comme des improbateurs dangereux, ceux qui n'applaudissent pas à ses idées : le dissentiment dans les opinions sur de telles questions est souvent la cause de mésintelligences déplorables.

Le premier acte d'administration d'une dictature toute militaire, fut un arrêté du gouverneur général, rendu le 2 janvier, pour régler le costume des généraux, des adjudans-généraux et de leurs aides de camp. Par un autre du même jour, tous les baux à ferme des habitations rurales furent résiliés. Il y avait lieu de statuer sur les propriétés publiques et privées ; ces baux ne pouvaient être maintenus.

Le 14 janvier, un décret juste et politique fut émis pour faciliter la rentrée en Haïti de tous les hommes noirs et de couleur, *indigènes du pays*, que les événemens en avaient éloignés. Il fut accordé quarante gourdes ou piastres pour le passage de chacun de ceux qui seraient ramenés par des navires américains, venant des États-Unis. La patrie fondée par le concours de tous les indigènes, devait en effet tendre les bras à ceux-là. C'était poser d'ailleurs *un principe* en faveur de l'admission de toute la race noire.

Les généraux étaient retournés à leurs commandemens respectifs, dès les premiers jours de janvier. On a vu dans l'époque précédente que des arrondissemens leur avaient été confiés ; que la division du Sud était commandée par Geffrard, celle de l'Ouest par Pétion, celle du Nord par Christophe : probablement celle de l'Artibonite avait été déférée à Gabart, lorsqu'il fut promu au grade de général de division. Cet état de choses fut maintenu ; mais cette dernière fut dénommée 1re division de l'Ouest, et celle commandée par Pétion, 2me division.

Les généraux de brigade sous leurs ordres étaient : — dans le Sud, Gérin, Férou, J. J. Herne (Coco Herne qui prit ensuite le nom de Moreau) et Jean-Louis François, avec les 13e, 15e, 16e, 17e, 18e, 19e, demi-brigades ; — dans la 2me division de l'Ouest, Cangé [1], Magloire Ambroise : le colonel Germain Frère commandait l'arrondissement du Port-au-Prince ; les 3e, 11e, 12e, 21e, 22e, 23e,

[1] Cangé avait remplacé Gilles Bambara dans le commandement de l'arrondissement du Petit-Goave réuni à celui de Léogane.

24ᵉ demi-brigades formaient les troupes de cette division ; — dans la première division, les généraux J.-P. Daut, Yayou, et Magny élevé à ce grade, avec les 4ᵉ, 7ᵉ, 8ᵉ, 10ᵉ, 14ᵉ, et 20ᵉ demi-brigades ; — dans le Nord, Capois, Romain, Toussaint Brave, Raphaël et Charles Lalondrie, élevés au même grade, avec les 1ʳᵉ, 2ᵉ, 5ᵉ, 6ᵉ, 9ᵉ, 25ᵉ, 26ᵉ, 27ᵉ, 28ᵉ, et 29ᵉ demi-brigades, ces cinq dernières formées après la prise de possession du Cap.

Le *régime militaire* établi par Toussaint Louverture fut restauré : même discipline, même subordination, même autorité pour les officiers de tous grades. Il ne pouvait en être autrement, à cause de l'état de guerre subsistant après l'indépendance : l'Est d'Haïti avait encore des troupes françaises, et la France pouvait hasarder l'envoi de nouveaux soldats dans cette partie.

Indépendamment de l'armée organisée, tout homme en état de porter les armes, dans les villes et les campagnes, était considéré comme devant accroître sa force en cas de besoin. L'habitant de ces villes, de même que le cultivateur des campagnes, reprit son ancienne condition telle que sous le régime de 1801.

L'administration *de la justice* avait disparu durant la guerre : elle fut remplacée par l'autorité des chefs militaires, commandans de places, d'arrondissemens et de départemens ou divisions. Il en fut de même de l'administration *municipale*[1].

---

[1] C'était, dans ce premier moment, revenir à une situation pire que celle de l'ancien régime colonial. (Voyez t. 1ᵉʳ de cet ouvrage, p. 27 de l'Introduction.) En 1805, des tribunaux furent institués ; mais l'autorité des chefs militaires prévalut encore sur celle de la justice et des lois : l'administration municipale ne fut pas rétablie, et il faut avouer qu'elle ne pouvait l'être que dans quelques villes principales, faute d'hommes capables de comprendre l'objet d'une telle institution.

L'administration *des finances*, dont le besoin était plus promptement senti, fut placée sous la direction du général Vernet, nommé ministre des finances. Des administrateurs, des contrôleurs, des trésoriers, des directeurs de douanes, des directeurs des domaines, et tous les employés secondaires que nécessitait cette branche du service public, furent établis partout.

On conçoit que les secrétaires du gouverneur général devinrent *ses conseillers privés*. Toutes les affaires du pays finirent par se décider uniquement sous leur inspiration. Une lutte d'influence s'établit naturellement entre eux, et c'était à qui flatterait mieux les passions du chef pour régner sur son esprit. Les traditions de l'époque rapportent cependant que Dessalines était animé des meilleures intentions envers son pays. S'il avait été plus éclairé, il eût pu mieux le gouverner qu'il ne le fit par la suite.

Préférant le séjour de l'Artibonite à tout autre lieu, il se résolut à fixer le siége du gouvernement à Marchand-Laville. L'établissement d'une ville, appelée *Dessalines* quelques mois après, fut commencé aussitôt. En outre des motifs particuliers de préférence qu'avait le gouverneur général pour ce séjour, il y avait aussi une idée militaire et politique qui le portait à fonder cette ville au pied des montagnes des Cahos. Cette position était assez *centrale* par rapport à l'ancienne partie française; elle pouvait être bien fortifiée, et elle eût formé un dépôt considérable d'armes et de munitions de guerre qui alimenterait la force publique, en cas de nouvelle invasion de la part de la France : avantage que ne présentait aucune des villes bâties sur le littoral. Dans l'ancien régime colonial même, il avait été question plus d'une fois de concentrer dans un lieu de l'intérieur les moyens de résistance, les approvisionnemens de guerre, par rapport aux Anglais si souvent en lutte avec la France. C'est par des motifs semblables qu'il fut résolu en même temps, que les généraux commandant les divisions feraient immédiatement commencer, dans chaque arrondissement, la construction d'un fort où seraient réunis les objets nécessaires à la guerre.

Peu importait donc, quant à la direction du gouvernement, que le chef de l'Etat séjournât plus souvent ou tout-à-fait à *Dessalines*; son activité personnelle le portait d'ailleurs fréquemment dans tous les départemens. Il n'y avait qu'à réunir dans cette ville nouvelle, la haute administration du pays et une certaine population pour influer sur le reste. Mais cette administration était dans les mains du dictateur; toutes les autres étaient secondaires dans chaque localité : rien ne l'empêchait de les surveiller et de donner une direction conforme aux intérêts de la nation, et nous trouvons peu concluantes les raisons données à cet égard, par M. Madiou [1]. Supposons le siége du gouvernement au Cap, aux Gonaïves, à Saint-Marc ou au Port-au-Prince : le gouverneur général aurait-il pu mieux déjouer une conspiration qui éclaterait ailleurs ? De tels projets échouent, lorsqu'il n'y a pas motif suffisant pour leur réussite ; ils réussissent, lorsque l'*opinion publique*

---

[1] Hist. d'Haïti, t. 3, p. 123. « Cette position pour une capitale avait été mal choisie. Dessalines, retiré au fond des bois, loin des grandes villes où s'agitent les passions politiques, ne pouvait surveiller les grandes administrations..... Il lui aurait été difficile de déjouer *les conspirations* qui pouvaient se former contre son gouvernement, soit aux *Cayes*, soit au Port-au-Prince, soit au Cap. »

C'est au contraire pour avoir séjourné *aux Cayes* un mois, en 1806, qu'il y fit naître la conspiration qui le renversa, et elle n'a été que la suite d'une conjuration conçue et délibérée à Marchand même, ainsi qu'on le verra.

n'est plus en faveur du gouvernement ; car c'est elle seule qui le soutient.

Peu après la déclaration de l'indépendance, Juste Chanlatte et Lys, se trouvant aux Etats-Unis, s'empressèrent de revenir à Haït : ce dernier arriva au Port-au-Prince où il fut cordialement accueilli par le général Pétion, son ancien capitaine d'artillerie dans la légion de l'Ouest.

CHAPITRE II.

Dessalines se rend dans l'Ouest et le Sud. — Règlement du 7 février, sur le service militaire et l'administration des finances. — Trois citoyens des Cayes reçoivent l'ordre de préparer un projet de constitution et de lois organiques. — Décret du 22 février, ordonnant de livrer au glaive de la justice, les personnes convaincues ou soupçonnées d'avoir pris part aux massacres et aux assassinats ordonnés par Leclerc et Rochambeau. — Exceptions portées dans ces actes de vengeance. — Le gouverneur général en personne les fait exécuter dans le Sud, l'Ouest, l'Artibonite et le Nord, où il se rend. — Il accorde *des lettres de naturalité*, comme *Haïtiens*, aux blancs exceptés du massacre. — Acte du 1er avril relatif aux Français qui, naturalisés à l'étranger, voudraient entrer en Haïti. — Lettre du gouverneur général aux généraux, relative à une adresse des colons en faveur de Rochambeau. — Le massacre des femmes et enfans des Français est ordonné et exécuté. — Proclamation du 28 avril aux habitans d'Haïti, sur les représailles exercées contre les Français, et portant *exclusion* de tout blanc de la société haïtienne, les individus naturalisés exceptés. — Réflexions sur cet acte.

On a vu que dans la soirée du 1er janvier, un dissentiment d'opinion s'était manifesté chez le gouverneur général, de la part des généraux du Sud, au sujet des vengeances qu'il préméditait. Pendant le cours du même mois, un fait se passa à Jérémie où Férou était retourné : plusieurs Français prirent la résolution de s'évader de cette ville, et ce général se vit dans la pénible nécessité de faire fusiller l'un d'eux qui était officier, qui avait pris parti avec les indigènes et qui fut employé dans la place en qualité d'adjudant. Sous peine d'encourir une immense responsabilité aux yeux du gouverneur général, Férou était contraint à cet acte de rigueur, et d'autant plus, que cet officier avait usé de son autorité pour effectuer son évasion sur une frégate anglaise : ce qui entraîna des difficultés avec le capitaine de ce navire [1].

Cet événement, et l'éveil même qu'il avait eu par les opinions émises pour l'expulsion des Français au lieu de leur massacre, portèrent le gouverneur général à se rendre dans le Sud, après avoir séjourné peu de jours au Port-au-Prince, à Léogane et à Jacmel. Il était rendu aux Cayes au commencement de février.

Arrivé là, il eut connaissance d'un acte singulier émis par le général Gérin, le 18 brumaire an XII (10 novembre 1803). C'était une proclamation qu'il s'était permis de faire, en l'absence du général Geffrard qui marchait alors avec la division du Sud pour se porter contre le Cap, et qui dut aller éteindre une insurrection dans les montagnes de Jacmel : Gérin commandait le Sud en ce temps-là. Sa proclamation contenait « des instructions généra- « les pour le service militaire, celui de la marine et de « l'administration civile du département du Sud. » Par cet acte, Gérin décelait sa manie de vouloir tout réglementer, selon la bizarrerie de ses idées. Il est clair que Dessalines étant alors général en chef de l'armée, Gérin n'avait aucun droit de prendre de telles mesures, à son insu, et sans même lui en avoir donné avis ensuite.

Le gouverneur général ne pouvait laisser subsister un tel acte qui contrariait d'ailleurs ses vues administratives;

---

[1] La frégate *le Tartare*, commandée par Perkins. Dix matelots de son bord furent saisis en ôtage, pour le contraindre à livrer cet officier ; mais Férou lui laissa la faculté d'emmener trois autres Français.

mais cette proclamation eut le mérite de provoquer de sa part un « règlement sur quelques points importans « du service militaire et de l'administration : » il fut rendu aux Cayes, le 7 février.

Le premier article déclara *nulle* la proclamation de Gérin. Avec le caractère connu de ce général, il était impossible qu'il n'en voulût pas *aux secrétaires* de Dessalines : de leur côté, ils commencèrent à prendre l'habitude de critiquer, de ridiculiser tous les plans proposés ensuite par Gérin, devenu ministre de la guerre et de la marine. Nous notons cette particularité, parce qu'elle influa plus tard sur sa conduite politique.

Le 3e article supprima *les conseils de notables*, que la proclamation paraît avoir rétablis, d'après l'organisation de 1801 et 1802. Les commandans de place, étant les chefs des communes, absorbèrent leurs attributions.

Divers autres articles réglèrent leurs autres attributions, celles des généraux commandans d'arrondissemens et de divisions ou départemens. Il leur fut *défendu* de faire des actes semblables à celui de Gérin, sans autorisation du gouverneur général préalablement donnée, et sans sanction de sa part ensuite.

Les récoltes de denrées de toutes les propriétés rurales privées durent être partagées, *moitié* au propriétaire, *le quart* aux cultivateurs et l'autre *quart* à l'Etat, comme *imposition territoriale* : cet impôt était le même connu antérieurement sous le nom de *quart de subvention*. Ceux d'entre les propriétaires qui faisaient partie de l'armée indigène au 20 messidor an XI (9 juillet 1803) ; c'est-à-dire, qui se trouvaient dans les communes conquises par ses armes, eurent *seuls* la faculté de disposer des récoltes de leurs biens : les autres qui se trouvaient alors avec les Français ne pouvaient avoir la même faculté, et *les récoltes* provenant de leurs biens furent *confisquées* au profit de l'armée.

On se rappelle que c'est vers le 9 juillet 1803 que le général en chef organisa les troupes du Sud, après l'organisation des autres corps dans les autres départemens : à cette époque, son autorité était définitivement reconnue par les indigènes en insurrection. La confiscation *des récoltes*, et non pas *des propriétés*, était donc comme une contribution *de guerre* imposée à ces propriétaires *indigènes*, par les mêmes raisons qui avaient déterminé les contributions semblables, mais en argent, sur *les blancs* du Port-au-Prince et du Cap.

Les *propriétés* des colons absens n'étaient encore que *séquestrées*, d'après ce règlement : à ce titre, elles faisaient partie du domaine public.

Si l'arrêté du 2 janvier résilia les baux à ferme, du moins le règlement du 7 février donna la préférence aux anciens fermiers sur tous autres adjudicataires, lors des nouvelles criées à faire pour l'affermage des biens.

L'article 10 disposa, que *les propriétaires* qui résidaient avec les Français, à l'époque de la rentrée de l'armée indigène dans les villes ou bourgs, seraient envoyés en possession de leurs propriétés : ce qui nécessitait *l'examen et la vérification de leurs titres*.

Le 19e article disait : « Toutes *ventes ou donations*, « soit de meubles, soit d'immeubles, faites par des per- « sonnes *émigrées* en faveur de celles restées dans le « pays, sont et demeurent *annulées* ; bien entendu *de-* « *puis la prise d'armes* de l'armée indigène, pour ex- « pulser les Français de l'île d'Haïti. »

Cette disposition était *juste* et devait empêcher l'effet

des actes simulés, de vente ou de donation, — les biens devant revenir au domaine de l'Etat. On verra que par la suite plusieurs autres actes législatifs furent rendus sur cette matière, pour sauvegarder également ce domaine.

En vertu du même règlement, *des passeports* pouvaient être donnés aux cultivateurs des campagnes ou autres personnes des villes, pour voyager *à l'intérieur;* mais il était défendu d'en accorder à qui que ce soit pour aller *à l'étranger.* Les commandans de place étaient enjoints de visiter personnellement les navires qui partaient, afin de s'assurer si des individus n'en profitaient pas pour s'éloigner du pays. Cette mesure avait évidemment pour but principal d'empêcher *l'évasion* des Français, mais aussi *l'émigration* des Haïtiens.

Le 17e article, enfin, enjoignait aux généraux commandant les départemens, de faire exécuter les ouvrages *des forteresses* qui seraient élevées dans les hautes montagnes de l'intérieur.

En même temps qu'il allait prescrire des mesures pour mettre à exécution le massacre des Français, contrairement aux opinions émises par les généraux du Sud, le gouverneur général donna l'ordre suivant à trois citoyens des Cayes :

Liberté,   Ou la Mort.

Armée indigène d'Haïti.

Quartier-général des Cayes, le 17 février 1804, an 1er de l'Indépendance.

Le Gouverneur général

Ordonne que les citoyens Rémarais père, Chalviré père et Claude

Boisrond se réuniront ici, sous la protection des généraux, à l'effet de s'occuper de travailler au mode *de constitution et lois organiques* qui devront régir l'île, qui me sera présenté sous le plus bref délai.

Signé : Dessalines.

Le 22 du même mois, il rendit un décret [1] qui ordonnait aux généraux commandans des divisions, de faire *arrêter* toutes les personnes (les blancs) qui seraient *convaincues* ou *soupçonnées* d'avoir pris part aux massacres et aux assassinats ordonnés par Leclerc et Rochambeau, afin de les livrer « au glaive de la justice. » Il était recommandé à ces généraux de prendre toutes les informations nécessaires dans la recherche *des preuves*, pour ne pas s'exposer à faire périr *des innocens*. Les noms des suppliciés devaient être envoyés au gouverneur général pour être publiés ; et tout chef qui aurait sacrifié à son ambition, à sa haine ou à toute autre passion, des individus dont la culpabilité n'aurait pas été préalablement *prouvée*, subirait lui-même *la mort*, et ses biens seraient *confisqués*, moitié au profit de l'Etat, moitié au profit des héritiers des victimes innocentes, s'il s'en trouvait dans le pays.

Mais, à quel *tribunal* les accusés devaient-ils être traduits, lorsqu'il n'y en avait *aucun* d'établi ? Les chefs seuls devenaient *juges* des accusés. On conçoit alors qu'un tel acte n'était ainsi rédigé, que pour donner un vernis de formes et de justice aux immolations qui allaient s'ensuivre. Cela est si vrai, que le gouverneur général fit commencer aux Cayes les exécutions sur quelques Français.

---

[1] Dans son *Recueil des lois et actes du gouvernement d'Haïti*, tome 1.er, M. S. Linstant date cet acte *des Gonaïves* ; mais c'est une erreur, le gouverneur général étai t alors aux Cayes.

En partant pour Jérémie, il donna l'ordre au général Geffrard de faire continuer ce massacre, qui fut exécuté surtout par le général Moreau, commandant de l'arrondissement.

Nous ne savons pas s'il faut prendre aussi au sérieux, l'ordre donné à trois citoyens des Cayes, de préparer isolément un projet de constitution et de lois organiques, ou s'il faut le considérer comme un leurre offert à la crédulité des généraux qui avaient manifesté une opinion contraire au massacre des Français, afin de prouver l'intention du gouverneur général de donner au pays toutes *les garanties* résultant de tels actes. Quoi qu'il en soit, cet ordre ne paraît pas avoir eu aucune suite, et aucun autre ne semble avoir été donné ailleurs qu'aux Cayes, pour réunir les élémens nécessaires à la rédaction de ces actes.

Il n'y eut réellement d'exécuté que l'acte du 22 février, et encore a-t-il fallu que Dessalines parcourût le pays pour le faire exécuter ; les généraux commandant les divisions n'en firent rien, avant qu'il se présentât dans l'étendue de leurs commandemens.

Cependant, il avait ordonné d'excepter du massacre, « les prêtres, les médecins, les chirurgiens, les pharma- « ciens et autres Français professant des arts ou métiers, « comme pouvant être *utiles* à la population. » Il comprit dans ces exceptions quelques-uns qui étaient incorporés dans les troupes, généralement tous les Polonais qui avaient été faits prisonniers, les considérant comme étrangers à la querelle entre les Haïtiens et les Français, et les Allemands établis dans la commune de Bombarde.

Telles furent les catégories d'*innocens* ; car on conçoit que, malgré la recommandation faite aux officiers supérieurs, il était impossible qu'ils empêchassent les vengeances particulières de s'exercer, lorsque l'ordre de tuer indiquait non-seulement ceux qui seraient *convaincus*, mais ceux qui seraient *soupçonnés* d'avoir pris part aux massacres, aux assassinats ordonnés par Leclerc et Rochambeau. Dans tout le pays, chacun pouvait se plaindre d'avoir perdu un parent, un ami, et *soupçonner* tel ou tel blanc d'avoir contribué à leur mort. L'heure de la vengeance ayant sonné, on agit comme avaient fait ces deux généraux français et leurs sicaires, comme avaient fait bien des colons en 1802 et 1803, et même antérieurement. Que de victimes avaient été immolées, sans autre motif que d'inspirer *la terreur* à la population, pour pouvoir l'asservir !

A Jérémie, dans toutes les villes ou bourgs par où il passa, jusqu'au Port-au-Prince ; là même, et ensuite dans les autres villes ou bourgs jusqu'au Cap où il se rendit en avril, Dessalines *personnellement* fit mettre à mort tous les Français non exceptés. Ni Pétion, ni Gabart, ni H. Christophe, n'avaient exécuté le décret du 22 février : il a fallu la présence du gouverneur général et sa volonté de fer, pour assurer son exécution [1].

Néanmoins, si des officiers supérieurs et subalternes, si des particuliers même montrèrent du zèle dans ces actes de cruauté, on peut citer, à leur honneur, d'autres qui se firent un devoir, un bonheur, de sauver autant de Français qu'ils purent, en facilitant leur évasion du pays, en les cachant pendant ces fureurs. Parmi ces hommes humains, qui avaient vaillamment fait la guerre de l'indépendance, l'histoire distingue Geffrard, Jean-Louis

[1] Hist. d'Haïti, t. 3, p. 128 à 136.

François, Férou, Bazile, Thomas Durocher, Gérin, Pétion, Bonnet. A Aquin, Borgella, commandant de la place, et Frémont, administrateur, contribuèrent avec J.-L. François à cette œuvre d'humanité; à Jérémie, Giraud, directeur de la douane, assista Férou. Au Cap, H. Christophe lui-même avait recueilli chez lui une vingtaine de proscrits pour les sauver; mais il fut contraint de les livrer, Dessalines étant dans cette ville. Des particuliers, des femmes, dans les villes ou bourgs, des cultivateurs, hommes et femmes, dans les campagnes, exercèrent aussi des actes d'humanité.

De tels faits prouvent qu'il n'y eut pas *unanimité* dans les vengeances exécutées, que l'autorité et la fureur de Dessalines prédominèrent sur tous. Comme avait fait Rochambeau, de honteuse mémoire, il donnait *des bals* dans ses palais à la suite des exécutions à mort; mais il n'y invita pas, comme lui, des femmes pour voir des salles tendues de deuil avec des cercueils; il ne conçut pas l'idée de faire étouffer des hommes par le soufre, d'en faire dévorer d'autres par des chiens, etc. Dessalines épargna, *personnellement*, des Français qu'il plaça dans les fonctions publiques; il en sauva d'autres uniquement parce qu'ils montrèrent *du courage*, tant son caractère offrait des contrastes [1].

Le 16 mars, il était de retour au Port-au-Prince, de son voyage dans le Sud. Afin de donner une entière garantie de sécurité aux Français qu'il avait *exceptés* de la vengeance, il leur délivra des *lettres de naturalité*, ainsi conçues:

---

[1] Au Port-au-Prince, l'abbé Dufour allait être sacrifié, quoique excepté, parce que les assassins voulaient qu'il leur donnât de l'argent: il s'y refusait avec un rare courage. Dessalines survint et dispersa ces assassins à coups de canne, en leur demandant si les enfans ne devaient pas être baptisés.

Liberté,   Ou la Mort.

ARMÉE INDIGÈNE D'HAÏTI.

Au quartier-général de. . . . . . . le. . . . . . . 1804, an 1er de l'indépendance.

Le gouverneur général,
A tous qu'il appartiendra, salut.

Le citoyen N..... nous ayant manifesté *le désir* qu'il avait de participer *aux bienfaits* de notre gouvernement, et désirant, à cet effet, obtenir des lettres de naturalisation;

Après nous être convaincu de la religion (politique), des mœurs et des vertus civiques du citoyen N.....

Serment prêté entre nos mains *de renoncer à jamais à la France, de vivre et de mourir sous les lois émanées de notre autorité, de ne jamais rien entreprendre directement ni indirectement contre notre puissance légitime, et de contribuer de toutes ses forces, de tous ses moyens, à la conservation et à la prospérité de l'île d'Haïti* dont il devient par ces présentes l'enfant adoptif et le membre intéressé;

Voulant traiter favorablement ledit exposant;

Déclarons par ces présentes *admettre au nombre des Enfans d'Haïti*, le citoyen N..... *Voulons et entendons qu'il soit reconnu pour tel et qu'il jouisse, sans acception de couleur, des mêmes droits et prérogatives que les naturels du pays.*

En foi de quoi lui avons délivré ces présentes, pour lui servir et valoir à ce que de raison; et pour notre décision sortir son plein et entier effet dans tous les lieux soumis à notre obéissance.

Donné en notre quartier-général de. . . . . . . le. . . . . . . 1804, an 1er de l'indépendance.

                                         Signé : DESSALINES [1].

Le mot *admettre* servit à expliquer les dispositions de l'article 28 de la constitution de 1806 et d'autres qui l'ont suivie. Les seuls Français possédant de pareilles lettres de naturalité, furent reconnus *Haïtiens* ; il en fut

---

[1] J'ai copié cet acte d'après une de ces lettres, délivrée au Port-au-Prince le 21 mars 1804, à un Français que j'ai connu, le vertueux docteur Mirambeau,

de même des Polonais, des Allemands ou de leurs descendans qui habitaient les communes de Bombarde et du Môle, et qui y avaient été colonisés dans le siècle dernier.

Si le gouverneur général prit à leur égard cette disposition qui était commandée par la justice, il dut aussi se prémunir contre une fraude qui allait faciliter l'entrée en Haïti de certains Français dont la présence dans le pays eût pu être dangereuse à la sécurité publique. Dans ce but, arrivé à Marchand, (ville Dessalines), il rendit l'arrêté suivant :

Au quartier-général de Marchand, le 1er avril 1804, an 1er de l'indépendance.

   Le gouverneur général,

Considérant que des Français, proscrits et bannis de cette île, sollicitent, dans les pays neutres, des lettres de naturalisation à la faveur desquelles ils voudront s'introduire dans le pays pour y semer la discorde,

Arrête :

1. Tout Français qui aura obtenu des lettres de naturalisation d'une puissance étrangère, sera tenu *de sortir* du pays.
2. Les généraux commandant les départemens, arrondissemens ou quartiers dans lesquels résideront des Français qui auront obtenu des lettres de naturalisation de puissances étrangères, devront faire parvenir au gouverneur général les lettres desdits naturalisés, avant d'être autorisé à leur accorder un passeport.

       Signé : Dessalines.

Ce fut par suite de cet acte, qui renforçait les dispositions de la proclamation du 1er janvier, que pendant plusieurs années, aucun Français ne fut admis à visiter le pays ni à y séjourner. Cet acte s'explique par ses motifs ; mais du moins on reconnaît qu'il respectait l'autorité des puissances neutres qui auraient délivré de telles lettres de naturalisation, en faisant donner des passeports à ceux qui en seraient pourvus.

Le même jour, 1er avril, le gouverneur adressa aux généraux une lettre qui fut publiée et qui devint ainsi une sorte de manifeste pour l'étranger : il leur envoya une copie de l'adresse des colons de Saint-Domingue à ceux de Paris, qui les priaient de solliciter du Premier Consul la confirmation de Rochambeau comme capitaine-général[1]. Voici cette lettre :

>Citoyens généraux,
>
>Si la résolution irrévocable que nous avons prise d'exterminer nos oppresseurs avait besoin d'apologistes pris au sein d'Haïti, j'adresserais à chacun de mes concitoyens un exemplaire de la copie de la pièce que vous trouverez ci-incluse, pièce qui seule, peut-être, a fait pleuvoir tous les maux sur nos têtes, mais appelé notre indépendance.
>
>Braves compagnons d'armes, nous n'avons pas besoin de justification, puisque notre vengeance ne peut jamais égaler la somme d'injustices et d'atrocités de nos ennemis ; mais la publicité que vous donnerez à cet acte dicté par l'orgueil, le préjugé et le despotisme des colons, prémunira les nations, nos amies, contre les allégations mensongères du petit nombre de nos ennemis échappés à notre juste vindicte. Que dis-je ? Cet acte prouvera à toutes les nations que notre gouvernement, loin de refuser sa protection aux négocians étrangers, a dédaigné de rechercher ni d'inquiéter, en aucune manière, ceux d'entre eux qui, pouvant vivre tranquilles sous les auspices de la liberté du commerce, et couverts du droit des gens, ont eu l'impolitique gaucherie de signer une pareille pièce.
>
>A Dieu ne plaise que je confonde les hommes estimables qui ne viennent dans notre île que pour enrichir leur patrie de nos productions, et qui ne s'écartent jamais du respect qu'ils doivent aux lois du pays qui les accueille, avec ces négocians éphémères qui trafiquent de l'honneur ; mais je dois faire connaître au continent de

---

[1] Voyez tome 5 de cet ouvrage, p. 342 et 343.

l'Amérique, à la Jamaïque, aux îles danoises et espagnoles, que des individus qui réclament d'un gouvernement, qui en obtiennent des lettres de naturalisation, ne sont, pour la plupart, que des intrigans français ou des renégats indignes de l'attention des puissances qui les adoptent, et qu'ils déshonorent.

En vain alléguera-t-on que cette pièce est revêtue des signatures *de plusieurs hommes de couleur*; que prouvera-t-on? Sinon que ces hommes, comprimés par la terreur et l'injustice, ont dû nécessairement, à la faveur d'un teint plus clair, se donner pour blancs et signer, comme tels, une pièce qui n'a servi qu'à les plonger dans l'abîme de maux qu'ils ont creusé de leurs propres mains.

J'avais été prévenu, à Jérémie, que cette pièce existait dans les minutes du notaire Cyr-Prévost, au Port-au-Prince, et, en arrivant dans cette ville, elle me fut remise.

Je n'ai pas cru devoir livrer à l'impression une page de signatures, par ménagement pour certains étrangers dont j'appréhenderais de troubler la tranquillité et de réveiller les remords.

C'est à vous, citoyens généraux, à surveiller scrupuleusement les étrangers brouillons qui seraient assez imprudens pour s'immiscer dans les opérations du gouvernement; respectez-les, tant qu'ils ne s'occuperont qu'à porter l'abondance dans notre pays; mais qu'ils en soient à jamais exclus ceux qui ne respecteront pas nos lois. Souvenez-vous qu'aucune nation n'a le droit de nous en donner, et que nous avons acquis le droit de nous gouverner de la manière qu'il nous convient.

Quant aux Français, croirez-vous encore que l'esprit de despotisme ne dirigeait que les grands colons, quand vous voyez les Français de la dernière classe, l'artisan qui, à peine a franchi les bornes de l'indigence, souscrire l'acte qui demande l'avilissement et l'esclavage des hommes qui les nourrissent?

Fortifiez-vous, citoyens généraux, dans la haine que vous avez jurée à cette nation féroce. Puisse le tigre altéré de sang, que les colons ont appelé comme leur sauveur et le restaurateur de leurs droits, revenir nous combattre! Sa présence rallumera l'incendie dans nos cœurs, et chacun de nos guerriers sentira tripler son audace; et si l'Italie fut le patrimoine des satellites d'un Corse, Haïti doit être leur tombeau.

Officiers généraux, en lisant cette pièce, criez: *aux armes!* et souvenez-vous que votre pays ne peut exister qu'en criant *aux armes !* de six mois en six mois[1].

Signé : Dessalines.

L'adresse des colons à leurs pareils avait été effectivement signée par quelques hommes de couleur au teint clair, et par des négocians des Etats-Unis établis dans le pays. Les uns et les autres auraient tremblé, si le gouverneur général n'avait pas eu la générosité de les excuser dans sa lettre et de les rassurer contre toute vengeance, dans le moment où elle s'exerçait sur une si large échelle. C'est après ces actes que nous venons de produire, que Dessalines se rendit au Cap, en passant par les Gonaïves.

A la mi-avril, le massacre *des hommes* ayant été exécuté sur tous les points, il ordonna celui *des femmes et de leurs enfans.*

M. Madiou assure qu'il répugnait à ces nouvelles vengeances auxquelles il n'avait pas même songé, et qu'il y fut entraîné par des infâmes qui les provoquèrent. Mais il ajoute avec raison : « Néanmoins, comme il (Dessa-
« lines) n'a pas opposé une résistance invincible à ces
« atroces suggestions, l'histoire ne peut le justifier. »

Cet ordre, d'une cruauté encore moins excusable que celle exercée sur les hommes, ayant été donné au Cap, il est probable que le souvenir des atrocités commises dans ce port, par Rochambeau, y aura contribué. C'est là que

---

[1] Dans ma jeunesse, j'ai entendu raconter qu'un nommé Laporte, ancien soldat de la 4e, saisit l'occasion de la présence de Dessalines aux Gonaïves, pour crier par toutes les rues : *Aux armes !* Pendant un instant la ville fut en émoi. On arrêta Laporte que Dessalines fit conduire devant lui : il le menaça de le faire fusiller. Mais Laporte lui répondit : « Il y a six mois qu'on n'a pas crié
« *aux armes !* Empereur, les autorités n'exécutent pas vos ordres. » Dessalines passa de la colère à une excessive gaîté, en complimentant Laporte.

furent noyés la femme et les enfans de Maurepas, celle de Paul Louverture et les siens, et bien d'autres femmes avec leurs maris. Il aura suffi du récit de ces crimes pour ranimer la fureur de Dessalines.

Quoi qu'il en soit, lorsqu'il fallut la mettre à exécution, on vit les soldats montrer une louable pitié pour ces êtres faibles ; leurs officiers éprouvaient le même sentiment. Mais le général Clervaux survint à la Fossette, où cette scène se passait, et les contraignit à être barbares : le sacrifice fut consommé sous ses yeux. On ne peut expliquer la part qu'il y prit lui-même, dit-on, en tuant *un enfant*, qu'en attribuant cet acte de férocité sauvage au désir de venger la mort de son frère Jacques Clervaux, que Leclerc fit noyer dans la rade du Cap avec les 1200 soldats de la 6e demi-brigade.

Au Port-au-Prince, ce fut le colonel Germain Frère qui se fit remarquer par son acharnement ; aux Cayes, ce furent le général Moreau, Bégon, Aoua et Tate, officiers de marine : dans ces deux villes, on noya la plupart de ces infortunées.

Mais au Port-de-Paix, le capitaine Alain et une foule de citoyens ; — au Port-au-Prince, le général Pétion et des femmes ; — aux Cayes, le général Geffrard, Voltaire et d'autres femmes ; — à Jérémie, le général Férou, Thomas Durocher, Théodat et Bergerac Trichet, Gaspard, capitaine du port : partout enfin, des êtres aussi sensibles que ceux-là, s'empressèrent de soustraire à la mort le plus qu'ils purent de femmes et d'enfans, qui acquirent ensuite la qualité d'*Haïtien*[1].

[1] Pétion ayant sauvé madame Campan, une très-belle femme, s'empressa de la faire sortir de sa maison et embarquer sur un navire, pour qu'on ne pût pas soupçonner qu'il avait abusé de cette infortunée. C'est un mérite de plus ajouté à sa bonne action.

Présumant de la parfaite exécution de ses ordres sur tous les points, le gouverneur général émet la proclamation suivante, rédigée par Juste Chanlatte.

Liberté,   Ou la Mort.

        J.-J. DESSALINES, gouverneur général,
            Aux habitans d'Haïti.

Des forfaits, jusqu'alors inouïs, faisaient frémir la nature, la mesure était à son comble..... Enfin, l'heure de la vengeance a sonné, et les implacables ennemis des droits de l'homme ont subi le châtiment dû à leurs crimes.

J'ai levé mon bras, trop longtemps retenu sur leurs têtes coupables. A ce signal, qu'un Dieu juste a provoqué, vos mains, saintement armées, ont porté la hache sur l'arbre antique de l'esclavage et des préjugés. En vain le temps, et surtout la politique infernale des Européens, l'avaient environné d'un triple airain; vous avez dépouillé son armure, vous l'avez placée sur votre cœur, pour devenir, comme vos ennemis naturels, *cruels, impitoyables*. Tel qu'un torrent débordé qui gronde, arrache, entraîne, votre fougue vengeresse a tout emporté dans son cours impétueux. Ainsi périsse tout tyran de l'innocence, tout oppresseur du genre humain!

Quoi donc! courbés depuis des siècles sous un joug de fer, jouets des passions des hommes, de leur injustice et des caprices du sort; victimes mutilées de la cupidité *des blancs français*, après avoir engraissé de nos sueurs ces sangsues insatiables, avec une patience, une résignation sans exemple, nous aurions encore vu cette horde sacrilège attenter à notre destruction, sans distinction *de sexe ni d'âge*; et nous, hommes sans énergie, sans vertu, sans délicatesse, nous n'aurions pas plongé dans leur sein nos bras désespérés! Quel est ce vil Haïtien, si peu digne de sa régénération, qui ne croit point avoir accompli les décrets éternels en exterminant ces tigres altérés de sang? S'il en est un, qu'il s'éloigne, la nature indignée le repousse de notre sein; qu'il aille cacher sa honte loin de ces lieux : l'air qu'on y respire n'est point fait pour ses organes grossiers; c'est l'air pur de la liberté, auguste et triomphante.

Oui, nous avons rendu à ces vrais cannibales *guerre pour guerre, crimes pour crimes, outrages pour outrages*. Oui, j'ai sauvé mon pays, j'ai vengé l'Amérique. Mon orgueil et ma gloire sont dans l'aveu que j'en fais à la face des mortels et des dieux. Qu'importe le jugement que prononceront sur moi les races contemporaines et futures? J'ai fait mon devoir, ma propre estime me reste, il me suffit. Mais, que dis-je? La conservation de mes malheureux frères, le témoignage de ma conscience, ne sont pas ma seule récompense; j'ai vu deux classes d'hommes nés pour s'aimer, s'entr'aider, se secourir, mêlées enfin et confondues ensemble, courir à la vengeance, se disputer les premiers coups.

Noirs et jaunes, que la duplicité raffinée des Européens a cherché si longtemps à diviser; vous qui ne faites aujourd'hui qu'un même tout, qu'une seule famille, n'en doutez pas, votre parfaite réconciliation avait besoin d'être scellée du sang de vos bourreaux. Mêmes calamités ont pesé sur vos têtes proscrites, même ardeur à frapper vos ennemis vous a signalés, même sort vous est réservé, mêmes intérêts doivent donc vous rendre à jamais unis, indivisibles, inséparables. Maintenez cette précieuse concorde, cette heureuse harmonie parmi vous; c'est le gage de votre bonheur, de votre salut, de vos succès; c'est le secret d'être invincibles.

Faut-il, pour resserrer ces nœuds, vous retracer le cours des atrocités commises contre notre espèce; le massacre de la population entière de cette île, médité dans le silence et le sangfroid du cabinet; l'exécution de ce projet, *à moi proposée sans pudeur* [1], et déjà entamée par les Français avec ce front calme et serein accoutumé à de pareils forfaits; la Guadeloupe saccagée et détruite; ses ruines encore fumantes du sang des enfans, des femmes et des vieillards passés au fil de l'épée; Pélage lui-même, victime de leur astuce, après avoir lâchement trahi son pays et ses frères; le brave et immortel Delgresse, emporté dans les airs avec les débris de son fort plutôt que d'accepter des fers? Guerrier magnanime! ton noble trépas, loin d'étonner notre courage, ne fait qu'irriter en nous la soif de te venger ou de te suivre. Rappellerai-je encore à votre souvenir les *trames* tout récemment ourdies à Jérémie; l'explosion terrible qui devait en résulter, malgré le pardon généreux accordé à ces êtres incorrigibles, à l'expulsion de l'armée française; leurs émissaires leur ont répondu à propos dans toutes les villes pour susciter une nouvelle guerre intestine; le sort déplorable de nos frères dé-

---

[1] Par le général Leclerc. Voyez les Mémoires de Boisrond Tonnerre.

portés en Europe ; enfin, le despotisme effroyable, précurseur de la mort, exercé à la Martinique? Infortunés Martiniquais! que ne puis-je voler à votre secours et briser vos fers! Hélas! un obstacle invincible nous sépare..... Mais peut-être une étincelle du feu qui nous embrâse jaillira dans votre âme ; peut-être, au bruit de cette commotion, réveillés en sursaut de votre léthargie, revendiquerez-vous, les armes à la main, vos droits sacrés et imprescriptibles.

Après l'exemple terrible que je viens de donner, que tôt ou tard la justice divine déchaîne sur la terre de ces âmes fortes, au-dessus des faiblesses du vulgaire, pour la perte et l'effroi des méchans, tremblez, tyrans, usurpateurs, fléaux du Nouveau-Monde ; nos poignards sont aiguisés, vos supplices sont prêts! Soixante mille hommes, équipés, aguerris, dociles à mes ordres, brûlent d'offrir un nouvel holocauste aux mânes de leurs frères égorgés. Qu'elle vienne, cette puissance assez folle pour oser m'attaquer! Déjà, à son approche, le génie irrité d'Haïti, sorti du sein des mers, apparaît ; son front menaçant soulève les flots, excite les tempêtes ; sa main puissante brise ou disperse les vaisseaux ; à sa voix redoutable, les lois de la nature obéissent; les maladies, la peste, la faim dévorante, l'incendie, le poison, volent à sa suite.... Mais pourquoi compter sur le secours du climat et des élémens? Ai-je donc oublié que je commande à des âmes peu communes, nourries dans l'adversité, dont l'audace s'irrite des obstacles, s'accroît par les dangers? Qu'elles viennent donc, ces cohortes homicides ; je les attends de pied ferme, d'un œil fixe. Je leur abandonne sans peine le rivage et la place où les villes ont existé ; mais malheur à celui qui s'approchera trop près des montagnes! Il vaudrait mieux pour lui que la mer l'eût englouti dans ses profonds abîmes, que d'être dévoré par la colère des enfans d'Haïti.

Guerre à mort aux tyrans! voilà ma devise ; *liberté, indépendance!* voilà notre cri de ralliement.

Généraux, officiers, soldats ; peu semblable à celui qui m'a précédé, à l'ex-général Toussaint Louverture, j'ai été fidèle à la promesse que je vous ai faite en prenant les armes contre la tyrannie : et tant qu'un reste de souffle m'animera, je le tiendrai, ce serment : *Jamais aucun colon ni Européen ne mettra le pied sur ce territoire à titre de maître ou de propriétaire.* Cette résolution sera désormais la base fondamentale de notre constitution.

Que d'autres chefs, après moi, creusent leur tombeau et celui de leurs semblables, en tenant une conduite diamétralement opposée à la mienne ; vous n'en accuserez que la loi inévitable du destin qui m'aura enlevé au bonheur et au salut de mes concitoyens. Mais, puissent mes successeurs suivre la marche que je leur aurai tracée ! C'est le système le plus propre à consolider leur puissance : c'est le plus digne hommage qu'ils pourront rendre à ma mémoire.

Comme il répugne à mon caractère et à ma dignité de punir quelques innocens des fautes de leurs semblables, *une poignée de blancs*, recommandables par la religion qu'ils ont toujours professée, qui, d'ailleurs, ont prêté serment de vivre avec nous dans les bois, a éprouvé ma clémence. J'ordonne que le glaive les respecte, et qu'on ne porte aucune atteinte à leurs travaux ni à leur conservation.

Je recommande de nouveau, et j'ordonne à tous les généraux de départemens, commandans d'arrondissemens et de places, d'accorder secours, encouragement et protection aux nations neutres et amies qui voudront établir avec cette île des relations commerciales.

Fait au quartier-général du Cap, le 28 avril 1804, an 1er de l'indépendance.

Signé : Dessalines.

Pour copie conforme : le Secrétaire général,
Signé : Juste Chanlatte

De même que Boisrond Tonnerre, Juste Chanlatte, aussi violent que lui, interpréta parfaitement les sentimens qui animaient le chef d'Haïti. Dans la proclamation du 1er janvier, c'est le cri de la vengeance qui domine ; dans celle du 28 avril, c'est la vengeance satisfaite qui se glorifie elle-même !

On ne peut le nier cependant, l'un et l'autre acte n'exprimaient que des vérités senties par la nation tout entière. Le régime colonial, toujours si oppressif pour la race noire, avait poussé les choses à un tel point en 1802 et 1803, qu'il fallait nécessairement que la race blanche disparût du sol où elle avait commis tant de crimes ; mais son expulsion eût été suffisante.

Ce résultat, même avec ses conséquences qui font frémir le cœur humain, fut vainement annoncé par Raynal à tous les Européens, lorsqu'il leur disait plus de trente ans auparavant : « Il ne manque aux nègres *qu'un chef* « *assez courageux* pour les conduire *à la vengeance et* « *au carnage.* Où est-il, *ce grand homme* que la nature « *doit* à ses enfans vexés, opprimés, tourmentés ? Où est-« il ? *Il paraîtra, n'en doutons point, il se montrera, il* « *lèvera l'étendard sacré de la Liberté.* Ce signe vénéra-« ble rassemblera autour de lui les compagnons de son « infortune. Plus impétueux que les torrens, ils laisse-« ront partout *les traces ineffaçables de leur juste res-* « *sentiment... Les champs américains s'enivreront avec* « *transport d'un sang qu'ils attendaient depuis si long-* « *temps, et les ossemens de tant d'infortunés, entassés de-* « *puis trois siècles, tressailliront de joie...* »

Et après cet écrivain à l'âme ardente, un autre dont la sagacité a été déjà remarquée, disait aussi, à propos surtout de Saint-Domingue : « Une *révolution* dans vos « colonies ! mais une révolution dans vos colonies se-« rait *l'indépendance,* c'est-à-dire l'anéantissement. Une « révolution y serait *un changement de domination* : elle « ferait rentrer *tous les esclaves* dans la jouissance *de* « *leur liberté, tous les hommes de couleur* dans l'exercice « inouï, mais peu durable, *de leurs droits politiques ;* « et *tous les blancs, proscrits par cette insurrection iné-* « *vitable, dépouillés de leurs propriétés, esclaves de leurs* « *esclaves, n'auraient plus à opter qu'entre l'émigration,* « *la servitude ou la mort...* » [1]

La France, de même que les colons, avait donc reçu

---

[1] L'abbé Maury. Voyez t. 1er de cet ouvrage, p. 175.

des avertissemens salutaires! Les faits survenus en 1791, par la perversité des contre-révolutionnaires *européens*, étaient encore plus éloquens ; et lorsque l'ancienne métropole seconda les vues liberticides de ses colons pour restaurer le régime aboli par elle-même, elle devait s'attendre à ce résultat inévitable, d'après l'*exemple* tracé par ses cruels agents.

On peut dire aussi que Dessalines fut le vrai SPARTACUS moderne annoncé par Raynal : il a été *ce chef courageux* qui a conduit sa race *à la vengeance et au carnage, pour assouvir son juste ressentiment.* Dans le langage qu'il tient à ses concitoyens et au monde entier, on reconnaît la conviction d'une âme fortement trempée. Il se persuade qu'il a rempli son devoir envers son pays : son orgueil et sa gloire sont dans l'aveu qu'il en fait ! Il s'inquiète peu du jugement qui sera porté sur lui !...

Nous *expliquons*, nous ne *justifions* pas ses actes de cruelle vengeance. Mais ce sentiment, que réprouvent également la religion, la morale et la vraie politique, est-il donc inconnu *à la race blanche?* Si l'on fouillait dans son histoire de tous les temps, ne pourrait-on pas lui opposer ses propres actes, ses représailles sanglantes commises sur des hommes de la même race, surtout aux époques où les lumières étaient peu répandues ? Qu'y a-t-il donc d'étonnant de la part d'un chef et d'une nation de la race noire, lorsqu'ils se sont portés à de semblables fureurs, *provoquées* par une entreprise coupable contre leurs droits, par l'astuce et la violence ?[1]

Eh quoi ! en dépeuplant les Antilles, les Européens

---

[1] « Richelieu avait semé *la vengeance avec le sang* ; c'est la suite naturelle « *de toute terreur...* » — Lamartine, à propos des factions qui se renouvelèrent sous la minorité de Louis XIV.

avaient exercé durant trois siècles l'infâme traite des Noirs, pour y transporter ces infortunés et en faire *des esclaves* ; et là, les contraignant à des travaux pénibles, les fouettant, les mutilant, les tourmentant incessamment par les moyens les plus atroces, ils auraient encore espéré que ces hommes, leurs égaux devant Dieu, ne trouveraient jamais parmi eux un vengeur de tous les crimes commis dans ces contrées !

Et qu'on n'oublie pas que, lorsque ces terribles représailles s'accomplissaient dans la partie occidentale d'Haïti, une garnison de troupes françaises occupait la partie orientale, menaçant la population qui venait de se soustraire à la domination de la France, et pouvant en recevoir des secours d'un instant à l'autre [1].

Toutefois, nous le répétons, dans l'intérêt même de notre pays : nous eussions aimé à n'avoir à enregistrer, qu'un acte de générosité magnanime envers les Français restés au pouvoir de notre gouvernement national. En les expulsant du pays, il n'aurait eu à craindre aucune défection en faveur de la France, de la part de quelque portion que ce soit du peuple haïtien ; car, l'indépendance était admise par tous les citoyens, comme la seule mesure conservatrice de leur liberté. Un tel acte eût acquis à cette jeune nation toutes les sympathies, sinon des gouvernemens étrangers, du moins des peuples soumis à leur autorité. L'opinion, qui gouverne le monde, eût plaidé notre cause au tribunal de l'équité universelle, et les préjugés coloniaux n'auraient pas été ravivés contre les hommes de notre race, tandis qu'ils ont pris *prétexte* de nos fureurs après le triomphe de nos droits, pour éloigner

---

[1] On lira un arrêté du général Ferrand, on verra qu'il reçut des renforts.

autant que possible la juste reconnaissance de notre indépendance. Les philantropes eux-mêmes, ces amis de l'humanité qui avaient tant écrit en faveur de la race noire, se sont vu reprocher leurs nobles efforts pour obtenir au moins un adoucissement à son malheureux sort.

D'un autre côté, notre régime *intérieur* se fût ressenti de cette générosité envers nos oppresseurs, tandis qu'il a revêtu aussitôt un caractère *de violence* dont la progression rapide a poussé le peuple au sacrifice du chef qui avait tant mérité de sa gratitude, par l'énergie, la fermeté et le dévouement qu'il montra dans la guerre de l'indépendance.

Tout dépend, en effet, *des principes* qui servent de base à une nationalité naissante. Si celui qui préside à la formation d'un jeune peuple le lance, dès cet instant, dans une voie contraire aux saines maximes *de la morale*, il s'expose lui-même à périr victime de ses propres déviations à cet ordre sacré qui, seul, conserve les sociétés humaines. Il entrave le développement de la civilisation de celle qui s'est fondée sous ses auspices, de sa prospérité, de son bonheur ; et par sa faute, il amoindrit la gloire qu'il a justement acquise par ses efforts patriotiques.

Loin de nous, cependant, l'intention de ravir à la mémoire de Dessalines le droit qu'il a à la reconnaissance nationale, pour l'énergie qu'il a montrée dans notre lutte contre l'armée française ; car il y a longtemps déjà que nous lui avons reconnu le titre glorieux *de Libérateur d'Haïti*,[1] titre fondé sur ses éminens services militaires.

---

[1] Géographie d'Haïti, publiée en 1832, p. 22.

Tous les pays, tous les peuples du monde savent honorer de pareils services [1].

Loin de nous également l'idée de répudier *la solidarité* invoquée contre *tous les Haïtiens,* pour les actes barbares qui ont signalé l'établissement de notre souveraineté politique. Si nous profitons des avantages qu'elle a consacrés en notre faveur, nous devons accepter aussi avec fierté *la responsabilité* qui découle de ces actes ; et nous ne comprendrions pas *la lâcheté* d'un Haïtien qui penserait autrement.

Mais, à notre point de vue d'historien, il est aussi de notre devoir de faire remarquer ce qu'il y a eu de contraire aux droits de l'humanité, et de très-fâcheux pour notre pays, dans la fureur de Dessalines ; car il a donné une déplorable impulsion aux idées qui ont prévalu durant son administration.

Quant à la disposition de la proclamation du 28 avril, qui excluait *les colons et n'importe quel Européen,* c'est-à-dire *tous les blancs,* du droit *de cité et de propriété* en Haïti, — disposition qui est devenue effectivement la base fondamentale de toutes les constitutions successives du pays, — nous en avons déjà déduit les motifs, inspirés par la sûreté publique. La population indigène avait eu à lutter contre les colons, les Anglais, les Espagnols et les Français ; elle devait tout redouter de leur part. Pouvait-elle excepter de cette exclusion, les Anglo-Américains, les Portugais, les Danois, les Hollandais, etc.,

---

[1] Depuis 1843, il y a eu plusieurs actes rendus par divers gouvernemens, pour réhabiliter et honorer la mémoire de Dessalines, comme fondateur de l'Indépendance d'Haïti. — La France a honoré les services militaires de Rochambeau, en gravant son nom sur le bel arc de triomphe de l'Etoile, parmi ceux de toutes ses illustrations guerrières, et elle a bien fait. Haïti doit honorer aussi son Héros.

qui, tous, possédaient aussi *des esclaves* de la race noire ? C'eût été une absurdité.

Les seuls blancs préservés de la vengeance nationale, et auxquels des lettres de naturalité furent délivrées, devinrent *citoyens* du nouvel Etat, et conséquemment *propriétaires*. Cette exception restreinte était commandée par la justice, du moment que leur utilité était reconnue, dans l'intérêt de la société haïtienne. Mais par-là même, Dessalines admit que la présence d'un certain nombre *de blancs* n'était pas *incompatible* avec l'existence politique de son pays: il laissait nécessairement *au temps* à décider de cette question vitale ; car, tout dictateur qu'il fût, il ne pouvait *enchaîner* la volonté nationale à une époque plus ou moins éloignée.

Quelle a été donc la cause du maintien de cette disposition, si amèrement reprochée au peuple haïtien par les étrangers de toutes les nations? Uniquement la conduite de leurs gouvernemens respectifs envers ce jeune peuple. Lequel d'entre eux s'est intéressé assez à son sort, pour reconnaître *formellement* la validité de ses droits, la légitimité de son indépendance et de sa souveraineté, avant que la France elle-même se fût décidée à prononcer sur cette question ? Aucun ! Malgré leurs intérêts commerciaux qui trouvaient satisfaction dans leurs relations avec Haïti, ils ont tous sacrifié *aux préjugés de race*, nés du régime colonial. Haïti devait conserver *ses préventions politiques*, à leur exemple [1].

---

[1] Et la France, que n'a-t-elle pas fait pour essayer de restaurer son autorité à Haïti, avant de se décider à reconnaître son indépendance ! Toutes ces tentatives furent autant de motifs pour porter Haïti à persévérer dans ses préventions.

" Lorsque, par le traité du 30 mai 1814, fut stipulée la restitution de plu-

Est-ce que ces préventions n'existaient pas aussi dans l'esprit *des colons* de Saint-Domingue, longtemps avant la révolution de 1789, à l'égard *des étrangers*, Européens comme eux ? Dans notre 1er livre, nous avons signalé leurs opinions manifestées par Hilliard d'Auberteuil, l'un d'entre eux [1]. Si leur égoïsme les portait à repousser *leurs semblables* du sol de cette colonie, combien à plus forte raison, notre existence politique nous commandait impérativement des précautions à cet égard ? [2]

Les temps sont changés, sans doute : la plupart des hommes de la race noire dans les colonies des Antilles, jouissent aujourd'hui de la plénitude de leurs droits naturels, à l'ombre des lois de leurs métropoles. C'est à Haïti

---

« sieurs de nos colonies, de la part des puissances qui les possédaient alors, « rien de semblable ne put avoir lieu pour la partie française de l'île de Saint-« Domingue, qui n'était au pouvoir d'aucune de ces puissances ; mais elles « reconnurent au roi de France *le droit* de ramener sous son obéissance la « population de cette colonie, *même par la voie des armes*, et l'engagement « fut pris par elles *de n'y point mettre obstacle*, sous la réserve néanmoins « que leurs sujets pourraient continuer à faire le commerce dans les ports de « l'île, qui ne seraient ni occupés ni attaqués par les troupes françaises.

« Telles furent les conditions, *tant patentes que secrètes*, mises à cette « époque au rétablissement des droits de la France sur Saint-Domingue.....

« Le gouvernement, *avant d'employer la force*, dut essayer *tous les moyens « possibles* de ramener *à l'obéissance* les habitans de l'île. *Les diverses ten-« tatives* qui furent faites n'aboutirent à rien pendant longtemps.....» »

(Extrait du discours de M. de Villèle, à la chambre des députés, en 1826.)

[1] Voyez le 1er vol. de cet ouvrage, p. 35 et 36.

[2] En parlant de Sierra-Leone, fondé sur les côtes d'Afrique par *des Européens* philantropes, Henri Grégoire dit dans son ouvrage sur la *Littérature des Nègres*, page 170 :

« Un des articles *constitutifs* de cet établissement *exclut les Européens*, « dont en général on redoute *l'influence corruptrice*, et n'y admet que les « agents de la compagnie. »

Les Noirs d'Haïti pouvaient donc exclure aussi les blancs de leur société naissante, leur refuser aussi le droit d'être propriétaires. En Turquie, en Angleterre, aucun étranger ne peut être propriétaire.

« Même celles qui eurent lieu sous les auspices de la Religion Catholique ! Un Evêque fut nommé et envoyé à Haïti dans ce but.

d'apprécier si, dans l'intérêt de sa civilisation, du développement de son industrie, de sa prospérité, il ne conviendrait pas *de modifier* l'exclusion primitivement portée contre les blancs, de manière *à profiter de leur coopération, sans nuire néanmoins à sa sécurité.* Une telle question ne peut être examinée ici.

C'est en avril que le jeune Chancy, neveu de Toussaint Louverture, arriva aux Cayes où il avait encore des parens. Il avait réussi à s'échapper d'Ajaccio, sur un navire des Etats-Unis, et du continent américain il se rendit dans sa patrie, et fut bien accueilli par le général Geffrard. Mandé aussitôt à Marchand, il reçut mission du général Moreau de rapporter à Dessalines, que Geffrard avait facilité l'évasion de plusieurs Français. A son passage au Port-au-Prince, il reçut un accueil distingué de Pétion ; et jugeant qu'il était prudent de ne pas retourner aux Cayes pour être employé auprès de Geffrard, contre lequel le gouverneur général était dès lors prévenu, il sollicita de servir auprès de Pétion : ce qu'il obtint. On verra que le choix de cet intéressant jeune homme ne l'empêcha pas de subir une triste destinée.

CHAPITRE III.

Le général Nugent, gouverneur de la Jamaïque, ouvre des négociations avec Dessalines, sur les bases des conventions prises avec Toussaint Louverture, en lui envoyant des indigènes prisonniers. — Projet de convention non accepté par Nugent : reconnaissance tacite de l'indépendance d'Haïti, par la Grande-Bretagne. — L'amiral Duckworth notifie l'intention de capturer les navires haïtiens qui seront rencontrés hors des eaux de l'île. — Dessalines n'y souscrit point et promet de respecter les possessions britanniques. — Il envoie à la Jamaïque, 160 Polonais pour être acheminés en Europe.—Nugent les renvoie à Haïti. — Régime administratif. — Quelques faits du général Ferrand. — Proclamation aux habitans de *la partie espagnole*. — Les Français s'emparent de Saint-Yague où se porte le général Toussaint Brave qui ne l'occupe pas. — Les Français y retournent et s'établissent dans le Cibao. — Nouvelle parvenue à Haïti, de l'élévation du Premier Consul à la dignité impériale.—Dessalines se décide aussi à prendre le titre d'*Empereur d'Haïti*. — Actes à ce sujet et réflexions y relatives.

Durant la guerre de l'indépendance, à mesure que les indigènes conquéraient les villes du littoral, les navires de commerce des États-Unis, ceux de la Jamaïque et des îles danoises et hollandaises s'empressaient d'y venir, pour échanger les produits étrangers contr   ix du sol d'Haïti que la population récoltait malgré la   re. Après l'évacuation du Cap, ces navires continu   t encore mieux à fréquenter les ports, et ce trafic le   tait aussi avantageux qu'au pays, dans le dénûment   il était de toutes choses. Jusque-là, ce n'était que le f   de spéculations entreprises par des particuliers, — le   ommerce, ce grand véhicule de la civilisation, ce lien de rapprochement entre les peuples, ne s'embarrassant point de questions politiques, pourvu qu'il trouve profit et sécurité.

Le premier gouvernement qui essaya d'entrer en négociations avec Haïti fut celui de la Grande-Bretagne. Lorsqu'il déchira le traité de paix d'Amiens, l'insurrection des indigènes avait déjà fait des progrès considérables ; il en prévoyait le but, il le sut ensuite, et il put calculer que sous la pression de ses vaisseaux, l'armée française serait expulsée de Saint-Domingue. Il est donc vraisemblable qu'il envoya des instructions à ce sujet au général Nugent, gouverneur de la Jamaïque ; car, dans le courant *de janvier*, ce gouverneur expédia un sieur Edouard Corbet auprès de Dessalines.

Afin de disposer favorablement le chef d'Haïti aux ouvertures qu'il lui faisait, il lui envoya 34 de ses nationaux qui avaient été faits prisonniers parmi des Français, en lui promettant de lui en envoyer d'autres. Corbet était chargé de faire un traité ou convention, reposant sur les bases de celle conclue en 1798 à la Pointe-Bourgeoise, entre le général Maitland et Toussaint Louverture, ou de renouveler les propositions de ce général, aux conférences des Gonaïves, en 1799, et tendantes à obtenir pour la Grande-Bretagne *le commerce exclusif* de l'île et une sorte de *protectorat*. On se rappelle que Toussaint Louverture s'était engagé à ne jamais rien entreprendre contre la Jamaïque, et avait consenti à ce que les navires de la colonie ne pussent voyager au-delà de 5 lieues de ses côtes. En compensation de ces restrictions proposées de nouveau, le gouverneur anglais promettait de faire garder les côtes d'Haïti contre toute entreprise de la part des Français.

Ces propositions prouvent que, malgré la déclaration faite dans la proclamation du 1er janvier, à l'égard des colonies voisines d'Haïti, les Anglais ne se fiaient pas à Dessalines dont ils connaissaient l'humeur guerrière, et qui avait refusé poliment leurs offres de concours contre les Français.

Mais Dessalines, en accueillant les indigènes renvoyés par le gouverneur de la Jamaïque, en le priant de lui expédier tous les autres qu'il aurait en son pouvoir, ne consentit pas à toutes ses propositions. Sa déclaration spontanée, qu'il ne troublerait point le repos des colonies voisines, sa judicieuse crainte de se brouiller avec les Anglais ou tous autres neutres dont il recherchait la considération, devaient suffire à ce gouverneur ; et à l'égard des navires haïtiens, de guerre ou de commerce, il ne pouvait s'interdire à lui-même, comme chef d'un pays indépendant, la faculté de les faire voyager au-delà de son littoral. Déjà, les Français réfugiés à Saint-Yague de Cuba, avaient armé des corsaires qui nuisaient au cabotage haïtien ; ceux de l'Est d'Haïti pouvaient en faire autant, et il eût été absurde de s'interdire le droit de les faire poursuivre par les gardes-côtes de l'État.

L'envoyé anglais repartit pour la Jamaïque avec une lettre de Dessalines où il disait au gouverneur Nugent :

« M. Corbet a reçu de moi l'accueil distingué et favo-
« rable auquel il devait nécessairement s'attendre. Quoi-
« que je le crusse muni *de pouvoirs* assez amples pour con-
« clure définitivement avec moi un *traité* réciproquement
« avantageux, il a pensé devoir l'apporter *à la sanction*
« de Votre Excellence [1]. L'amitié d'un gouvernement aussi

---

[1] Dans l'Histoire d'Haïti, par Placide Justin, écrite sur des notes fournies par Sir James Barskett, il est dit, page 412 : que dans ce projet de traité, Des-

« puissant que le vôtre m'est trop précieuse, pour que je
« ne saisisse pas toutes les occasions de la cimenter.
« Sensible *aux désirs* du Roi, votre maître, de répondre
« *à mes attentions* par des considérations particulières,
« il ne dépendra pas de moi que notre amitié et notre
« bonne intelligence ne soient jamais interrompues..... »

La dernière phrase de cette lettre prouve que le gouverneur de la Jamaïque avait fait ces ouvertures, au nom et par ordre du gouvernement britannique ; et les bases d'un traité ayant été posées entre Corbet et le chef d'Haïti, quoique l'Anglais n'ait pas voulu ou pu conclure définitivement, il ne s'ensuit pas moins que ce fut, de la part de la Grande-Bretagne, une reconnaissance *tacite* de notre indépendance nationale ; car en faisant cette démarche, le général Nugent savait bien qu'elle avait été proclamée. La Grande-Bretagne n'avait, en effet, qu'à admettre *le fait accompli* ; il ne lui appartenait pas, non plus qu'à toute autre puissance, — la France exceptée, — de discuter *le droit* des Haïtiens à se constituer indépendans.

Le général Nugent n'approuva pas le projet d'arrangement convenu entre son envoyé et le gouverneur général d'Haïti. Le 31 janvier, il renvoya Corbet avec une lettre où il exprimait son regret à cet égard, en disant à Dessalines, que l'amiral Duckworth lui ferait savoir quels

---

salines accordait à la Grande-Bretagne le privilége exclusif de la traite des Noirs à Haïti, c'est-à-dire de leur vente, pour en faire *des soldats* et non *des esclaves*. Dessalines disait, pour s'excuser de vouloir ainsi favoriser la traite, qu'elle n'en serait pas moins faite par les blancs pour peupler les colonies, et qu'il valait mieux avoir les noirs à Haïti comme soldats. Mais ses propres soldats haïtiens et les cultivateurs ont été si maltraités par lui, qu'il n'est pas à présumer que les noirs sortant d'Afrique eussent été plus heureux : la plupart auraient été placés sur les habitations.

traitemens étaient réservés aux navires haïtiens. Cet amiral, étant en croisière dans les parages d'Haïti, lui notifia la clause comminatoire concernant ceux qui seraient rencontrés à plus de 5 lieues de ses côtes : il lui dit que, dans ce cas, les navires *légalement* expédiés seraient *capturés*, et que tous autres non munis de papiers *en forme* seraient considérés comme *pirates*.

C'était dicter *la loi du plus fort ;* car, *en droit*, les Anglais n'étaient pas fondés à imposer de telles conditions. La crainte même qu'ils éprouvaient de tout contact entre les Haïtiens et la race noire à la Jamaïque, n'était pas une excuse ; ils n'avaient qu'à défendre toutes relations avec cette île, de la part des Haïtiens, et à traiter en ennemis ceux qui enfreindraient cette défense. C'est ce que fit le gouvernement britannique lui-même, par un Ordre en conseil du mois de décembre 1808.

Le 31 mai, étant au Cap, Dessalines adressa une nouvelle lettre à Nugent, pour témoigner de ses dispositions à maintenir les bonnes relations existantes entre Haïti et la Grande-Bretagne, quoiqu'ils n'eussent pu s'entendre pour la conclusion d'un traité ; mais que son pays étant indépendant, il ne pouvait pas agir sur les erremens de Toussaint Louverture. Il sauvegarda ainsi la dignité nationale ; et dans ces circonstances, il fit encore une action qui l'honora.

Ces diverses communications avaient eu lieu par la frégate anglaise *le Tartare*, commandée par Perkins, *homme de couleur* natif de la Jamaïque, connu depuis longtemps à Haïti [1]. Perkins ayant trouvé Dessalines au

---

[1] Perkins avait servi comme capitaine de corsaires, dans la guerre que fit la Grande-Bretagne à ses colonies révoltées. La France les ayant soutenues, il avait fait beaucoup de mal aux habitans de la Grande-Anse. Après la paix de 1783,

Cap, consentit, sur sa proposition, à recevoir à bord de cette frégate, 160 Polonais qui avaient demandé la permission de quitter Haïti pour retourner en Europe. En les envoyant à la Jamaïque, Dessalines espérait qu'ayant au moins *pitié* de ces infortunés soldats, le gouverneur Nugent se fût prêté à leur procurer la satisfaction qu'ils sollicitaient. Mais ce gouverneur voulut qu'ils prissent service dans les troupes britanniques : sur leur refus péremptoire, afin de ne pas se trouver dans le cas d'agir contre la France, Nugent les fit ramener à Haïti, — « en exhor-
« tant Dessalines *de les chasser* du pays. Mais Dessalines
« lui répondit que ces Polonais étaient devenus *Haïtiens*,
« qu'il était le chef d'un peuple libre, et qu'il ne pouvait,
« par conséquent, contraindre *ses nationaux* à quitter
« le sol de la patrie [1]. »

C'était noblement répondre à la dureté et à la suggestion malveillante du gouverneur de la Jamaïque. Evidemment, le chef *noir* se montra supérieur, par ses sentimens, à l'officier général *blanc*. Et il s'agissait cependant de malheureux *Européens*, de ces intéressans soldats d'une vaillante nation qui, sous le brave Sobieski, acquit des droits à la reconnaissance de l'Europe, en la préservant de la barbarie des Turcs !...

Perkins vint cependant s'établir dans ce quartier où il résida jusqu'en 1792. Ayant trouvé moyen de procurer des munitions de guerre aux hommes de couleur et noirs libres révoltés contre les colons, ceux-ci l'arrêtèrent pour le faire juger prévôtalement; mais il fut réclamé à temps, comme sujet anglais, par le gouverneur de la Jamaïque, et relâché, parce que les colons tramaient en faveur de la Grande-Bretagne. (Voyez le rapport de Garran, t. 4, p. 124.) Perkins parvint au grade de capitaine de frégate, et l'on a déjà vu qu'il sauva des Français à Jérémie, en janvier 1804.

[1] Histoire d'Haïti, t. 3, p. 155. — J'ai connu à Paris plusieurs Polonais de distinction, auxquels j'ai fait savoir que Dessalines avait naturalisé Haïtiens, en considération des malheurs de la Pologne, tous ceux de leurs compatriotes qui furent faits prisonniers : ils ont été très-sensibles à ce témoignage de sympathie envers leur patrie.

Après l'éloge mérité, passons au blâme qui ne le fut pas moins.

Le régime administratif de cette dictature de trois années se dessinait déjà. L'affermage des biens domaniaux aux chefs militaires et aux employés supérieurs du pays, fit revivre le système de culture établi par Toussaint Louverture. Le cultivateur était contraint au travail de la terre, et « *jusqu'alors*, les inspecteurs de culture fai-
« saient *rarement passer aux verges ou au bâton*, le
« laboureur paresseux ou insubordonné que signalaient
« les gérants ou les chefs de section [1]. »

Cette assertion, vraie pour les premiers momens, indique néanmoins que dans la suite telle fut la condition normale de l'ouvrier des champs : condition qu'il partageait avec le soldat, quoique ce dernier fût chargé le plus souvent de l'exécution de ces mesures coercitives. L'un et l'autre recevaient encore de mauvais traitemens, selon le despotisme plus ou moins sévère des chefs militaires, dans les travaux extraordinaires nécessités par la construction des forteresses dans l'intérieur du pays. Henry Christophe surtout se distinguait parmi eux par ses rigueurs, à l'occasion du fort de Laferrière, devenu plus tard la fameuse citadelle *Henry* [2]. Si le cultivateur

---

[1] Hist. d'Haïti, t. 3, p. 161.

[2] Cette citadelle fut construite sur le plan dressé par Henri Barré, mulâtre, ingénieur en chef du Nord. Le nom de *Henry* qu'elle porta fut à cause de celui du général, et non de celui de l'officier du génie. Dans les montagnes du Port-au-Prince, Pétion traça le plan de 2 forts, l'un appelé *Jacques*, du nom du gouverneur général, l'autre, *Alexandre*, de son nom. Geffrard fit construire la citadelle des *Platons*, d'après le plan de l'ingénieur Morancy, homme de couleur. Dans les hauteurs de Léogane, il y eut le fort *Campan*, élevé sur l'habitation de ce nom ; dans celles de Jacmel, le fort du *Cap-Rouge*, nom de la montagne ; dans celles de l'Anse-à-Veau, le fort *Desbois*, du nom de l'habitation ; dans celles d'Aquin, le fort du *Bonnet Carré*, nom de la montagne ; enfin, dans celles de Jérémie, le fort *Marfranc*, du nom de

recevait *le quart brut* des denrées qu'il récoltait sur les propriétés rurales, très-souvent au gré des caprices du fermier tout-puissant, le soldat ne recevait point de solde ni habillement : on le rationnait en pain ou vivres du pays, et en salaisons importées par le commerce étranger; mais cela ne dura pas longtemps.

« Dans les administrations, en général, on mettait
« sans pudeur en pratique, le pillage, le vol, la fourberie
« et la contrebande. Chacun s'efforçait de faire fortune,
« par n'importe quel moyen [1]. »

Malheureux pays où l'on vit presque toujours pareilles choses, depuis les temps les plus reculés de l'établissement colonial ! On se rappelle, sans doute, ce que nous avons dit à ce sujet de la part de l'intègre intendant Barbé de Marbois, et de Toussaint Louverture qui qualifia les auteurs de tels scandales, de *maîtres voleurs* [2].

Le général Vernet, nommé ministre des finances en janvier, avait déjà donné, le 12 avril, quelques instructions aux agens de cette branche de service. Le 4 mai, se trouvant au Cap avec le gouverneur général, et « con-
« sidérant l'irrégularité qui existait dans leur comptabili-
« té, et la nécessité d'arrêter le commerce illicite et frau-
« duleux des cafés que faisaient les propriétaires, avides
« de gain, » disait-il, il fit publier de nouvelles instructions pour régler la comptabilité des administrateurs, afin qu'ils lui envoyassent tous les mois un état général de leurs opérations. Ces instructions furent approuvées par le gouverneur général, pour être exécutées jusqu'à ce

---

l'habitation. Le Port-de-Paix continua à avoir le fort des *Trois-Pavillons* élevé déjà dans ses montagnes.

[1] Hist. d'Haïti, t. 3, p. 162.
[2] Voyez tome 1er de cet ouvrage, p. 90, et tome 4, p. 390.

qu'il pût statuer définitivement sur les diverses branches de l'administration : elles divisaient les recettes, de même que les dépenses, en six chapitres.

Il y avait une chose plus simple à faire ; c'était de prescrire aux agents des finances, de suivre la même comptabilité qui avait été établie sous Toussaint Louverture, et qui était certainement bien réglée. Mais, comment le ministre eût-il pu rien comprendre en cette matière ? Il signait seulement son nom, ne sachant *ni lire ni écrire.* « C'était un vieillard plein de zèle, mais d'une « profonde ignorance [1]. » Il était donc inhabile à diriger le département important qui lui fut confié.

Vernet était sans doute un bon militaire, qui avait payé de sa personne en maintes occasions ; mais ce n'était pas là un titre à administrer les finances, surtout d'un Etat naissant après tant de bouleversemens politiques. En outre, le gouverneur général, en nommant un administrateur, un trésorier, etc., leur disait, avec son expérience des choses du pays, toujours pleine de franchise : « *Plumez la poule, mais prenez garde qu'elle ne « crie.* » C'était leur dire en d'autres termes : « Faites « vos affaires aux dépens du fisc, pourvu qu'il n'en ré- « sulte point un scandale public. » Avec une maxime financière aussi originale, il était impossible que la probité fût la règle de conduite des agents.

Aussi, Vastey, chef des bureaux du ministre, s'en prévalait-il pour *rançonner* tous les fournisseurs et tous ceux qui avaient affaire au ministère. C'était un homme instruit, mais d'une corruption que sa méchanceté seule égalait ; il faisait signer à Vernet ce qu'il voulait. Sa con-

---

[1] Hist. d'Haïti, t. 3, p. 160.

duite immorale influait nécessairement sur les autres fonctionnaires, du moins sur ceux qui avaient les mêmes principes que lui ; car il serait injuste de ne pas dire qu'il y avait d'honorables exceptions.

Dans les départemens, les finances étaient administrées par trois chefs principaux, hommes de capacité : c'étaient Ferrier, au Cap et pour le Nord ; Ogé (l'un des frères du martyr de 1791), au Port-au-Prince et pour les deux divisions de l'Ouest ; et F. Papalier, aux Cayes et pour le Sud. Excepté Ogé, qui conserva sa charge jusqu'à la fin de 1806, les deux autres furent remplacés plus tard [1]. Des administrateurs particuliers furent établis dans tous les ports ouverts, avec des trésoriers, des contrôleurs, des directeurs de douane, etc. : de fréquens changemens eurent lieu successivement parmi eux.

Entre les directeurs des domaines, on distinguait B. Inginac, d'une grande capacité, d'une extrême facilité pour le travail. Infatigable à la tâche, appuyé de l'estime du gouverneur général, il mit autant d'ordre que possible dans son administration. On lui reprochait seulement, peut-être avec raison, sa brusquerie dans la vérification des titres de propriété, à laquelle furent soumis tous les propriétaires, pour être envoyés en possession de leurs biens, afin de pouvoir constater ceux du domaine public : il se créa par la suite une foule d'ennemis, quand des mesures plus sévères furent prises à cet égard.

Etant au Cap, le gouverneur général eut connaissance des faits qui se passaient dans l'Est d'Haïti.

[1] Papalier était adjudant-général de l'état-major du Sud ; les finances lui furent confiées pour y donner une première direction. Cependant, il y fut laissé jusqu'au 1er janvier 1806 où il obtint de Dessalines de ne s'occuper que de ses fonctions militaires.

Le général Ferrand, excité par le massacre de ses compatriotes, publia des écrits outrageans pour le peuple haïtien, et surtout pour son chef ; il employa les prêtres à exalter la population soumise à ses ordres ; il établit des postes qui se reliaient entre eux depuis Hinche jusqu'à Neyba, et fit élever une espèce de redoute sur un monticule situé dans la route entre Saint-Jean et Azua, à peu de distance de la rivière de Petit-Yaque. Le colon Wiet, des Grands-Bois, qui avait évacué la Croix-des-Bouquets en septembre 1803, en eut le commandement spécial ; et dans sa présomption, que les faits ne justifièrent point en 1805, il appela cette position, forte par la nature des lieux, *le Tombeau des indigènes*, espérant sans doute qu'il y pourrait arrêter la marche de l'armée haïtienne, si elle se portait contre Santo-Domingo.

Il n'en fallut pas davantage pour irriter Dessalines. Le 8 mai, il publia une proclamation adressée « aux habi« tans de la partie espagnole ; » en voici un extrait :

A peine l'armée française a-t-elle été expulsée, que vous vous êtes empressés de reconnaître mon autorité ; par un mouvement libre et spontané de votre cœur, vous vous êtes rangés sous mon obéissance. Plus porté à la prospérité qu'à la ruine de la patrie que vous habitez, j'ai accueilli favorablement cet hommage. Dès ce moment, je vous ai considérés comme mes enfans, et ma loyauté pour vous ne s'est pas démentie. Pour plus grande preuve de ma sollicitude paternelle, dans les endroits soumis à mon pouvoir, je n'ai préposé pour chefs que des hommes pris et choisis dans votre sein..... *Espagnols*, réfléchissez..... Les torts des Français appartiennent-ils *aux Espagnols ?*.... Abjurez une erreur qui vous est si funeste, rompez tout pacte avec mon ennemi, si vous voulez que *votre sang* ne soit pas confondu avec le sien. Nommez-moi bien vite la partie *de votre territoire* sur laquelle mes premiers coups doivent être portés, ou instruisez-moi si je dois frapper indistinctement sur tous les points. Je vous donne *quinze jours*, à dater de la notification de la présente proclamation, pour me faire parvenir vos dernières intentions et vous rallier sous mes étendards..... En un mot, vous savez ce que je puis, ce que j'ose : songez à votre salut. Recevez ici *la promesse sacrée* que je fais, de ne rien entreprendre contre votre sûreté personnelle ni contre vos intérêts, si vous saisissez cette occasion de vous montrer *dignes d'être admis au nombre des enfans d'Haïti.*

Cette proclamation était aussi mal conçue que mal rédigée : elle fut l'œuvre de J. Chanlatte, d'un esprit aussi extravagant que celui de B. Tonnerre. En traitant ces habitans d'*Espagnols*, c'était leur dire qu'ils étaient tout-à-fait *étrangers* au peuple qui venait de proclamer l'indépendance de toute l'île d'Haïti pour ne former qu'un seul État. La grande majorité de ces habitans étant de race africaine, il fallait au contraire leur tenir un langage *fraternel* et non menaçant ; c'était se poser *en conquérant*, et le ton de cet acte se ressentait de cette disposition ; il contenait des expressions injurieuses autant qu'impolitiques. Leur dicter un délai de quinze jours pour se soumettre, c'était une absurdité, en présence des troupes françaises qui les contenaient et des habitans blancs qui avaient la haute main dans la direction des esprits. Et comment ces derniers pouvaient-ils avoir confiance *dans la promesse sacrée* de ne rien entreprendre contre leur vie et leurs propriétés, après tant de promesses violées ? *En politique*, tout porte son fruit, la violence comme la modération. Les antécédens de Dessalines étaient d'ailleurs assez connus, et il venait récemment d'y ajouter.

Les habitans du Cibao seuls s'étaient soumis à son autorité, en envoyant au Cap, en décembre 1803, une députation de trois d'entre eux ; mais on a déjà vu qu'il avait commis la faute de leur imposer une contribution de cent mille piastres, qu'ils avaient payée par crainte d'une invasion immédiate. La crainte n'assure point l'autorité. Ces habitans étaient mécontens. C. Thabarrès, l'un des députés, mulâtre natif de cette partie, avait reçu le commandement de Saint-Yague ; n'ayant pas de troupe haïtienne avec lui, il avait formé un bataillon, composé d'anciens esclaves noirs et mulâtres pris sur les habitations : ce qui mécontenta de nouveau les propriétaires.

Le général Ferrand, sachant cela, envoya l'adjudant-commandant Deveau à la tête d'une centaine de soldats européens qui se recrutèrent en route des mécontens ; il surprit Thabarrès et s'empara de Saint-Yague, le 14 mai. A cette nouvelle, le général Toussaint Brave eut ordre de se porter contre cette ville d'où Deveau s'enfuit précipitamment à son approche, avec la plupart des habitans. Le 26 mai, le général haïtien y entra ; mais il l'abandonna et retourna au Fort-Liberté, emmenant avec lui Thabarrès et son bataillon. Sans doute, il avait reconnu que les sentimens des populations du Cibao étaient hostiles au pouvoir de Dessalines.

Deveau ne tarda pas à revenir à Saint-Yague ; mais, loin de protéger les habitans, il organisa le pillage de leurs propriétés. Ses exactions furent telles, qu'ils se soulevèrent contre lui, le firent prisonnier et le renvoyèrent à Ferrand, en lui demandant un autre chef. Ce général fut assez adroit pour nommer *un noir* de la Véga, nommé Serapio Reynoso : celui-ci rallia les habitans et toute la population aux Français. Ferrand nomma d'autres chefs pour les autres villes ou bourgs de ce département, qui échappa ainsi au pouvoir de Dessalines, parce qu'il n'avait pas employé des moyens convenables.

Pendant que ces faits se passaient dans l'Est d'Haïti, à l'avantage de la France, — en France il s'en passait un qui devait réagir sur Haïti : le 18 mai, le Premier Consul Bonaparte fut élevé à la dignité d'*Empereur des Français*. Cet événement important ne fut connu à Haïti que dans les premiers jours du mois d'août. Il y occasionna une grande émotion, d'après la lettre qui suit, adressée par Dessalines à Pétion :

> Au quartier-général de Laville, le 8 août 1804.
> Le gouverneur général, au général Pétion.
>
> Citoyen général,
>
> D'après différentes gazettes que je viens de recevoir, et que je vais livrer à l'impression pour que tout le monde en ait une entière connaissance, j'apprends que Bonaparte s'est fait nommer *Empereur des Français*. Comme il est plus que probable *qu'en cette qualité*, il provoquera *la réunion des autres puissances* contre ce pays, il convient d'activer de plus fort les travaux des fortifications, afin de bien recevoir nos ennemis ; et, pour parvenir à ce but, on relèvera les travailleurs le samedi afin que l'ouvrage se fasse le dimanche, à l'instar des autres jours. Je vous prie de faire accélérer la confection des affûts de canons qui sont destinés au camp de Marchand ; et si j'éprouve du retard à les recevoir et qu'il arrive quelque fâcheux accident, c'est à vous que je m'en prendrai.
>
> Je vous salue avec amitié,
>
> Signé : Dessalines.

C'était étrangement s'abuser que de croire, que le rétablissement de la monarchie en France, devait assurer la paix entre elle et la Grande-Bretagne : la guerre entre ces deux puissances avait d'autres causes que le régime républicain, et sans la paix entre elles, Haïti n'avait rien à redouter. Mais, ce qu'il y eut de réel à la suite de cette espèce de panique, c'est que l'entourage de Dessalines lui suggéra l'idée, s'il ne la conçut pas lui-même, de prendre aussi le titre d'*Empereur d'Haïti*.

Il était sans doute facile de lui démontrer que celui de gouverneur général rappelait les anciennes relations du pays avec la France, qu'il ne convenait pas au chef d'Haïti ; et alors, Dessalines ne pouvait qu'agréer ce nouveau titre, pour prouver qu'il se considérait l'*égal* de Bonaparte, titre qui devint ainsi une mesure purement *politique*, par rapport à la France, pour donner plus de poids à l'indépendance. Il se peut aussi que son amour-propre ait été flatté de ce titre pompeux, et qu'il ait cru augmenter *la stabilité* de son pouvoir en le prenant. Les chefs se font souvent de telles illusions ; et les considérations énumérées à ce sujet, à l'occasion de l'érection de l'empire français, ont dû influer sur son esprit.

D'ailleurs, notre indépendance de la France pouvait-elle nous soustraire à toute idée d'*imitation* de ce qui se passerait en ce pays-là ? En dépit de la proclamation du 1er janvier, tout portait encore parmi nous l'*empreinte française*, et c'était tout naturel ; car un peuple nouveau ne peut pas rompre entièrement avec son passé. Nous croyons donc qu'avant d'avoir reçu ces nouvelles d'Europe, personne ne dut songer à ce titre en faveur de Dessalines, pas plus qu'à celui de *président*, et encore moins à *une constitution démocratique*, ainsi que l'avance M. Madiou[1]. Les esprits les plus sages, par cela même qu'ils étaient sages, ne pouvaient s'imaginer qu'une telle constitution fût possible avec un chef comme Dessalines.

Mais les officiers de son état-major, ses secrétaires qui l'inspiraient, durent entrevoir pour eux-mêmes toute une auréole *de noblesse personnelle*, avec les titres de *prince, duc, marquis, comte, baron, chevalier*, et les croix et

---

[1] Hist. d'Haïti. t. 3, p. 168.

décorations attachées à ces titres, en apprenant que ces qualités avaient été aussi restaurées en France : de là leur activité à pousser Dessalines à prendre la dignité impériale.

Quant à lui personnellement, de la manière qu'il a institué son empire, il a prouvé un bon sens admirable; car en prenant le titre d'Empereur, il n'a voulu évidemment qu'enlever à la France l'espoir que celui de Gouverneur général eût pu lui laisser encore, de voir revenir la population d'Haïti sur la mesure de l'indépendance ; il s'y est déterminé, dès qu'on lui eut démontré l'inconvenance du titre qu'il avait pris le 1er janvier. La preuve que cette idée dominait dans son esprit, c'est que, lorsque ensuite on voulut qu'il créât *une noblesse*, il répondit judicieusement : *Je suis le seul noble en Haïti.*

Et cependant, il était un homme du Nord, où l'esprit aristocratique avait toujours eu plus d'influence. C'est qu'apparemment, il pensait qu'un empereur *électif* n'était que *le premier magistrat* de son pays [1]; qu'un jeune peuple qui avait tant combattu pour avoir la jouissance *de la liberté et de l'égalité*, ne devait pas, à la naissance de son indépendance, s'égarer au point de compromettre son avenir, en adoptant une institution (celle de la noblesse) qui eût créé l'*inégalité des conditions*.

La seule inégalité qu'il admettait volontiers était attachée aux grades militaires [2]; et au fait, il se montra *plus républicain* que son entourage, même en conservant le droit de choisir son successeur parmi les généraux de l'armée ; en disant, comme on le verra bientôt,

---

[1] C'est la définition qu'en donna la constitution impériale de 1805.
[2] Voyez l'article 3 de la constitution impériale.

que dans ce choix *il n'aurait jamais égard à l'ancienneté*, bien que ce principe eût été établi par Toussaint Louverture. S'il avait voulu faire consacrer *l'hérédité* de la dignité impériale dans sa famille, qui eût pu l'en empêcher? Il ne le fit pas, parce qu'il se considérait comme le premier, le plus haut placé *parmi ses égaux*, pour diriger les affaires de son pays; peut-être aussi, parce qu'il pensait que cette hérédité n'eût été qu'une chimère.

D'ailleurs, était-il raisonnable que lui et les généraux de notre armée nationale, se crussent tellement supérieurs à leurs soldats, à leurs concitoyens, qu'ils pourraient instituer en leur faveur et en faveur de leurs familles, *les priviléges* inhérents à l'hérédité, à la noblesse? N'était-ce pas *contre les priviléges* de la race blanche qu'on s'était armé, qu'on avait combattu pour acquérir *le droit* d'être *les égaux* de ces hommes? Et à peine on les avait vaincus et expulsés du pays, on aurait restauré ces inégalités! C'eût été pire qu'une injustice, — une vraie trahison envers la nation.

Dessalines se montra donc conséquent avec tous *les principes* qui nous avaient dirigés dans nos révolutions, en adoptant le titre d'Empereur qui, dans la situation des choses, avait le double mérite d'être une mesure propre à fortifier la déclaration de notre indépendance, et de rappeler un fait historique, — celui du peuple romain déférant un titre semblable à Jules César, lorsqu'il se fit nommer *dictateur perpétuel*. Dessalines ne pouvait pas être autre chose ; son autorité ne pouvait pas être limitée par une constitution quelconque. On verra qu'il ne respecta pas celle qu'il *octroya*.

Cette résolution une fois prise, il ne restait plus qu'à adopter le mode le plus convenable de déférer le titre nouveau au chef du pays. C'était naturellement aux généraux de l'armée à manifester *leur vœu* à cet égard, comme ils avaient paru avoir consacré celui de gouverneur général. En les réunissant en assemblée, l'apparence de la légalité fût restée à cet acte ; mais on a vu, par la lettre adressée à Pétion, et probablement à tous les autres, que leur présence dans leurs commandemens respectifs devenait urgente pour activer les travaux des fortifications. On adopta donc un autre mode : un acte revêtu de leurs signatures, prises isolément et sans délibération préalable entre eux, pouvait atteindre le but ; il fut rédigé. Trois copies en furent faites : l'une pour la division du Nord, l'autre pour la 1re division de l'Ouest (l'Artibonite), et la troisième pour la 2e division et la division du Sud.

Le 14 août, le gouverneur général adressa à Pétion la lettre suivante, qui fut probablement analogue à celles adressées à H. Christophe et à Gabart ; car il paraît qu'il n'écrivit pas à Geffrard.

Le gouverneur général, au général Pétion.

J'expédie près de vous, mon cher général, un de mes aides de camp porteur *d'une pièce qui demande votre signature, si vous le jugez à propos. Vous la ferez signer* par les généraux et chefs de corps de votre division [1].

---

[1] M. Madiou prétend que cette pièce était « *une pétition* par laquelle *le peuple* et l'armée demandaient que *la forme* du gouvernement *fût changée*, et que le titre d'Empereur fût donné au Gouverneur général ». T. 3, p. 169. Mais dans cette lettre, il n'est pas question de *peuple*. Nous pensons que la pièce dont il s'agit était celle qu'on va lire ci-après, l'acte même qui déférait ce nouveau titre. Et d'ailleurs, la forme du gouvernement ne changeait pas pour cela ; le gouvernement impérial ne fut toujours *qu'une dictature militaire* : il ne fut pas non plus *une monarchie*, comme le dit M. Madiou (t. 3, p. 175). Une monarchie est nécessairement accompagnée de la noblesse. La

Cela fait, mon aide de camp restera près de vous au Port-au-Prince. Vous enverrez un des vôtres au général Jean-Louis François qui, *après avoir signé et fait signer* les officiers supérieurs de sa garnison, enverra ce paquet au général Geffrard par un de ses aides de camp : le vôtre restera à Aquin pour attendre son retour.

Vous écrirez au général Magloire de se rendre à Léogane, pour qu'au retour de votre aide de camp il puisse signer ladite pièce.

Je ne fais pas réunir les officiers généraux dans ce moment, parce que leur présence est trop utile dans leurs commandemens pour activer les travaux des fortifications.

Vous ordonnerez à tous les commandans des lieux où passera votre aide de camp, de lui fournir autant de montures qu'il en aura besoin, en raison de sa mission. *Il faut que dans dix jours je reçoive le paquet ici.*

J'ai l'honneur de vous saluer,

Signé : DESSALINES.*

Cette lettre avait au moins le mérite de la franchise d'un ordre dictatorial. Une seule chose la dépare, — c'est la faculté qu'elle semblait laisser à Pétion de ne pas signer la pièce dont s'agit, après lui avoir dit qu'elle *demandait* sa signature, c'est-à-dire qu'elle *l'exigeait* ; mais tout le reste lui disait assez qu'il n'y avait point à délibérer. Le secrétaire qui ajouta cette expression facultative connaissait sans doute les sentimens républicains de Pétion ; mais il n'appréciait pas assez son caractère politique. L'homme qui était resté *impassible* à la lecture de l'arrêté de Leclerc, relatif à la déportation de Rigaud, qui avait toujours eu une physionomie calme en présence de ce capitaine-général, n'était pas susceptible de commettre *une faute* aussi grossière, que de refuser sa signature en une telle occurrence. La pièce envoyée par le futur

---

* constitution de 1805 ne qualifia point les enfans de l'empereur, de *princes* ou *princesses*. Son épouse seule fut qualifiée d'*Impératrice*.

empereur fut signée comme il le désirait. Qu'importait à Pétion, non plus qu'à Jean-Louis François et à Geffrard, ce titre nouveau et éclatant en la personne du chef de l'Etat? Il n'allait pas accroître *sa puissance*, il ne pouvait commander *à l'avenir* qui restait toujours un secret connu de Dieu seul.

Il semble, d'après cette lettre qui assignait un délai de dix jours pour que la pièce revînt des Cayes, que ni Gérin qui était à l'Anse-à-Veau, ni Férou qui se trouvait à Jérémie, n'y concoururent pas. Il aurait fallu, en effet, un plus long délai; et le gouverneur général était trop actif en toutes choses pour attendre si longtemps [1].

Voici, enfin, cet acte qui avait l'apparence de la volonté et des désirs des généraux, interprétant le vœu populaire:

Nous, Généraux de l'armée d'Haïti,

Désirant consacrer, par un acte solennel, le vœu de notre cœur, et répondre à la volonté fortement prononcée du peuple d'Haïti;

Persuadés que l'autorité suprême *ne veut point de partage*, et que l'intérêt du pays exige que *les rênes de l'administration* soient remises entre les mains de celui qui réunit la confiance, l'affection et l'amour de ses concitoyens;

Bien convaincus, par une cruelle expérience et par l'histoire des nations, qu'un peuple ne peut être convenablement gouverné *que par un seul*, et que celui-là mérite *la préférence*, qui, par ses services, son influence et ses talens, a su consolider l'édifice de notre indépendance et de notre liberté;

Considérant qu'après une longue série de malheurs et de vicissitudes, il convient d'assurer la garantie et la sûreté des citoyens d'une manière immuable et irrévocable, et que le plus sûr moyen d'atteindre ce but est de décerner au seul chef capable de représenter et de

---

[1] M. Madiou affirme que plusieurs des généraux n'en ont jamais signé *l'original*, quoique leurs noms aient été portés dans l'acte imprimé. T. 3, p. 171.

gouverner dignement la nation, un titre auguste et sacré qui *concentre* en lui les forces de l'Etat, qui en impose au dehors, et qui soit au dedans le gage de la tranquillité ;

Considérant que le titre de *Gouverneur général*, décerné *au citoyen* JEAN-JACQUES DESSALINES, ne remplit pas d'une manière satisfaisante le vœu général, puisqu'il suppose un pouvoir secondaire, dépendant d'une autorité étrangère dont nous avons à jamais secoué le joug ;

Sans avoir plus longtemps égard *au refus constant et obstiné du citoyen* JEAN-JACQUES DESSALINES, *d'accepter une puissance* que le peuple et l'armée lui avaient déléguée *dès l'époque* où notre indépendance a été proclamée, puisque ce refus contrarie les intérêts, la volonté et le bonheur du pays ;

Déférons au *citoyen* JEAN-JACQUES DESSALINES le titre d'*Empereur d'Haïti*, et le droit de choisir et de nommer son successeur.

Désirons que cette expression *libre* de nos cœurs et *déjà provoquée par le peuple*, soit offerte *à sa sanction*, sous le plus bref délai, et reçoive sa prompte et entière exécution *par un décret du sénat* qui sera extraordinairement convoqué à cet effet.

Cet acte n'aurait dû avoir que le seul considérant relatif au titre de *gouverneur général*, parce que c'était là le seul motif raisonnable à donner pour justifier celui d'empereur.

Mais les secrétaires de Dessalines, J. Chanlatte et B. Tonnerre surtout, qui voulaient rester omnipotens sur son esprit, malheureusement peu éclairé, en glissant les deux autres considérans sur la nécessité *de ne point admettre de partage* dans son autorité suprême, de la *concentrer* en ses mains seules, avaient pour but *d'écarter de ses conseils*, pour l'administration du pays, les généraux de l'armée considérés, dès janvier, comme des conseillers d'État. Ils insinuaient ainsi, dans l'esprit de Dessalines, une défiance contre toute prétention des généraux à cet égard ; et, d'un autre côté, ils créaient un juste mécontentement de la part des généraux. Que devaient penser ces derniers, en recevant l'injonction de signer cet acte, sans délibération entre eux, et à plus forte raison ceux qui ne furent pas admis *à l'honneur* de le signer, mais dont les noms furent portés dans l'imprimé?

Le paragraphe relatif *au refus constant et obstiné* de Dessalines, *d'accepter une puissance* dont le titre d'Empereur serait l'expression, était une fausse assertion que démentait *la dictature* dont il était revêtu depuis l'acte du 1er janvier, puisqu'il avait le droit de faire des lois, de déclarer la guerre, de faire la paix et de choisir et de nommer son successeur, et qu'il était lui-même nommé à vie, que les généraux avaient déclaré que son autorité était *la seule* qu'ils reconnaîtraient.

Le fait est, qu'on voulait paraître n'avoir pas imité ce qui se passa en France; mais on a eu beau faire, on en a donné la preuve dans cet acte, en parlant *d'une sanction par le peuple*, de la convocation *d'un sénat* (qui n'existait pas), afin de rendre *un décret* qui eût exécuté la volonté populaire. N'était-ce pas ainsi qu'on avait, ou à peu près, procédé en France? Ce *sénat* ne pouvait être que l'assemblée des généraux, conseillers d'État.

Aussi, adopta-t-on dans ces vues une idée bizarre: c'était de *supposer* les généraux réunis au Port-au-Prince, le 25 janvier, *d'antidater* ainsi l'acte rédigé au mois d'août. Or, le gouverneur général était bien dans cette ville à la fin de janvier; mais en quittant les Gonaïves, les généraux étaient retournés à leurs commandemens respectifs.

Enfin, l'acte rédigé à Marchand, envoyé dans les départemens, y retourna à la fin du mois d'août revêtu des signatures, comme le gouverneur général l'avait *ordonné*.

Les journaux étrangers ayant fait savoir que le couronnement de l'Empereur des Français aurait lieu en décembre, il fut jugé convenable de couronner l'Empereur d'Haïti plus tôt, et cette cérémonie fut fixée au 8 octobre. Il n'y avait pas lieu de l'attendre pour porter le titre nouveau.

Le 2 septembre, l'Empereur se fit acclamer par son état-major et la 4e demi-brigade, son ancien corps, toujours sa troupe de prédilection, où se trouvaient beaucoup de jeunes hommes : il y eut enthousiasme, vrai ou feint, de la part de tous ceux qui étaient présens à Marchand.

L'acte prétendu du 25 janvier fut alors imprimé, portant les noms de tous les généraux seulement. Un autre avait été préparé, comme réponse du chef de l'État au vœu qui lui était manifesté; il fut aussi imprimé. Le voici :

Le gouverneur général,
Aux généraux de l'armée et aux autorités civiles et militaires, organes du peuple.

Citoyens,

Si quelque considération justifie à mes yeux le titre auguste que votre confiance me décerne, ce n'est que mon zèle, sans doute, à veiller au salut de l'Empire, et ma volonté à consolider notre entreprise : entreprise qui donnera de nous, aux nations les moins amies de la liberté, non l'opinion d'un ramas d'esclaves, mais celle d'hommes qui *prédilectent* leur indépendance au préjudice de cette considération que les puissances n'accordent jamais aux peuples qui, comme nous, sont les artisans de leur propre liberté, qui n'ont pas eu besoin de mendier des services étrangers pour briser l'idole à laquelle nous sacrifiions.

Cette idole, comme Saturne, dévorait ses enfans, et nous l'avons foulée aux pieds. Mais n'effaçons pas ces souvenirs; rappelons ce que la récence de nos infortunes a imprimé dans nos âmes; ils seront des préservatifs contre les surprises de nos ennemis, et nous prémuniront contre toute idée d'indulgence à leur égard. Si les passions sobres forment les hommes communs, les semi-mesures arrêtent la marche rapide des révolutions.

Puis donc que vous avez jugé qu'il était de l'intérêt de l'Etat que j'occupasse le rang auquel vous m'avez élevé, en m'imposant ce nouveau fardeau, je ne contracte aucune nouvelle obligation envers mon pays; dès longtemps je lui ai fait tous les sacrifices. Mais je sens qu'un devoir plus grand, plus saint, me lie; je sens, dis-je, que je dois conduire rapidement cette entreprise à son but, et, *par des lois sages*, mais *indulgentes pour nos mœurs*, faire que chaque citoyen marche dans sa liberté sans nuire aux droits des autres, et sans blesser l'autorité qui veille au bonheur de tous.

En acceptant enfin ce fardeau aussi onéreux qu'honorable, c'est me charger de la somme *du bien ou du mal qui résultera de mon administration*. Mais n'oubliez pas que c'est dans les temps les plus orageux que vous me confiez le gouvernement du vaisseau de l'Etat.

Je suis soldat, la guerre fut toujours mon partage, et tant que l'acharnement, la barbarie et l'avarice de nos ennemis les porteront sur nos rivages, je justifierai votre choix; et combattant à votre tête, je prouverai que le titre de votre général sera toujours honorable pour moi.

Le rang suprême auquel vous m'élevez m'apprend que je suis devenu *le père de mes concitoyens* dont j'étais le défenseur; mais que le père d'une famille de guerriers ne laisse jamais reposer son épée, s'il veut transmettre sa bienveillance à ses descendans et les apprivoiser avec les combats.

C'est à vous, généraux et militaires, qui monterez après moi au rang suprême, que je m'adresse. *Heureux de pouvoir transmettre mon autorité à ceux qui ont versé leur sang pour la patrie, je renonce, oui, je renonce formellement à l'usage injuste de faire passer ma puissance à ma famille.*

Je n'aurai jamais égard *à l'ancienneté*, quand les qualités requises pour bien gouverner ne se trouveront pas réunies dans le sujet. Souvent la tête qui recèle le feu bouillant de la jeunesse contribue plus efficacement au bonheur de son pays, que la tête froide et expérimentée du vieillard qui temporise dans les momens où la témérité seule est de saison.

C'est à ces conditions que je suis votre Empereur, et malheur à celui qui portera sur les degrés d'un trône élevé par la reconnaissance de son peuple, *d'autres sentimens que ceux d'un père de famille!*

Au quartier-général de Dessalines, le 15 février 1804.

Signé : DESSALINES.

Par le gouverneur général,
L'adjudant-général, signé : Boisrond-Tonnerre.

On reconnaît le style de B. Tonnerre dans cet acte, comme celui de J. Chanlatte dans l'autre portant les noms des généraux [1].

Cette acceptation fut *antidatée* ainsi que la nomination, et par le même motif, — pour prouver qu'on n'avait pas marché sur les traces de la France. A quoi bon tant de précautions? Est-ce qu'Haïti n'avait pas *le droit* d'avoir aussi *son Empereur*? Cet acte supposa le gouverneur général à Dessalines ou Marchand, le 15 février, tandis qu'il était alors aux Cayes; et jusqu'au 1er septembre, il signait toujours d'après cette qualification. N'est-ce pas plutôt à ses secrétaires qu'à lui-même, qu'il faut reprocher un procédé aussi absurde? Tout doit être sérieux, réfléchi, de la part d'un gouvernement.

Ce fut encore une faute plus grave commise par le rédacteur de cet acte, que d'avoir inséré le paragraphe relatif au choix que pourrait faire l'empereur de son successeur, parmi les jeunes généraux. Cette déclaration porta H. Christophe à devenir aussitôt hostile à Dessalines. C'était poser un nouveau principe, contraire à celui

---

[1] En créant le verbe *prédilecter*, Boisrond Tonnerre semble avoir voulu, par ce néologisme, proclamer *son indépendance* de l'Académie française. Au reste, il n'est pas le seul Haïtien qui soit dans ce cas; notre langage barbare le prouve bien.

établi par Toussaint Louverture, et auquel les militaires tiennent beaucoup. Dessalines lui-même avait jalousé Charles Bélair, parce qu'on pensait qu'après la mort de Moïse, le vieux gouverneur de Saint-Domingue avait des vues sur ce jeune général. Il fallait donc l'engager à ne pas exprimer cette pensée, le convaincre du danger qu'il y aurait à mécontenter, non-seulement H. Christophe, mais tous les autres généraux les plus anciens ; lui dire de réserver cette intention intérieurement, mais de ne pas la manifester.

Lorsqu'un homme éclairé sert auprès d'un chef qui l'est moins que lui, il doit à son supérieur un dévouement entier pour lui inspirer des idées salutaires. Mais B. Tonnerre était trop passionné, trop ambitieux lui-même, pour pouvoir être un homme habile en politique : or, la politique commandait cette réserve de la part de Dessalines, à moins d'admettre qu'il voulût par là créer *une rivalité* entre les généraux, en excitant l'ambition des plus jeunes : ce qui présentait encore un danger sérieux ; car un tel machiavélisme ne pouvait pas réussir lorsque d'ailleurs, par l'acte de sa nomination, il était évident qu'il allait enlever à tous les généraux, les prérogatives que leur donnait le titre de conseillers d'État.

Il est plus probable qu'il y avait *franchise* dans cette déclaration de Dessalines, quand on considère par quel motif il a repoussé l'idée de la création d'une noblesse dans son empire ; mais cette franchise était une imprudence. En effet, parmi les généraux de la création de Toussaint Louverture, de l'ancien parti de l'empereur, H. Christophe avait le plus de prétentions à lui succéder ; il était certainement *moins ancien* que Clervaux, mais celui-ci était déjà frappé d'une maladie qui faisait prévoir sa fin prochaine, et Vernet était trop vieux, trop incapable, pour nourrir une telle prétention. Il n'y avait donc que H. Christophe qui pût aspirer au trône impérial, d'après le principe de l'ancienneté établi en 1801 ; et quelque temps après, il fut nommé *général en chef* de l'armée ; mais le principe nouveau n'en subsista pas moins, et l'on verra qu'il produisit de mauvais fruits pour Dessalines.

Un programme du couronnement de l'empereur fut imprimé, pour le lieu où cette cérémonie se serait effectuée ; on l'expédia aux généraux, afin de solenniser son avénement dans toutes les villes, le 8 octobre. L'acte de sa nomination et celui de son acceptation furent envoyés en même temps, mais avec ordre de n'ouvrir cette dépêche que le 8 octobre.

Il semble que la cérémonie du couronnement a été *simulée* partout, d'après le programme publié le 6 septembre au Port-au-Prince, par le général Pétion ; on y lit : « En arrivant au Champ de Mars, tous les tambours bat« tront une marche, et le cortège approchera d'un amphi« théâtre construit à cet effet. On lira, à haute et intelligi« ble voix, l'acte annonçant la nomination de l'Empereur. « Une salve d'artillerie, qui sera répétée par tous les « forts de la ville et par les bâtimens du port, suivra la « lecture de l'acte. Alors, la cérémonie du couronne« ment *se fera sur un trône* élevé au milieu de l'amphithéâ« tre, et environné *de tous les grands de l'Empire....* ¹ »

---

¹ Voyez le *Recueil des lois et actes* publiés par M. S. Linstant, t. 1ᵉʳ p. 31. M. Madiou cite un programme où l'on voit mentionner *un corps législatif* qui devait assister au couronnement. Hist. d'Haïti, t. 3, p. 174. Il faut alors convenir que les secrétaires de Dessalines s'inquiétaient peu d'être en désaccord avec la raison : tantôt ils parlaient d'un *sénat*, tantôt d'un *corps législatif*, tantôt encore *des grands de l'empire*, comme s'ils voulaient créer des difficultés pour les historiens à venir.

Mais, il y a lieu de croire que ce programme publié par Pétion n'était qu'une copie de celui qui lui fut adressé, — l'empereur, après son acclamation à Marchand, n'étant pas encore fixé sur la ville où il se ferait couronner ; car, autrement, on ne concevrait pas l'exécution d'un tel programme, au Port-au-Prince, en l'absence réelle *de l'élu du peuple et de l'armée*.

Ce fut au Cap qu'il se rendit pour cette cérémonie : elle eut lieu le 8 octobre, par les soins du général H. Christophe, bien capable d'y mettre toute la magnificence convenable. L'ancien curé Corneille Brelle, qui devait figurer un jour dans le couronnement de ce général devenu *Roi*, qui avait chanté tant de *Te Deum* pour Toussaint Louverture, en célébra un ce jour-là.

De brillantes fêtes terminèrent cette solennité au Cap, mieux encore que dans les autres villes de l'empire. Cette institution souriait à H. Christophe.

En définitive, la dignité impériale prise par Dessalines, reposait sur le principe *de la souveraineté nationale*, puisque l'acte portant les noms des généraux s'appuyait *sur la volonté du peuple*. En le qualifiant de *citoyen* dans cet acte, c'était donner à l'Empire toute la valeur d'une institution *républicaine*, — l'empereur ayant d'ailleurs déclaré qu'il renonçait *à l'hérédité* de sa puissance pour sa famille, qu'il la transmettrait à ceux qui avaient versé leur sang pour la patrie, et que même, dans le choix de son successeur, il n'aurait pas égard au principe de l'ancienneté militaire.

Les généraux, — moins *le prétendant*, — pouvaient donc rester satisfaits ; l'armée, qui aimait les qualités militaires de son chef redouté, avait autant de raison pour être aussi satisfaite, surtout *en espérant* qu'avec ce titre nouveau, il allait devenir *réellement un père pour elle*; le peuple, enfin, à qui il promettait *des lois sages, indulgentes pour ses mœurs*, devait participer de la satisfaction de ses compagnons d'armes.

Mais, malheureusement pour Haïti, le temps devait amener des mécomptes dans toutes ces espérances.

CHAPITRE IV.

Un envoyé des Etats-Unis vient offrir des approvisionnemens de guerre et assurer les relations commerciales de ce pays avec Haïti. — Lettre de l'amiral Duckworth à Dessalines. — Sa réponse et ses dispositions envers les Anglais. — Ordonnances sur la vente des marchandises importées et sur l'évasion des Haïtiens allant à l'étranger. — Ordonnance sur le recensement de la population des villes et bourgs, afin d'en expulser les cultivateurs des campagnes. — Régime établi à leur égard, et réflexions à ce sujet. — Cartes de sûreté. — Ordonnance sur l'affermage des biens domaniaux. — Convocation des généraux et des fonctionnaires publics à Marchand, pour solenniser l'anniversaire de la proclamation de l'indépendance nationale. — Ce que fait le général H. Christophe à cette occasion. — Arrêté provocateur du général Ferrand, ordonnant la capture des Haïtiens pour être faits *esclaves*, ou *vendus et déportés* du pays. — L'empereur se décide à marcher contre la partie de l'Est d'Haïti. — Mission de subversion envoyée à Haïti par le gouvernement français, dans la personne de Ducoudray et d'Etienne Mentor. — Examen de cette conduite. — Arrestation et exécution de Ducoudray. — E. Mentor arrive et dévoile sa mission à l'empereur qui le place dans son état-major. — Arrivée de plusieurs anciens officiers de Rigaud. — L'empereur se transporte dans l'Ouest. — Il veut faire fusiller David-Troy, le dégrade et le place soldat dans la 4e demi-brigade. — Le général Yayou est placé commandant de l'arrondissement de Léogane. — La campagne de l'Est est ouverte le 16 février. — L'armée haïtienne assiége Santo-Domingo. — Avis donné à l'empereur par des escadres françaises. — Des troupes françaises débarquent à Santo-Domingo. — Le siége en est levé. — Sort fait aux habitans de l'Est faits prisonniers. — Réflexions à ce sujet. — Adresse de l'empereur au peuple, à son retour à Marchand-Laville. — Les Français réoccupent les points abandonnés par les Haïtiens. — A. Franco de Médina à Saint-Yague.

Tandis que les secrétaires de Dessalines imaginaient

des alibi et des dates inutiles, pour donner le change à l'imitation évidente de ce qui avait eu lieu en France, la République fédérale des États-Unis, marchant sur les traces de la Grande-Bretagne, s'inquiétait peu de ce qu'on en pourrait penser ou dire : elle faisait une démarche auprès du chef d'Haïti, à l'imitation de son ancienne métropole. Le gouvernement de Washington n'avait pas ignoré que le gouverneur de la Jamaïque, autorisé par le sien, avait fait des ouvertures de négociations au commencement de l'année ; et prévoyant que c'était sans doute dans le but d'établir de bonnes relations commerciales avec le nouvel État qui venait de se constituer indépendant au milieu des Antilles, il jugea qu'il était de l'intérêt de son pays d'agir de la même manière, afin que la Grande-Bretagne ne s'emparât pas du monopole des affaires.

Un envoyé de ce gouvernement arriva aux Gonaïves, vers le 1er ou le 2 septembre, sur la frégate *le Connecticut*, avec mission de déclarer à Dessalines, que les États-Unis, dont les navires fréquentaient déjà les ports haïtiens, désiraient de continuer à entretenir ces relations, et qu'il était chargé de lui offrir tous les objets qui seraient à sa convenance, soit en poudre, armes, projectiles, drap, toiles ou habillemens confectionnés pour ses troupes. Le 4, le nouvel empereur était rendu dans cette ville où il accueillit l'envoyé américain. Le même jour, il adressa une lettre à Pétion, et probablement aussi aux autres chefs de département, pour lui annoncer l'objet de cette mission. Déjà, par ses ordres, Pétion avait contracté des marchés pour de semblables approvisionnemens de poudre, avec des citoyens des États-Unis, notamment Jacob Lewis, ancien officier dans la guerre de l'indépendance américaine ; et Gérin en avait acheté aussi dans le port d'Aquin. Tous les généraux, du reste, avaient été autorisés à se procurer ces articles de première nécessité, dans la situation où se trouvait le pays.

Ainsi, les Etats-Unis furent la seconde puissance étrangère qui entra en relations internationales avec Haïti. Pour eux, comme pour la Grande-Bretagne, *le fait* de l'indépendance y suffisait, leurs intérêts commerciaux n'ayant pas à discuter *le droit*. Peu importe *la forme* de ces relations, qu'elles aient ou non revêtu le caractère diplomatique : c'est aussi *le fait* qu'il faut examiner dans ces ouvertures. De nos jours encore, qu'importe à Haïti le dédain des Anglo-Américains qui s'étayent de leurs absurdes préjugés de couleur, pour ne pas reconnaître, suivant les formes admises dans le droit des gens, son existence politique datant déjà d'un demi-siècle ? Peuvent-ils *nier le fait* qu'ils ont reconnu dès 1804, guidés par cette passion pour le lucre dont ils sont possédés ?

A cette occasion, nous nous ressouvenons d'une idée tout-à-fait originale, exprimée par Dessalines. On vint lui rapporter que quelqu'un avait dit, qu'il était à craindre que les nations étrangères ne voulussent entretenir aucune relation avec Haïti, à cause des vengeances exercées sur les Français. Loin de se fâcher de cette opinion qu'il pouvait considérer comme la censure de sa conduite, il répondit : « Un tel ne connaît pas *les blancs*.
« Pendez *un blanc* au-dessus d'un plateau de la balance
« de la douane, et mettez *un sac de café* dans l'autre
« plateau : les autres *blancs* viendront acheter ce sac de
« café, sans porter aucune attention au cadavre de leur
« semblable. »

Ainsi, il s'inquiétait peu de la reconnaissance de l'indépendance de son pays, d'après les formes diplomatiques.

Le même jour que l'envoyé américain arrivait aux Gonaïves, le 2 septembre, l'amiral Duckworth adressait une lettre, de Port-Royal de la Jamaïque, au *capitaine-général* Dessalines. Cette lettre avait pour but de se plaindre de dispositions hostiles, disait-il, qu'avaient montrées les gardes-côtes haïtiens aux navires de guerre anglais qui croisaient autour d'Haïti, *pour protéger*, ajouta-t-il, son cabotage contre les corsaires français. Il lui rappelait, en outre, qu'ils avaient eu entre eux des communications à la suite desquelles ils étaient *à peu près convenus*, que Dessalines n'armerait point de bâtimens; et que ces faits étaient contraires *à ses promesses*.

Cette lettre fut apportée aux Gonaïves, le 18 septembre, par le capitaine Perkins, devenu en quelque sorte le messager obligé des autorités de la Jamaïque. N'y trouvant pas l'empereur, Perkins lui écrivit le 19, en le qualifiant de ce titre, pour lui transmettre la dépêche de son amiral, et ajoutant qu'il aurait bien des choses à lui communiquer de vive voix.

Mais Dessalines ne se dérangea pas de Marchand où il était en ce moment; il répondit poliment à Perkins, en lui envoyant sa réponse à l'amiral. Cette réponse, assez sèche, disait à ce dernier que, suivant les rapports qui lui avaient été faits, ses gardes-côtes avaient au contraire agi amicalement envers les navires anglais; qu'il les avait armés pour poursuivre les bâtimens ennemis qui avaient paru dans le golfe de l'Ouest ou canal de la Gonave; et qu'au surplus, il ne se rappelait pas être jamais convenu du contraire avec l'amiral. Il s'impatienta excessivement de ce qu'il considérait comme des importunités de la part des autorités de la Jamaïque, menaça publiquement de rompre toutes relations avec les Anglais, de leur fermer les ports d'Haïti : il était d'ailleurs piqué du titre de *capitaine-général* que lui avait donné Duckworth, qui semblait l'assimiler à Leclerc ou Rochambeau, justement dans le temps où il venait de prendre le même titre que le nouveau souverain de la France.

Les autorités de la Jamaïque se tinrent pour averties des dispositions manifestées par un chef qui érigeait, comme première défense de son pays, l'incendie des villes. Les gardes-côtes haïtiens continuèrent à naviguer autour de l'île, et les navires marchands de la marine britannique continuèrent leurs relations commerciales très-fructueuses : ce qui était préférable à des hostilités sans but.

D'autres faits survinrent en ce temps-là, qui irritèrent Dessalines contre *les étrangers*. Des capitaines de navires américains vendaient eux-mêmes aux marchands de seconde classe, en gros et en détail, les marchandises qu'ils importaient : ce qui fit crier les négocians consignataires, qui les accusèrent en outre d'opérer leur retour en numéraire au lieu d'acheter les denrées du pays. Il paraît aussi que quelques indigènes obscurs, hommes ou femmes *de couleur*, étaient partis clandestinement pour l'étranger, en prenant passage sur les navires des diverses nations.

Une première ordonnance, rendue au Cap le 15 octobre, fit défense, sous peine d'amende, à tous capitaines de navires étrangers de renouveler de telles ventes, en leur enjoignant de vendre leurs cargaisons à un ou plusieurs négocians réunis. Quant aux autres, une ordonnance du 22 du même mois les rendait passibles d'un *emprisonnement* de dix mois ; après quoi ils seraient renvoyés dans leur pays, avec défense de revenir en Haïti; leurs navires et cargaisons étaient *confiscables* au profit de l'État. Tout *indigène* pris en flagrant délit de tentative d'évasion du pays serait *fusillé* immédiatement.

Ces diverses dispositions étaient fondées sur la raison. Le commerce doit être réglé dans tout pays ; et les indigènes, quels qu'ils fussent, ne devaient pas abandonner, fuir leur pays, lorsque leur vie n'était menacée ni par le gouvernement ni par aucune faction perverse. Au contraire, le gouvernement avait donné des indemnités aux capitaines étrangers qui ramenaient des indigènes expatriés dans le cours de la révolution ; ces capitaines ne devaient donc favoriser la fuite d'aucun citoyen d'Haïti.

On ne peut dénier au gouvernement d'un pays quelconque, *le droit* de s'opposer à l'émigration de ses nationaux, en temps de guerre étrangère. Lorsque des troubles politiques menacent la sécurité des personnes, c'est différent ; un gouvernement sage et bienveillant doit excuser la fuite qui est souvent une nécessité impérieuse, qui peut être aussi le résultat de la faiblesse des âmes. C'est ce que fit Dessalines, en favorisant la rentrée dans le pays de cette foule d'individus que les événemens en avaient éloignés.

Trois jours après cette sévère ordonnance, une autre parut, le 25 octobre, prescrivant *le recensement* des habitans des villes, afin d'atteindre et d'en expulser ceux des campagnes (les cultivateurs) qui s'y réfugiaient. Voyons-en les motifs ci-après :

« Sa Majesté ayant jugé nécessaire, pour le bien pu-
« blic, de connaître la population des individus des deux
« sexes résidant actuellement dans les villes de son em-
« pire ;

« Considérant qu'une grande partie des habitans aban-
« donnent la campagne pour se réfugier dans les villes,
« sans nul moyen d'existence ;

« Considérant en outre que ces mêmes individus peu-
« vent devenir très-dangereux à la chose publique, par
« leur état de misère, soit en fomentant des troubles
« intérieurs, soit en cherchant à passer dans les pays
« étrangers, par la crainte des faux bruits que des mal-
« veillans répandent, notamment dans la ville du Cap ;

« Considérant enfin qu'il est très-urgent de prendre des
« mesures promptes et efficaces pour réprimer de tels
« abus ;

« Vu *les ordres réitérés* qui ont été donnés aux diffé-
« rens chefs, *de renvoyer à la culture* les personnes sans
« aveu, résidant dans les villes ; et d'après la négligence
« qu'ils y ont mise jusqu'à ce moment..... »

En conséquence de ces motifs, les commandans de place durent fournir dans le plus bref délai, des états de la population des villes ou bourgs. Ces états parvenus aux mains des généraux commandans d'arrondissemens ou de divisions, ceux-ci durent convoquer de suite en assemblée générale (revue sur la place publique), les personnes portées sur les états, afin de s'assurer de l'exactitude de ces documens ; et alors, celles qui seraient reconnues n'avoir point les moyens suffisans pour demeurer en ville, seraient renvoyées *à la culture*. Les particuliers des villes, ayant *des domestiques* à leur service, ne pouvaient conserver que le nombre strictement nécessaire, les autres, — sans nulle exception, — devant être renvoyés *à la culture* ; c'est-à-dire, pour cultiver la terre dans les campagnes.

On peut dire que cette ordonnance établissait *le niveau*

de l'égalité, entre les délinquans en fait d'émigration à l'étranger et ceux qui quittaient les campagnes pour se réfugier dans les villes ; car, à cette époque, les travaux de culture étaient si durement imposés, que cela équivalait presque à la peine de mort établie contre ceux qui tenteraient de s'expatrier.

« Pendant que les hauts fonctionnaires civils et mi-
« litaires se procuraient ainsi d'une manière rapide, une
« amélioration à leur position, *le peuple, surtout celui*
« *des campagnes, était tenu sous un régime de fer. Le*
« *travail forcé* était en pleine vigueur, et *le vol le plus*
« léger était le plus souvent *puni de mort*, selon le ca-
« *price des chefs militaires*. Le condamné était quelque-
« fois *exterminé sous la verge et le bâton*, par des soldats
« pris indistinctement dans les corps ; il n'y avait pas *de*
« *bourreau, et le soldat, par accident, en faisait l'office,*
« comme s'il eût rempli un service militaire [1]. »

Il n'y a rien que de vrai dans ce triste tableau ; mais le malheureux *soldat* lui-même était aussi exposé que le *cultivateur* des champs, que *l'habitant* des villes, à ces traitemens barbares. Les uns et les autres pouvaient donc apprécier, dans le même mois du couronnement de l'empereur, ce qu'ils avaient gagné déjà au nouveau régime qui avait suivi la déclaration de l'indépendance nationale.

« Déjà, Dessalines avait réuni à Marchand des som-
« mes importantes provenant tant des contributions qu'il
« avait établies sur les blancs avant leur massacre et des
« droits de douane, que du produit du quart de subven-
« tion à titre d'impôt territorial.... Sous Toussaint Lou-
« verture, *les caisses de l'État* étaient *celles du gouver-*
« *neur* ; sous Dessalines, elles étaient devenues *celles de*

[1] Hist. d'Haïti, t. 3, p. 182.

« *l'empereur.* Tant est funeste le mauvais exemple donné
« par un prédécesseur !... ¹ »

Toussaint Louverture, comme Dessalines, était un vrai dictateur, non pas dans le sens que l'entendaient les Romains, — pour dominer tous les pouvoirs de l'État dans une grande crise politique et sauver la chose publique ; — mais pour gouverner le pays selon leur volonté unique : de là l'idée que l'un et l'autre pouvaient avoir sur la libre disposition *des deniers publics*. Nous devons faire observer cependant, que l'administration du premier était plus régulière que celle de son lieutenant, que personnellement il ne disposait point de ces deniers à son profit ou à celui de ses favoris ; et cela résultait de ce qu'il avait plus de lumières que son successeur, qu'il n'avait pas des passions désordonnées comme lui ².

A l'égard des mesures coercitives prises contre les cultivateurs des campagnes, il était impossible que Dessalines ne continuât pas le même système, que lui surtout mettait à exécution sous son prédécesseur. Il n'était pas assez éclairé pour comprendre qu'on devait en finir avec le système colonial, renoncer au *travail forcé* auquel étaient assujétis ces malheureux. Ce pouvoir *militaire*, qui sauve un pays dans certaines circonstances où la guerre exige une autorité presque toujours arbitraire, a cela de fâcheux qu'il habitue *à la violence*, même dans un état de paix ou de tranquillité relative. *L'obéissance passive* prescrite aux inférieurs dans l'armée, fait naturellement penser qu'on doit l'exiger aussi du citoyen qui

¹ Hist. d'Haïti, t. 3, p. 183.
² Pamphile de Lacroix a accusé T. Louverture d'être même *parcimonieux*, en fait de deniers publics ; et au château de Joux, il a lui-même déclaré qu'il n'avait jamais touché ses appointemens, qu'il ne disposait point des fonds du trésor public pour donner à ses proches.

n'en fait pas partie. Il faut donc que le chef ait, non-seulement des lumières pour distinguer entre ces deux situations, mais qu'il ait aussi un caractère modéré et des sentimens humains.

Quelle était la cause de cet abandon des campagnes pour se réfugier dans les villes? En grande partie, *la rigueur* dont souffraient les cultivateurs sous les fermiers des biens du domaine, ceux-ci étant la plupart des chefs militaires, aussi despotes que l'empereur lui-même. Ces hommes produisaient, récoltaient les fruits de la terre, et ne recevaient pas, bien souvent, le prix de leur travail, *ce quart* des denrées décrété par la loi ou les ordonnances. Ils n'étaient pas propriétaires du fond, ils ne jouissaient pas de ce qui leur revenait, et ils étaient encore contraints *à un travail forcé*, comme sous les colons, par de mauvais traitemens : de là leur tendance à se réfugier dans les villes pour s'y soustraire. Sans doute, et nous ne le nions pas, il se trouvait parmi eux de vrais vagabonds qui recherchaient les moyens de se livrer mieux à ce vice de la fainéantise ; mais en général, ce n'était pas par ce motif qu'ils fuyaient les campagnes.

Par suite des ordonnances sur le recensement, le 7 décembre, une autre prescrivit la délivrance d'une *carte de sûreté* à toutes les personnes autorisées à rester dans les villes ou bourgs. C'était un nouveau moyen d'atteindre *les cultivateurs*, de les contraindre à se retirer dans la campagne.

Dans un pays essentiellement agricole, comme l'est Haïti, il eût été à désirer vivement que, dès cette époque, les classes supérieures de la société eussent pu tracer aux cultivateurs l'exemple du goût pour le séjour à la campagne, sur les biens qu'elles possédaient ou qu'elles tenaient du domaine à titre de ferme. Leur présence eût été d'un meilleur effet sur l'esprit des cultivateurs, que tous les règlemens de police, que toutes les mesures de contrainte et de rigueur employées contre cette classe utile *de véritables producteurs*. Mais les anciens propriétaires avaient perdu depuis quinze ans, par suite des révolutions, l'habitude de diriger eux-mêmes les travaux de la culture ; la plupart devenaient, depuis l'indépendance, des fonctionnaires publics dans les villes. Quant aux chefs militaires, également fonctionnaires ou retenus sous les drapeaux de leur corps, il ne leur était pas plus facile de séjourner sur les biens qu'ils tenaient à ferme. De là la nécessité de confier la direction des travaux agricoles, à d'anciens cultivateurs conducteurs d'ateliers sous les colons, devenus des gérants pour les propriétaires ou les fermiers : illettrés, habitués eux-mêmes dans l'ancien régime à voir employer la contrainte, à croire que c'était l'unique moyen de production, ils devaient y persévérer quand le gouvernement lui-même et ses officiers supérieurs, en général, étaient convaincus de l'efficacité de ce régime. Les officiers inspecteurs des cultures, ceux de la gendarmerie, ne pouvaient pas voir les choses d'un autre œil que leurs chefs supérieurs. Tous enfin étaient encore trop voisins du régime colonial, de celui de Toussaint Louverture qui l'avait restauré, de celui essayé sous Leclerc et Rochambeau, pour ne pas continuer ce système de violence. Qu'on joigne à ces habitudes du despotisme brutal, le peu de lumières répandues dans la société, et l'on s'expliquera aisément toutes ces mesures coercitives contre les cultivateurs.

Le 22 décembre, une ordonnance fut publiée sur le mode d'affermage des biens du domaine. Ils étaient donnés pour cinq ans, le prix du fermage se payait *en nature* ; mais en général ce prix était fort peu élevé. Après le payement du fermage, le fisc retenait, comme *quart de subvention* sur le reste des produits, *en café et coton*, 250 livres pesant pour chaque individu valide livré aux travaux agricoles, de 15 à 70 ans ; c'est-à-dire, qu'il était enjoint à chaque cultivateur, comme sous les colons, de produire 1000 livres de chacune de ces deux denrées. C'est dire aussi que dans les sucreries, adjugées la plupart aux chefs supérieurs, ces hommes devaient produire également comme dans l'ancien régime si détestable à tous égards.

Quant aux *guildiveries* existantes, appartenantes à l'État, elles étaient affermées *en argent* ; mais il fut *défendu d'en élever d'autres ou d'en établir de nouvelles* par des particuliers propriétaires, à moins d'obtenir préalablement *une permission spéciale* de l'empereur ou du ministre des finances. Il fut également *défendu d'exploiter le bois de campêche*. On verra ce qui suivit cette double défense.

Pendant que ces divers actes fixaient la condition des populations des campagnes, tous les généraux et leurs états-majors, tous les hauts fonctionnaires civils de l'empire s'acheminaient à Marchand, par ordre de l'empereur, pour s'y trouver le 1ᵉʳ janvier 1805 et solenniser le premier anniversaire de la déclaration de l'indépendance d'Haïti. C'était aussi une occasion toute favorable pour les réunir autour du chef qui venait d'être décoré de la pourpre impériale, pour consacrer en sa personne, par leur présence, l'autorité suprême dont il était revêtu. Dès les derniers jours de décembre, tous étaient rendus dans la nouvelle ville dont les constructions se poursuivaient avec activité depuis plusieurs mois. Ils furent accueillis gracieusement par l'empereur.

Le 1er janvier, une cérémonie en commémoration de celle qui avait eu lieu aux Gonaïves à pareil jour de 1804, se passa avec encore plus de pompe. Par ordre de l'empereur, Boisrond Tonnerre prononça un discours où il rappelait les crimes commis par les Français et la noble résolution qui avait armé la nation pour les combattre, les expulser du pays et proclamer son indépendance de la France. Le langage véhément dont il se servit excita l'âme ardente de l'empereur qui prononça de nouveau le serment « de vivre libre et indépendant, ou de mourir; » il fut répété avec enthousiasme par tous les généraux de l'empire, les fonctionnaires, les troupes et le peuple réunis autour du chef de l'Etat. Cette cérémonie inaugura la fête nationale de l'indépendance, où des discours devaient toujours rappeler au peuple, le devoir qu'il avait contracté envers lui-même et sa postérité, où le serment sacramentel devait longtemps se reproduire, jusqu'à ce qu'enfin l'indépendance et la souveraineté d'Haïti fussent solennellement reconnues par la France.

Ce fut le général de division H. Christophe qui commanda ce jour-là les manœuvres des troupes qui défilèrent devant l'empereur. Au moment de l'arrivée de l'empereur sur la place d'armes et près de l'autel de la patrie où il allait monter, Christophe commanda aux troupes de *s'agenouiller* pour lui présenter les armes ; ce fut désormais une règle établie, pour toute occasion où l'empereur paraîtrait devant un corps quelconque[1].

---

[1] Voyez Hist. d'Haïti, t. 3, p. 415 à 462, pour l'ensemble et les détails de cette fête.

Si le général Christophe, *moins ancien* que Clervaux *présent* en ce moment, se vit *préféré* et en quelque sorte *désigné* comme le successeur de l'empereur, on peut croire que, non-seulement il cherchait, par cette innovation insolite, à capter toute la bienveillance *du souverain*, mais qu'il avait l'intention *de prêcher pour sa paroisse future*. Christophe n'avait pu ignorer les insinuations faites par les Anglais à Toussaint Louverture, relativement au titre de *Roi*. Imbu des idées et des principes aristocratiques du Nord depuis qu'il était venu s'y fixer, après la campagne de Savannah ; d'un caractère orgueilleux qui le portait toujours à une grande magnificence ; ayant toute la hauteur et tout le ton de bonne compagnie nécessaires à un tel rôle ; d'un esprit éclairé quoique peu cultivé ; en voyant Dessalines prendre le titre d'*Empereur* et aspirant à lui succéder, il était naturel qu'il traçât dans cette circonstance, l'exemple de la soumission servile qu'il eût voulu pour lui-même et qu'il sut bien imposer par la suite. C'était d'ailleurs une manière de gagner l'affection et la confiance de celui qui avait déclaré solennellement que, dans le choix de son successeur, il n'aurait pas égard *à l'ancienneté*. Or, le désigner ce jour-là, à l'exclusion de Clervaux, pour lui rendre les honneurs militaires, c'était de la part de Dessalines, un commencement d'exécution de cette déclaration qui, d'un autre côté, avait fâché Christophe.

Le lendemain de la cérémonie, l'empereur fit visiter à ses nombreux invités à cette fête nationale, les travaux divers qui s'exécutaient sous ses yeux, et les fortifications détachées qui devaient défendre la ville impériale de *Dessalines*. L'établissement d'une manufacture à poudre commençait déjà. Mais, ce qui devait réussir plus promptement, avec sa volonté énergique et absolue, c'était la fondation d'une grande sucrerie avec toutes ses usines et une guildiverie pour la fabrication du tafia ou du rhum, sur les terrains contigus des anciennes habitations Marchand et Laville. Il annonça qu'en moins de dix-huit mois, cette fondation fonctionnerait dans toutes ses parties : au bout d'une année son vœu était accompli.

Les hôtes impériaux furent ensuite congédiés, et chacun d'eux reprit la route qui devait les conduire au siége de leurs fonctions respectives.

Tandis que l'Empereur d'Haïti se réjouissait au milieu de ses compagnons d'armes et des fonctionnaires publics, de l'indépendance obtenue par les efforts de la nation, le général Ferrand rédigeait à Santo-Domingo un acte qui devait lui rappeler qu'il avait encore des combats à livrer, de nobles travaux à entreprendre, pour en finir définitivement avec la domination française sur le territoire de l'île. Digne successeur de Rochambeau dans l'ancienne colonie espagnole, ce général publia, le 6 janvier, l'arrêté suivant qu'il faut produire avec ses motifs et la plupart de ses dispositions.

Toujours occupé des dispositions propres à anéantir *la rébellion des noirs* dans la colonie de Saint-Domingue, et considérant qu'une de celles les plus efficaces pour arriver à ce but est d'en *diminuer* la population et de les priver, autant que possible, des moyens de se recruter ;

Considérant que ce recrutement journalier doit naturellement tomber *sur les noirs et gens de couleur* au-dessous de quatorze ans ; et *la politique* jointe à *l'humanité*, réclamant que l'autorité légitime prenne des mesures *pour empêcher les deux sexes de cet âge et de cette couleur de participer à des crimes et à une révolte* qui les conduiraient inévitablement aux châtimens les plus terribles ;

Considérant qu'il est de l'avantage de la colonie que les différens âges de cette jeunesse soient distingués, et que *les plus dangereux* soient *exportés* de son sol, tandis que les autres, soigneusement conservés *dans les bons principes* et distribués dans les départemens fidèles, puissent un jour concourir, par leur travail, à sa restauration ;

Considérant aussi que les habitans voisins des frontières révoltées et les troupes qui sont sur le cordon méritent que le gouvernement *les récompense*, pour les fatigues et les dangers auxquels ils sont continuellement exposés ;

A arrêté et arrête ce qui suit :

1. Les habitans des frontières des départemens de l'Ozama et du Cibao, ainsi que les troupes employées au cordon, sont et demeurent *autorisés à se répandre* sur le territoire occupé par les révoltés, *à leur courir sus*, et à faire *prisonniers* tous ceux des deux sexes qui ne passeront pas l'âge de quatorze ans [1].

2. Les *prisonniers* provenant de ces expéditions seront *la propriété* des capteurs.

3. *Les enfans mâles capturés*, ayant moins de dix ans, et *les négresses, mulâtresses*, etc., au-dessous de dix ans, devront expressément *rester* dans la colonie, et n'en pourront être *exportés* sous aucun prétexte. Les capteurs pourront, à leur gré, ou les attacher à leurs plantations, *ou les vendre* à des habitans résidant dans les départemens de l'Ozama et du Cibao.

5. *Les enfans mâles* âgés de dix à quatorze ans, et *les négresses, mulâtresses*, etc., de douze à quatorze ans, *seront expressément vendus pour être exportés*.

13. *A l'instant où les révoltés, reconnaissant leur erreur, auront fait acte de soumission à l'Empereur des Français,* entre les mains du général Ferrand, et qu'il y aura *certitude qu'ils agissent de bonne foi, toutes espèces d'hostilités cesseront.*

(Les autres dispositions réglaient les formalités à employer pour l'exportation des individus capturés, etc.)

Fait au quartier-général de Santo-Domingo, le 16 nivôse an XIV.

Le général de brigade, commandant en chef, capitaine-général par intérim, membre de la Légion-d'Honneur,

Signé : FERRAND.

---

[1] Et que feraient-ils de ceux qui passeraient cet âge ? *Les immoler*, c'est sous-entendu, afin de *diminuer cette population.*

Cet acte était une conséquence du rétablissement de l'esclavage dans les possessions françaises et de la traite des noirs : il n'est donc pas étonnant que le général français voulût établir à son tour, dans le territoire qu'il occupait, *la traite des Haïtiens*, à la manière des chefs barbares de l'Afrique qui vendent leurs semblables aux blancs. Ferrand suivait d'ailleurs les erremens « de M. « Jean François, *chevalier des ordres royales et mili-* « *taires de Saint-Louis, amiral de toute la partie fran-* « *çaise,* » qui, en 1793, s'adressait à un officier espagnol pour le supplier très-humblement « qu'ayant de *très-* « *mauvais sujets*, et n'ayant pas *le cœur de les détruire,* « de lui permettre *de les dépayser, de les vendre au pro-* « *fit du roi*, etc. [1] »

Quelle différence, en effet, existait dans les motifs donnés par *l'un et l'autre général*, pour prendre une telle mesure ? Aperçoit-on la moindre *supériorité morale* dans le général *français* sur le général *noir* ? Et cependant, il se croyait le droit de mépriser les noirs, uniquement parce qu'il avait *la peau blanche !*

Quelques jours après sa publication, cet arrêté parvint à Dessalines. On peut concevoir l'effet qu'il dut produire sur son esprit et son cœur. Aussitôt, il résolut de fondre avec son armée sur la partie de l'Est d'Haïti, afin de tenter l'expulsion des troupes françaises qui s'y trouvaient. En conséquence, il envoya l'ordre à tous les généraux de se tenir prêts avec les corps sous leurs ordres respectifs pour entrer en campagne à la mi-février. Dans le cours de 1804, l'habillement des troupes avait été confectionné : l'empereur ordonna qu'elles seraient habillées et pourvues

---

[1] Voyez la pièce de Jean François à M. Tabert, t. 2º, de cet ouvrage, p. 199.

de tous autres équiquemens militaires, et qu'elles seraient payées au moment de partir.

Le lecteur aura remarqué l'article 13 de l'arrêté de Ferrand, prévoyant ou admettant *la possibilité* de la soumission *des révoltés* à l'Empereur des Français. Cette disposition singulière ne peut être bien comprise, qu'à raison d'une combinaison politique conçue à Paris par le gouvernement impérial.

Peu avant cet arrêté, un agent occulte était arrivé aux Cayes : c'était un homme de couleur de la Martinique, nommé *Ducoudray*. En même temps, un autre agent, un homme noir, également de la Martinique, *Etienne Mentor* enfin, se dirigeait sur Haïti où il arriva peu après son *collègue*.

Leur mission était *semblable*, mais fondée sur la nuance de leur épiderme respectif. Comme *mulâtre*, Ducoudray devait faire tous ses efforts pour exciter les mulâtres contre le gouvernement *des noirs*, contre les noirs en général. Comme *noir*, Etienne Mentor devait exciter les noirs contre *les mulâtres*. Chacun de ces agents devait enfin disposer les deux classes en faveur de la France, en les persuadant *des regrets éprouvés* de tout ce qui avait eu lieu en 1802 et 1803.—Voilà, probablement, les motifs de l'article 13 de l'arrêté du général Ferrand.

Avant de dire comment échoua cette mission secrète, *très-politique*, dans le sens de la *mauvaise* politique, examinons cette question.

Pour ramener l'ancienne colonie de la France à l'obéissance, à la soumission, le gouvernement français avait-il *le droit* et même était-il de son *devoir* d'employer de tels moyens ?

Oui, sans doute, puisque c'était par de semblables moyens que la France avait perdu sa colonie. C'était pour avoir divisé Rigaud et Toussaint Louverture, afin d'essayer de désunir leurs classes, qu'on en était arrivé ensuite à tenter de vaincre ces deux classes d'hommes, de les soumettre à merci. Si, en 1802, leurs héroïques lieutenans, Pétion et Dessalines, s'étaient rapprochés, entendus pour opérer la fusion de ces deux partis politiques, d'une manière indissoluble et parvenir à l'indépendance de la colonie, rien n'empêchait qu'on n'espérât un résultat *contraire*, après cette indépendance. En politique, *les réactions* sont aussi possibles, aussi naturelles que dans l'ordre physique. Le gouvernement français avait donc *le droit* d'essayer de parvenir à ces fins, et nous signalerons par la suite d'autres tentatives faites dans les mêmes vues. L'histoire ne calomnie point, lorsqu'elle produit *des faits* à la connaissance de tous [1].

Mais c'était aux hommes auxquels s'adresseraient les deux agents que nous venons de nommer, à comprendre leur *devoir* envers eux-mêmes, envers la patrie qu'ils avaient fondée pour eux, leur postérité et toute leur race ; c'était à eux à savoir qu'ils ne devaient pas les écouter. C'était aussi au gouvernement haïtien à exercer son *droit* à l'égard de tels agents, par suite de son *devoir* envers

---

[1] Voyez au surplus les pages 29 et 30 du 5. vol. de cet ouvrage, où ce plan a été bien dessiné.

En 1838, j'assistai à une séance de la chambre des députés où j'eus le plaisir d'entendre plusieurs grands orateurs. Il s'agissait du traité de la Tafna, conclu avec Abd-el-Kader, que l'opposition de diverses nuances attaquait, censurait. J'entendis l'un de ces orateurs reprocher au ministère *de n'avoir pas su tirer parti* de la situation et des hommes, *de n'avoir pas opposé* à Abd-el-Kader un autre chef arabe qu'il nomma, pour mieux assurer la domination de la France en Algérie ; et cet orateur est l'un des hommes dont la doctrine est considérée comme *la plus morale !* Je compris *alors* que c'était une chose permise, que le *divide et impera* est un moyen praticable.

son pays ; car il y a toujours *parité de position* entre la défense et l'attaque.

Bien renseigné sur la situation des lieux et sur les hommes qui y exerçaient de l'influence, le gouvernement français dirigea *Ducoudray* dans le Sud où se trouvaient Geffrard et la plupart des anciens officiers de Rigaud : il arriva aux Cayes. *Mentor* fut dirigé dans le Nord où il avait servi sous Sonthonax, où il était connu de Dessalines, de H. Christophe et des autres officiers noirs : il devait se rendre au Cap.

Ducoudray n'était pas aussi fin que Mentor, et d'ailleurs, la mission était délicate. Inconnu au pays, ne connaissant pas lui-même les hommes auxquels il devait s'adresser, ne pouvant s'imaginer à quel point ils avaient été éclairés par la désastreuse guerre civile du Sud, ni quelle antipathie pour la France avait succédé dans leurs cœurs à l'enthousiasme, au dévouement que cette ancienne métropole leur avait jadis inspirés, Ducoudray montra le défaut de la cuirasse dès ses premières paroles. Le général Geffrard, remplissant son devoir d'Haïtien et de fonctionnaire public, le fit arrêter immédiatement et l'envoya sous bonne escorte aux Gonaïves, en le dénonçant à Dessalines comme *espion français*. Jeté dans les cachots de Marchand, où avait péri Lamour Dérance, où venaient de périr Petit-Noël Prieur et d'autres anciens Congos du Nord qui avaient fait leur soumission ; Ducoudray y subit, pour la forme, une instruction dans laquelle il eut néanmoins le courage *d'avouer* l'objet de sa mission et *de protester* de son dévouement envers la France qui, disait-il, *ne renoncerait jamais à Saint-Domingue*. Il fut exécuté, comme il méritait de l'être, pour avoir accepté cette infâme mission.

Peu après, arriva le fameux Mentor dont nous avons signalé la finesse, l'adresse politique dans une mission dont Sonthonax l'avait chargé en 1797, dans les arrondissemens de Léogane et de Jacmel[1]. Lorsque ce commissaire fut expulsé par T. Louverture, Mentor était parti avec lui ; préalablement élu membre du corps législatif, il avait alors le rang, le grade d'adjudant-général que T. Louverture avait demandé pour lui à Sonthonax[2]. Rendu en France, il fut admis au conseil des Cinq-Cents. On prétend qu'au 18 brumaire il s'était manifesté contre le général Bonaparte, et qu'il fut emprisonné comme Sonthonax et d'autres.

Mentor ayant appris l'exécution de Ducoudray, prit le meilleur parti pour échapper à un sort semblable : il fut tout droit à Dessalines à qui *il avoua* qu'il avait reçu la même mission. Mais il lui dit, qu'ayant été *persécuté* à cause de sa *couleur noire*, désirant de quitter la France et d'éclairer le gouvernement haïtien et ses frères, sur les embûches que leur tendait le gouvernement français pour les subjuguer, il avait paru se prêter à cette mission.

Cette manœuvre adroite réussit complètement auprès de Dessalines[3]. Mentor fut maintenu dans son grade d'adjudant-général et devint aide de camp de l'empereur, pour le malheur de celui-ci ; car, l'ayant déjà connu

---

[1] Voyez t. 3 de cet ouvrage, p. 334 à 336.

[2] Le 12 mai 1797, Sonthonax écrivit à T. Louverture, que E. Mentor désirait faire avec lui la campagne qu'il projetait contre Saint-Marc et qui fut effectuée dans ce mois. Le 24, sur la demande de T. Louverture, Sonthonax promut Mentor au grade d'adjudant-général. Le général en chef avait découvert le mérite réel de son protégé.

[3] Le général Dessalines était de la campagne dont il s'agit dans la note précédente. Il est probable que Mentor, si adroit, avait su capter son estime et son amitié à cette époque.

comme un homme peu éclairé, le retrouvant chef suprême du pays, exerçant une autorité absolue, livré à toutes ses passions, entouré d'officiers qui les flattaient pour le dominer, il vit d'un coup d'œil le parti qu'il pouvait tirer lui-même de sa position près de lui. Mentor s'exprimait avec facilité ; il avait une belle figure, une physionomie attrayante, des formes qui avaient emprunté toute la politesse des hauts personnages auxquels il s'était trouvé mêlé en France. Il fit servir tous ses avantages personnels à gagner l'affection de Dessalines, en le flattant surtout pour ses glorieux succès contre les Français, en les représentant incessamment comme *des monstres* qu'on ne saurait trop haïr. Il fit enfin si bien, qu'il réussit à persuader Dessalines qu'il ne pouvait être *un traître*, et qu'il devint réellement un de ses favoris.

Presque en même temps que Mentor, — Dartiguenave, Bigot et David-Troy arrivèrent aussi en Haïti. David-Troy avait suivi le général Lavalette, lors de l'évacuation du Port-au-Prince en octobre 1803, n'ayant pas confiance dans un bon accueil de la part de Dessalines, après avoir servi les Français avec tant de zèle au Mirebalais. Il avait ainsi ajouté au tort qu'il eut de repousser les conseils de Pétion, et ce fut cependant auprès de celui-ci qu'il se rendit en revenant dans le pays, comptant sur son ancienne amitié. Quant à Dartiguenave, qui était resté en France pendant l'expédition de 1802, il avait réussi à s'en échapper : il en fut de même de Bigot, déporté avec Rigaud et d'autres, en 1802.

A la mi-janvier, l'empereur quitta Marchand pour venir au Port-au-Prince, emmenant avec lui le général Yayou qu'il retira de l'arrondissement de la Grande-Rivière pour le placer à celui de Léogane, après avoir appelé Cangé dans l'Artibonite. Ce dernier avait excité les plaintes des citoyens, et l'autre avait encouru la haine de Christophe pour avoir été un des chauds partisans de Sans-Souci. Yayou, qui lui rendait bien haine pour haine, à cause de l'assassinat de son premier chef, ne sut aucun gré à l'empereur de l'avoir sacrifié, ainsi qu'il jugeait, aux exigences de Christophe. Ce sentiment d'aigreur, malgré sa soumission à la volonté impériale, resta dans son cœur et produisit son fruit en 1806.

Partout sur le passage de l'empereur, les troupes s'agenouillèrent, d'après l'exemple tracé à Marchand le 1er janvier : ce fut un usage, un ordre consacré pour l'avenir. Le brave David-Troy dut en faire autant : mandé au palais du Port-au-Prince, il se jeta aux pieds du chef irrité qui lui reprochait son zèle pour les Français, en ordonnant de le fusiller. Le général Pétion, présent à cette scène humiliante et orageuse, pria l'empereur de lui pardonner et obtint sa grâce[1]. Mais David-Troy fut cassé de son grade de chef d'escadron et placé simple soldat dans la 4me demi-brigade. Dartiguenave fut au contraire maintenu à celui de colonel et employé aux Cayes, comme adjoint à l'adjudance-générale du Sud auprès de Papalier. Bigot, maintenu aussi chef de bataillon, devint aide de camp de l'empereur et dut habiter Marchand. Ces différentes décisions prouvent que Dessalines, s'il fut irrité contre David-Troy, était néanmoins bien disposé dans ces premiers momens en faveur des hommes de l'ancien parti de Rigaud.

L'installation du général Yayou, à Léogane, eut lieu

---

[1] Nous avons entendu dire que ce fut Pétion qui conseilla à David-Troy de se jeter aux pieds de l'empereur, comme l'unique moyen d'échapper à la mort. Ses prières firent le reste.

par l'empereur en personne, accompagné du général Pétion. De là, il se porta par le Petit-Goave à Baynet où il ordonna l'arrestation de quelques individus, pour y avoir occasionné des agitations. Depuis longtemps, cette commune était sujette à des troubles incessans.

L'empereur retourna à Marchand pour se préparer à la campagne résolue contre la partie de l'Est.

Comme T. Louverture avait fait, il devait y pénétrer par deux routes différentes, afin d'atteindre Santo-Domingo. L'armée haïtienne fut donc divisée en deux corps principaux ; le premier sous les ordres directs de l'empereur, le second sous ceux du général Christophe : l'un passant par Saint-Jean, Azua et Bany, l'autre par Saint-Yague, la Véga et Cotuy.

Des trois bataillons de chaque demi-brigade, deux furent commandés pour la campagne, le troisième restant dans son cantonnement habituel pour concourir au maintien de l'ordre et faire face à toutes autres éventualités. Les corps de cavalerie et des détachemens d'artillerie marchèrent aussi. Les difficultés de la route à parcourir pour arriver sous les murs de Santo-Domingo, empêchèrent de traîner une artillerie de siége, même des pièces de campagne, aucun obstacle ne devant arrêter l'infanterie haïtienne jusque là ; mais le général Geffrard reçut l'ordre d'en expédier par mer, sur le garde-côtes *le Vengeur*, commandé par le chef de division Aoua.

Toutes ces troupes reçurent du biscuit et des salaisons pour plusieurs jours de ration, devant vivre par la suite, des subsistances du territoire qu'elles conquerraient. Mais on porta les autres munitions de guerre, hors les projectiles qu'on devait trouver avec les canons.

L'armée entière s'élevait à une force d'environ 25

mille hommes. A leur tête marchaient tous les généraux, excepté Vernet, ministre des finances, Capois, Jean-Louis François, Férou et Yayou, qui furent laissés à leurs postes respectifs.

Dessalines quitta Marchand le 16 février, et passa le même jour, à la Petite-Rivière, la revue de la division Gabart où se trouvaient les généraux Magny et Cangé. La division Pétion le joignit au Mirebalais avec le général Magloire Ambroise : le général Daut s'y trouvait avec la 10ᵉ demi-brigade. La division Geffrard était retardée par des pluies de la saison qui grossirent les rivières. Il en fut de même de la division Christophe qui ne put se mettre en route que le 18 : les généraux Paul Romain, Toussaint Brave, Raphaël et Lalondrie en faisaient partie, ainsi que le général de division Clervaux, commandant en *second*.

Du Mirebalais, l'empereur envoya sommer les bourgs de Hinche, Las Matas, Saint-Jean et Neyba de reconnaître son autorité, et de préparer des vivres et des chevaux pour son armée. Las Matas seul lui envoya une députation à cet effet : la population des autres points prit la fuite dans les bois.

Sur la route de Saint-Jean à Azua, on rencontra le fameux *Tombeau des indigènes* qui fut enlevé après peu de résistance ; et son commandant Wiet fut fait prisonnier avec beaucoup de ses subordonnés. Sous T. Louverture, l'empereur avait connu ce colon dont la bravoure à défendre son poste et le projet d'extermination qu'il avait conçu contre l'armée haïtienne, lui valurent la mort par *les verges épineuses*. On conçoit que les autres prisonniers ne languirent pas longtemps, à raison même de l'arrêté du général Ferrand, qui autorisait les troupes de la frontière et les habitans à faire la chasse aux Haïtiens pour être placés dans l'esclavage.

La garnison d'Azua et celle d'un poste sur la route de ce bourg à Neyba évacuèrent ces points et se retirèrent à Santo-Domingo. Un habitant d'Azua, nommé Juan Ximenès, ayant devancé la soumission des autres, y fut placé commandant de ses compatriotes.

A Bany, l'armée ne trouva personne. « Ce fut alors, dit « le journal de cette campagne, que S. M. fut pleinement « convaincue que les *naturels espagnols* étaient totale- « ment *vendus aux Français*, et par conséquent *indi- « gnes* d'éprouver plus longtemps *les heureux effets de* « *sa clémence.* » Mais nous avons fait remarquer tout ce qu'il y avait de contraire à la raison et à la saine politique, dans la proclamation du 8 mai 1804. Cet acte menaçant n'était nullement propre à inspirer la confiance aux habitans de l'Est, qu'on eut la maladresse de ne pas considérer comme *Haïtiens*.

Enfin, le 6 mars, l'empereur était rendu avec son armée sur l'habitation Galar, où il établit son quartier-général, à une lieue un-quart de Santo-Domingo, entouré de 2500 grenadiers des divers corps de troupes. De là, il écrivit au général Ferrand pour le sommer de lui livrer la place, et les habitans de reconnaître son autorité suprême. C'est d'usage à la guerre, mais il savait qu'il n'en serait rien. Pour toute réponse, le général Ferrand fit incendier le faubourg San-Carlos qu'il ne pouvait défendre, étant situé hors des murailles de la ville.

Le 7, les généraux Pétion et Gabart visitèrent les environs pour placer leurs divisions. Ce jour-là, la division Christophe arriva sur les lieux.

Elle avait eu à combattre pour enlever Saint-Yague

aux mains de Sérapio, qui commandait le département du Cibao et qui tomba mort sur le champ de bataille, ainsi que le chef de brigade Poanque. Christophe fit tuer non-seulement *les prisonniers*, mais *tous les blessés* : il fit *pendre* une douzaine d'habitans parmi les plus notables de cette ville, qui s'étaient réfugiés dans l'église d'où on les arracha. Des familles s'étaient enfuies pour se jeter dans les bois : en laissant Campo Thabarrès, commandant de Saint-Yague, il lui donna l'ordre de les poursuivre à outrance [1]. Il va sans dire que ces actes affreux répandirent la terreur dans tout le Cibao, et que la division du Nord poursuivit sa marche sans rencontrer âme qui vive.

Des gabions étaient déjà préparés, le soldat haïtien s'y entendant à merveille, surtout à cette époque. Dans la nuit du 7 au 8, Gabart et Pétion prirent possession autour de la ville, — Gabart à partir de la rive droite de l'Ozama jusqu'au faubourg San-Carlos, sur une chaîne de monticules au nord de Santo-Domingo, J.-P. Daut occupant la gauche, Cangé le centre et Magny l'église du faubourg, à droite ; — Pétion, de là au rivage de la mer, à l'ouest de la ville, en attendant la division Geffrard qui était destinée à occuper cette extrême droite vers la mer.

Le 8, l'empereur visita la position des troupes, en compagnie des généraux Christophe et Clervaux, qui reçurent l'ordre d'aller s'établir sur la rive gauche du fleuve, de manière à s'étendre jusqu'à la mer pour bloquer la place, à l'est ; ils durent traverser la rivière de l'Isabelle et remonter à plus de huit lieues le cours de l'Ozama pour trouver un gué : le 12, ils étaient en position.

[1] Hist. d'Haïti, t. 3, p. 198.

Pendant la reconnaissance de l'empereur, et au moment où il arrivait au quartier-général de Gabart, le brave adjudant-général Damestois, son aide de camp, fut frappé d'un boulet lancé des fortifications de la ville : il expira deux heures après.

Le 12, la division Geffrard arriva et occupa de suite la ligne qui lui était réservée : le général Moreau en faisait partie, et ce n'est que le 24, que le général Gérin arriva avec *un transfuge américain*, dit le journal de la campagne, sans mentionner ni son nom ni l'objet qui l'amenait. Mais dès le 16, l'empereur avait reçu des correspondances *étrangères*.

Santo-Domingo était ainsi investi complètement par terre : nulle communication ne pouvait plus avoir lieu avec les campagnes. Par mer, cette ville était bloquée par des vaisseaux anglais, qui ne permettaient pas l'entrée des approvisionnemens de l'étranger, et la place en avait fort peu. Quelques jours après, il n'y avait plus de bois à brûler, plus de combustibles d'aucune espèce. Cependant, le général Ferrand, avec environ 3500 hommes de troupes européennes, ne désespéra pas de défendre la place, dût-il combattre jusqu'à extinction. Ses troupes étaient appuyées par 1300 gardes nationaux de la ville, commandés par deux mulâtres de Saint-Marc, Faustin Répussart et Savary, dont on a connu déjà les antécédens, par leurs services rendus à la cause honteuse de l'esclavage. Afin de diminuer le nombre des personnes inutiles à la défense, Ferrand fit embarquer sur deux navires des femmes et des enfans, pour être portés dans les îles voisines; à leur sortie du port, les Anglais les chassèrent, et ils durent y rentrer.

Dès l'apparition de l'armée haïtienne sous les murs de

la place, le feu des forts avait été dirigé contre elle : les boulets, les bombes, les obus, la mitraille en pleuvaient incessamment. Pour mieux atteindre les troupes de la division Gabart, placées sur les monticules au nord, Ferrand fit monter des pièces de gros calibre sur les terrasses des toits de l'ancien couvent des Franciscains; car tous les édifices publics et privés de Santo-Domingo ont des terrasses à la romaine. La garnison fit plusieurs sorties dans lesquelles elle fut constamment foudroyée par l'infanterie haïtienne, et ramenée vigoureusement dans la place : chaque fois, elle perdait beaucoup de monde.

Malheureusement, le garde-côtes *le Vengeur*, sur lequel montait l'adjudant-général Papalier, chargé de conduire l'artillerie de siége, n'arriva que le 26. Le général français avait dû prévoir que les Haïtiens paraîtraient tôt ou tard sous les murs de Santo-Domingo; et dans l'impossibilité de les empêcher d'y arriver, il n'avait laissé aucun canon à leur disposition. Même le fort Saint-Jérôme, qui est à deux-tiers de lieue de la ville, avait été désarmé de son artillerie dans cette prévoyance. Or, assiéger sans artillerie, une ville fortifiée comme l'est Santo-Domingo, c'était s'exposer à mettre un long temps pour l'enlever : il fallait de plus compter sur l'assistance indirecte des vaisseaux anglais, pour qu'elle ne fût pas ravitaillée du dehors. De son côté, l'officier qui les commandait envoya un parlementaire proposer à Ferrand une capitulation; mais ce général le repoussa avec indignation.

Les correspondances étrangères dont il s'agit, reçues par l'empereur, étaient une communication faite par le même officier anglais, de l'avis qu'on avait eu de l'armement, en France, de plusieurs escadres dont la destination était inconnue. Le transfuge américain, venu sur un navire des États-Unis, où se trouvait le général Martial Besse, déporté en 1802 par Leclerc, lui apporta un semblable avis. Ces nouvelles, qui faisaient prévoir que le gouvernement français enverrait des troupes au secours du général Ferrand, peut-être même contre l'ancienne partie française, pour aider *aux trahisons* dont on nourrissait probablement l'espoir par la mission de Ducoudray et de Mentor, portèrent Dessalines à vouloir se hâter d'enlever Santo-Domingo.

Dans la matinée du 26 mars, il réunit les généraux à son quartier général et leur déclara qu'il voulait donner l'assaut à la place : ils reçurent l'ordre de s'y préparer. Mais dans la journée, un brig de guerre et une falouche, profitant d'un moment où les vaisseaux anglais s'étaient éloignés des côtes, parurent devant le port, et firent un signal auquel on répondit [1].

Le 27, à 3 heures de l'après-midi, les généraux Pétion et Geffrard firent informer l'empereur qu'une escadre française avait paru : elle était composée de 5 vaisseaux, de 3 frégates et d'autres bâtimens de guerre, corvettes ou brigs.

Le 28, dans la matinée, le débarquement des troupes qu'elle portait commença et continua dans la journée. On les évalua à 4000 hommes dans les lignes haïtiennes, d'après le journal de la campagne contre Santo-Domingo [2].

---

[1] Il n'y avait que deux vaisseaux anglais devant Santo-Domingo. Il paraît qu'étant avertis de l'approche de l'escadre française, ils se retirèrent pour se rallier à d'autres et venir ensuite attaquer l'escadre.

[2] M. Madiou (Hist. d'Haïti, t. 3, p. 205) affirme qu'il n'y eut que 500 hommes de débarqués, beaucoup d'argent et des provisions de bouche, de l'escadre commandée par le contre-amiral Missiessy, qui continua sa route et retourna en France. Cet auteur attribue à une erreur de date, l'assertion de ceux

Aussitôt l'apparition de l'escadre, Dessalines fit donner l'ordre à Papalier et Aoua de retourner aux Cayes. Une frégate fut détachée à la poursuite du *Vengeur* qui eut le temps de gagner le port d'Aquin : elle . :vira de bord, alors, et fut probablement capturée elle-même par les vaisseaux anglais [1].

Les renforts survenus à la garnison assiégée, et les communications qu'il reçut de l'étranger, devaient décider Dessalines à lever le siége de Santo-Domingo. Cependant, on assure qu'il persistait à vouloir donner l'assaut, et que ce fut le général Pétion qui, dans une nouvelle réunion des généraux, lui représenta l'inutilité d'occasionner la mort de tant de braves officiers et soldats pour enlever cette place, qu'il faudrait ensuite abandonner, si des escadres françaises venaient à paraître dans la partie occidentale de l'île. Ces raisons le déterminèrent : l'ordre fut donc donné aux divers généraux de division de lever le siége dans la nuit du 28 mars [2].

Dès le 25, l'empereur avait fait enjoindre aux commandans des bourgs sur la route, « de rassembler *tous les ha-*
« *bitans* et de les constituer *prisonniers*, pour, à son premier
« mot, faire refluer *eux, les bestiaux et les animaux dans*

---

qui prétendent, au contraire, que cette escadre fut prise ou détruite par les Anglais, sur les côtes de Santo-Domingo. Cependant, j'ai lu au ministère de la marine des rapports qui constatent que le 16 *février*, avant l'arrivée de l'armée haïtienne, un premier combat naval y eut lieu, dans lequel 3 vaisseaux français et une corvette furent capturés par les Anglais et deux vaisseaux brûlés par eux, étant échoués ; et qu'un second combat eut lieu sur ces côtes, *à la fin de mars*, dans lequel les vaisseaux français furent encore capturés. Ces derniers étaient donc ceux qui débarquèrent les troupes, le 28 mars ; mais il est probable que ces troupes ne montaient pas à 4,000 hommes.

[1] On nous a dit que notre compatriote Hérard Dumesle se trouvait sur *le Vengeur*, avec Papalier dont il fut le constant ami.

[2] J'ai souvent entendu parler de ces observations de Pétion à Dessalines.

« *la partie haïtienne* [1]. » Un pareil ordre, après les avis reçus de l'étranger, indiquait déjà l'intention de renoncer à la conquête *de la partie espagnole*, puisque malheureusement on était assez oublieux de l'idée qui avait fait prévaloir le nom d'*Haïti* sur celui de *Saint-Domingue*, pour n'en faire qu'un seul pays, une seule patrie pour tous ses habitans.

« Dans l'après-midi du 28, la cavalerie se répandit de
« tous côtés *détruisant et brûlant* tout ce qui s'offrait à
« son passage. A onze heures (de la nuit) le siége de la
« place fut levé.... En vertu des dernières *instructions* de
« S. M., laissées aux divers généraux, *ils firent pousser de-*
« *vant eux le reste des habitans, des animaux et des bestiaux*
« *qui se trouva dans les campagnes, réduisirent en cen-*
« *dres* les bourgs, les villages, les hattes et les villes, *por-*
« *tèrent partout la dévastation, le fer et la flamme, et*
« *n'épargnèrent que les individus destinés* par S. M. *à*
« *être amenés prisonniers.* Ainsi finit une campagne dont
« tout *l'avantage* fut constamment de notre côté, où l'en-
« nemi ne cessa d'être complètement battu... [2] »

En effet, c'étaient de *glorieux trophées*, que ces hommes, ces vieillards, ces femmes, ces pauvres enfans, confondus avec les bestiaux et les animaux, et poussés dans la partie haïtienne ! Et que voulait-on faire de ces êtres pensans ?... Imiter Ferrand dans son honteux arrêté du 6 janvier !... Ne valait-il pas mieux laisser à cet homme de la race blanche, l'infamie de sa pensée, en épargnant une population innocente de son crime contre l'humanité, courbée sous le joug oppresseur de ses semblables,

---

[1] Journal de la campagne.
[2] Ibidem.

mais pouvant un jour *se lever à son tour* pour expulser ces étrangers de son territoire? Qu'a-t-elle fait en 1808 et 1809? Mais, ne devançons pas le temps.

Ce qu'on n'a pas dit dans le document dont nous extrayons le passage cité, c'est que plus d'une victime humaine périt sur la route, par une marche rapide qui épuisait leurs forces; c'est qu'on en massacra plusieurs, qu'on coupa les jarrets aux bœufs, aux chevaux et autres animaux qui n'allaient pas assez vite, principalement dans la division Gabart. Il fallut toute la générosité des sentimens de Pétion, de Geffrard, de Magloire Ambroise, pour diminuer ces horreurs.

Dans la retraite de la division du Nord, ce fut bien autre chose! H. Christophe la commandait, c'est tout dire. Trouvant plus de villes et de bourgs sur la route qu'elle parcourait, elle incendia davantage; elle fit plus de victimes, plus de prisonniers, elle pilla beaucoup plus.

Tous ces prisonniers de tout âge et des deux sexes furent placés, la plupart, sur les habitations des grands de l'empire, de l'empereur. D'autres furent pris, comme domestiques, par des familles aisées, pour leur épargner de plus grands maux : ce furent les femmes, les jeunes filles et les enfans surtout dont on prit soin ainsi [1]. Une partie des hommes furent incorporés dans les troupes, d'autres employés aux travaux des fortifications élevées dans les montagnes, à celles de Marchand surtout.

La population de l'Est, qui n'avait pas eu beaucoup à se louer de l'occupation de son territoire par T. Louver-

---

[1] Pétion eut pour ces infortunés les plus grands égards. Il engagea les familles du Port-au-Prince à prendre chez elles les femmes, les jeunes filles, les enfans pour en avoir soin. Sa propre femme en eut une très-jeune qu'elle éleva et maria à un officier, quelques années après.

ture, n'envisagea plus, dès lors, ses voisins, que comme *des barbares* qui devaient lui rester *étrangers*, ainsi qu'ils la considéraient elle-même. Mais il était réservé à l'influence d'autres principes, d'autres sentimens, de la faire revenir un jour sur ses préventions.

Nous ne sommes pas entrés dans le détail de tous les combats qui eurent lieu sous les murs de Santo-Domingo, où les troupes haïtiennes soutinrent leur réputation contre celle des Français renfermés dans cette ville[1]. Nous signalerons seulement une sortie de ces derniers, dans la matinée du 11 mars, en trois colonnes, dirigée contre la division Gabart, et dans laquelle le général Magny fut un moment exposé à voir enlever sa position à San-Carlos. Le valeureux Julien Cupidon, colonel de la 14e demi-brigade, trouva une mort glorieuse en abandonnant ses retranchemens pour s'élancer sur l'ennemi. Magny lui-même se ressouvint de sa gloire acquise à la Crête-à-Pierrot. Au moment où Pétion le vit engagé, il détacha de sa division Magloire Ambroise, avec les 22e et 24e demi-brigades, qui l'aidèrent à refouler les Français. Après cette affaire, dans la soirée, il lui envoya de nouveau la 21e, pour l'aider à rétablir promptement ses retranchemens, ayant reconnu que l'ennemi avait mis de l'acharnement à s'emparer de cette position avantageuse.

Cette noble carrière des armes, et surtout les luttes politiques, offrent souvent de singulières péripéties qui sont autant d'enseignemens pour les peuples. Trois années auparavant, Pétion se trouvait dans les rangs de l'armée française et lançait des bombes contre Magny :

---

[1] Voyez le journal de cette campagne dans le *Recueil des actes* publiés par M. Linstant, et l'Hist. d'Haïti, t. 3, p. 191 à 206.

en ce moment, il assistait son frère et concitoyen contre cet ennemi commun ! Mais, sept années plus tard, à son tour, Magny faisait diriger de nombreux boulets contre Pétion, et se joignait presque en même temps à lui, pour rester désormais étroitement unis ensemble par les liens d'une estime et d'une amitié réciproques [1] !

Dessalines, parti du quartier-général de Galar dans la soirée du 28 mars, ne mit que quatre jours pour se rendre à Marchand, distant de 120 lieues de ce point, tant il croyait à la prochaine arrivée d'escadres françaises. Toutes les divisions de l'armée revinrent bientôt, pour reprendre leurs cantonnemens respectifs ; non pour se reposer des fatigues de cette infructueuse campagne, mais pour continuer les travaux des fortifications élevées dans les montagnes.

Le 12 avril, une adresse de l'empereur au peuple fut publiée, pour mettre tous les Haïtiens à même de savoir ce qu'avait produit la campagne entreprise contre la partie de l'Est, et la ville de Santo-Domingo particulièrement, pour leur dire les motifs qui le portèrent à renoncer momentanément à cette conquête, et les inviter à se préparer à une nouvelle lutte contre les Français. On y remarque les passages suivans :

Décidé à ne reconnaître *pour limites que celles tracées par la nature et les mers...* je résolus d'aller me ressaisir *de la portion intégrante de mes Etats...* une force armée fut déployée contre la partie *ci-devant* espagnole.... Il était naturel de penser que *les indigènes espagnols*, ces descendans des malheureux Indiens immolés à

---

[1] En 1812, au siége du Port-au-Prince, où Magny fit défection envers la République d'Haïti.

la cupidité et à l'avarice des premiers usurpateurs de cette île, saisiraient avec avidité la précieuse occasion de sacrifier aux mânes de leurs ancêtres ; mais *cette espèce d'hommes avilis et dégradés*, préférant aux douceurs d'une vie libre et indépendante, *des maîtres qui les tyrannisent*, fit cause commune avec les Français. C'était partager les crimes de ces derniers que de s'associer à leurs travaux liberticides : *tout espagnol* pris les armes à la main vit donc couler son sang dans celui de ces étrangers perfides....

Il vous reste au moins *la consolation* de penser que la ville de Santo-Domingo, *seul endroit qui survive au désastre de la dévastation que j'ai propagée au loin* dans la partie ci-devant espagnole, ne peut plus longtemps servir de refuge à nos ennemis, ni d'instrument à leurs projets. Il est une vérité bien constante : *point de campagnes, point de cités*. Il découle de ce principe, que tout dans le dehors *ayant été la proie du fer et de la flamme, le reste des habitans et des animaux*, enlevé et conduit dans notre partie, l'avantage que l'ennemi se proposait de retirer de ce point de mire, devient sinon nul, du moins insignifiant : considération puissante qui ajoute aux autres *fruits* que nous avons recueillis de cette expédition.... *Au premier coup de canon d'alarme*, que le sol d'Haïti n'offre à leurs regards avides *que des cendres, du fer et des soldats*.

Cette dernière idée devint bientôt l'une des dispositions de la loi constitutionnelle de l'empire, et c'est ce qu'il y eut de mieux dans cette proclamation [1].

Puisque l'empereur considérait l'ancienne colonie espagnole comme une portion *intégrante* de ses Etats, son secrétaire eut tort de qualifier ses habitans d'*Espagnols* ; il aurait dû les considérer comme *Haïtiens*, à cause même du nom primitif de l'île qui lui avait été restitué, et parce que l'île entière avait appartenu à la France, et qu'en proclamant l'indépendance, c'était dans la pensée de

---

[1] C'est J. Chanlatte qui la rédigea : les faits qui se passèrent dans cette campagne ne lui permirent pas, sans doute, de donner à Dessalines un autre langage.

la soustraire totalement à sa domination. L'occupation de cette partie par le général Ferrand ne devait être envisagée que comme un accident provisoire qui disparaîtrait tôt ou tard. C'est par ce principe que toutes les constitutions successives du pays, à partir de celle qui sera produite ici bientôt, ont toujours compris tout le territoire de l'île comme formant l'Etat d'Haïti, même après la rétrocession de celui de l'Est, en 1814, par la France à l'Espagne.

Après la retraite de l'armée haïtienne, le général Ferrand fit successivement réoccuper les bourgades voisines des anciennes limites qui séparèrent jadis la colonie espagnole de celle de la France. Les habitans de ces lieux et ceux des villes incendiées s'occupèrent de la reconstruction de leurs demeures : ils reprirent leurs travaux de culture, l'élève de leurs bestiaux, et il y eut de nouveau *des campagnes et des cités* dans l'Est d'Haïti.

C'est à cette époque qu'un ancien fonctionnaire de Saint-Yague, Agoustino Franco de Médina, devint le commandant de cette ville et de tout le département du Cibao. Il servit les Français avec zèle jusqu'au dernier moment de leur occupation dans l'Est d'Haïti. Plus tard on verra comment il termina sa carrière, comment il dut envier la mort du noir Serapio Reynoso, tombé sur le champ de bataille de Saint-Yague,

CHAPITRE V.

Constitution de l'Empire d'Haïti. — Examen des principales dispositions de cet acte. — Code pénal militaire. — Loi sur les enfans nés hors mariage. — Loi sur l'organisation des conseils spéciaux militaires. — Loi sur le divorce. — Loi sur le mode de constater l'état civil des citoyens. — Loi sur l'organisation judiciaire civile. — Décret fixant les émolumens alloués aux officiers militaires et civils et aux soldats. — Arrêté du ministre des finances sur la nouvelle vérification des titres de propriété. — Décret sur la distribution du territoire en six divisions militaires. — Décret sur la nomination du général en chef de l'armée, sur l'organisation des ministères des finances et de la guerre, et celle des divisions militaires. — Décret relatif à la consignation et au cautionnement des bâtimens de commerce étrangers arrivant dans les ports de l'empire. — Décret portant tarif des droits curiaux, des frais judiciaires et divers autres droits et frais. — Décret établissant un tour de rôle pour la consignation des bâtimens de commerce aux négocians, suivant le numéro de leurs patentes. — Fête à *Dessalines*, à l'occasion de la proclamation de la constitution. — Installation des tribunaux, et fête du général H. Christophe au Cap. — Fête de l'empereur dans la même ville.

Le lecteur a déjà vu, qu'en février 1804, Dessalines étant aux Cayes, avait invité trois citoyens de cette ville de lui présenter leurs vues sur un projet de constitution et de lois organiques pour le pays. L'année s'était écoulée sans qu'on vît paraître autre chose, que les ordonnances et les autres actes mentionnés dans les chapitres précédens. On a prétendu que, durant le siége de Santo-Domingo, où se trouvaient presque tous les généraux, conseillers d'Etat, — les secrétaires, officiers de l'état-major de l'empereur, formant son *conseil privé*, exerçant réellement son pouvoir législatif, avaient *parlé* de lui présenter une constitution aussitôt qu'il eût soumis cette ville, que même ils l'avaient faite *à la hâte;* mais qu'à leur retour à Marchand, B. Tonnerre et J. Chanlatte en rédigèrent *une nouvelle*, sur l'invitation de l'empereur [1]. Il aurait donc eu connaissance de la première, et elle ne lui aura pas convenu. Si les choses se sont passées ainsi, c'était, de sa part et de celle de ses secrétaires, agir sans aucune considération pour les généraux qui avaient certainement acquis *le droit* de concourir avec lui à un acte aussi important : il avait lui-même reconnu ce droit dans la proclamation du 1ᵉʳ janvier 1804 [2]. C'était encore le reconnaître, quand, dans sa lettre aux trois citoyens des Cayes, il leur disait qu'ils se réuniraient « sous la protection des « généraux. »

Quoi qu'il en ait été, il est constant que la constitution dont nous allons produire les principales dispositions, fut rédigée à Marchand sans le concours des généraux; qu'elle ne leur fut envoyée que tout imprimée, revêtue de leurs noms, comme s'ils l'avaient votée eux-mêmes, afin de la faire publier dans toute l'étendue de l'empire [3]. L'empereur, dictateur, autocrate, ne pouvait pas mieux faire

---

[1] Hist. d'Haïti, t. 3, p. 203 et 214.

[2] « En combattant pour *votre liberté*, j'ai travaillé à mon propre bonheur. « Avant de la consolider *par des lois* qui assurent votre libre individualité, « *vos chefs* que j'assemble ici, et moi-même, *nous* vous devons la dernière « preuve de notre dévouement. »

[3] Le général Bonnet m'a dit que cette constitution *ne fut pas envoyée* aux généraux *pour être signée par eux*, qu'ils n'en ont eu connaissance qu'en la recevant tout imprimée pour être publiée. Son assertion est confirmée par des actes qu'on publia à la chute de Dessalines ; et le sans-façon avec lequel ses secrétaires agirent au siège de Santo-Domingo, où étaient réunis les généraux, vient encore appuyer ce que m'a affirmé Bonnet.

pour lasser la patience de ses compagnons d'armes, se discréditer à leurs yeux ; car un chef ne méconnaît pas impunément ainsi les égards qu'il doit à des hommes qui méritent son respect.

Lisons donc le préambule de cette constitution, qui condamne cet oubli de toutes les convenances, de tous les procédés auxquels les généraux avaient droit ; car y mettre leurs noms, c'était avouer *qu'eux seuls* pouvaient et devaient la faire.

« Nous, H. Christophe, Clervaux, Vernet, Gabart, Pé-
« tion, Geffrard, Toussaint Brave, Raphaël Lalondrie,
« Romain, Capois, Magny, Cangé, Daut, Magloire Am-
« broise, Yayou, Jean-Louis François, Gérin, Moreau,
« Férou, Bazelais, Martial Besse;

« Tant en notre nom particulier qu'en celui du peuple
« d'Haïti, qui nous a légalement constitués *les organes*
« *fidèles et les interprètes de sa volonté;*

« En présence de l'Être suprême, devant qui les mor-
« tels sont égaux, et qui n'a répandu tant d'espèces de
« créatures différentes sur la surface du globe, qu'aux
« fins de manifester sa gloire et sa puissance par la di-
« versité de ses œuvres ;

« En face de la nature entière, dont nous avons été si
« injustement et depuis si longtemps considérés comme
« les enfans réprouvés ;

« Déclarons que la teneur de la présente constitution
« est *l'expression libre, spontanée et invariable* de nos
« cœurs et de la volonté générale de nos constituans ;

« La soumettons à la sanction de Sa Majesté l'Empereur
« Jacques Dessalines, notre Libérateur, pour recevoir sa
« prompte et entière exécution. »

Possédant un exemplaire imprimé de cet acte, nous remarquons qu'il ne porte *ni la date ni le lieu* où il fut rédigé ; la sanction seule de l'empereur est datée de *Dessalines*, le 20 mai 1805 [1]. Les généraux ne délibérèrent donc point. Il a fallu tout le despotisme de Dessalines, pour ne pas comprendre qu'on ne se joue pas ainsi de sa propre autorité aux yeux d'un peuple qu'on gouverne, — toute l'inconséquence de J. Chanlatte et de B. Tonnerre, pour ne pas l'en avertir, au risque de lui déplaire.

Divisée en deux titres principaux, — le premier, *dispositions préliminaires*, contenant 53 articles, — le second, *dispositions générales*, contenant 28 autres, la constitution renfermait, sans nul doute, de bons principes ; mais, hélas ! ils ne devaient pas toujours servir de règles à la conduite de l'empereur.

« Le peuple convient de se former en Etat libre, sou-
« verain et indépendant de toute autre puissance de l'u-
« nivers, sous le nom d'*Empire d'Haïti*.—L'esclavage est
« à jamais aboli. — Les citoyens haïtiens sont frères chez
« eux ; *l'égalité* aux yeux de la loi est incontestablement
« reconnue, et il ne peut exister d'autres *titres, avan-
« tages ou priviléges*, que ceux qui résultent nécessaire-
« ment de la considération et récompense des services
« rendus à la liberté et à l'indépendance [2]. La loi n'a point
« d'effet rétroactif. — *La propriété* est sacrée. sa violation
« sera rigoureusement punie. — La qualité d'Haïtien se
« perd par *l'émigration*, par la naturalisation en pays
« étranger, par la condamnation à des peines afflictives

---

[1] Cet exemplaire que j'ai, est sorti de l'imprimerie qui était établie à Marchand.

[2] Cet article 3, ainsi rédigé, avait pour but d'exclure toute idée relative à l'établissement de la *noblesse* dont Dessalines ne voulait pas entendre parler.

« ou déshonorantes ; le premier cas emporte *peine de*
« *mort et confiscation des propriétés*. — Nul n'est digne
« d'être Haïtien, s'il n'est bon père, bon fils, *bon époux,*
« *et surtout bon soldat*. — Tout citoyen doit posséder un
« art mécanique.

« *Aucun blanc, quelle que soit sa nation, ne mettra le*
« *pied sur ce territoire à titre de maître ou de proprié-*
« *taire, et ne pourra à l'avenir y acquérir aucune pro-*
« *priété.* — L'article précédent ne pourra produire aucun
« effet, tant à l'égard des *femmes blanches* qui sont na-
« turalisées *Haïtiennes* par le gouvernement, qu'à l'égard
« *des enfans* nés ou à naître d'elles. Sont aussi compris
« dans les dispositions du présent article, les *Allemands*
« *et Polonais naturalisés* par le gouvernement. »

Ce dernier article, combiné avec le précédent, pourrait faire croire que les *Français* épargnés de la vengeance populaire étaient exclus de ses dispositions favorables ; mais en relisant la formule des lettres de naturalité qui leur furent délivrées et que nous avons rapportée au 2º chapitre, on reconnaîtra qu'ils étaient compris au nombre des citoyens d'Haïti, pour jouir des mêmes *droits et prérogatives* que les naturels du pays : il n'y avait donc pas lieu de les mentionner dans cet article.

« Toute acception *de couleur* parmi les enfans d'une
« seule et même famille dont le chef de l'Etat est le père,
« devant nécessairement cesser, *les Haïtiens* ne seront
« désormais connus que sous la dénomination générique
« de *noirs*. »

Cette disposition avait un but louable ; mais du moment qu'elle empruntait au vocabulaire colonial l'expression de *noirs*, elle autorisait par opposition celle de *blancs*, partant celle de *mulâtres*. Il fallait dire : « Les citoyens

« d'Haïti ne seront désormais connus que sous la dénomi-
« nation d'*Haïtiens*. » La fiction politique était trop forcée,
en voulant appeler *noirs*, les Polonais, les Allemands et
les Français naturalisés *Haïtiens*.

Et puis, les Haïtiens ne pouvaient pas seuls se dire
noirs; toute la race africaine, tous ses descendans, sans
mélange avec la race européenne, sont aussi *des noirs*,
et peuvent cependant *ne pas vouloir être Haïtiens*.

Quant aux *mulâtres* de ce pays, classés ainsi que tous autres, dans l'ordre colonial européen, comme étant de la
race africaine, ils ne pouvaient que *s'honorer* de cette
dénomination générique de *noirs*; et ils devaient même
s'applaudir de ce que le préjugé des blancs les eût classés
ainsi, pour leur fournir l'heureuse occasion d'aider leurs
mères, leurs parens noirs, à conquérir leur liberté, comme
ceux-ci les aidèrent dans la conquête de leurs droits, —
leur cause à tous étant la même, inséparable.

« L'Empire d'Haïti est un et indivisible. Son territoire
« est distribué en six divisions (ou circonscriptions mili-
« taires.) — Chacune est commandée par un général de
« division, tous indépendans les uns des autres et ne
« correspondant qu'avec l'empereur ou avec le général
« en chef nommé par lui. — Sont parties intégrantes de
« l'empire, les îles de Samana (presqu'île), la Tortue, la
« Gonave, les Cayemites, l'île-à-Vaches, la Saône et autres
« îles adjacentes. »

Tout le territoire de l'île d'Haïti, avec les petites
îles qui lui sont contiguës, formait donc le nouvel Etat.
Saint-Domingue, en son entier, ayant appartenu à la
France et devenant indépendante, il ne pouvait pas en
être autrement : nous en avons déjà dit tous les motifs.
Il fallait arriver à ce résultat.

« L'empereur est *le premier magistrat* du gouverne-
« ment d'Haïti, et chef suprême de l'armée. Le peuple re-
« connaît pour Empereur, JACQUES DESSALINES, le Vengeur
« et le Libérateur de ses concitoyens [1]. On le qualifie de
« *Majesté*, ainsi que l'Impératrice, son auguste épouse. —
« Leurs personnes sont sacrées et inviolables. — La cou-
« ronne est *élective*, et non héréditaire. — L'État accor-
« dera un traitement fixe à S. M. l'Impératrice, dont elle
« jouira même après le décès de l'empereur, à titre de
« *princesse* douairière.

« Il sera affecté, par l'État, un traitement annuel aux
« enfans reconnus par l'empereur; » c'est-à-dire à ses
enfans *naturels*, parce qu'il n'en avait point avec l'impératrice [2].

« L'empereur désigne *son successeur* de la manière
« qu'il le juge convenable, soit de son vivant, soit pour le
« cas de sa mort. — *Ni lui*, ni aucun de ses successeurs
« ne doit avoir *un corps privilégié*, à titre de garde d'hon-
« neur ou sous toute autre dénomination.

« Tout *successeur* qui s'écartera *de cette disposition* ou
« *de la marche* que lui aura tracée l'empereur régnant,
« ou *des principes* consacrés par la constitution, sera con-
« sidéré et déclaré *en état de guerre contre la société*. En
« conséquence, les conseillers d'État (les généraux) s'as-
« sembleront pour prononcer *sa destitution* et pourvoir
« à son remplacement par celui *d'entre eux* qui sera jugé
« le plus digne; et s'il arrivait qu'un tel successeur vou-

---

[1] Puisqu'on conservait le nom de *Dessalines* à l'Empereur d'Haïti, on aurait bien pu conserver aussi celui de *Jean* pour le rendre plus historique.

[2] Remarquons ici que les enfans de l'empereur n'étaient point qualifiés
de *princes* ou *princesses* : l'impératrice seule devait porter ce dernier titre à
la mort de son époux. L'hérédité étant exclue, c'était juste.

« lût s'opposer à son remplacement, les généraux feront
« *un appel au peuple et à l'armée* qui devront leur prêter
« main-forte et assistance pour maintenir *la liberté.* »

Ces deux articles 28 et 29 du premier titre de la constitution contenaient un germe *de révolution*, même contre l'empereur régnant.

Dans sa constitution de 1801, T. Louverture avait prévu le cas où l'un de ses successeurs n'aurait pas *convoqué* l'assemblée centrale, un mois avant l'expiration du terme de son mandat de cinq années, pour qu'elle pût procéder soit à sa réélection, soit à son remplacement ; alors le général le plus élevé en grade devait saisir les rênes du gouvernement, provisoirement, pour faciliter l'exercice du pouvoir de cette assemblée.

Mais en 1805, il suffisait de la création ou *de l'existence* d'un corps de troupes *privilégié*, de la déviation *de la marche* tracée par l'empereur Dessalines pour le gouvernement du pays, ou de celle *des principes* consacrés par la constitution, pour autoriser les généraux à s'assembler (ou à s'entendre) et prononcer la destitution du réfractaire. Or, T. Louverture, en créant sa garde d'honneur et en y admettant d'anciens *nobles colons*, d'anciens *émigrés*, comme officiers, avait excité le juste mécontentement de l'armée coloniale : de là la répulsion pour tout corps privilégié, devant veiller sur la personne du chef de l'Etat.

Dessalines connaissait cet esprit général dans l'armée haïtienne. Cependant, il conservait toujours dans sa ville impériale, la 4º demi-brigade pour sa garde ; il affectionnait cette troupe où se trouvaient des officiers et des soldats qu'il avait commandés comme colonel, et qui lui étaient très-dévoués. Il y avait incorporé un grand nombre de jeunes gens de famille, même depuis la guerre civile du Sud, des hommes de couleur, enfin, qui lui étaient aussi dévoués que les autres, pour avoir été ainsi préservés des fureurs de cette époque désastreuse. La 4ᵉ était réellement un régiment fameux; elle l'avait prouvé en maintes occasions; et l'empereur souffrait bien des prétentions et des écarts des officiers et des soldats qui la composaient. Elle était donc un corps privilégié, une sorte de garde d'honneur : les autres corps de l'armée en étaient jaloux [1].

Ensuite, on verra si l'empereur respecta lui-même *les principes* qu'il fit consacrer dans la constitution, devenue son œuvre *personnelle*, puisque les généraux conseillers d'Etat n'y avaient contribué qu'en la faisant publier avec pompe, avec cet enthousiasme factice qui trompe si souvent les chefs d'Etat.

Lisons maintenant l'article 30.

« L'empereur fait, scelle et promulgue les lois, *nomme
« et révoque*, à sa volonté, les ministres, le général en
« chef de l'armée, *les conseillers d'Etat, les généraux*
« *et autres agents de l'empire, les officiers* de l'ar-
« mée de terre et de mer, les membres des administra-
« tions locales, les commissaires du gouvernement près
« les tribunaux, *les juges* et autres fonctionnaires pu-
« blics. »

Et d'un autre côté, l'article 38 portait : « Les géné-

---

[1] « Beaucoup de simples soldats de ce corps portaient *des passans d'or*. Hist. d'Haïti, t. 3, p. 222.

Les enfans reconnus par l'empereur, étaient tenus de passer successivement de grade en grade, comme tous autres citoyens; mais il y avait cette différence entre eux et les citoyens, que leur entrée au service daterait *dans la 4ᵉ demi-brigade*, de l'époque de leur naissance (article 25). Donc, *ce privilège* qui leur compétait, faisait de la 4ᵉ *un corps privilégié*.

« raux de division et de brigade sont *membres-nés* du
« conseil d'Etat *et le composent.* »

C'étaient donc *leurs grades militaires* qui les rendaient *conseillers d'Etat*; et comment alors concevoir qu'ils pussent être *révoqués* en cette qualité? Que le général en chef pût l'être, cela se conçoit, parce que ce n'était qu'*un rang* supérieur dans l'armée, *une fonction*, et non *un grade*. Qu'un général, de division ou de brigade, commandant une division ou un arrondissement, ou remplissant tel autre *emploi*, en fût *révoqué*, c'était encore dans le droit de l'empereur comme chef du gouvernement. Mais pouvait-il, c'est-à-dire, avait-il *le droit de le révoquer de son grade militaire*, devenu *une propriété*? Non. Donc, conservant son grade qui le rendait *membre-né* du conseil d'Etat, il ne pouvait non plus être révoqué en cette qualité de conseiller d'Etat; car il ne peut être question dans l'article 30 d'autres conseillers d'Etat, puisque l'article 38 disait que *les généraux le composent*: ce qui emportait exclusion de tous autres.

Ainsi, par la contexture de cet article 30, tous les généraux de l'armée se trouvaient menacés *de perdre leurs grades*, qu'ils avaient acquis par leur valeur et leurs services rendus au pays. Et ils n'étaient pas les seuls, — tous les officiers de l'armée de terre et de mer étaient dans le même cas. Or, avec un chef tel que Dessalines, un tel acte conduisait immédiatement *à la mort*.

On verra que les généraux, depuis le général en chef jusqu'au dernier, que les officiers inférieurs de tous grades, surent enfin *prendre leur sûreté* contre le dictateur.

« L'empereur dirige les recettes et les dépenses de l'E-
« tat.— A lui seul est réservé le pouvoir de faire la paix
« ou la guerre, d'entretenir des relations politiques et

« de contracter au dehors. — Il pourvoit à la sûreté in-
« térieure et à la défense de l'état. — Dans le cas où il
« se tramerait quelque *conspiration* contre la sûreté de
« l'Etat, contre la constitution, ou contre sa personne,
« il fera de suite arrêter les auteurs ou complices qui se-
« ront *jugés* par un conseil spécial. — L'empereur ne
« formera jamais aucune entreprise dans la vue de faire
« des conquêtes ni de troubler la paix et le régime inté-
« rieur des colonies étrangères. »

Ces diverses dispositions n'avaient rien que de fort convenable, par rapport à l'état des choses. A l'égard des finances, aucun article ne fixant *une liste civile* pour l'empereur personnellement, mais « pour son épouse « l'impératrice, pour ses enfans reconnus et son suc- « cesseur, » on reconnaît que le trésor de l'empire devenait le trésor de l'empereur. Dans une telle situation, si les troupes ne sont pas payées, on conçoit d'avance que, malgré son droit d'arrêter *les conspirateurs*, l'empereur n'y réussira pas, et qu'il sera renversé de son trône.

La constitution ajouta un autre ministère à celui qui existait déjà.

Le ministre des finances et de l'intérieur avait les attributions ordinaires d'un tel service ; il administrait les départemens de l'agriculture, du commerce et de l'instruction publique.

Le ministre de la guerre et de la marine avait aussi les attributions relatives à ces deux départemens.

L'un et l'autre étaient *responsables* des faits de leur administration ; mais, soit en fonction ou hors, ils ne pouvaient être poursuivis sans l'adhésion formelle de l'empereur. Ils répondaient également de tous délits commis par eux, contre la sûreté publique et la constitution, de tout attentat *à la propriété*, et à la liberté individuelle.

Un secrétaire d'État fut institué pour travailler, auprès de l'empereur, aux relations étrangères, pour faire imprimer les lois, arrêtés, proclamations, et pour transmettre les instructions impériales, etc. Personne n'en eut le titre.

L'ordre judiciaire consistait en un juge de paix pour chaque commune, en six tribunaux civils séant à Saint-Marc, au Port au-Prince, au Cap, aux Cayes, à l'Anse-à-Veau et au Port-de-Paix, en attendant, bien entendu, la soumission de la partie de l'Est. Les délits militaires étaient de la compétence des conseils spéciaux, et l'empereur prononçait sur les demandes en cassation contre leurs jugemens.

« La loi n'admet point de religion dominante. — La
« liberté des cultes est tolérée. — L'Etat ne pourvoit à
« l'entretien d'aucun culte, ni d'aucun ministre. »

L'empereur finit par *faire des prêtres catholiques*, de quelques *chantres* du pays sans aucune instruction, et de sa propre autorité laïque. La religion n'avait donc aucun respect de sa part.

Dans les *dispositions générales*, on voit figurer l'article 3, disposant que : « Les crimes de haute trahison, les
« délits commis par *les ministres et les généraux* seront
« *jugés* par un conseil spécial *nommé et présidé par l'em-*
« *pereur*. »

Nouvel article conçu comme expressément pour pousser ministres et généraux aux voies extrêmes de la conspiration contre les jours de l'empereur. Car quelle garantie eût pu exister pour eux, d'être jugés par un tel tribunal, présidé par le chef qui aurait ordonné leur arrestation? La mort de Moïse était présente à tous les yeux!

« Tout étranger habitant le territoire d'Haïti sera, ainsi
« que les Haïtiens, soumis aux lois correctionnelles et
« criminelles du pays. — *Toute propriété* qui aura ci-de-
« vant appartenu à un blanc français est incontestable-
« ment de droit *confisquée* au profit de l'État. — Tout
« Haïtien qui, ayant acquis une propriété d'un blanc fran-
« çais, n'aura payé qu'une partie du prix stipulé dans
« l'acte de vente, sera responsable envers les domaines
« de l'État du reliquat de la somme due. »

Ces dispositions étaient fondées, sur la police à exercer dans le pays envers les étrangers, et sur sa conquête pour arriver à l'indépendance.

« Le mariage est un acte purement civil et *autorisé*
« (non pas *encouragé*) par le gouvernement. — La loi
« autorise le divorce dans les cas prévus. — Une loi par-
« ticulière sera rendue concernant les enfans nés *hors*
« *mariage*.

« Le respect pour ses chefs, la subordination et la disci-
« pline sont rigoureusement nécessaires. — Un code pénal
« (militaire) sera publié et *sévèrement* observé.

« Dans chaque division militaire, *une école publique*
« sera établie pour l'instruction de la jeunesse. »

Par conséquent, six écoles dans toute l'ancienne partie française.

« Les couleurs nationales seront *noires et rouges*. »

Nous avons déjà dit quelle idée les indigènes d'Haïti attachaient au drapeau tricolore de la France, quelle pensée présida au retranchement de la couleur *blanche*, en mai 1803, pour former le drapeau de l'indépendance. En remplaçant dans ce drapeau *le bleu* par *le noir*, c'était probablement par suite de l'autre article de la constitution, qui voulait que les citoyens d'Haïti fussent connus sous la dénomination générique de *noirs*, afin de faire cesser toute acception de couleur parmi eux. Néanmoins, en laissant *le rouge* dans le drapeau *haïtien*, on en faisait *un symbole de l'union* des deux classes de la population de l'empire, qui avaient eu un égal mérite dans la conquête de l'indépendance.

Ces vues étaient excellentes, sages, patriotiques, puisque le drapeau haïtien tendait, par ses couleurs, à entretenir l'harmonie entre les citoyens du nouvel Etat. Toutefois, la glorieuse couleur *bleue* de 1803, qui servit de ralliement comme *la rouge*, pouvait rester dans le drapeau national sans nul inconvénient. Depuis que Pétion l'y a rétablie, ces deux couleurs primitives ont flotté avec honneur sur toutes les parties d'Haïti ; elles ont réalisé *l'unité politique* par *l'unité territoriale* prévue, déterminée par la constitution que nous analysons ; elles ont été arborées dans les hautes mers, dans bien des ports de l'Ancien et du Nouveau Monde ; elles ont été enfin saluées par tous les gouvernemens, comme l'*emblême* de la nationalité indépendante d'un peuple libre et souverain.

« L'agriculture, comme le premier, le plus noble et le
« plus utile de tous les arts, sera honorée et protégée.—
« Le commerce, seconde source de la prospérité des États,
« ne veut et ne connaît point *d'entraves* : il doit être favo-
« risé et spécialement protégé.—La bonne foi, la loyauté
« dans les opérations commerciales, seront religieuse-
« ment observées. — Le gouvernement assure sûreté et
« protection aux nations neutres et amies qui viendront
« entretenir avec cette île des rapports commerciaux, à
« la charge par elles de se conformer aux règlemens, us

« et coutumes de ce pays. — Les comptoirs, les marchan-
« dises des étrangers, seront sous la sauvegarde et la ga-
« rantie de l'État. »

Toutes ces dispositions reposaient sur la raison, sur une saine politique. Heureux toutefois les cultivateurs des campagnes, s'ils n'avaient pas à se plaindre des mesures coercitives employées à leur égard ! Quant au commerce, il fut malheureusement entravé par des mesures aussi mal-entendues qu'à l'égard de l'agriculture.

« Il y aura des fêtes nationales pour célébrer l'Indé-
« pendance, la fête de l'Empereur et de son auguste
« épouse, celle de l'Agriculture et de la Constitution. »

Enfin, cette constitution se terminait par cette disposition d'une mâle résolution :

« Au premier coup de canon d'alarme, les villes dispa-
« raissent, et la Nation est debout. »

On était alors sous l'influence des idées qui faisaient croire à une prochaine paix en Europe, laquelle ramènerait sur les plages d'Haïti les cohortes françaises : elles ne devaient trouver à leur arrivée *que des cendres, du fer et des soldats*, d'après la proclamation du 12 avril.

Quoi qu'en aient dit les détracteurs d'Haïti, un jeune peuple qui, à sa naissance, et se rappelant l'expérience faite dans de récents événemens, prenait une telle résolution pour défendre sa liberté et son indépendance, ne méritait point le mépris qu'ils en affectaient. Des nations, vieilles déjà dans le monde politique, ont usé avec avantage de pareils moyens contre des ennemis envahisseurs, et cependant elles disposaient d'immenses ressources en population et de toutes les manières ! On les a traitées de *barbares*, il est vrai ; mais cette barbarie a sauvegardé leur indépendance.

Telle fut la constitution impériale de 1805, dont les dispositions tutélaires ne pouvaient être *un frein* pour la volonté de l'empereur. Autant valait-il ne pas la faire, dans son intérêt même ; car, quant au peuple, quant aux généraux, « ces organes fidèles et ces interprètes de sa « volonté, » ils tirèrent parti de cet acte contre l'empereur, lorsque des circonstances survinrent qui leur prouvèrent qu'il devait cesser de régner, de dominer. On ne crée pas, ou plutôt on ne reconnaît pas impunément *des droits* aux hommes, pour les fouler ensuite aux pieds : le peuple haïtien l'avait déjà prouvé à la France.

J. Chanlatte et B. Tonnerre avaient la tête trop meublée des idées et des formules révolutionnaires de ce pays, pour ne pas imiter une de ces dernières à la suite de la constitution impériale. Voici celle qui y fut écrite :

« Nous, Mandataires soussignés,

« Mettons sous la sauvegarde des magistrats, des pères
« et mères de famille, des citoyens et de l'armée, le pacte
« explicite et solennel *des droits* sacrés de l'homme et
« *des devoirs* du citoyen.

« Le recommandons à nos neveux et en faisons hom-
« mage aux amis de la liberté, aux philantropes de tous
« les pays, comme un gage signalé de la bonté divine
« qui, par suite de ses décrets immortels, nous a pro-
« curé l'occasion de briser nos fers et de nous constituer
« en peuple *libre, civilisé et indépendant*[1].

---

[1] Pour ne pas dire — peuple libre, *souverain* et indépendant, — on mit *civilisé*, parce que le peuple était censé *avoir abdiqué* sa souveraineté, en *élisant* l'empereur : fiction politique dont se font illusion bien des chefs d'État, jusqu'au jour où la Nation leur lance la foudre.

« Et avons signé tant en notre nom privé qu'en celui
« de nos commettans. »

La sanction de l'empereur est ainsi conçue :

« Vu la présente constitution,

« Nous, JACQUES DESSALINES, Empereur 1er d'Haïti et
« chef suprême de l'armée, par la grâce de Dieu et la loi
« constitutionnelle de l'Etat ;

« L'acceptons dans tout son contenu, et la sanction-
« nons pour recevoir, sous le plus bref délai, sa pleine
« et entière exécution dans toute l'étendue de notre
« empire.

« Et jurons de la maintenir et de la faire observer
« dans son intégrité, jusqu'au dernier soupir de notre
« vie. »

Signé : DESSALINES.

Enfin, l'empire était consacré de toutes les manières, dans toutes les formes. Il n'y avait plus, après la constitution, que les lois organiques à faire ou à promulguer.

— Le 26 mai, parut *le code pénal militaire*. L'empire était une institution militaire; on était en état de guerre, c'était par cette loi qu'il fallait commencer. Elle fut basée sur le code français, et contenait 28 cas où la peine *de mort* était appliquée, 20 pour *la prison*, 1 pour *la gêne*, 4 pour *les verges*, 15 pour *les fers* (emprisonnement *aux fers*) et plusieurs pour *la destitution*.

A partir de ce code pénal, tous les actes de l'empereur furent intitulés des noms de *Jacques, Empereur 1er d'Haïti*, etc., et signés de celui de *Dessalines*, comme il avait appris à écrire son nom, Cependant, suivant la constitution, l'intitulé aurait dû porter *Jacques Dessalines*.

— Le 28 mai, une loi fut promulguée sur les Enfans nés *hors mariage*.

La très-grande majorité des Haïtiens étant dans ce cas à cette époque, cette loi contenait des dispositions en rapport avec cet état de choses ; mais elle en avait aussi qui tendaient à le perpétuer, parce qu'elles dérivaient de l'article 14 des dispositions générales de la constitution, lequel déclarait le mariage purement *autorisé* par le gouvernement. Ce gouvernement, quoique son chef fût marié depuis plusieurs années, ne visait point à réformer les anciennes mœurs coloniales, à encourager le mariage pour constituer la famille sur les bases morales de la loi civile et de la loi religieuse. La raison en est, que Dessalines personnellement avait des maîtresses, des concubines dans presque toutes les villes, qu'il entretenait publiquement et scandaleusement aux dépens de la caisse de l'Etat ; que ses secrétaires-législateurs imitaient l'empereur sous ce rapport ; enfin, que les grands de l'empire, que presque tous les fonctionnaires publics, faisaient à peu près la même chose. L'empereur, législateur suprême, ne pouvait donc pas être sévère à leur égard, lorsqu'il leur traçait ce fâcheux exemple de mœurs relâchées ; et il faut dire qu'il ne fut pas le seul chef d'Haïti qui ait agi ainsi ; d'autres après lui ont, sinon imité sa conduite, du moins peu encouragé le mariage.

Il est malheureux pour le pays qu'aucun d'eux ne se soit pénétré de ce que disaient les commissaires civils, Polvérel surtout dont on reconnaît le style, dans leur proclamation du 11 juillet 1793, en donnant la liberté aux femmes et aux enfans des noirs qu'ils avaient déjà émancipés :

« L'esprit de famille est le premier lien des sociétés politi-

« ques... Tout peuple régénéré qui a conquis sa liberté,
« et qui veut la conserver, doit commencer par épurer
« ses mœurs. La piété filiale, la tendresse conjugale,
« l'amour paternel, l'esprit de famille en un mot, n'exis-
« tent point dans les conjonctions fortuites et momenta-
« nées que le libertinage forme, et que le dégoût et
« l'inconstance dissolvent... L'amour de la patrie devien-
« dra d'autant plus énergique, que les citoyens auront
« plus de tendresse pour leurs femmes et leurs enfans. »

La loi dont s'agit portait encore l'empreinte de l'arbitraire, du despotisme de l'époque, en ce qu'elle autorisait
un homme *marié légalement, à reconnaître un enfant
naturel né pendant le cours dudit mariage* (art. 12),
tandis qu'elle lui donnait également le droit *de désavouer
un enfant adultérin*, né de son épouse avec un autre
homme. Ainsi, l'épouse seule pouvait être *adultère*, l'é-
poux était *privilégié*. Cette immoralité était la conséquence de l'article 25 des dispositions préliminaires de la
constitution, par lequel l'empereur se réservait la faculté
de reconnaître des enfans hors de son mariage ; car il ne
pouvait pas accorder moins aux autres citoyens qu'à lui-
même, tout souverain qu'il fût.

Il s'y trouvait un titre dont les dispositions étaient
fiscales, pour garantir les domaines nationaux des enva-
hissemens de ceux qui se prétendaient issus des personnes dont les biens avaient été confisqués. Comme cette
matière a donné sujet à bien des injustices de la part de
l'administration des domaines, à bien des tentatives de
fraudes de la part des particuliers ; qu'elle a motivé d'autres mesures administratives en 1806, à la suite desquelles la révolution a brisé l'empereur et l'empire, re-
produisons ici les articles suivans :

« Les enfans nés hors mariage, *reconnus antérieure-*
« *ment* à la promulgation de la présente loi, *qui auront été*
« *mis en possession des biens* de leurs père et mère, en tout
« ou en partie, *par n'importe quelle autorité légalement*
« *constituée, sont tenus de justifier de nouveau,* et ce de-
« vant le ministre des finances, *des titres* en vertu des-
« quels ils ont été envoyés en possession.

« Les enfans dont s'agit *ne pourront être confirmés e.*
« *maintenus dans la possession des biens,* que tout autant
« que leurs droits seront appuyés *de pièces valables et*
« *authentiques.*

« La validité de leurs droits *ne pourra être constatée*
« que par l'existence des dispositions testamentaires, *no-*
« *tariées ou olographes,* de leurs père et mère.

« Sont compris dans les présentes dispositions, les en-
« fans nés hors mariage *reconnus* qui, par cause d'ab-
« sence ou d'événemens majeurs et imprévus résultant
« des orages politiques, ont été dans l'impossibilité abso-
« lue de faire valoir leurs droits aux successions de leurs
« père et mère.

« L'empereur n'entend point cependant déroger ni pré-
« judicier aux dispositions consignées dans l'article 19 de
« sa proclamation (ou arrêté) en date du 7 février 1084,
« an 1er de l'indépendance. »

Comme on l'a vu, cet article 19 avait annuel *les ventes*
ou donations faites par des personnes émigrées en faveur
de celles restées dans le pays ; et l'article 10 du même
arrêté avait ordonné *l'envoi en possession* de leurs biens,
des propriétaires qui résidaient avec les Français dans les
villes ou bourgs, pendant la guerre. Or, la plus grande
partie des Haïtiens propriétaires ayant été dans ce dernier
cas, il s'en était suivi que l'administration des domaines

avait déjà examiné presque tous les titres de propriétés, afin de pouvoir envoyer en possession ces propriétaires, et d'annuler les ventes ou donations faites *depuis* la prise d'armes de l'armée indigène. Maintenant, la nouvelle loi revenait sur cette opération, quelle que fût l'autorité légalement constituée qui avait prononcé sur cet envoi en possession ; les propriétaires étaient tenus de justifier de nouveau de leurs titres, car propriétaires ou enfans nés hors mariage, c'était tout un, la plupart des citoyens étant des enfans naturels : leurs droits ne pouvaient être confirmés et maintenus, qu'autant qu'ils seraient nantis de testamens en forme.

Probablement, l'empereur avait reconnu que la corruption ou la négligence de certains fonctionnaires avaient *transigé* sur les droits du domaine public, et que des propriétés de colons avaient ainsi passé aux mains de personnes n'ayant pas qualité pour les posséder. Mais, en exigeant une nouvelle justification de titres pardevant le ministre des finances, incapable par lui-même de rien apprécier sur cette matière, c'était renvoyer les propriétaires pardevant Vastey, le chef de cette corruption dont nous parlons ; c'était lui donner la faculté d'imposer arbitrairement *des pots de vin* aux propriétaires, même fondés à réclamation par leurs titres. Une telle opération occasionnait nécessairement des tracasseries, des transports, des voyages, des frais pour arriver aux Gonaïves, où résidait le ministre : de là du mécontentement contre un gouvernement qui n'avait pas confiance même dans ses administrateurs, qui revenait sur ce qu'ils avaient fait. Et que d'anciens propriétaires, toujours en possession de leurs biens sous le régime colonial et sous tous les gouvernemens qui avaient succédé à ce régime, se virent alors discuter leurs droits à une paisible possession !

Un article de la loi était conséquent à la faculté accordée à un homme *marié* de reconnaître des enfans naturels ; il disait :

« A partir du jour de la promulgation de la présente
« loi, *les droits de successibilité* des enfans naturels qui
« seront *à l'avenir* reconnus par leurs père et mère,
« *seront les mêmes que ceux des enfans légitimes.* »

Le mariage n'était déjà qu'*autorisé* ; par cet article il se trouvait *outragé*. A quoi bon alors se marier, — pour la femme s'entend ? C'était préconiser le système colonial, si contraire aux bonnes mœurs dans un intérêt politique. Et l'on avait dit cependant « *Nos lois, nos*
« *mœurs*, nos villes, tout encore porte *l'empreinte fran-*
« *çaise*, » comme pour faire entendre qu'il fallait autre chose, pour en finir avec les précédens du pays ! Mais, où prenait-on presque toutes ces lois ?

— En voici une nouvelle, sur l'organisation *des conseils spéciaux militaires*, publiée le 30 mai.

Il y en avait un dans chaque division militaire de l'empire et composé de sept juges, d'un greffier, et d'un accusateur militaire qui ne pouvait être nommé par l'empereur parmi les militaires, ni parmi les individus employés dans les armées : c'était donc un citoyen *de la classe civile*. Les juges étaient *militaires* et étaient spéciaux pour chaque affaire.

Les commandans d'arrondissemens recevaient *les dénonciations*, faisaient les procès-verbaux pour constater les délits et dressaient les actes d'accusation qu'ils adressaient à l'accusateur militaire, chargé de poursuivre les inculpés : ce dernier pouvait refaire cependant les actes défectueux.

A cet accusateur militaire était déféré *le droit* de poursuivre extraordinairement, les commandans d'arrondissemens, de places ou de postes qui auraient *négligé ou retardé la poursuite des délits*, ou qui seraient eux-mêmes *prévaricateurs*. Les officiers et soldats pouvaient *dénoncer* aussi ces officiers supérieurs, même les commandans de division, à l'accusateur militaire qui, alors, ferait parvenir la dénonciation au ministre de la guerre ou à l'empereur.

« Toute *dénonciation* faite, et dont les cas auront été
« prévus par le code pénal, sera de suite envoyée à l'ac-
« cusateur militaire qui décernera un mandat d'arrêt
« contre le prévenu. »

Un fonctionnaire *civil*, à cette époque, décernerait un mandat d'arrêt contre un général de brigade ou de division ! Et même depuis quand ?

Enfin, le prévenu étant arrêté, l'accusateur militaire devait convoquer un conseil spécial qui l'entendrait, *lui*, ainsi que les témoins ; et si le conseil, à la majorité, décidait qu'il y a lieu à accusation, son président en dresserait l'acte pour être transmis à l'empereur par l'accusateur militaire. En définitive, c'était l'empereur qui décidait s'il y avait lieu de poursuivre la procédure, et qui désignait le conseil spécial *qu'il présidait* lui-même.

Cette loi, par de telles dispositions, ajoutait encore aux griefs secrets des généraux, tout-puissans à cette époque.

Mais, à son tour, l'accusateur militaire pouvait être poursuivi pour *prévarication* dans ses fonctions ou *défaut de surveillance* ; et tout officier, soldat ou autres citoyens attachés aux armées avaient la faculté *de le dénoncer*. Dans ces cas, c'était au commandant d'arrondissement à informer contre lui et à envoyer les pièces au ministre de la guerre qui, alors, ferait l'office d'accusateur militaire près le tribunal suprême de l'empereur qui jugerait l'accusé.

Toutes ces *dénonciations* instituées, et non pas *des plaintes* de la part de qui aurait souffert d'un préjudice, semblent avoir été conçues pour établir un système *d'espionnage ou de délation* contre les supérieurs ; et cependant, les considérans de cette loi reposaient sur la nécessité « du bon ordre, de la discipline et de la subordination. » Mais il est vrai aussi qu'ils avaient pour but : « de donner aux armées les moyens prompts, justes et « sévères de livrer les coupables au glaive de la loi ; de « rappeler aux militaires, que l'honneur leur impose la « la loi de chasser de leurs rangs, *les traîtres et les lâ-* « *ches* qui déshonorent la cause sacrée de la liberté. »

Concluons, de toutes ces observations, que J. Chanlatte et B. Tonnerre, vrais auteurs de toutes ces lois, étaient peu propres à la mission qui leur était dévolue, — d'éclairer le chef de l'Etat, de lui faire de sages représentations dans l'intérêt du pays et de son pouvoir.

— On en jugera encore mieux par la *loi sur le divorce*, attribuée tout entière à J. Chanlatte, *personnellement intéressé* aux dispositions qu'elle renferme : elle fut publiée le 1er juin.

Le divorce avait lieu par diverses causes : 1° par le consentement mutuel des époux ; 2° l'un d'eux pouvait le faire prononcer sur la simple *allégation* d'incompatibilité d'humeur ou de caractère ; 3° sur la démence, la folie et la fureur de l'un des époux ; 4° sur la condamnation de l'un d'eux à des peines afflictives ou infamantes ; 5° sur les crimes, sévices ou injures de l'un envers l'autre ; 6° *sur le déréglement de mœurs notoires*; 7° sur l'abandon de la femme par le mari, ou du mari par la femme pendant un an au moins ; 8° sur l'absence de l'un d'eux sans nouvelles au moins pendant un an ; 9° enfin, sur l'émigration, dans les cas prévus par la loi.

A l'égard des deux premiers cas, le divorce pouvait être prononcé dans *une seule séance* pardevant le juge de paix ; les autres cas devenaient presque aussi faciles, par les preuves administrées par le demandeur.

Mais cette loi avait un cachet particulier ; c'est que, *aussitôt le divorce prononcé*, les époux pouvaient contracter *un nouveau mariage*, et si la femme se trouvait *enceinte*, elle était tenue de le déclarer ; —c'est que, *les époux divorcés pouvaient se remarier ensemble*, même *de suite*.

Le dernier article est ainsi conçu :

« Les divorces qui ont été *effectués* en vertu du princi-
« pe que *le mariage n'est qu'un contrat civil*, et qui ont
« été *constatés* par des déclarations authentiques faites
« soit pardevant *des notaires*, soit pardevant *des offi-*
« *ciers publics*, soit enfin pardevant *l'empereur*, avant
« la promulgation de la constitution, *sont confirmés* [1]. »

---

[1] J. Chanlatte était *intéressé*, disons-nous, à rédiger ainsi la loi sur le divorce, et surtout ce dernier article. Avant la constitution, il avait débauché l'épouse d'un officier distingué, et il l'épousa de suite : par cet article, il fit sanctionner ce scandale. Car, lorsque je remplissais les fonctions du ministère public, j'eus occasion de lire un acte dressé à la requête de la femme dont il s'agit, pardevant un fonctionnaire de l'administration *des domaines*, en présence de témoins. Elle y déclara qu'elle voulait *divorcer* avec son mari. Cet acte ayant été porté à l'empereur, il approuva le divorce pour être agréable à son secrétaire général : de là ce dernier article d'une loi malheureusement en rapport avec les mœurs de cette époque.

Cet article explique pourquoi la constitution s'est bornée à dire que le mariage est un contrat civil *autorisé* par le gouvernement.

— Le 3 juin, une autre loi fut publiée sur le mode de constater *l'état civil* des citoyens. Modelée sur les lois françaises depuis 1789, elle contenait des dispositions convenables dans l'état de confusion où étaient les choses, par suite des révolutions du pays, des guerres, de la dispersion ou disparition des anciens registres de l'état civil. La section relative « au divorce, dans ses rapports « avec les fonctions de l'officier public chargé de cons- « tater l'état civil des citoyens, » se ressentait nécessairement des étranges dispositions de la loi sur le divorce.

— Le 7 juin parut la loi sur l'organisation *judiciaire*.

La justice était rendue, au nom de l'empereur, par *des arbitres* du choix des parties capables ; par *des juges de paix* nommés dans chaque commune ; par *des tribunaux civils* établis, un pour chaque division militaire, composés de cinq juges, ayant auprès d'eux un officier du ministère public sous le titre de commissaire impérial, et un greffier, et exerçant respectivement les uns à l'égard des autres les attributions des tribunaux d'appel ; enfin, par *le tribunal suprême* de l'empereur servant de *tribunal de cassation*, dont l'organisation, la composition et les fonctions devaient être déterminées par une loi particulière qui ne fut pas publiée. Chaque division militaire avait aussi *un tribunal de commerce*, composé de trois juges et de deux assesseurs, tirés de la classe des négocians, pour prononcer sur les affaires entre commerçans.

Le premier article de cette loi contient une expression, ou plutôt une disposition qui prouve qu'en copiant les lois françaises, le rédacteur avait *oublié* celle de la constitution qui attribuait à l'empereur seul la législation du pays. Il est ainsi conçu :

« L'arbitrage étant le moyen le plus raisonnable de ter-
« miner les contestations entre les citoyens, *les législa-*
« *tures* ne pourront faire aucunes dispositions qui ten-
« draient à diminuer, soit la faveur, soit la facilité des
« compromis*. »

Or, quelles étaient *ces législatures*, lorsque les conseillers d'Etat eux-mêmes n'avaient pas voix au chapitre ? Et l'empereur signa cette loi qui faisait supposer l'existence d'un pouvoir législatif autre que le sien ! J. Chanlatte, son secrétaire général, faisant fonction de secrétaire d'Etat, fut bien coupable d'une telle négligence ! Heureusement qu'elle n'avait aucune conséquence dans la situation des choses.

Dans les lettres patentes délivrées aux juges nommés par l'empereur, il était dit « qu'honneur doit leur être
« porté en cette qualité, et que la force publique sera em-
« ployée, en cas de nécessité, pour *l'exécution* des juge-
« mens auxquels ils concourront, après avoir prêté le
« serment requis, et avoir été dûment installés. » Ensuite :
« les juges et les officiers chargés des fonctions du mi-
« nistère public ne pourront être *destitués* que pour for-
« faiture dûment jugée par juges compétens. »

Mais un article de la constitution disait aussi que « l'em-

---

* Dans son *Recueil des actes*, etc., M. Linstant a mis *les législateurs*, sans doute d'après une copie de cette loi. Mais nous possédons un exemplaire sorti de l'imprimerie centrale de l'empire, où nous lisons *les législatures*. Quand ce serait *les législateurs*, c'aurait été une expression impropre : l'empereur était le seul législateur, d'après la constitution.

« pereur *nomme et révoque, à sa volonté*.... les com-
« missaires du gouvernement près les tribunaux, *les
« juges*.... » Il y avait donc contradiction entre ces
deux articles.

En toute matière, *civile ou criminelle*, les plaidoyers,
rapports et jugemens étaient publics, et tout citoyen avait
le droit de défendre lui-même sa cause, soit verbalement,
soit par écrit.

Les lois *civiles* existantes devaient être revues et ré-
formées, et il serait fait *un code général* de lois simples,
claires et appropriées à la constitution. Le code de la
procédure civile serait rédigé et calculé de manière qu'elle
fût rendue plus simple, plus expéditive et moins coûteuse ;
mais en attendant l'émission de ces codes, les tribunaux de
division suivraient provisoirement, en matière *civile*, les
formes de procédure usitées jusqu'alors... d'après les anciennes lois ou ordonnances *françaises*.

Quant aux matières *criminelles*, bien que ces tribunaux dussent en connaître, il y avait silence complet
à l'égard *des formes à suivre* et *des lois pénales* à appliquer. On pourrait croire, par analogie, que ces tribunaux suivraient aussi *les anciennes lois* ; mais un article
relatif aux commissaires impériaux disait :

« Ils ne seront point *accusateurs publics*; mais ils se-
« ront *entendus* sur toutes *les accusations* intentées et
« poursuivies *suivant le mode qui sera déterminé*. Ils
« requerront, pendant le cours de l'instruction, pour la
« régularité *des formes*, et avant le jugement, pour *l'ap-
« plication de la loi*. »

Or, le mode à suivre n'ayant pas été déterminé par
aucune loi, il s'ensuit que les tribunaux de division ne
pouvaient juger *en matière criminelle*; ils durent s'abste-

nir en attendant une loi à cet effet, et *laisser agir les conseils spéciaux.* Et quelle organisation que celle du ministère public qui ne pouvait agir *d'office* pour la poursuite des délits, qui n'était *qu'entendu* dans les accusations intentées comme en matière civile, qui *requerrait* seulement pour la régularité des formes et pour l'application de la loi !

Les greffiers de ces tribunaux étaient *inamovibles*, nommés *à vie*, et ne pouvaient être *destitués* que pour cause de *prévarication jugée.* Ils fournissaient un cautionnement de 18 mille livres (douze mille francs), reçu par les juges.

Ces greffiers jouissaient donc de plus de garantie que les juges.

C'était aux conseillers d'État (les généraux) du lieu du siége des tribunaux, à les installer, en faisant prêter aux juges le serment « de maintenir de tout leur pouvoir la
« constitution de l'Empire, d'être fidèles à l'Empereur et
« au peuple, et de remplir avec exactitude et impartialité
« les fonctions de leurs offices.—Après ce serment prêté,
« les conseillers d'État, descendus dans le parquet, instal-
« leront les juges, et, *au nom du peuple*, prononceront
« *pour lui*, l'engagement de porter au tribunal et à ses
« *jugemens, le respect et l'obéissance* que tout citoyen
« doit à la loi et à ses organes[1]. »

---

[1] Les conseillers d'Etat prenaient cet engagement *de respect et d'obéissance, pour le peuple*, mais non pas *pour eux-mêmes.* Aussi on raconte qu'un général très-aimé de l'empereur, ayant *annulé* le jugement d'un tribunal, le commissaire impérial s'empressa de donner connaissance de ce fait à l'empereur, espérant qu'il maintiendrait le jugement, en lui citant même la loi sur laquelle il était motivé. Mais l'empereur lui répondit assez gaîment : « Allons
« donc ! Quand je fais *des lois*, c'est pour prouver *aux blancs* que nous savons
« en faire comme eux. Un tel a bien fait d'annuler ce jugement. »

— Le 24 juillet, un décret de l'empereur parut avec ce préambule :

« Considérant qu'il convient de fixer d'une manière
« juste et invariable *les émolumens* alloués aux officiers
« tant civils que militaires, de tout grade et de toute
« arme ;

« Décrète que le tarif ci-après déterminé aura force de
« loi et produira son plein et entier effet dans toute l'éten-
« due de l'Empire d'Haïti, *se réservant* de désigner *l'é-
« poque* où lesdits payemens commenceront à avoir lieu,
« *en tout ou en partie*, suivant la situation du trésor de
« l'État. »

Cette époque n'advint *jamais* sous son règne : ni fonctionnaires civils, ni militaires, de quelque grade que ce
fût, ne furent point payés, bien que la situation du trésor
permît des dépenses scandaleuses pour l'entretien des
concubines *impériales*.

— Le 24 juillet, le ministre des finances rendit aussi
un arrêté approuvé par l'empereur, en exécution des dispositions fiscales consignées dans la loi sur les enfans nés
hors mariage. En voici un extrait :

« Voulant, dit le ministre, mettre ordre *aux abus* qui
« ont eu lieu dans toutes les parties de l'empire, en pre-
« nant des mesures pour assurer aux véritables proprié-
« taires la paisible jouissance de leurs biens, et réprimer
« les mises en possession illégales qui ont eu lieu ;.....

« 1. A dater du 1ᵉʳ août prochain, *tous les propriétaires,
« indistinctement*, sont tenus de se présenter au secré-
« tariat des finances et de l'intérieur, nantis de leurs titres
« de propriété ou mises en possession, *n'importe par
« quelle autorité*, pour être vérifiés, visés et enregistrés
« pour recours au besoin, et leur être délivré *de nouvelles*

« *mises en possession* ; ils se présenteront aussitôt après
« pardevant l'administrateur de leur division, pour faire
« enregistrer leurs susdites mises en possession.

« 3. Tout individu qui sera convaincu d'avoir cherché
« à surprendre *ma religion*, soit en introduisant *des actes
« contrefaits*, ou *par des détours mensongers*, seront pour-
« suivis suivant la rigueur des lois. »

Les administrateurs des divisions militaires furent ensuite chargés de former le cadastre général des propriétaires dont les droits auraient été admis et reconnus par ces nouvelles mises en possession ; et nul propriétaire ne pouvait disposer de ses produits agricoles, avant d'avoir rempli ces formalités.

Cet article 3 de l'arrêté devenait une arme dans les mains de Vastey, son rédacteur, qui *surprenait* plus et mieux que qui que ce soit *la religion du ministre*, pour rançonner les vrais propriétaires en les intimidant.

— Le 28 juillet, un décret rendu en exécution de l'article 15 des dispositions préliminaires de la constitution sur la distribution du territoire, fixa les limites des six divisions militaires et celles de leurs subdivisions en arrondissemens : chacune en avait deux.

— Le même jour, un autre décret organisa ces divisions militaires par la promotion des généraux qui devaient les commander, ou le maintien de ceux qui en commandaient déjà.

Le général de division H. Christophe fut nommé *général en chef* de l'armée d'Haïti.

Clervaux venait de mourir à la Marmelade, son lieu natal : étant plus ancien général que Christophe, on soupçonna ce dernier d'avoir hâté sa mort (il était malade depuis longtemps), *par le poison* qu'il lui aurait fait administrer par un médecin nommé Justamont, Français devenu Haïtien depuis 1804, qui lui était personnellement dévoué ; et cela, pour qu'il devînt le plus ancien général de l'armée et fixât l'attention de l'empereur pour ce nouveau poste de général en chef. Certes, toute la vie politique de H. Christophe fait admettre *la possibilité* d'une pareille action ; mais Clervaux a pu mourir aussi tout naturellement [1].

Le général de division Vernet fut maintenu *ministre des finances et de l'intérieur*. — Le général de brigade E. E. Gérin fut promu au grade de *général de division*, et nommé *ministre de la guerre et de la marine*.

Les généraux de brigade Paul Romain et François Capois furent promus au grade de *général de division*, — le premier, commandant de la première division du Nord, à la résidence du Limbé, chef-lieu ; — le second, commandant de la deuxième division du Nord, à la résidence du Cap, chef-lieu. Dans le deuxième arrondissement de cette dernière division se trouvaient comprises, par une fiction politique, toutes les communes de la bande septentrionale de la partie de l'Est jusqu'à Samana.

Le général de division Gabart fut maintenu commandant de la première division de l'Ouest, à la résidence de Saint-Marc, chef-lieu. Dans cette division étaient comprises les communes de la bande méridionale de la partie

---

[1] On prétend cependant qu'en 1810, Justamont étant sur le point de mourir *sous les coups de bâton* que lui faisait donner Christophe, en sa présence, s'est écrié : « Clervaux est bien vengé ! » Cette exclamation, arrachée par la douleur et l'indignation, prouverait aussi de sa part le regret, le remords qu'il avait d'avoir empoisonné Clervaux pour servir l'affreuse politique de Christophe.

de l'Est jusqu'à Higuey. *Dessalines*, chef-lieu ou capitale de l'empire, s'y trouvait.

Le général de division Pétion fut maintenu commandant de la deuxième division de l'Ouest, à la résidence du Port-au-Prince, chef-lieu.

Le général de division Geffrard fut maintenu commandant de la première division du Sud, à la résidence des Cayes, chef-lieu.

Le général de brigade Jean-Louis François fut promu au grade de *général de division*, commandant la deuxième division du Sud, à la résidence de l'Anse-à-Veau, chef-lieu.

Cette distribution du territoire de la partie occidentale d'Haïti en six divisions militaires, a été considérée comme dictée par la politique, pour diminuer la haute influence des généraux qui concentraient une grande autorité auparavant. Cela est possible; car plus tard, le territoire fut divisé seulement en arrondissemens militaires, peut-être par les mêmes motifs. Au reste, les anciennes provinces du pays étaient très-étendues, et celle de l'Ouest avait été déjà séparée en deux divisions. Il est encore probable que Dessalines voulut trouver l'occasion de récompenser les services des généraux qui furent promus au grade divisionnaire. C'était de la bonne politique que de satisfaire la juste ambition de Gérin, de Romain, de Capois, de J.-L. François, tous quatre officiers de mérite.

On a dit aussi, quant à Christophe: « Actuellement, « *l'autorité* de Christophe, devenu généralissime des ar-« mées d'Haïti, *répandue sur tous les généraux* de l'em-« pire, *s'affaiblissait* d'autant plus qu'elle s'étendait « et agissait moins directement sur un quartier [1]. »

---

[1] Hist. d'Haïti, t. 3, p. 242.

Cette opinion nous paraît moins soutenable que la précédente. La constitution, en disposant que les généraux de divisions correspondraient directement avec l'empereur ou avec *le général en chef,* assimilait ce dernier au chef de l'Etat ; elle établissait dès lors en sa faveur cette hiérarchie, cette subordination, qui ont valu à Christophe le haut rang auquel il fut appelé, l'année suivante, par les généraux. S'il fût resté commandant de la 1re ou de la 2e division du Nord, il aurait continué d'être *l'égal* de Gabart, de Pétion, de Geffrard, etc, tandis que, devenu général en chef, il devint *leur supérieur,* par son rang.

Son élévation fut peut-être une sorte de compensation de la déclaration imprudemment faite par l'empereur, — qu'il n'aurait pas égard *à l'ancienneté* dans le choix de son successeur ; et l'on ne peut même savoir *si la pensée secrète* de Dessalines, malgré cette déclaration, n'était pas effectivement de désigner ainsi Christophe *pour être son successeur,* après lui avoir déféré le commandement des troupes à Marchand pour la fête de l'indépendance, et celui du corps d'armée qui marcha contre Santo-Domingo, en plaçant Clervaux *sous ses ordres.*

Pendant que l'Empereur était au Cap, il fut informé du départ du navire américain nommé *la Louisiana* qui, étant mouillé sur la rade extérieure du Port-au-Prince, à cause de son fort tonnage, s'enfuit facilement, emportant une immense cargaison de denrées sans en payer les droits d'exportation. Le capitaine de ce navire avait bien vendu ses marchandises d'importation, en vertu de l'ordonnance du 15 octobre 1804, à des négocians, et non en détail ; mais aucun acte jusqu'alors n'établissait *la responsabilité* des négocians envers le fisc, puisqu'ils traitaient eux-mêmes avec les capitaines, et que ceux-ci ne se consignaient pas à eux. C'est ce qui motiva le décret rendu à cette occasion, le 1er août, par lequel tout capitaine de navire étranger arrivant dans l'un des ports ouverts, était tenu *de se consigner* à une maison de commerce, haïtienne ou étrangère, de lui confier le dépôt et la vente des marchandises importées, au moyen de quoi la maison de commerce devenait *caution, responsable* de tous les droits revenant au fisc, tant à l'importation qu'à l'exportation. Une pénalité plus forte que celle établie dans l'ordonnance de 1804, fut édictée contre les capitaines contrevenans : *la confiscation* des marchandises et du bâtiment ; et les négocians eux-mêmes encouraient la perte de leurs patentes de consignataires, s'ils se refusaient à servir de caution. Ce fut dès lors un principe établi dans le pays par tous les gouvernemens, et auquel on ne peut opposer rien de raisonnable.

Le 30 août, un décret fut publié par suite de l'organisation judiciaire et du règlement de l'état civil des citoyens: il prescrivit *un tarif des frais* à percevoir par les magistrats, les officiers de l'état civil, les curés des paroisses pour les divers actes de leur ministère, les greffiers, les notaires, les geôliers et concierges des prisons, même les instituteurs particuliers enseignant à la jeunesse, et les imprimeurs. Ce tarif fut basé sur celui rendu par le comte d'Ennery, pendant qu'il gouvernait l'ancienne colonie.

Enfin, l'empereur ayant continué son séjour au Cap jusqu'aux premiers jours de septembre, le 6 il publia un nouveau décret pour régler *l'ordre des consignations* des navires étrangers dans les maisons de commerce.

Certains négocians consignataires avaient imaginé d'intéresser à leurs entreprises commerciales des officiers supérieurs, commandans de places ou d'arrondissemens, et obtenaient de ces chefs *de contraindre* les capitaines de navires à se consigner à eux, pour avoir plus de profit. Ce décret eut pour but de faire cesser ces manœuvres; il ordonna *un tour de rôle* par numéro des patentes obtenues : désormais, les capitaines étrangers se consignèrent, non en raison de la confiance que leur inspirait tel ou tel négociant pour la gestion des intérêts qui leur étaient confiés par les armateurs de l'étranger, mais en raison du numéro des patentes et du jour de leur arrivée dans les ports. Une telle disposition, il faut en convenir, n'était pas favorable à la liberté du commerce ; c'était lui imposer des entraves.

On ne doit pas s'étonner de la participation des officiers supérieurs au commerce des négocians, ni des violences qu'elle occasionnait, lorsqu'on saura que le général en chef de l'armée faisait aussi le commerce au Cap, par son association avec des négocians, et que l'empereur lui-même était intéressé dans l'établissement commercial d'un Franco-Haïtien, nommé Brocard, résidant à Saint-Marc : des faits postérieurs à ce décret, en février 1806, en ont donné la preuve, à propos de la cargaison d'un navire de Jacob Lewis, nommé *l'Empereur*, dont la République d'Haïti a payé le reliquat en 1821 [1].

Telle fut la législation qui suivit la publication de la constitution impériale ; six lois et six décrets : il n'y en

---

[1] Cela résulte d'une petite brochure publiée en 1822, après des réclamations faites auprès du gouvernement haïtien, par M. Jacob Lewis. C'est par erreur que l'Hist. d'Haïti, t. 3, p. 183, place *l'assassinat* de Brocard à la fin de 1804 : cette brochure parle de la vente de la cargaison dont s'agit, eu 21 février 1806, et elle fut livrée à Brocard ; son assassinat a donc eu lieu dans cette année, et non pas en 1804.

eut pas d'autres en 1805. Nous avons produit ces divers actes sans interruption, pour mieux en faire saisir l'esprit et leur corrélation avec la constitution.

La publication de celle-ci fut célébrée à *Dessalines*, par une fête brillante donnée par l'empereur aux officiers qui l'entouraient, et aux personnes qui y vinrent des villes et bourgs voisins : elle eut lieu le 16 juin. B. Tonnerre prononça un discours adressé par l'empereur, au peuple haïtien ; on y remarque ces passages :

« Honneur aux généraux dont *la plume* n'a pas dé-
« daigné *de stipuler les intérêts du peuple*, après les avoir
« conquis à la pointe de l'épée.

« Gloire au peuple qui a senti que *tout privilége injus-*
« *te*, *toute prérogative injurieuse*, *toute prééminence*
« *fondée sur des préjugés humains*[1], disparaissent au
« moment où se croisent les baïonnettes, et qui, après
« avoir fait la noble épreuve de cette vérité, se soumet
« lui-même au frein des lois et de la discipline.

« Je jure, a dit l'empereur dans ce discours, *de res-*
« *pecter* et de faire respecter la constitution dans toute
« son intégrité. Je jure de soutenir la liberté et l'indé-
« pendance, et de forcer nos ennemis à les reconnaître,
« ou de m'ensevelir sous les décombres de mes forteres-
« ses, dont les saluts répétés viennent de confirmer mon
« serment. C'est le premier que ma bouche ait prononcé,
« que mon cœur ait volontairement consenti, depuis que
« je parcours le cercle des vicissitudes dans lequel m'ont
« lancé les mouvemens révolutionnaires. *Ce serment est*
« *mon arrêt*. *Ce serment est la mort pour quiconque ose-*

---

[1] Nouvelle allusion contre l'établissement de la *noblesse* et *l'hérédité* de la dignité impériale.

« *rait frapper d'une main sacrilége l'édifice du bonheur
« public.* »

Le général Bazelais, chef de l'état-major général, prononça aussi un discours où il dit, entre autres choses :
« Haine à l'esclavage ! Haine à mort aux perturbateurs
« du repos public, aux ennemis de l'union et de la fra-
« ternité ! Haine et extermination à quiconque *mécon-
« naîtrait* l'autorité sacrée de notre Jean-Jacques 1er, Em-
« pereur ! Obéissance, soumission et fidélité à l'immortel
« Dessalines ! Respect et vénération à son auguste épouse,
« l'Impératrice [1] ! »

Il semble, d'après certaines idées exprimées dans ces discours, que ceux qui formaient l'entourage de l'empereur, avaient de sinistres pressentimens sur l'avenir du pays.

La lecture du code pénal militaire, faite par Diaquoi, suivit celle de la constitution par J. Chanlatte.

Ces deux actes, les plus importans de ceux émis alors, furent publiés dans tout l'empire, par les soins des généraux commandant les divisions militaires.

Les tribunaux ayant été formés par la nomination des magistrats, furent aussi installés par ces officiers supérieurs. Au Cap, cette installation eut lieu avec pompe : elle coïncidait avec la fête du général Christophe, le 15 juillet, jour de la *Saint-Henri*, et il reçut les hommages des magistrats et de la population.

L'empereur y arriva dans la soirée, comme pour rappeler qu'il était le chef suprême du pays. Mais le général Christophe et la population du Cap n'oublièrent pas que le 25 juillet était la fête de *Saint-Jacques*. S. M. I. fut

---

[1] Hist. d'Haïti, t. 3, p. 217 et 218.

donc fêtée d'une manière digne du Souverain : des discours lui furent adressés à cette occasion, et Elle régala les fonctionnaires publics et les citoyens dans son palais, où un grand bal eut lieu à la suite du festin [1].

---

[1] Hist. d'Haïti, t. 3, p. 232 et suivantes.

CHAPITRE VI.

Considérations générales sur les institutions, les actes, le régime et la situation de l'Empire. — Faits relatifs à plusieurs individus, par suite de la mission de Ducoudray et de Mentor. — Conseils donnés par ce dernier à l'Empereur. — Révocation de fonctionnaires. — Soupçons de l'Empereur contre le général Geffrard. — Mécontentement de ce dernier. — Vues et conduite du général en chef H. Christophe. — Son influence dans le Nord. — Il envoie Bruno Blanchet auprès de Geffrard et de Pétion. — Leurs dispositions envers l'Empereur. — Retour de B. Blanchet au Cap. — Mauvaises dispositions de l'Empereur envers H. Christophe. — Avis que lui donne A. Dupuy. — Promotions de Guillaume Lafleur, Vaval et Dartiguenave au grade de général de brigade. — G. Lafleur est chargé de faire des remontrances à Geffrard sur son administration. — Voyage de l'Empereur au Port-au-Prince. — Il témoigne à Pétion son désir de l'unir en mariage à sa fille Célimène. — Refus de Pétion et ses motifs. — Désappointement de l'Empereur et son irritation. — Paroles qu'il prononce au Port-au-Prince. — Il retourne à Marchand et apprend la faiblesse de sa fille envers Chancy. — Conseils que lui donnent Saget et Mentor. — Arrestation et emprisonnement de Chancy au Port-au-Prince. — Il se donne la mort. — Pétion fait procéder à ses funérailles. — Despotisme du colonel Germain Frère. — Mort du général Gabart, à Saint-Marc.

Après la déclaration de l'indépendance, tous les Haïtiens sans distinction n'avaient plus qu'un vœu à former : c'était qu'un gouvernement, sage et bienveillant à l'intérieur, fort et énergique à l'égard de l'étranger, assurât à tous la liberté et l'égalité, et procurât à chacun la somme de bonheur dont ils n'avaient pas joui, antérieurement aux troubles révolutionnaires et depuis. Le chef qui avait guidé les efforts des indigènes pour conquérir l'indépendance, donnait sans doute toute garantie pour défendre ce droit, et contre la France et contre n'importe quelle autre puissance qui eût voulu l'attaquer; mais ses antécédens connus avant la lutte glorieuse de 1802 à 1803, laissaient des craintes dans l'esprit de toutes les classes pour son administration à l'intérieur. Cependant, en reportant à Toussaint Louverture la responsabilité des actes qu'il avait commis sous le régime de fer établi par ce chef, on pouvait espérer, jusqu'à un certain point, que Dessalines, éclairé par l'expérience de sa chute, eût pu modifier ses allures pour gouverner avec sagesse.

Peu importait, même aux hommes les plus éclairés, le pouvoir dictatorial qu'il exerçait; peu importait qu'il y eût une constitution et des lois organiques pour le régler; peu importait enfin le titre sous lequel il gouvernait : on savait qu'il n'avait pas beaucoup de lumières, mais on pouvait désirer et attendre de lui que son cœur surtout eût la plus grande part dans l'administration des affaires publiques; car c'est la chose essentielle pour un pays. A défaut des lumières qu'il n'avait pas, il pouvait suppléer par le concours des conseils de ceux de ses compagnons d'armes qui étaient aptes à lui en donner. A tous ses généraux, il avait reconnu la qualité de conseillers d'État, dès le mois de janvier 1804; c'était leur reconnaître *le droit* de l'assister dans le gouvernement et l'administration. Mais le fit-il? Leur donna-t-il la moindre part dans la direction des affaires de l'État? Les procédés dont il a usé envers eux répondent à cette question.

En ne s'entourant que d'hommes capables *de rédiger des actes* avec plus ou moins de passions, dont plusieurs flattaient les siennes (car, dans son état-major, il y avait des hommes honorables qui en gémissaient), il ne pouvait pas arriver à d'heureux résultats. Ceux de ses secrétaires qui faisaient les actes du gouvernement, ne jouissaient d'aucun crédit dans l'opinion honnête du pays ; ces actes étaient donc frappés de défaveur par cela seul. Et lorsqu'on voyait ces hommes profiter de leur position, pour écarter systématiquement du conseil du chef de l'État, ceux qui pouvaient lui inspirer de meilleures idées, des sentimens plus conformes au vœu général, il en résultait nécessairement que ce chef, qui cédait à ces manœuvres, supportait la responsabilité attachée à l'imperfection ou à la mauvaise conception des actes qu'il publiait. On attribuait à son caractère personnel, incorrigible de sa nature, à son despotisme brutal, ce besoin de dominer qui le portait à s'affranchir de conseils éclairés : de là des préventions bien légitimes contre celui que les circonstances et ses anciens services avaient appelé à la tête du gouvernement. Que fut-ce maintenant, quand, du dédain qu'il avait eu pour ses compagnons d'armes, il passa lui-même à des préventions personnelles contre les plus méritans !

Toutefois, si les généraux de l'empire eurent à se plaindre du manque de procédés et de convenances à leur égard, influens et tout-puissans eux-mêmes dans le cercle de leurs attributions, ils ne furent pas les premiers à sentir le poids du despotisme qui pesait depuis dix-huit mois sur le pays.

Dans les chapitres précédens, on a vu que l'armée, ce nerf vigoureux de la puissance nationale, n'avait pas tardé à être replacée sous le régime militaire de 1801 ; mais avec cela, elle n'avait pas le dédommagement dont elle jouissait alors,—d'être habillée régulièrement et de recevoir une ration suffisante et une solde[1]. Elle était casernée comme à cette époque, soumise à un service actif pour la construction des fortifications dans les montagnes et la garde des villes; et un code pénal militaire vint ajouter, par son extrême sévérité, aux rigueurs de sa position !

On a vu également que les cultivateurs des campagnes, ces vrais producteurs dans un pays tout agricole, étaient rentrés sous le joug détestable du régime de 1801, exploitant la terre pour les chefs, en butte aux brutalités des inspecteurs de culture qui les contraignaient au travail par le bâton et les verges, sans être jamais certains, à la fin d'une récolte, de jouir de la portion de denrées qui leur était adjugée, chassés enfin des villes lorsqu'ils essayaient d'y trouver un refuge contre le despotisme qui les tourmentait.

Les habitans des villes étaient-ils à l'abri de ce despotisme? Un fait qui a rapport au refuge des cultivateurs dont il vient d'être parlé, suffira, peut-être, pour prouver le contraire.

En vertu de l'article 4 de l'ordonnance du 25 octobre 1804 sur le recensement des villes et bourgs, un habitant de ces lieux ne pouvait garder à son service que le nombre de domestiques nécessaire à ses besoins; et d'après celle du 7 décembre sur les cartes de sûreté, l'habitant

---

[1] Dans un voyage de Dessalines au Port-au-Prince, il passa au Mirebalais où il vit la 10e demi-brigade dans un tel état de nudité, qu'en arrivant au Port-au-Prince, il dit avec gaîté : « Je viens du Mirebalais : *la 10e parie avec les bouteilles.* » Dites en créole, ces paroles ont une expression plus énergique : cela signifiait que les soldats de ce corps n'avaient pas plus de vêtemens qu'une bouteille. Cette plaisanterie n'était pas digne du chef de l'État ; elle prouvait son insensibilité pour les militaires qui avaient droit cependant à toute sa sollicitude.

contrevenant ou qui aurait donné asile à un cultivateur, était soumis à une amende de douze gourdes. Or, il arriva que la police découvrit une cultivatrice chez une demoiselle Miss Chapotin, d'une famille honnête du Port-au-Prince : elles furent toutes deux amenées pardevant Bédouet, commandant de la place. Il fit passer *aux verges* la pauvre cultivatrice, avant de la renvoyer à la culture, et exigea que Miss Chapotin payât immédiatement les douze gourdes d'amende. Cette malheureuse, ne possédant pas cette modique somme, fut condamnée à subir aussi la peine *des verges*. En vain Millet, officier de la 12me, offrit de la cautionner ; Bédouet fit exécuter sa sentence. Cette peine n'était prescrite par aucune ordonnance, tant à l'égard de Miss qu'à celui de la cultivatrice : elle résultait de l'arbitraire de Bédouet, placé sous les ordres immédiats du colonel Germain Frère, qui agissait avec autant de despotisme [1].

Ces faits disent assez si les officiers supérieurs s'en tenaient, à l'égard des militaires de l'armée, aux quatre cas *de verges* prévus au code pénal. Tout dépendait de leur volonté. Qu'on ajoute à ce défaut de sécurité pour les personnes, les injustices dont furent victimes bien des propriétaires, fondés en titres valables, lors de la nouvelle vérification ordonnée par la loi sur les enfans nés hors mariage, et l'on reconnaîtra que les habitans des villes et bourgs, ne jouissaient pas de plus de garantie que les militaires de l'armée et les cultivateurs des campagnes.

Après le titre d'Empereur pris par Dessalines, d'une

---

1. Chez ce colonel, comme dans les bureaux de place, il y avait toujours provision *de verges épineuses.* Quant à Bédouet, il est vrai qu'il venait lui-même de subir une détention d'un mois dans les cachots de Marchand ; on en verra les motifs plus loin.

manière si méprisante pour les généraux qui parurent le lui déférer de leur propre gré, la constitution impériale, imposée à ces *représentans* vrais et uniques alors de la souveraineté nationale, vint ajouter à leurs justes griefs en faisant consacrer, en leurs noms, des dispositions subversives de leurs droits acquis en qualité de militaires gradués, comme s'il était possible qu'un seul d'entre eux eût pu consentir *à être cassé*, *dégradé* par la seule volonté de l'empereur. A ce manque de garantie résultant de l'article 30 des dispositions préliminaires, fut encore joint le droit, pour l'empereur, *de présider* tout conseil spécial chargé de juger ministres et généraux accusés de crimes de haute trahison, ainsi que le disait l'article 3 des dispositions générales. De tels principes pouvaient-ils raisonnablement obtenir l'assentiment, l'acquiescement de ces hommes qui avaient aidé Dessalines avec tant de courage dans l'œuvre de l'indépendance? Ils avaient pu consentir à l'investir de la dictature, à lui reconnaître l'exercice de ce pouvoir extraordinaire ; mais dans quel but, à quelle condition? Dans le but de sauvegarder l'indépendance qu'on venait de conquérir, et de conserver et maintenir la liberté et l'égalité de tous les citoyens sans distinction ; — à la condition d'obéir aux lois qu'il ferait pour atteindre ce résultat, mais qu'il ferait *avec leur concours*. Nous insistons beaucoup sur ces principes dérivant des actes du 1ᵉʳ janvier 1804, afin d'établir aussi *le droit de résistance à l'oppression* auquel il fallut enfin recourir, avec regret sans doute, mais par une impérieuse nécessité.

Si *les personnes* ne jouissaient d'aucune sécurité, d'après les actes du gouvernement dont il s'agit, d'autres actes n'en laissaient pas davantage *aux propriétés* des familles, surtout de la manière dont les agents du gouvernement opéraient la vérification de leurs titres. Les *finances* de l'État étaient livrées au désordre, à la corruption, à l'infidélité de bien des fonctionnaires qui, il faut le dire, suivaient l'exemple tracé par l'empereur. Quand il autorisait ses concubines à demander des fonds aux administrateurs, quand il faisait de la caisse publique son patrimoine privé, il était impossible qu'il ne fût pas imité. Le concubinage impérial servait aussi d'exemple à la généralité des fonctionnaires et des citoyens, déjà trop enclins à continuer ces traditions déplorables des anciennes mœurs coloniales [1].

Dans un si triste état de choses, était-il possible qu'on songeât à fonder sérieusement des établissemens *d'instruction publique* pour l'enseignement de la jeunesse? Privé lui-même des premiers élémens des connaissances qu'on y acquiert, l'empereur n'en sentait pas le besoin pour *son peuple* : à ses yeux, le sabre, le fusil, le canon étaient tout ce qu'il fallait au pays. C'était l'Empire *de la force matérielle* qu'il fondait, sans souci du concours que cette force peut trouver dans *la puissance de l'intelligence*, développée, nourrie par l'instruction.

La constitution venait de déclarer que six écoles publiques seraient établies dans les six divisions militaires ; mais y en eut-il une seule de fondée, ni alors, ni après? Un chef qui ne s'appuyait que sur son armée et qui ne

---

[1] « Dans le court espace du règne de Jean-Jacques Dessalines, il y eut un « relâchement général dans les différentes branches du gouvernement ; tout « se démoralisa, et l'esprit de débauche et d'indiscipline que nous avions pris « dans les camps des Français, acheva de corrompre totalement nos « mœurs ; l'inhumanité, le pillage, le jeu, la débauche, le libertinage, les pas- « sions les plus effrénées nous agitaient et se montraient à découvert. » — Extrait d'une brochure publiée à la cour de H. Christophe, en 1816.

voulait ni l'habiller, ni la payer, ni la nourrir, aurait-il pensé à faire des dépenses pour les écoles? Celles qui étaient établies par des particuliers dans diverses villes, sur une échelle restreinte, ne recevaient non plus aucun encouragement : les livres manquaient au pays, et d'autant mieux, que, pendant les vengeances exercées sur les colons, des chefs militaires firent déchirer tous les ouvrages qu'on trouvait dans leurs maisons [1].

Après ces considérations générales sur les institutions, les lois, les actes du gouvernement, passons à ce qui est relatif aux individus.

Le décret du 14 janvier 1804, qui favorisait la rentrée dans le pays des indigènes expatriés, avait porté son fruit : Juste Chanlatte, Lys, Chancy, Delpech, étaient revenus dans le courant de la même année. Vers la fin, David-Troy, Dartiguenave et Bigot arrivèrent aussi : après eux vinrent successivement, au commencement de 1805, Faubert, Poutu, Panayoty, Borno Déléard, Poisson Paris, Bruno Blanchet aîné, Blanchet jeune, Martial Besse. Presque tous étaient d'anciens officiers sous Rigaud, et venaient de France, d'où ils avaient pu s'échapper par des navires des États-Unis [2].

Quoiqu'ils eussent été tous bien accueillis par Dessalines, la mission confiée à Ducoudray et à Mentor était de nature à le porter à réfléchir sur ce que s'était proposé le gouvernement français, sachant surtout l'invariable at-

---

[1] J'ai vu commettre au Port-au-Prince ces actes de vandalisme, qui furent probablement ordonnés par le colonel Germain Frère. Quoique jeune enfant alors, je me rappouviens encore d'avoir vu un cadavre jeté au milieu de la rue, devant le tribunal civil, avec une foule de livres que des soldats déchiraient : j'ai vu pareille chose dans la rue des Casernes.

[2] Delpech, Chancy, Martial Besse, étaient d'anciens officiers sous Toussaint Louverture.

tachement que Rigaud avait toujours eu pour la France. Il pouvait se demander comment tous ces hommes avaient pu en sortir aussi facilement pour retourner à Haïti, et il était assez raisonnable qu'il eût une telle pensée. Dans une pareille situation d'esprit, qu'on peut lui supposer, un fait survint qui était propre à l'influencer, à lui suggérer *des préventions* contre l'ancien parti de Rigaud ; et nous disons même que tout autre chef plus éclairé que lui eût pu en concevoir.

Poutu, ancien secrétaire et aide de camp de Rigaud, savait l'exiguité de ses ressources en France, où il avait une famille assez nombreuse. Aussitôt son arrivée aux Cayes, il s'était empressé d'en parler au général Geffrard et à tous ses anciens officiers ou amis, dans le but de se cotiser pour former une somme quelconque qu'il ferait passer à Rigaud, par la voie des Etats-Unis. Geffrard consentit à contribuer à cet acte de secours pour cent portugaises, ou 800 piastres ; d'autres aussi, selon leurs moyens. Cette collecte se faisant publiquement, le général Moreau, qui avait déjà dénoncé Geffrard à Dessalines, pour son humanité envers quelques blancs et des femmes qu'il sauva des vengeances, le dénonça de nouveau comme autorisant, par son exemple, ces dons volontaires en faveur de Rigaud : de là l'idée conçue par Dessalines, que c'était pour faciliter *son retour* dans le pays. Il envoya l'ordre à Moreau d'arrêter Poutu et de l'expédier à Marchand. Cet ordre fut exécuté avec zèle, et Moreau saisit ses papiers, qui furent adressés sous scellé : parmi eux, se trouvait une liste des souscripteurs avec annotation des sommes qu'ils consentaient à donner à Rigaud [1]. En en prenant con-

---

[1] En 1808, Rigaud lui-même envoya de France son fils, Louis Rigaud (Cy-

naissance, Dessalines fut convaincu de ces dons volontaires : non-seulement Geffrard, mais tous les autres souscripteurs furent ainsi *suspectés* de mauvaise intention. Quant à Poutu, il fut assez heureux de n'être que contraint à résider à Marchand.

La cause de son arrestation et de son changement de domicile ne put être ignorée de Geffrard : il manifesta publiquement son mécontentement ; car il était trop courageux et trop dévoué à son pays, il avait donné à Dessalines trop de gages de son obéissance, pour ne pas s'irriter en se voyant l'objet de soupçons de trahison. Moreau s'empressa d'en informer l'empereur. Cette affaire fit du bruit : Christophe en eut connaissance, et l'on va bientôt voir comment il exploita cette situation.

Mais en même temps, un autre homme l'exploita aussi : c'était Mentor. Afin de détruire toute prévention contre sa personne dans l'esprit de Dessalines, non-seulement il s'étudiait à s'attirer toute sa bienveillance ; mais il excitait ses passions en approuvant tous ses actes. Il saisit l'occasion de l'affaire de Poutu, pour représenter à l'empereur tous les généraux qui avaient fait la guerre de l'indépendance, comme des hommes qui croyaient avoir autant de droits que lui aux égards et à l'amour du peuple, qui était jaloux du haut rang auquel il était parvenu, et qui lui seraient toujours secrètement hostiles : d'où il concluait que la politique de l'empereur devait consister à se faire *des créatures* par de jeunes généraux, pour les opposer à Christophe, à Pétion, à Geffrard, à

rille), réclamer des secours de ses compatriotes. Ce jeune homme fit une collecte dans le Sud et dans l'Ouest, et Pétion y contribua personnellement. Cyrille l'envoya par les Etats-Unis, pour faire parvenir cet argent à son père, Je dis à ce sujet ce dont je suis certain.

ceux-ci surtout qui étaient les plus influens sur l'armée et sur le peuple. Voyant Dessalines prévenu contre Geffrard, à propos de Rigaud, il put facilement lui rappeler que ce général, ainsi que Pétion, l'avaient trop soutenu dans la guerre civile du Sud, pour ne pas lui rester encore dévoués. Mentor fortifia les préventions de Dessalines, en lui faisant remarquer que tous ces anciens officiers de Rigaud, revenus depuis l'indépendance, avaient tous débarqué dans le Sud ou dans l'Ouest : c'était insinuer à l'empereur, qu'ils pouvaient bien être les précurseurs de Rigaud lui-même, que le gouvernement français renverrait à Haïti pour essayer d'y recouvrer sa domination. De pareilles insinuations ne pouvaient qu'être agréées par Dessalines, dans la situation d'esprit où il se trouvait.

Dieu seul sait, alors, si Mentor n'était pas dévoué aux vues du gouvernement français, puisqu'il remplissait si bien le but de la mission qui lui avait été confiée. Sa conduite fut si astucieuse, qu'on lui prêta même le projet audacieux de se frayer la route du pouvoir suprême, en faisant éliminer, *par la mort*, tous les généraux les plus capables ; et dans ce cas, à quelles fins ? Car, si Rigaud s'était toujours montré attaché à la France, Mentor lui avait aussi prouvé son dévouement : ce qu'il supposait possible de la part de Rigaud, a pu être également conçu par lui-même [1].

D'autres faits concouraient à compliquer la position de Geffrard envers Dessalines. Soit que ce dernier voulût réellement employer quelques capacités, soit qu'il n'eût que l'intention d'éloigner du Sud des hommes qu'il savait être les amis de Geffrard, il avait retiré de Jérémie l'adjudant-général Blanchet jeune, pour le placer aux

---

[1] Voyez ce que dit de Mentor, l'auteur de l'Hist. d'Haïti, t. 3, p. 213, 237, 249, 256. Comme lui, nous rapportons ce que les traditions nous ont transmis.

Gonaïves, dans les bureaux du ministre des finances, et Daumec, qui y faisait le commerce en société avec Geffrard, pour le nommer commissaire impérial à Saint-Marc. Peu après son arrivée dans le pays, B. Blanchet aîné avait été nommé trésorier à Jérémie, où il avait jadis rempli la même charge : dans ces circonstances, il fut révoqué de ses fonctions « pour avoir été accusé d'intri- « gues contre *l'autorité* [1] » impériale, sans doute. Soit par ordre de l'empereur, soit spontanément, il quitta Jérémie aussi et fut résider au Cap où il se mit dans le commerce et devint *l'associé* du général en chef H. Christophe. Il y eut encore diverses autres révocations dans le Sud. Geffrard en fit naturellement la remarque, de même que de la translation en d'autres lieux, de ceux qui étaient ses amis ; il en prit de l'ombrage à son tour, à raison des faits précédens. Toutes ces choses ne purent être ignorées, et tendaient à aggraver les rapports de Dessalines avec ce général.

De son côté, Christophe s'était fait une tactique politique, se rapprocher de tous ceux qui avaient ou croyaient avoir sujet de se plaindre de Dessalines. Au Cap, il s'entourait des hommes les plus marquans, les plus intelligens, les accueillant toujours avec une grande distinction, vivant avec eux dans une étroite familiarité : c'étaient Rouanez jeune, les deux Roumage, Ferrier, Vilton, Leconte, Juste Hugonin, César Thélémaque, Larose, etc. Son commerce était tout-à-fait agréable par ce bon ton, ces manières distinguées qu'il savait y mettre. Il captait ainsi tous ceux qui avaient des idées d'avenir pour le pays, par la situation présente des choses. A la fête récente de Dessalines, pendant son séjour au Cap, au bal qui fut donné au palais impérial, l'empereur,

---

[1] Hist. d'Haïti, t. 3, p. 226.

danseur infatigable et passionné, s'était conduit sans aucune gravité, en faisant des gambades qui excitèrent un rire général parmi les assistans ; et Christophe qui en affectait beaucoup, qui en avait réellement, avait osé manifester son dégoût *pour un tel sauteur*, en disant même qu'il était honteux d'obéir à un chef semblable [1]. Nous avons déjà dit qu'au siége de Jacmel, en 1800, Toussaint Louverture avait dû intervenir entre *le colonel* Christophe et *le général* Dessalines, à cause de l'arrogance du premier envers son supérieur.

Christophe avait trop le sentiment de la dignité dans le commandement, et de l'orgueil qu'il fait naître dans un caractère comme le sien, pour ne pas être impatient du joug de l'obéissance envers l'homme qu'il estimait au-dessous de lui, parce qu'il se croyait plus d'aptitude au gouvernement, et qu'en effet il avait plus de capacité que lui. Quoique élevé au rang supérieur de général en chef de l'armée, et en quelque sorte désigné pour être le successeur de l'empereur, il n'oubliait pas la déclaration faite par ce dernier relativement au choix qu'il ferait de celui qui devrait gouverner le pays après lui. Les dispositions de la constitution à ce sujet avaient confirmé ce qu'il y avait d'imprudent dans cette déclaration, et celles concernant le droit de révocation pour l'empereur, de toutes les fonctions civiles et militaires, avaient encore ajouté de l'insécurité pour la haute position de Christophe. Tout tendait donc à lui inspirer *le désir* de voir arriver la fin prochaine de Dessalines : c'était à travailler à cette œuvre qu'il devait méditer, et pour cela, il lui fallait le concours des généraux les plus influens.

Parmi ceux du Nord, Romain était celui qui marquait

[1] Hist. d'Haïti, t. 3, p. 234.

le plus de déférence au général en chef ; il avait été chef de bataillon à la 1re demi-brigade quand Christophe en était le colonel ; il lui était dévoué.

Capois, au contraire, avait pour lui une haine implacable. On n'en connaît pas l'origine ; mais étant d'une nature brutale, et orgueilleux de ses hauts faits dans la guerre de l'indépendance, il se peut qu'il ait été froissé, dans quelque circonstance, par les manières hautaines de Christophe. Celui-ci, sachant cela et redoutant la bravoure de Capois dont le dévouement à Dessalines était encore un obstacle à ses vues ultérieures, avait fait surveiller sa conduite et ses moindres propos, pendant qu'il était encore commandant de l'arrondissement du Port-de-Paix. Dans ce commandement, Capois montrait un caractère despotique, sauvage ; il avait excité le mécontentement des habitans de ces localités par des persécutions injustes ; il fut même assez barbare pour faire passer *aux verges* une femme *enceinte* qui n'avait pas *salué* la sienne. Des plaintes furent portées à l'empereur, en même temps que Christophe lui transmettait les rapports confidentiels qu'il se faisait faire, par l'administrateur Jacques Simon qui gérait les finances au Port-de-Paix, par Pourcely, colonel de la 9me demi-brigade, et d'autres officiers ou fonctionnaires. C'est ce qui paraît avoir motivé la nomination de Capois à la 2e division du Nord, à la résidence du Cap, et dit-on, sur les conseils de Christophe. Ce dernier espérait qu'il gagnerait Capois à ses vues par des procédés bienveillans ; mais Capois devint plus furieux en quittant le Port-de-Paix, son lieu natal, et se trouvant placé au Cap sous les yeux du général en chef, pour lequel étaient tous les hommages des citoyens et des troupes. Il n'avait plus sous sa main cette vaillante 9me qui l'aimait ; elle était désormais sous l'influence de Romain, dont Capois n'ignorait pas l'intimité avec Christophe. Sans instruction, sans affabilité, mécontent de toutes sortes de manières, il fut annulé politiquement dans sa division : il sentait qu'il était absolument sous la dépendance du général en chef qui, au Limbé ou au Port-de-Paix, avait en Romain un lieutenant.

Quant au général Toussaint Brave, homme de bien, militaire obéissant, il n'offusquait pas Christophe ; il en était de même de Raphaël et de Charles Laloudrie, généraux de récente création. Et d'ailleurs, l'élévation de Christophe à la tête de l'armée, après la mutation de Yayou, de la Grande-Rivière à Léogane, — et de Capois, du Port-de-Paix au Cap, disait à tous qu'il ne fallait pas lutter avec cet esprit dominant, qui avait tant aidé à la fin tragique de Moïse après les boucheries de 1799, qui avait débarrassé l'empereur de Sans-Souci, d'une manière si impitoyable.

Christophe se voyait donc à peu près assuré de l'avenir dans le Nord ; car Capois, effacé aux yeux des troupes, était néanmoins redoutable par sa bravoure audacieuse ; mais le général en chef savait par quel moyen il pourrait neutraliser, détruire cet obstacle.

Dans l'Artibonite, ou la 1re division de l'Ouest, il ne pouvait exercer aucune influence, parce que tous ces lieux étaient commandés par des hommes tout-à-fait dévoués à Dessalines qui y dominait réellement.

Et comment gagner à ses vues les départemens de l'Ouest et du Sud où commandaient des généraux tels que Pétion, Geffrard, Jean-Louis François et Férou ? C'est envers eux que Christophe dut user de toute sa dextérité ; mais, il faut dire aussi que les circonstances s'y prétaient admirablement. Il n'ignorait pas que les citoyens, en général, y étaient peu affectionnés à l'empereur, à cause de ses antécédens et par les motifs déjà déduits pour sa mauvaise administration ; il savait les différentes raisons que Geffrard, personnellement, avait de se plaindre. C'était donc à exploiter cette situation des choses, que le général en chef dut s'employer.

On avait toujours remarqué la distinction qu'il faisait, surtout de Pétion et de Geffrard, dans les diverses réunions des généraux, soit au 1er janvier 1804, aux Gonaïves, soit au 1er janvier 1805 à Marchand, soit au siége de Santo-Domingo. Son mérite personnel le portait à apprécier celui de ces deux hommes dont le caractère avait brillé par tant de faits éclatans. D'ailleurs, Christophe ne pouvait pas oublier le service que Pétion lui avait rendu à la Grande-Rivière, à l'égard de Sans-Souci : Geffrard s'y trouvait et s'était montré disposé, comme Pétion, à soutenir l'autorité dans la personne de Christophe contre cet Africain : de là, naturellement, la propension du général en chef à se rapprocher de ces deux généraux.

Mais, pour leur communiquer, sinon ses vues personnelles, du moins ses observations sur l'état des choses, sur les tendances de Dessalines, Christophe était trop habile pour employer la voie *de la correspondance*. Il fallait trouver un homme capable d'apprécier la situation par lui-même, en position d'inspirer de la confiance à Pétion et à Geffrard, et qui fût dans ses intérêts propres. Cet homme était au Cap : lié à Christophe par des intérêts pécuniaires, il était mécontent de l'empereur. Ce fut Bruno Blanchet aîné, *révoqué* récemment de sa charge de trésorier à Jérémie,—Blanchet aîné qui, cinq ans plus tard, fut l'auteur principal de la scission du Sud, pour avoir été *révoqué* par Pétion, de sa charge de secrétaire d'État de la République d'Haïti.

Afin de cacher cette mission secrète, Christophe fit partir Blanchet aîné sur une goëlette qui servait à son commerce et que commandait Bastien Jean-Baptiste [1]; on y mit de la farine et d'autres marchandises du commerce que faisait Blanchet au Cap. Le but apparent de cette expédition était d'aller dans tous les ports pour les vendre et acheter du sucre et autres denrées en retour. La goëlette passa aux Gonaïves où les deux frères Blanchet se virent et s'entendirent; elle se rendit à Jérémie où Blanchet aîné transmit à Férou l'expression de la haute estime du général en chef, le prônant d'ailleurs à ses amis. De là, la goëlette fut aux Cayes où le négociateur intelligent, rancuneux, fit des ouvertures plus positives à Geffrard.

Mais Geffrard n'était que mécontent de l'accueil que l'empereur faisait aux dénonciations du général Moreau, des soupçons injustes conçus à son égard par rapport à Rigaud; il ne voyait pas dans ces faits des motifs suffisans pour concevoir le projet *de conspirer* contre le pouvoir impérial. Il était trop éclairé pour ne pas faire la part de l'ignorance de Dessalines, trop dévoué à son pays pour vouloir, *alors*, le renversement du chef autour duquel il s'était franchement rallié et avait rallié l'ancien parti de Rigaud dans le Sud, afin de parvenir à l'indépendance du pays. Il n'accueillit donc pas les insinuations de Blanchet aîné; mais, en lui témoignant son estime pour Christophe, il lui promit de garder un secret absolu à ce sujet.

[1] Homme de couleur qui devint contre-amiral dans la flotte de Christophe, quand il fut Roi.

Une telle conduite, on ne peut le nier, était celle d'un bon citoyen : Geffrard ne pouvait être *un délateur* comme Moreau, son subordonné. La réconciliation avait été sincère de la part des hommes de l'ancien parti de Rigaud avec celui de Toussaint Louverture : ils en avaient donné trop de preuves dans la fusion qui décida des destinées de Saint-Domingue, pour qu'on doute des bonnes intentions de Geffrard, *à cette époque*.

A son retour dans le Nord, Blanchet aîné se fit porter au Port-au-Prince pour y voir Pétion. Comme à Geffrard, il lui parla aussi positivement ; mais comme son collègue, Pétion repoussa l'idée du renversement de l'empereur, et par les mêmes motifs, en promettant le même secret par rapport à Christophe [1].

Pétion, auteur de la fusion éminemment nationale qui triompha de la France, qui vengea toute la race noire, dans son ancienne colonie, des injustices commises à son égard, ne pouvait pas vouloir détruire son œuvre patriotique, alors qu'on pouvait encore *espérer* de Dessalines, qu'il n'irait pas au-delà de ce qu'on avait déjà à lui reprocher. Mieux que qui que ce soit, ce grand citoyen savait être indulgent pour sa nature brute et son caractère emporté. Il voyait avec douleur que ses passions ardentes le rendaient le jouet de quelques hommes de son entourage, les Mentor, les B. Tonnerre, les Juste Chan-

---

[1] M. Madiou prétend que Pétion accueillit Blanchet *avec froideur*, et qu'il lui déclara *qu'il se défiait du cœur de Christophe*, tout en promettant le secret sur ses ouvertures. Quoiqu'il paraisse avoir tenu ces particularités de Bonnet qui y aurait été présent, nous croyons difficilement que la prudence habituelle de Pétion eût failli ainsi, en présence d'un agent qu'il aurait accueilli *avec froideur* et dont la passion était visible, par rapport à sa révocation de la charge de trésorier : c'eût été s'exposer à ce que ses paroles fussent transmises à Christophe. Pétion n'était pas susceptible de commettre une telle faute politique : il était naturellement *froid*.

latte ; mais il n'y avait pas *encore* lieu de se prémunir contre lui, ni *de lui préférer* le général en chef. S'il fallait juger de celui-ci par ses anciens antécédens, avant la guerre de l'indépendance, quelle garantie pouvait-il offrir de plus que l'empereur ? Son caractère dominant perçait malgré lui ; Pétion l'avait assez étudié quand il était dans le Nord.

De retour au Cap, Blanchet aîné rapporta à Christophe, que si Geffrard et Pétion ne prêtaient pas la main *à une conspiration*, du moins ils étaient loin d'approuver le gouvernement despotique de l'empereur ; et que, dans tous les cas, il pouvait compter sur leur discrétion. Pour le moment, il n'en fallait pas davantage à Christophe.

Les traditions du Sud rapportent que Blanchet aîné vint aux Cayes dans le mois d'août 1805 : ce serait donc pendant que l'empereur était au Cap, où il arriva le 15 juillet et d'où il retourna à Marchand, en septembre. Et d'un autre côté, l'auteur de l'Histoire d'Haïti affirme que, dès son arrivée dans cette ville, « il était parvenu à dé-
« couvrir *la vaste conspiration* qui se formait déjà contre
« lui ; que n'en pouvant saisir les fils, ses instincts lui dé-
« signaient Christophe et Geffrard qu'il n'osait cependant
« ouvertement frapper. » Cet auteur rapporte encore des paroles de l'empereur contre Christophe, à l'occasion du propos que celui-ci avait tenu dans le bal du palais, paroles empreintes *de menaces* ; qu'il avait exhorté Capois *à abattre* Christophe, ce que ce général avait refusé de faire. Le même auteur ajoute enfin que : « Dessalines, re-
« connaissant combien était puissante l'influence dont
« jouissait au Cap le général Christophe, se résolut à
« flatter son ambition et *à l'intéresser* à son gouverne-

« ment en le comblant de ses plus hautes faveurs¹. » De ces dernières idées serait alors sortie sa nomination au rang de général en chef de l'armée.

Si toutes ces assertions de la tradition ne sont pas exactement vraies en tous points, du moins on peut croire qu'il y a quelque chose de fondé. Il en résulte que Christophe devenait *personnellement intéressé* au renversement de Dessalines, indépendamment de son ambition de parvenir au pouvoir suprême. Nous connaissons un fait qui ajoute à la vraisemblance de ces assertions, et qui devait encore exciter l'intérêt de Christophe à tout ménager pour arriver à son but : il se passa peu de temps après que Dessalines fût de retour à Marchand, de son voyage au Cap.

Un rapport lui étant parvenu contre un de ces actes de despotisme auxquels Christophe était si enclin, il résolut de le mander immédiatement à Marchand, en disant hautement qu'il le ferait *tuer* de suite. Dupuy reçut l'ordre d'écrire une lettre à Christophe à ce sujet : l'empereur l'ayant signée, lui dit de l'envoyer par un dragon de ses guides. En cachetant cette lettre, Dupuy, qui se distinguait dans l'état-major impérial par ses sentimens et sa conduite, y ajouta un petit morceau de papier sur lequel il écrivit ces mots : « *Répondez que vous êtes malade.* » En remettant la lettre au dragon, il lui dit : « Mon ami,
« apportez cette lettre au général en chef, au Cap. Re-
« mettez-la à *lui-même*, et dites-lui que c'est le capitaine
« Dupuy qui vous l'a donnée, d'après l'ordre de l'empe-
« reur. Avez-vous de l'argent pour faire le voyage ? —
« Non, capitaine, répondit le dragon. — Prenez cela (4
« gourdes), et allez vite. »

¹ Hist. d'Haïti, t. 3, p. 228, 235 et 237.

C'était jouer sa tête, si une réflexion était venue à Dessalines de révoquer son ordre et de reprendre cette lettre. Mais on comprend aussi la cause de la haute estime et des faveurs dont jouit Alexis Dupuy sous le règne de Christophe.

Le général en chef répondit à l'empereur, qu'il était *désolé* de ne pouvoir se rendre à Marchand, étant *malade* en ce moment. Dessalines, dont le caractère offrait tous les contrastes, n'y pensa plus ; mais Christophe médita plus que jamais : le conseil de Dupuy l'avait averti qu'il s'agissait de sa vie[1].

On dira peut-être de ce dernier, que c'était *une trahison* envers l'empereur. Si l'on pensait ainsi, ce serait mal apprécier *le devoir moral* de tout homme qui sert auprès d'un chef d'Etat, dont la violence peut le porter aux crimes les plus affreux. Son devoir consiste à lui épargner l'occasion d'en commettre, lorsqu'il ne peut hasarder un conseil direct ; car, en facilitant ses instincts, ce serait se rendre criminel envers la société ; il ne serait plus possible de l'arrêter dans cette voie, périlleuse pour lui autant que pour elle.

Comme si la fatalité poussait Dessalines vers sa chute, presque au même temps où Christophe venait d'être averti de se tenir sur ses gardes, où Geffrard venait de se refuser à tramer contre lui, l'empereur donnait à ce dernier de nouveaux motifs de mécontentement et de défiance.

Dans le mois de septembre, le colonel Guillaume La-

---

[1] Déjà, dans une autre circonstance, le général Vernet avait envoyé un avis semblable à Christophe, mandé à Marchand : il lui avait fait dire de ne pas passer par la Coupe-à-l'Inde pour y venir, — une embuscade y ayant été posée pour le tuer, — mais d'aller aux Gonaïves où se trouvait l'Impératrice, et de la prier de l'accompagner à Marchand : ce qui eut lieu. Madame Dessalines, au cœur si généreux, désarma son mari.

fleur, commandant la cavalerie du Sud, le chef de bataillon Vaval, de la 15e demi-brigade, et le colonel Dartiguenave, furent mandés à Marchand où ils furent tous trois promus au grade de *général de brigade :* c'étaient des anciens officiers sous Rigaud [1].

L'empereur eût prouvé par là qu'il ne conservait point de rancune contre ce vieux parti réuni au sien, si la politique inspirée par Mentor, — de se faire *des créatures* par de nouveaux généraux, — ne perçait pas, du moins dans l'une de ces promotions : celle de Vaval, car les deux autres pouvaient parvenir à ce grade sans occasionner des observations. Vaval y passait ainsi, *à l'exclusion* de son colonel Francisque, qui ne plaisait pas à l'empereur. Ce chef de bataillon, ainsi que Guillaume Lafleur, lui paraissaient très-dévoués ; et probablement Dartiguenave était un officier sur qui il croyait pouvoir compter contre Christophe, au Cap, où Capois se trouvait déjà. Au retour de Guillaume Lafleur dans le Sud, l'empereur le chargea de rapporter au général Geffrard, de vives paroles de remontrances sur l'administration de sa division.

Ces remontrances, ces reproches, étaient de vraies taquineries ; car, sous le rapport militaire, Geffrard était d'une sévérité qui devait plaire à l'empereur. Dans une circonstance récente, un soldat avait été condamné par le conseil spécial, à subir la peine *des verges :* les troupes de la garnison des Cayes dont il faisait partie, manifestèrent l'intention de s'y opposer. Geffrard les assembla sur la place d'armes, et ordonna cette exécution avec une rigueur exemplaire. Il veillait d'ailleurs au maintien de la discipline parmi les corps sous ses ordres. Sous le rap-

---

[1] G. Lafleur alla commander l'arrondissement d'Aquin ; Vaval, celui de l'Anse-à-Veau ; et Dartiguenave, celui de la Grande-Rivière.

port de la culture, les travaux étaient aussi surveillés que partout ailleurs. Geffrard n'avait point à se mêler de l'administration de la justice qui est du ressort des tribunaux, ni de celle des finances dont les agents recevaient les ordres du ministre à qui ils rendaient compte de leurs opérations. En quoi pouvait-il donc mériter des reproches ?

Mais les choses étaient arrivées à ce point, qu'il sentit la nécessité d'avoir un entretien avec Dessalines, afin de se justifier de toutes les imputations lancées contre lui : en conséquence, il sollicita de l'empereur la permission de se rendre à Marchand. Dessalines, qui présumait sans doute le motif de ce voyage, lui répondit de le différer jusqu'au premier janvier 1806, où il devait y venir en même temps que tous les autres généraux.

En attendant cette réunion, Dessalines vint au Port-au-Prince. Il s'agissait dans ce voyage d'une affaire toute personnelle à lui, comme père de famille, et toute politique par le résultat qu'il espérait obtenir. Ayant une charmante demoiselle, nommée Célimène, sa fille naturelle née avant son mariage avec l'impératrice, il conçut le projet de la marier au général Pétion. En sa qualité de père, il ne pouvait pas choisir un mari plus méritant que ce général ; comme chef de l'État, il croyait obtenir par cette alliance plus de dévouement de la part de celui qui lui en avait donné des preuves, depuis trois ans. Il pensait encore, dit-on, à en faire un symbole vivant de l'union étroite du noir et du mulâtre, dont les deux époux seraient la personnification la plus haute.

Certes, les divers motifs qui portaient Dessalines à désirer ce mariage, sont louables ; mais, malheureusement, il s'adressait à l'homme le moins enclin à la sainteté d'un tel lien ; qui avait des idées fort regrettables sur l'institution qui crée réellement la famille dans la société civile ; et qui, devenu à son tour chef de l'Etat, eut *le tort*, impardonnable aux yeux de la religion, de la morale et même de la politique, de n'en pas tracer l'exemple à ses concitoyens pour les porter à cet acte. En outre, à cette époque, Pétion avait une femme chez lui ; jeune, belle, gracieuse, elle était déjà mère d'une enfant qu'elle eut pour lui dans cette même année[1].

Pétion n'était pas le seul qui fût dans ce cas, vivant maritalement avec une femme qui n'était pas son épouse, par suite des anciennes mœurs coloniales : l'existence de sa fille l'attachait à elle et on ne lui en connaissait point d'autres. L'empereur qui traçait le fâcheux exemple d'entretenir des concubines dans toutes les villes, malgré ses liens avec sa vertueuse épouse, ne pouvait donc pas exiger raisonnablement, de Pétion, qu'il abandonnât sa femme et son enfant pour contracter cette union légitime avec sa fille Célimène. De plus, Pétion tenait sur cette jeune personne du sang impérial, un *secret* ignoré jusqu'alors de son père : elle avait failli dans ses relations avec Chancy, neveu de Toussaint Louverture, et cet aide de camp de Pétion lui avait tout avoué.

Plein de l'idée qui lui souriait, Dessalines arriva au

---

[1] Célie, cette enfant bien-aimée, adorée de Pétion, naquit en 1805. A ce sujet, il nous faut relever ce qui est un injuste reproche de la part de M. Madiou : il dit de Pétion « qu'il mourut *sans même avoir reconnu une enfant conçue sous son toit avant ses derniers momens*. » Cet auteur veut sans doute parler d'*Hersilie* qui naquit en novembre 1818, *huit mois après*, la mort de Pétion. Comment celui-ci aurait-il pu savoir cette *conception* et prévoir sa propre mort, pour déclarer *sienne*, une enfant posthume ? Quant à Célie, elle fut reconnue par Pétion, comme sa fille naturelle ; et c'est à ce titre qu'elle hérita de ses biens.

Port-au-Prince, le cœur réjoui d'avance du succès qu'il croyait obtenir dans sa démarche. Il accueillit avec une bienveillance particulière le général Pétion venu au-devant de lui à son entrée dans la ville ; dans la soirée, il donna un bal au palais, durant lequel il était joyeux, affable avec tous ses invités. Le lendemain, en présence de tous les fonctionnaires publics, de tous les officiers, de son nombreux état-major, il amena Pétion avec ses plus intimes dans sa chambre ; et là, il parla de la convenance politique, de la nécessité d'une franche union entre les noirs et les mulâtres, qui devait être cimentée surtout par les liens de famille : enfin, il dit à Pétion que, dans ces vues, il avait le désir de lui donner sa fille en mariage. Ce dut être sans doute un grand regret pour Pétion ; mais il répondit qu'il n'aimait pas le mariage. Il lui exprimait en cela un sentiment dont il a donné les fâcheuses preuves toute sa vie, mais sans faire valoir les autres raisons que nous venons de déduire, et qui certainement étaient visibles aux yeux de Dessalines. Néanmoins, l'empereur, qui se faisait une idée exagérée de son autorité, laquelle ne peut jamais aller jusqu'à forcer les inclinations, lui dit *de réfléchir* à sa proposition, parce que le bonheur du pays en dépendait[1]. Mais il avait affaire à l'homme le plus résolu, le plus déterminé à tout oser quand il était parfaitement convaincu. Ses réflexions ne le portèrent point à céder[2].

Le désappointement du père et du chef d'État produisit en Dessalines un regrettable effet : ses idées s'assombri-

---

[1] Hist. d'Haïti, t. 3, p. 245, 246, 247.

[2] M. Madiou prétend que Pétion fut *profondément déconcerté, consterné* de la proposition de Dessalines. C'est parler de Pétion sans avoir étudié son caractère par ses actes.

rent. Prévenu contre Christophe et Geffrard, il se laissa aller à des préventions aussi contre Pétion. Et qui sait si, dans son esprit, déçu de toutes ses espérances, il ne conçut pas le soupçon injuste, que Pétion refusait la main de sa fille, parce qu'elle était *noire* ? Cet abominable système colonial n'a laissé que trop d'idées et de sentimens puériles à cet égard, et plus d'une fois on les a vus se faire jour dans de semblables circonstances, comme si hommes et femmes doivent sacrifier leurs inclinations personnelles pour contracter des unions contre leur goût.

Ce qui donne lieu à penser ainsi de Dessalines, c'est qu'il prit occasion ensuite de se plaindre que les familles, les hommes de couleur en général, réclamaient les propriétés du domaine public à cause de leur filiation européenne, du nom des colons qu'ils portaient. Il s'exprima à cet égard publiquement, il paraît, en présence de plusieurs officiers supérieurs et fonctionnaires.

« *Nous* avons fait la guerre *pour les autres*, dit-il.
« Avant la prise d'armes contre Leclerc, *les hommes de*
« *couleur, fils de blancs*, ne recueillaient point les successions de leurs pères : comment se fait-il, depuis que nous
« avons chassé les colons, que leurs enfans réclament
« leurs biens ? *Les noirs*, dont les pères sont en Afrique,
« n'auront donc rien ? J'ai su qu'il n'y a pas dans tout
« *le Sud*, cent habitations ou maisons séquestrées, et cependant j'en ai fait disparaître toutes les familles des
« colons. Ah ! Messieurs, si cela doit continuer ainsi,
« *les affaires iront fort mal*. On ne se contente pas de
« *dilapider l'État*, on conspire, on veut *se soulever* contre moi ; mais, *qu'on prenne les armes*, et on le paiera
« cher. *Est-ce qu'on aurait déjà oublié la guerre civile*
« *sous Toussaint et Rigaud* ? J'ai, dans chaque localité,

« des gens sur lesquels je puis compter ; tant pis pour les
« insensés qui s'agiteront ! »

Et s'adressant ensuite à Inginac, directeur des domaines, il lui dit : « Sans doute, il n'y a plus de biens domaniaux dans la 2ᵉ division de l'Ouest ; d'après vos rapports *de complaisance*, les Vastey, les Blanchet, auront mis en possession des biens de l'Etat, *les fils des colons au préjudice de mes pauvres noirs.* Prenez garde à vous ! *Nègres et Mulâtres*, nous avons *tous* combattu contre les blancs ; les biens que nous avons conquis en versant notre sang, *appartiennent à nous tous ; j'entends qu'ils soient partagés avec équité.* » Inginac voulut répondre, mais Dessalines lui imposa silence[1]. »

Ces dernières paroles avaient le mérite de diminuer l'aigreur des premières ; mais cependant, il resterait prouvé que le refus de Pétion lui avait suggéré des sentimens fort blâmables à l'égard des mulâtres. D'abord, il n'était pas juste de faire entendre, de prétendre que *les noirs avaient fait la guerre pour eux, pour les autres;* car *sans eux, sans ces hommes* de l'ancien parti de Rigaud, dont Dessalines rappelait si malencontreusement la querelle avec Toussaint Louverture, *comme une menace*, il n'eût pas eu la gloire d'être le principal fondateur de l'indépendance d'Haïti : c'est à leur concours dévoué qu'il dut, même la soumission *des noirs* de l'Ouest, du Sud et du Nord aussi.

A cet égard, il suffit de rappeler *la haine* que lui portaient Sans-Souci, Petit Noël et les Congos du Nord, Lamour Dérance et autres dans l'Ouest et dans le Sud. Dans ces trois provinces du pays, *les noirs*, à la prise d'armes contre les Français, se ressouvenaient que lui,

---

[1] Hist. d'Haïti, t. 3 p. 247 et 248. M. Madiou paraît avoir appris ces particularités d'Inginac même.

Dessalines, n'avait été qu'un instrument aveugle dans les mains de Toussaint Louverture, pour les contraindre, *avec barbarie*, à un travail forcé *au profit des colons*; et il a fallu l'exemple tracé du concours, de la soumission à ses ordres, par les anciens partisans de Rigaud, pour les y entraîner. Pétion, Geffrard, Jean-Louis-François, Francisque, Papalier, etc., s'étaient faits *brigands* quelques jours avant lui. Eux et toute cette vaillante 13e demi-brigade, n'étaient-ils pas tous d'anciens soldats de Rigaud, entraînant Clervaux et H. Christophe dans leur héroïque résolution? Pourquoi donc Dessalines rappelait-il cette funeste guerre civile? Pour menacer d'en renouveler les horreurs?... Il citait *le Sud* plus particulièrement, dans son irritation contre ceux qui fraudaient sur les droits du domaine public : il y avait donc en lui, des idées préconçues?

Sans doute, on ne saurait le nier, à cette époque des mises en possession, il y eut *des particuliers* de la classe des mulâtres qui tentèrent de réclamer les biens de colons, qui réussirent même à se faire envoyer en possession; par la suite, sous le gouvernement de Pétion, il y en eut encore; et deux lois du sénat, en 1807, s'appuyèrent sur l'arrêté du 7 février 1804, pour maintenir les droits du domaine public contre les fraudes des réclamans non fondés. Mais Dessalines, s'il avait été plus modéré, aurait pu comprendre cette convoitise de la part *de ces individus*, leur en faire le reproche *à eux seuls* et non pas *généraliser contre toute une classe*. Lorsqu'un chef arrive à de pareilles idées, il est impossible qu'il ne commette pas des injustices envers ceux dont les droits sont certains et fondés sur des titres valables, et alors il est précipité dans l'abîme!

L'empereur quitta le Port-au-Prince, *mécontent* du général Pétion qui n'avait pas adhéré à ses désirs. De retour à Marchand, il ne tarda pas à apprendre ce que tout le monde savait dans l'Artibonite, au sujet de sa fille ; et ce fut pour lui une poignante douleur, une cause d'irritation *bien juste* contre son séducteur. A part sa haute position comme chef de l'Etat, sa qualité de père doit commander la sympathie de quiconque a des principes de moralité. Chancy avait eu tort d'abuser de la faiblesse de cette jeune personne qu'il aimait, et dont il était aimé, dit-on, depuis l'époque où son oncle gouvernait le pays. Il n'y avait qu'un moyen de réparer cet outrage fait au père et au chef : c'était que celui-ci les unît en mariage ; le neveu de Toussaint Louverture valait bien la fille de Dessalines ! Mais ce dernier était d'une nature trop violente pour concevoir une telle idée, surtout après le désappointement qu'il venait d'éprouver au Port-au-Prince. Le conseil lui en fut donné, notamment par Saget, homme de couleur, qui l'avait averti en 1802 du projet conçu par les Français de l'arrêter à la Petite-Rivière. Il le repoussa pour admettre celui que lui donna Mentor, dit-on en ces termes : « Sire, je ressens toute
« votre douleur ! Cet affront ne peut être lavé que dans
« le sang ; *un mulâtre seul* pouvait concevoir l'affreuse
« idée de jeter le déshonneur dans la famille de Votre
« Majesté. Jamais un de vos sujets *noirs* n'eût commis
« un tel crime ! »

Mentor était bien capable de tenir un tel langage ; et en cela, il aurait rempli le but de la mission qui le porta en Haïti. Quoi qu'il en ait été, un officier de l'état-major

¹ Hist. d'Haïti, t. 3, p. 249.

de l'empereur, le colonel Daran, fut envoyé avec une compagnie de guides au Port-au-Prince, avec ordre au colonel Germain Frère, commandant de l'arrondissement, d'arrêter Chancy et de l'envoyer à Marchand sous cette escorte. Mis en prison d'abord, Chancy dut comprendre quel serait son sort. Le général Pétion lui envoya *des pistolets*; il se fit sauter la cervelle. Ses restes reçurent les derniers honneurs par les soins de Pétion.

L'empereur pouvait comprendre alors les motifs du refus de ce dernier ; mais, au fait, Pétion avait enlevé une proie à sa vengeance, en envoyant des pistolets à Chancy; il avait osé faire procéder à ses funérailles[1]. Dans l'esprit de Dessalines, il supporta *la responsabilité* de ces actes de vrai courage, surtout à cette époque, car Germain Frère ne dut pas manquer de couvrir la sienne, en faisant son rapport sur toutes ces circonstances.

Voilà donc Pétion, ainsi que Christophe et Geffrard, les trois généraux les plus influens de l'empire, en butte aux préventions, au mécontentement de l'empereur.

Si, au Cap, le général Capois ni aucun autre agent n'osaient contrarier Christophe, qu'ils savaient capable des plus grandes violences en dépit de l'autorité impériale, il n'en fut pas de même au Port-au-Prince et aux Cayes, à l'égard de Pétion et de Geffrard. Le colonel Germain et le général Moreau, sachant qu'ils étaient appuyés de cette autorité, s'attachèrent à contrecarrer ces deux derniers autant que possible, parce qu'ils étaient modérés.

---

[1] Un général qui put faire de telles choses, était-il susceptible d'être *déconcerté, consterné* en présence de Dessalines ? Ne jugeons pas de ces hommes d'après nous.

Comme l'empereur, toutes les autorités donnaient des bals fréquens; il avait communiqué à tous les citoyens sa passion pour la danse, car on se plaît toujours à imiter le chef de l'Etat. C'était une époque de plaisirs, d'amusemens de toutes sortes; on jouissait de la vie comme si l'on devait la dépenser follement, en vue d'un présent qui offrait peu de garanties aux personnes, ou d'un avenir qui pouvait être troublé d'un instant à l'autre, par une nouvelle lutte avec la France en cas de paix générale en Europe. La jeune nation haïtienne était pour ainsi dire campée sur son territoire. On ne voyait pas restaurer les maisons des villes et bourgs qui tombaient en ruines, encore moins en bâtir de nouvelles, puisque villes et bourgs devaient disparaître au premier coup de canon d'alarme, afin que la nation fût debout comme un seul homme. Les chefs, les fonctionnaires publics, les particuliers, propriétaires ou fermiers de biens domaniaux, ne relevaient les usines dans les campagnes que juste au point de pouvoir fabriquer les denrées selon le genre de culture qu'on faisait; et cet état de choses dura encore plusieurs années, par les mêmes causes. Une autre cause contribuait à cette négligence envers les propriétés : c'est que les meilleures, appartenant au domaine, n'étaient entre les mains des fermiers qu'à titre éventuel; ils n'avaient point un intérêt *de famille* à les conserver. Un général, un colonel, un fonctionnaire public mourant, sa ferme passait à un autre individu.

On aura une idée du despotisme du colonel Germain Frère, dans ce que nous allons raconter.

Dans un bal donné chez Pétion, qui était, pour ainsi dire, le rendez-vous de tous les jeunes hommes habitant le Port-au-Prince à cette époque, le chef de bataillon d'artillerie Lys, ami particulier de Pétion dont il avait été le lieutenant quand ce dernier commandait une compagnie de cette arme, ayant dit à l'orchestre de jouer *la valse* qu'il aimait beaucoup, cette danse fut jouée aussitôt. Lys et d'autres cavaliers commençaient déjà, lorsque Germain ordonna de jouer *le menuet* qu'il aimait aussi avec passion. Fort de sa priorité, Lys insista pour que la valse fût continuée, tandis que le commandant de l'arrondissement, colonel, exigeait le menuet. Un vacarme épouvantable s'ensuivit, durant lequel Pétion se borna à sourire malicieusement, bien certain que son ancien lieutenant ne céderait pas. Le bal se termina ainsi, presque à son début.

Il en était à peu près de même dans la salle de spectacle du Port-au-Prince, où des amateurs avaient fait revivre la scène : ils y jouaient des comédies, des drames, même des tragédies, notamment celle de *la mort de César*, par Voltaire. C'étaient Bonnet, Lys, Lavelanet et d'autres qui s'amusaient ainsi pour récréer la population de cette ville[1]. Pétion n'y manquait jamais, de même que les autres autorités, le colonel Germain surtout qui y allait, coiffé d'un bonnet à poil d'ours sur lequel était tracée cette légende : *Haïti, tombeau des Français*[2], sans doute par opposition avec le nom que le colon Wiet avait donné à sa position retranchée où il perdit la vie. Eh bien ! on remarquait souvent, que lorsque les spectateurs applaudissaient un acteur qui ne lui plaisait pas, Lys surtout, le colonel Germain leur ordonnait de cesser, afin, disait-il, de ne pas troubler le spectacle.

---

[1] Dans la tragédie de *la mort de César*, Bonnet remplissait le rôle de *Cassius*, et Lys, celui de *Brutus*. Cette observation servira à expliquer une anecdote qui sera produite plus tard.

[2] Hist. d'Haïti, t. 3, p. 182.

Dans un voyage que fit le général Vernet, ministre des finances, au Port-au-Prince, ce colonel l'invita à aller passer une nuit sur l'ancienne sucrerie du baron de Santo-Domingo qu'il tenait à ferme de l'Etat. Il lui fit voir les belles plantations de cannes qui y existaient comme dans l'ancien régime, et lui dit : « Demain matin, ministre, vous « boirez votre café avec du sucre de ces cannes. — C'est « impossible, colonel, on n'en aurait pas le temps. — « Ministre, remarquez les cannes de cette pièce ; c'est de « là que sortira le sucre que je vous ferai présenter de- « main matin avec votre café, et on les coupera à une « heure après minuit. » La gageure fut acceptée et gagnée par le commandant de l'arrondissement du Port-au-Prince. Il avait peut-être obtenu un résultat plus grand que celui de l'empereur, qui fonda une sucrerie à Marchand-Laville en moins d'une année.

Par ses soins, les plantations de cannes sur l'ancienne sucrerie de Caradeux *le cruel*, devenue l'une des fermes de l'empereur, avaient été effectuées en deux mois. Les cultivateurs avaient dû travailler nuit et jour. Il est vrai qu'à l'arrivée des Français, en 1802, ils s'étaient mutinés contre Dessalines à son passage dans la plaine du Cul-de-Sac : sous Toussaint Louverture, il tenait aussi cette habitation à ferme.

Peu après le voyage de Dessalines au Port-au-Prince, la mort de Gabart survint à Saint-Marc, où il était malade. Né au Dondon le 28 octobre 1776, il mourut le 30 octobre 1805, à l'âge de 29 ans. Il avait commencé sa carrière militaire dès les premiers momens de la révolution, et il gagna tous ses grades par sa bravoure sur le champ de bataille. Sans instruction, aveuglément soumis aux ordres de ses chefs, il ne pouvait être, à l'école politique où il passa, un homme modéré dans l'exercice de son autorité : ce n'était qu'un soldat, mais un soldat intrépide, aussi estimé et plus aimé de Dessalines que de Toussaint Louverture, sous lesquels il avait servi constamment. L'empereur le regretta sincèrement, car il lui était dévoué corps et âme : il lui fit rendre les honneurs funèbres dus à son rang, à ses services et à sa fidélité. Son cœur fut inhumé au fort *Culbuté*, de Marchand, et son corps à l'église de Saint-Marc où on lit l'épitaphe gravée sur le marbre qui recouvre ses restes.

Ainsi, le pays perdit dans l'année 1805, deux de ses vaillans généraux, Augustin Clervaux et Louis Gabart. Ils eurent l'honneur de signer l'acte de son indépendance politique, après avoir glorieusement combattu pour cette cause et pour la liberté de leurs frères. Par leurs services, ils méritèrent les regrets de la patrie.

CHAPITRE VII.

Actes despotiques de Germain Frère. — Sa conduite envers Pétion. — Conduite de Pétion. — Convocation des généraux à Marchand, pour la fête de l'indépendance. — Révolte de Germain Picot aux Platons et sa répression par Geffrard. — Geffrard se rend ensuite à Marchand. — Conseil secret tenu par Dessalines pour faire tuer Geffrard et Pétion. — Examen de ses motifs. — Boisrond Tonnerre. — Conseils donnés à Dessalines par H. Christophe. — Il fait avertir Geffrard et Pétion. — Ils concertent tous trois *la mort* de Dessalines. — Examen de cette conjuration. — Décret sur le chargement des navires en café, sucre et coton. — Réclamation de J. Lewis contre l'administration. — Belle conduite de Pétion à cette occasion. — Divers faits de Dessalines, expliquant les contrastes de son caractère. — Ses paroles à Miranda, général espagnol. — Décret sur l'organisation de la marine, etc. — Mort de J.-L. François à l'Anse-à-Veau. — Faits relatifs à Borgella. — Geffrard prépare la conspiration contre Dessalines. — Décret sur les guildives. — Mort de Geffrard aux Cayes. — Paroles et faits de Dessalines à cette occasion.

Lorsqu'un supérieur se complait dans le despotisme, il finit toujours par arriver à des actes injustes et même cruels, pour soutenir ce système contraire aux lois : il sent lui-même qu'il est l'objet de l'improbation publique, et, pour interdire l'examen de sa conduite, il emploie *la terreur* afin d'imposer silence. Tels furent les procédés du colonel Germain Frère.

Peu après le retour de l'empereur à Marchand, le colonel Thomas Marie-Jeanne, qui était resté en prison depuis l'entrée de l'armée indigène au Port-au-Prince, en 1803, pour avoir pris part au pillage des troupes dans la rue des Fronts-Forts, ayant essayé de s'évader, Germain, de sa propre autorité, l'en fit extraire et conduire au Cul-de-sac, où on le tua. Pour justifier cette atrocité, Germain l'accusa d'avoir voulu soulever les cultivateurs des montagnes du Port-au-Prince : l'empereur, à qui ce rapport fut adressé, trouva naturellement qu'on avait bien fait de l'exécuter. Il est probable que cet officier, qui avait été d'abord un chef de bande dans la guerre de l'indépendance et qui servit ensuite dans la 12e demi-brigade, avait eu quelque querelle particulière avec Germain, qui en était le colonel.

Presque en même temps, deux indigènes de l'ancienne partie espagnole, qui étaient soldats dans cette demi-brigade, en proie sans doute à la misère et à la faim, sortirent de la ville pour chercher du travail à la campagne : arrêtés, ils furent suspectés de vouloir s'évader et retourner dans leurs foyers. Germain les fit fusiller en présence de la garnison, malgré l'appel humain que firent les troupes à sa générosité, — à sa justice ! — en criant *grâce !* En admettant qu'aux termes du code pénal, ces malheureux dussent être considérés comme coupables de désertion, c'était tout au plus la désertion à l'intérieur, punissable d'emprisonnement et non de la mort. Mais *des Espagnols*, aux yeux de Germain comme à ceux de l'empereur, ne pouvaient échapper à ce cruel châtiment : les soldats haïtiens jugèrent différemment en poussant ce cri de commisération. Et eux-mêmes, comment étaient-ils traités ?

Dès le départ de l'empereur pour Marchand, nous l'avons dit, Germain s'attacha à contrecarrer l'autorité de Pétion. La malheureuse affaire de Chancy le rendit chaque jour plus hostile; il tenait sans cesse des propos malveillans sur ce général qui était son chef immédiat. Sachant cela, Pétion se gardait contre sa perfidie, parce qu'il dut supposer avec raison, que Germain avait reçu des instructions spéciales de l'empereur pour agir ainsi. Les officiers de son état-major se faisaient un devoir de coucher le plus souvent chez lui, pour être à même de le défendre s'il y avait lieu. On a même dit qu'il lui arrivait parfois de changer de chambre dans la vaste maison qu'il occupait ; mais on ne peut raisonnablement ajouter foi à de tels bruits, quand on se rappelle le courage flegmatique de Pétion en tant de circonstances.

Ce qui est certain, c'est qu'il s'étudia *à laisser faire* le colonel Germain, à ne pas user de son autorité supérieure pour réfréner ses actes de brutal despotisme, soit envers les particuliers, soit envers les militaires : il se persuadait que par là, Germain se perdrait. On ne peut blâmer cette conduite de Pétion, en considérant que celle du commandant de l'arrondissement du Port-au-Prince était le résultat du système irréfléchi du gouvernement impérial.

A cette époque, Pétion s'occupait presque exclusivement de la construction d'une petite goëlette qu'il nomma *l'Indien*, construction où il dirigeait lui-même les divers ouvriers, par ses connaissances. Ingénieur militaire, il était aussi ingénieur de marine et civil, comme il était bon artilleur.

Habituellement vêtu d'une redingote, ne portant qu'un chapeau rond, excepté quand il se présentait devant les troupes avec le seul costume militaire de colonel, il se faisait ainsi plus *citoyen* que *général*[1]. Presque toujours

---

[1] Au théâtre du Port-au-Prince, il se plaçait toujours *au parterre*, bien

boiteux, par les douleurs qu'il ressentait aux articulations par suite de la gale qu'il avait gagnée depuis longtemps dans les camps, et dont il ne fut guéri que plusieurs années après, il était contraint souvent de se servir de *béquilles :* ce qui a fait dire à Boisrond Tonnerre (on l'assure), « qu'il jouait le même rôle que Sixte-Quint, » avant son avènement à la papauté.

Cependant, à la fin de décembre, il dut se rendre à Marchand où les généraux et d'autres officiers supérieurs et des fonctionnaires publics furent mandés pour la célébration du nouvel anniversaire de l'indépendance.

Le général Geffrard s'y rendait aussi, avec d'autant plus de raison que l'empereur lui avait écrit d'ajourner à cette époque le voyage qu'il avait voulu y faire, quand il fut admonesté de sa part par Guillaume Lafleur. Pour y aller, Geffrard passa par l'Anse-à-Veau, afin de voir Jean-Louis François dont on désespérait de conserver les jours : il devait cette visite, ce témoignage d'intérêt et d'amitié à son ancien compagnon d'armes. Mais là, il rencontra Jacques Daublas, employé de l'administration des domaines, qui revenait de Marchand, porteur de dépêches impériales pour lui : elles lui ordonnaient certaines mesures qui nécessitaient son retour aux Cayes. Contrarié de ne pouvoir peut-être se trouver à Marchand avec ses collègues, mais obéissant, il retourna sur ses pas dans l'intention de mettre la plus grande diligence dans l'exécution des ordres qu'il avait reçus.

Un nouvel incident survint : en route, il apprit que

qu'il eût une loge réservée en sa qualité de commandant de la division militaire.

Germain Picot, ancien officier la 18ᵉ demi-brigade, s'était soulevé et emparé de la citadelle des Platons avec quelques cultivateurs qu'il avait entraînés dans sa révolte.

On peut juger de la célérité que dut mettre Geffrard à la répression de cette folie.

Germain Picot, ayant commis une action infâme, avait été jugé à Jérémie par un conseil spécial qui le dégrada et le renvoya du corps où il servait en qualité de capitaine. Dans son désespoir, il conçut l'idée d'appeler aux armes les cultivateurs déjà mécontens du système sous lequel ils gémissaient. En militaire, il pensait que s'il réussissait à s'emparer de ce point fortifié, où il y avait un dépôt considérable de poudre, il aurait pu rallier tous les mécontens ; dans ce dessein, il profita d'un moment où les troupes de la garnison s'étaient rendues à un *calinda* dans le voisinage, et se rendit maître de la citadelle. En vain les soldats revinrent pour y pénétrer, ils furent repoussés.

Le général Moreau se mit de suite à la tête de la 13ᵉ et de la 17ᵉ, et se porta contre les révoltés ; mais arrivé près de la citadelle au coucher du soleil, il remettait à l'attaquer le lendemain matin, quand Geffrard survint sur les lieux. Désapprouvant la disposition de Moreau, il fit immédiatement monter les troupes en deux colonnes contre les révoltés, et lui-même se mit à la tête de la cavalerie qui gravit audacieusement le morne des Platons. Germain Picot n'eut que le temps de tirer un coup de canon à mitrailles, qui ne put arrêter le divisionnaire illustre qui avait essuyé tant d'autres feux dans sa carrière militaire : il se jeta dans les bois avec sa bande. En peu de jours, les cultivateurs égarés étaient rentrés à leurs travaux, jouissant de l'amnistie qui leur fut accordée, tandis que la tête de Germain Picot fut mise à prix : quelque temps après, elle fut tranchée et apportée aux Cayes.[1]

Cette échauffourée ainsi terminée, et les ordres impériaux exécutés avec non moins de promptitude, Geffrard se remit en route pour Marchand où il arriva dans l'après-midi du 1er janvier 1806. Il fut porteur lui-même de la nouvelle de la révolte et de sa répression. Ce qui devait lui assurer à jamais l'estime et la confiance de Dessalines, fut au contraire ce qui porta l'empereur à vouloir le faire *assassiner* peu d'heures après : un tel militaire, capable de choses semblables, lui parut trop dangereux pour son pouvoir, après les soupçons, les préventions qu'il avait conçues contre lui. Geffrard n'était pas le seul qui dût subir cette tyrannique décision ; aux yeux de Dessalines, Pétion méritait le même sort.

En effet, dans la soirée du 1er janvier, les salles du palais impérial resplendirent de lumières pour le bal qui devait clore la fête de l'indépendance. Le bal, la danse, étaient devenus aussi nécessaires à Dessalines, que les *Te Deum* à Toussaint Louverture ; et, de même que celui-ci méditait ses crimes pendant cette cérémonie religieuse, de même, en cette circonstance, son ancien lieutenant saisit l'occasion de cette nuit de réjouissances consacrées à l'indépendance d'Haïti, pour méditer le sacrifice impie des deux généraux qui y avaient le plus

---

[1] L'Histoire d'Haïti, t. 3, p. 267, rapporte la révolte de Germain Picot, après la mort de Jean-Louis François, arrivée le 10 mars 1806 : elle le représente aussi comme un *laboureur* (cultivateur) qui n'était que mécontent ; elle dit encore que Geffrard s'était hâté d'étouffer cette révolte « parce qu'elle avait « éclaté en dehors de son influence, etc. » Mais nous avons des notes positives qui assignent cette révolte et ses causes, ainsi que nous le dirons. Geffrard ne conspirait pas encore contre l'empereur. La tête de Germain Picot fut portée aux Cayes, la veille de la mort de ce général.

contribué par leur courage, leur désintéressement et leur dévouement envers ce même chef.

Après avoir dansé comme à son ordinaire, vers minuit l'empereur se retira dans sa chambre, sans affectation : il y fit appeler successivement et secrètement les généraux H. Christophe et Romain, et le colonel Pierre Toussaint, commandant de l'arrondissement de Saint-Marc. La grande affluence d'officiers et de fonctionnaires qu'il y avait au palais ne permit à qui que ce soit de remarquer l'absence momentanée du bal, de l'empereur et de ces officiers supérieurs.

Là, Dessalines leur déclara qu'il était positivement informé que Geffrard et Pétion préparaient le retour de Rigaud dans le pays, afin de le reconnaître pour chef de l'Etat ; que ce projet était concerté avec le gouvernement français, le dévouement de Rigaud à la France n'ayant jamais varié. Et en preuve de ce qu'il appelait ses informations positives, il leur rappela la mission de Ducoudray, celle de Mentor qui lui avait avoué ce plan. Il leur fit remarquer l'arrivée successive dans le pays de tous les anciens officiers de Rigaud, celle de Poutu, son aide de camp et secrétaire, qui avait tenté de recueillir de l'argent pour faire passer ces fonds à Rigaud et faciliter mieux son retour. Il était inouï, selon lui, que tous ces officiers qui avaient été déportés en France, comme Rigaud, eussent pu trouver le moyen d'en sortir, si cela n'entrait pas dans les vues de l'empereur Napoléon[1]. Il

---

[1] Il se peut, en effet, que dans le plan conçu, la police aura fermé les yeux pour faciliter leur évasion ; mais, eux qui avaient hâte de se rendre en Haïti et qui auront profité de cette tolérance, ils ne s'y rendaient pas pour servir la cause de la France ; ils y allaient dans la même intention que Martial Besse et Delpech, pour servir leur pays.

rappela encore à ceux qu'il avait appelés dans sa chambre, que Geffrard et Pétion avaient contrarié la vengeance nationale, en usant de leur autorité dans le Sud et dans l'Ouest pour sauver la vie à une infinité de Français, hommes et femmes, en leur procurant la facilité de s'évader; qu'en outre, ils contrariaient son gouvernement, son administration, en ne mettant pas dans l'exécution de ses ordres, la sévérité qu'il jugeait nécessaire au bonheur du pays, à la sécurité de l'indépendance. Enfin, il leur dit qu'il avait résolu de faire mourir, cette nuit même, Geffrard et Pétion ; que cette immolation était indispensable à la sûreté du peuple haïtien.

Dans le chapitre précédent, nous avons fait remarquer comment Dessalines avait pu concevoir *des préventions* contre les hommes de l'ancien parti de Rigaud, par suite des diverses particularités qu'il rappela aux officiers qui l'écoutaient ; et nous avons même admis que tout autre chef plus éclairé que lui eût pu en concevoir : impartial envers tous, nous ne savons pas dissimuler tout ce que l'histoire peut envisager comme circonstances atténuantes pour les crimes les plus horribles. Néanmoins, il n'y avait là que *des préventions*, et non *des preuves* pour former *une conviction* ; il y avait de plus, *des faits, une conduite patriotique* de la part de Pétion et de Geffrard, qui devaient être examinés par Dessalines et qui auraient détruit ces préventions. Cette conduite, ces faits se rattachaient à leur coopération, à leur initiative dans la guerre de l'indépendance, au dévouement qu'ils lui avaient montré en ralliant à son autorité les hommes de leur ancien parti politique, en la secondant de toute leur influence, même sur l'esprit de ceux du vieux parti contraire.

Dessalines pouvait encore se dire que, dans la supposition même que le gouvernement français eût compté assez sur les anciens sentimens de Rigaud envers la France, pour concevoir l'idée de le renvoyer en Haïti, ces deux généraux n'auraient pas été assez aveugles pour l'aider dans l'œuvre qu'il eût voulu entreprendre, afin de restaurer l'autorité de cette puissance, après avoir combattu l'armée française, et avoir signé l'acte de la souveraineté et de l'indépendance du pays. Dessalines était assez éclairé pour se faire ce raisonnement, en jugeant de Pétion et de Geffrard par lui-même.

Et qu'avait donc fait Geffrard, en arrêtant Ducoudray aux Cayes, en le lui envoyant et le dénonçant comme *espion français ?* N'était-ce pas dire à l'empereur, qu'il était inaccessible à une telle corruption, qu'il était incapable de trahison ? Eh quoi ! un Pétion, un Geffrard, eussent voulu replacer Haïti sous l'autorité d'une métropole qui s'était montrée si ingrate, si perfide envers les défenseurs du sol de Saint-Domingue contre les Anglais ! Ces deux généraux qui avaient si glorieusement conquis leur position dans le pays, eussent pu même concevoir la pensée de se replacer sous l'autorité *de Rigaud*, de cet homme dont la mission politique était achevée en juillet 1800, dont le rôle militaire dans la guerre civile avait offert à leurs yeux tant de fautes !...

C'est une opinion généralement accréditée dans l'esprit des hommes du Sud, à cette époque dont nous retraçons les faits, que Boisrond Tonnerre s'était uni à Mentor pour induire Dessalines dans ces erreurs, dans ses préventions contre Geffrard et Pétion. Le mot que nous venons de rapporter de lui, à l'égard de ce dernier, indique une certaine malveillance : attribuer à Pétion le rôle qu'avait joué Sixte-Quint pour mieux cacher son ambition, c'était le dénoncer à l'opinion publique, sinon à l'empereur lui-même. Nous avons fait remarquer aussi le passage de ses Mémoires, où il invoquait *l'animadversion des lois* contre les Haïtiens qui voudraient protéger un seul Français. Bien que dans cette brochure il ait fait un grand éloge de Geffrard pour avoir ménagé *ses concitoyens* des Cayes pendant le siége de cette ville, il se peut, il est probable qu'il désapprouva sa conduite quand il sauva la vie à quelques Français. Son intimité avec Mentor, l'extravagance de ses idées, sa conduite immorale, peuvent encore faire admettre que, pour plaire à l'empereur qu'il savait prévenu contre Geffrard, son ambition aura cru qu'il fallait adopter le plan de Mentor contre les anciens généraux, afin de les remplacer; qu'il l'aura enfin secondé dans ses conseils perfides. D'autres faits seront articulés à la charge de Boisrond Tonnerre, envers des hommes du Sud, qui donnent à penser qu'il excitait Dessalines contre ce département.

Quoi qu'il en soit, revenons au conseil tenu par ce dernier dans sa chambre, et disons ce qui suivit sa déclaration à H. Christophe, Romain et Pierre Toussaint.

Dans la situation d'esprit où se trouvait Christophe, après la mission qu'il avait fait remplir par Bruno Blanchet auprès de Geffrard et de Pétion, après l'avis secret que lui donna A. Dupuy, il était trop intelligent et trop ambitieux pour ne pas apercevoir, avec sagacité, tout le parti qu'il pouvait tirer de l'aveuglement de l'empereur, pour son élévation personnelle. Il dut reconnaître que, si Dessalines le consultait pour avoir son concours dans l'assassinat de Pétion et de Geffrard, rien ne lui garantissait à lui-même que d'autres officiers supérieurs ne seraient pas consultés aussi plus tard, quand il s'agirait de se défaire de lui. Il se peut bien, et croyons-le pour l'honneur du cœur humain, qu'il se ressouvint de la conduite tenue à son égard par Pétion, lorsque la fureur de Petit Noël, de Sans-Souci et de leurs Congos se déchaînait contre lui. Mais, en donnant son avis le premier, il était trop adroit pour essayer de justifier ces deux généraux, pour chercher à dissiper les préventions de Dessalines qu'il savait égales contre lui-même, quoique ce fût pour d'autres motifs.

Christophe dit donc à Dessalines, qu'il croyait, comme lui, que Pétion et Geffrard se préparaient à recevoir Rigaud dans le pays ; qu'il avait également remarqué le retour successif de tous ses anciens officiers. Mais il ajouta qu'il ne pensait pas que le moment fût opportun pour se défaire de ces deux généraux ; que l'empereur ne devait pas méconnaître qu'ils étaient très-influens sur l'armée et sur le peuple ; que les troupes de l'Ouest et du Sud, les populations de ces départemens leur étaient dévouées ; que s'il les faisait mourir de cette manière, il était à craindre qu'il y eût un soulèvement général dans l'Ouest et dans le Sud, et que même les troupes de l'Artibonite et du Nord qui avaient vu leurs faits d'armes dans la guerre de l'indépendance, pourraient se laisser séduire, ou du moins ne se prêteraient pas avec vigueur à la répression du soulèvement. Enfin, il le conjura d'attendre un peu, pour laisser à Pétion et Geffrard le temps de démasquer leurs vues et leurs intrigues ; qu'alors, tout-puissant comme il était, l'empereur pourrait facilement anéantir eux et leur faction. Il mit dans cette dernière partie de ses conseils toute l'animation de son caractère, et d'un ancien partisan de Toussaint Louverture contre Rigaud : il parut en cet instant un serviteur dévoué à Dessalines, prêt à agir quand le moment serait venu de le faire.

Romain, inféodé à ses vues secrètes, les connaissant parfaitement, appuya son ancien colonel de la 1re demi-brigade, en raisonnant comme lui.

Quant à Pierre Toussaint, ancien libre du quartier de l'Artibonite, homme de bien, d'un caractère modéré, il ne put qu'adopter les conseils du général en chef, qui entraient dans ses sentimens intimes : il avait d'ailleurs vu à l'œuvre de l'indépendance Pétion et Geffrard; il connaissait toute leur ancienne conduite, toujours si honorable.

Dessalines resta frappé des objections de Christophe ; il parut convaincu qu'il fallait attendre un moment plus propice à ses vues sanguinaires ; et, recommandant à ces trois officiers le silence le plus absolu sur sa communication secrète, il reparut au bal où il dansa de nouveau.

Mais H. Christophe voulut sa perte plus que jamais : il s'en ouvrit à Romain pour trouver le moyen d'avertir Geffrard surtout, qui lui paraissait plus propre à recevoir une telle confidence, à raison de son mécontentement antérieur. Christophe se persuadait que Geffrard en parlerait à Pétion, et se ménageait par là un entretien avec eux. Or, Romain avait alors pour secrétaire, un homme de couleur nommé Bély qui avait servi dans le Sud et qui était connu de Geffrard dont il lui avait souvent parlé. Ce fut Bély qui reçut la mission de prévenir Geffrard de ce qui s'était dit dans la chambre de l'empereur : il s'en acquitta dans le palais même.

De son côté, Pierre Toussaint, alarmé d'un projet qui lui parut si funeste à Dessalines personnellement, confia ce secret à Charlotin Marcadieu qu'il connaissait fort dévoué à l'empereur et capable de l'en détourner au besoin, par ses conseils. Dès qu'un secret de cette nature est dévoilé, il suit le cours de l'indiscrétion. Charlotin, aussi alarmé que son intime ami Pierre Toussaint, étant également très-lié avec Daumec, commissaire impérial à Saint-Marc, ne put lui cacher ce qu'il savait par la confiance de Pierre Toussaint. Et Daumec, nous l'avons dit, avait été associé de Geffrard à Jérémie avant d'être appelé à sa charge à Saint-Marc ; une étroite amitié entre eux en était résultée. Geffrard apprit de lui ce qu'il importait qu'il sût ainsi que Pétion ; il en avisa ce dernier ; car ce n'était plus une chose douteuse, venant de deux des membres du conseil secret.

Dès que Christophe se fût assuré qu'ils étaient informés du projet d'assassinat contre eux, il les aborda comme à son ordinaire, comme il l'avait déjà fait à leur arrivée à Marchand. Il leur dit que leur sort, *à tous trois*, dépendait du plus léger caprice de Dessalines, en ne leur laissant point ignorer le danger qu'il avait déjà couru, et que *leur intérêt mutuel était de se défaire de l'empereur.* Celui-ci, en voyant Geffrard, en apprenant par lui la révolte de Germain Picot, avait annoncé en présence de tous les généraux, qu'il ne tarderait pas à se rendre dans le Sud pour y mettre ordre parmi les cultivateurs. Il fut donc résolu entre Christophe, Pétion et Geffrard, que ce serait l'occasion la plus favorable pour frapper Dessalines, à cause de la haine sourde qui existait à son égard dans tous les cœurs et qui le rendrait impuissant à résister. Geffrard se chargea de l'exécution de cette périlleuse, mais indispensable mission, pour leur salut [1].

---

[1] « Le despotisme du dernier tyran, ses actions de plus en plus barbares,

Toutefois, comme Geffrard lui avait écrit pour solliciter la permission de venir à Marchand, ayant à l'entretenir, il était forcé d'arriver à une explication avec lui. Le 6 janvier, il la provoqua en présence de tous les généraux et autres officiers réunis au palais, en déplorant les soupçons, les préventions que l'empereur semblait avoir conçus contre lui, en lui parlant de tout ce qu'il faisait dans son service pour remplir son devoir. Dessalines ne pouvait pas toujours feindre ; il répondit à Geffrard qu'il savait que lui et Pétion nourrissaient constamment des sentimens favorables à Rigaud. D'un caractère vif, indigné de ce reproche et plein de courage, Geffrard lui rappela que lorsqu'il vint au camp Gérard, en juillet 1803, il lui avait dit que lui, Dessalines, donnerait des millions pour avoir le concours de Rigaud dans la guerre de l'indépendance, et qu'il le verrait avec plaisir *revenir* dans le pays ; qu'ayant servi sous Rigaud et étant son ami, il contribuerait bien de ses moyens pour lui faire passer des secours dans son indigence, si l'empereur le permettait; mais que si Rigaud revenait en Haïti, il ne lui céderait ni sa position, ni son rang.

Pétion, toujours froid, mais toujours ferme sous sa physionomie impassible, se borna à dire à l'empereur, qu'il le priait de se rappeler les entretiens qu'ils avaient eus ensemble, quand ils avaient résolu de prendre les armes contre les Français.

L'un et l'autre général rappelaient ainsi à Dessalines, un passé récent où il avait eu besoin de leur concours dévoué:

« tenaient en échec tous ceux qui avaient à en redouter les effets. Le général
« Christophe *fut un des premiers à instruire les généraux de l'armée, et à les*
« *engager à prendre des mesures pour anéantir ce nouveau Néron....* » —
Extrait de la pièce publiée par Pétion, le 17 janvier 1807.

souvenir qui devait faire impression sur les autres généraux, sinon sur l'empereur. Il parut satisfait des explications de Geffrard et de Pétion, et les invita tous à retourner à leurs commandemens respectifs. Mais avant de se séparer de Christophe, Pétion et Geffrard lui promirent de ne pas renoncer à la résolution dont ils étaient *tous trois* convenus, comme le seul moyen de sauvegarder leur vie et de mettre un terme à l'existence d'un gouvernement, dont le chef oubliait si facilement les services rendus au pays et à son autorité, et qui ne pouvait faire le bonheur du peuple¹.

Telle fut *la conjuration* ourdie à Marchand contre les jours de Dessalines, mais qui s'évanouit bientôt par la mort de Geffrard. Le renversement, la mort de l'empereur eut lieu ensuite, comme *une conséquence* de cette conjuration, mais par de nouvelles causes que nous aurons à relater.

Qui provoqua cette conjuration? H. Christophe, qui avait même devancé le projet d'assassinat de Pétion et de Geffrard, par la mission de Blanchet. Qui fut cause qu'elle s'ourdit entre eux? Dessalines personnellement. Etait-il juste qu'il conçût le dessein d'immoler ces deux généraux à ses soupçons, avait-il des raisons suffisantes, même pour les faire juger par un conseil spécial qu'il pré-

---

¹ L'Hist. d'Haïti, t. 3, p. 261, dit même : « Les généraux partirent de Marchand et se rendirent dans leurs commandemens respectifs, se concertant de leur part aux moyens d'abattre Dessalines. Le mécontentement était devenu tel, qu'une révolte sur un point quelconque de l'empire devait produire un embrasement général. »

Nous ignorons complètement s'il y eut d'autres que Christophe, Pétion et Geffrard, qui pensèrent à cela ; mais il se peut que d'autres officiers, témoins des reproches adressés à ces deux derniers qui étaient si recommandables, et peut-être aussi avisés du projet qui avait failli être mis à exécution contre eux, aient reconnu que Dessalines n'offrait aucune garantie, et qu'il était à désirer qu'il fût abattu.

sidérait souverainement, en vertu de sa constitution impériale? *Non*, sans doute. Et que devenait donc cette prétendue constitution, en présence du conseil secret tenu dans sa chambre?

Pétion et Geffrard avaient-ils raison suffisante pour conspirer contre sa vie? *Oui*, sans doute, puisqu'il avait voulu les faire assassiner.

Dessalines, général en chef, gouverneur général, ou empereur, était-il, pouvait-il être *un maître absolu*, ayant *droit de vie et de mort* sur des citoyens, des généraux tels que Pétion, Geffrard et Christophe, même sur le plus obscur des Haïtiens?

Poser la question, c'est la résoudre dans le sens de la *Résistance à l'oppression*.

Nous arriverons bientôt à cet acte fameux dans nos annales. En attendant, passons à d'autres faits.

Le 10 janvier, un décret fut rendu pour régler le mode de chargement des navires, à l'exportation. Tout commerçant qui expédiait des denrées du pays à l'étranger, était *contraint* de charger autant de *café*, de *sucre* et de *coton* pour former la cargaison. Les capitaines des navires étaient eux-mêmes tenus de recevoir à leur bord ces trois espèces de denrées pour pouvoir être expédiés dans les ports de l'empire. Ainsi, le gouvernement impérial réglait les opérations commerciales, sans s'inquiéter de savoir si l'on devait gagner ou perdre sur ce que l'on exportait du pays, si l'on avait plus besoin de café que de sucre ou de coton pour être porté à l'étranger, en retour des marchandises importées en Haïti. Un tel décret, venu après celui qui contraignait les navires à se consigner aux négocians selon le numéro de leurs patentes, était le comble de l'arbitraire dans une matière qui réclame la plus entière liberté. C'était vouloir, en d'autres termes, repousser le commerce étranger du pays. Aussi vit-on, au Port-au-Prince, un capitaine de navire revendre à perte sur le quai, le sucre qu'on l'avait forcé à prendre, et jeter dans le port presque tout le coton, pour ne garder à son bord que le café qu'il voulait avoir.[1]

Dans le même mois de janvier, l'américain Jacob Lewis éprouva, de la part du ministre des finances Vernet, et par ordre de Dessalines, les plus grandes difficultés pour se faire livrer *des cafés* qui étaient dans le magasin des domaines et auxquels il avait un droit reconnu depuis juillet 1805, par règlement fait avec l'administrateur Ogé, pour les munitions de guerre qu'il avait fournies à l'État. Vernet, ou plutôt l'empereur, voulait contraindre J. Lewis à recevoir la valeur des cafés promis, moitié en sucre, et moitié en coton, ce qu'il refusait d'accepter. En même temps, on lui signifia de conduire à Saint-Marc son navire nommé *l'Empereur* pour en livrer la cargaison, s'élevant à plus de 75 mille piastres, à M. Brocard, agent et associé de Dessalines dans cette ville : ce qu'il fut contraint de faire. J. Lewis eut recours à Pétion, par rapport aux cafés, attendu que c'était ce général qui avait acheté la plus grande partie de ses munitions.

En février 1805, Pétion était déjà intervenu auprès de l'empereur en faveur de ce commerçant qui éprouvait des retards à être payé ; il honora son pays et son propre caractère, en lui adressant une lettre en date du 20 janvier, par laquelle il déplorait les refus que Lewis essuyait pour

---

[1] Dessalines a dit ensuite, qu'il avait rendu ce décret d'après *les conseils de Christophe* (Hist. d'Haïti, t. 3, p. 285). En ce cas, comme en tous autres, Christophe remplissait fort bien son rôle de *prétendant* à l'empire.

obtenir le payement de ce qui lui était dû, et en café comme on en était convenu avec lui. « Si j'avais moi-
« même, dit-il, les moyens de payer cette dette, j'aurais
« eu, je vous le jure, la plus grande satisfaction à le fai-
« re... Néanmoins, je vous offre, Monsieur, ce qu'il est
« en mon pouvoir de faire, pour vous dédommager un
« peu, et je vous prie instamment *de ne pas refuser :*
« c'est d'accepter *la récolte de café* qui me revient d'une
« habitation que j'ai dans l'arrondissement de Jacmel.
« Vous pourrez donc envoyer un bâtiment dans cet en-
« droit, recevoir cette denrée que j'ai déjà ordonné de
« tenir à votre disposition. L'attachement que je porte à
« mon pays est le motif qui me détermine à vous faire
« cette offre, et la haute estime, Monsieur, que j'ai pour
« vous y a beaucoup contribué. »

Que de nobles sentimens apparaissent dans cette lettre ! Attachement à sa patrie que Pétion veut honorer par la fidélité aux engagemens qu'il a contractés en son nom, d'après l'ordre du chef de l'État et pour des objets de guerre dont on avait eu le plus grand besoin ; — estime personnelle pour un étranger venu de lui-même les offrir à Haïti, en guerre permanente avec la France ; un étranger qui, comme lui, avait combattu pour assurer l'indépendance de son propre pays ; — justice envers un créancier dont on frustrait les droits légitimes ; — enfin, désintéressement d'un patriotisme élevé, antique : tout est réuni dans cette lettre [1].

Dans la dignité qu'elle exprime, ne voit-on pas déjà l'homme prédestiné par la Providence, pour être le Fonda-

---

[1] En 1807, devenu Président d'Haïti, Pétion fit rendre justice à J. Lewis. Boyer, qui avait écrit sa lettre, satisfit ensuite aux dernières réclamations de cet étranger.

teur des institutions républicaines d'Haïti, — le chef qui la fera respecter au dehors par sa probité politique, — l'interprète de la justice nationale qui morcellera les biens des anciens colons, pour les distribuer à tous ses concitoyens sans distinction, afin de faire naître le bonheur général du bonheur individuel; — mais en même temps, le sage législateur qui consacrera dans son pays le respect dû au droit de propriété, en posant les bases d'une transaction équitable avec la France, pour la réconcilier avec Haïti et la porter à reconnaître solennellement son indépendance et sa souveraineté?

Et c'est cet homme, ce grand citoyen, que vingt jours auparavant, un despote, oublieux du dévouement qu'il montra à son autorité, voulait faire assassiner lâchement dans son palais, où il l'avait appelé pour solenniser la fête de l'indépendance nationale! Ah! la justice de Dieu ne permet pas toujours que des crimes aussi affreux reçoivent leur exécution : elle sait devenir un bouclier pour ses élus, elle sait même inspirer aux êtres les moins sensibles, l'idée de concourir à leur conservation, par l'effet des prétentions ambitieuses qu'ils nourrissent dans leurs cœurs.

A côté du déni de justice fait à J. Lewis par le gouvernement impérial, l'Histoire d'Haïti (t. 3, p. 262 à 265) place divers autres faits que nous devons nous-même reproduire, comme caractérisant l'esprit défectueux, déplorable, de ce gouvernement.

Il paraît qu'à un voyage de Dessalines au Cap, un instituteur nommé Laborie amena ses élèves au palais pour les présenter à l'empereur, et que celui-ci l'accueillit avec rudesse, en lui disant qu'il se réservait de former de ces enfans, *un régiment* sous les ordres de son fils Innocent.

Laborie, désolé de cette réception et de cette disposition militaire, se transporta ensuite chez le général en chef Christophe, qui fit un meilleur accueil à l'instituteur et ses élèves et lui dit que Dessalines était *un barbare*, incapable de *civiliser* et de *régénérer* une nation.

Mais, dans la même journée, Christophe s'étant présenté aussi au palais, un aide de camp de l'empereur se permit de lui faire des observations, à propos du soin qu'il mettait à bien armer le fort de Laferrière, comme s'il voulait en faire un boulevard contre l'autorité impériale. Cette impertinence porta le général en chef à frapper cet officier de sa canne. L'empereur survenant, « voulut, à « son tour, battre le général Christophe de son jonc. Ses « officiers qui l'entouraient calmèrent sa fureur. » Il semble donc que Christophe considérait *le bâton* comme un excellent instrument *de civilisation et de régénération*.

« *La rivalité*, dit M. Madiou, *qui existait entre les deux* « CASTES *noire et jaune formant la nation haïtienne*, se « témoignait par une foule *de petits faits*, malgré les « efforts qu'avait déployés Dessalines pour l'anéantir : « l'empereur avait parfaitement compris qu'en entrete- « nant les animosités *de castes*, il ruinerait la nationa- « lité haïtienne, etc. »

La constitution impériale n'établissait aucune distinction *de couleur* entre *les Haïtiens*; elle voulait qu'ils fussent tous connus sous la dénomination générique de *noirs*; l'empereur ne voulait pas créer *une noblesse* en Haïti. Comment donc *la nationalité haïtienne* pouvait-elle être composée de *deux* CASTES, l'une *noire*, l'autre *jaune*[1] ? Le mot *caste* nous semble encore mal employé

---
[1] Dans la proclamation du 28 avril 1804, Dessalines disait : « J'ai vu *deux* « *classes* d'hommes, etc., *Noirs et jaunes*, etc. » La constitution vint ensuite

ici, comme exprimant une idée propre à égarer le jugement, à perpétuer dans ce pays les distinctions du régime colonial, qui rangerait *les Haïtiens* en deux camps opposés, ayant *des intérêts différens* résultant de la différence même de leurs *castes*. Car, partout où il y a *des castes*, chacune a les siens dans l'ordre civil et politique.

Le régime colonial ne *classe*-t-il pas les hommes de couleur *jaune* parmi ceux de la *race noire* ? C'est là le motif de cette disposition de la constitution impériale. Qu'importe qu'il y ait réellement en Haïti des citoyens qui ont la couleur tout-à-fait *noire*, parce qu'ils sont descendans des Africains qui forment la race noire, et d'autres qui ont la couleur plus ou moins rapprochée *de la noire ou de la blanche*, parce qu'ils descendent des deux races, *africaine et européenne* ? Les uns et les autres ne peuvent pas former des *castes* à part, puisqu'ils sont tous des *Haïtiens* ayant les mêmes intérêts sous tous les rapports. On dit bien un *noir*, un *mulâtre*, comme on dit un *Anglais*, un *Ecossais*, un *Irlandais*, ayant tous les mêmes intérêts à titre de *sujets britanniques*, — comme on dit un *Breton*, un *Normand*, un *Provençal*, etc., ayant tous aussi les mêmes intérêts, à titre de citoyens français[1].

les désigner tous comme *noirs* ; mais l'expression de *castes* ne fut jamais employée dans aucun acte.

[1] On peut dire la *classe* noire ou jaune, pour indiquer les hommes de l'une ou l'autre couleur, mais non *caste* ; de même qu'on dit la *classe* civile ou militaire, la *classe* des commerçans, des artisans, des cultivateurs, etc., pour différencier les professions ; mais il ne s'ensuit pas que ce sont là autant de *castes*. Dans le régime colonial, *les affranchis* et *les esclaves* formaient de véritables *castes*, les premiers ayant certains *droits civils*, les derniers n'en ayant aucun : de là *des intérêts distincts* pour les uns et les autres. Mais à partir de 1793, *les intérêts* ont toujours été *les mêmes* pour tous les hommes de la race noire.

En 1832, la société abolitioniste de Londres envoya M. R. Hill à Haïti,

Ensuite, en quoi pouvait donc consister cette prétendue *rivalité* entre les Haïtiens de couleur *noire* et ceux de couleur *jaune*, lorsque *tous* étaient admis, *sans distinction*, à exercer les mêmes droits, à occuper les fonctions publiques, lorsque *tous* s'étaient réunis pour arriver à l'indépendance du pays? Dans cette lutte, il n'y eut que *des émules* parmi eux, et non *des rivaux;* et jamais les Haïtiens ne furent *plus unis* que sous Dessalines : ils le prouvèrent bien en octobre suivant ! Mais ce chef, en prononçant les paroles qui lui sont attribuées, à propos des propriétés des colons, ne s'exposait-il pas, contre son intention, *à les désunir, à animer* les uns contre les autres?

Conclure de quelques *petits faits* imputables *à des individus*, que les noirs et les mulâtres, *en général*, étaient *en rivalité*, c'est encore une erreur, selon nous; c'est encore égarer le jugement de nos lecteurs. *Des blancs* peuvent être *rivaux* sans que *tous* le soient entre eux; *des noirs* aussi, *des mulâtres* également : pourquoi donc ne serait-il pas possible que *des noirs* et *des mulâtres* fussent *rivaux?* Mais il ne faut pas *généraliser*; car ce serait prétendre que des hommes *de couleur différente* sont *nécessairement, fatalement rivaux*, à cause de cette différence de couleur.

Pour appuyer cette assertion, M. Madiou cite deux faits :

pour faire une sorte d'enquête sur la situation morale et politique du pays, à cause des appréciations présentées au Parlement par C. Mackensie, consul de S. M. B. qui y était venu en 1826. Parmi les questions qui furent posées à M. R. Hill, on voit celle-ci :

« De la population entière de l'île ; son état et ses progrès ; des différentes « classes de la population ; le nombre et l'importance de *ces classes* ; résultat « des recensements. »

Mais on ne voit pas une seule fois dans ces questions, le mot de *castes :* les abolitionistes savaient qu'il n'en existait pas de distinctes en Haïti.

l'un relatif au colonel Gilles Bambara qui mourut dans un cachot où il fut incarcéré par ordre de Dessalines, pour avoir tenu des propos *de castes*, c'est-à-dire, *de différence de couleur :* c'était le fait *d'un noir*, et non pas celui *de tous les noirs*. L'autre fait est relatif à Chervain, commissaire des guerres, qui aurait dit à Bédouet de ne pas se mêler de la querelle de deux noirs : c'était encore le fait *d'un mulâtre*, et non pas celui *de tous les mulâtres*. Sur la dénonciation du lieutenant Michel Tendant, Dessalines fit subir à Bédouet une détention rigoureuse dans les cachots de Marchand, et son dénonciateur fut promu au grade de chef de bataillon. Si l'empereur ne voulut que récompenser le patriotisme de cet officier, il fit bien ; mais il connaissait aussi celui de Bédouet et son dévouement ; Bédouet était incapable d'avoir ces sots préjugés de couleur. C'était Chervain, et non lui, qu'il fallait punir.

Un troisième fait eut lieu à cette époque et prouve combien un pays et ses citoyens sont exposés à des malheurs, lorsque le chef du gouvernement n'est pas éclairé.

Une femme ayant réclamé la mise en possession d'un bien, Inginac, directeur des domaines, jugea que la demande n'était pas fondée, et renvoya la réclamante, peut-être en la rudoyant ; car il était sujet à des momens d'emportement. Cette femme l'injuria, et il la chassa, en lui disant : « Vous n'êtes qu'une *Messaline*. » La malheureuse crut entendre *une Dessalines*. Elle se rendit à Marchand, et forma sa plainte à l'empereur qui, irrité de ce qu'Inginac eût pu se servir de son nom comme un terme injurieux, le manda aussitôt. Arrivé à la ville impériale, le directeur des domaines, dont le zèle était cependant bien connu de l'empereur, avait beau expliquer la chose, il se voyait sur le point d'être jeté dans les terribles cachots, quand heureusement pour lui, le général Bazelais fit savoir à l'empereur l'origine de cette expression, par la vie de l'impudique Messaline. Le quiproquo fut alors compris, et par Dessalines et par la plaignante, qui n'entendait pas mieux que lui l'histoire romaine, et Inginac fut renvoyé à ses fonctions [1].

« En même temps, dit l'histoire que nous citons, un
« administrateur accusé de prévarications, avait été ap-
« pelé à la capitale (à Marchand) pour rendre ses comp-
« tes. Dessalines lui ordonna, en présence de son état-
« major, de calculer sous ses yeux, à haute et intelligible
« voix. L'administrateur obtint, à la fin de plusieurs
« colonnes successives, *des zéros* et retint *des unités*.
« Dessalines, l'interrompant, s'écria : — Je ne m'étonne
« pas que vous ayez été dénoncé, puisqu'en ma présence,
« vous osez *tout retenir*, et ne laisser à l'Etat que *des
« zéros*. — L'administrateur retourna dans ses foyers,
« sain et sauf; mais il fut *destitué* peu de temps après [2]. »

Il faut constater aussi que Dessalines avait souvent l'humeur la plus gaie, qu'il se plaisait même à faire de vraies farces, tant en paroles qu'en actions, et fort inconvenantes pour le rang qu'il occupait. Ainsi, reconnaissant l'incapacité du général Vernet, comme ministre des finances, il dit un jour : « Mon *pauvre compère* ne
« s'occupe qu'à faire *de bons déjeuners* et sa partie *de
« bête*; il s'en rapporte à Vastey dont la bourse se rem-
« plit chaque jour [3]. » C'était en même temps discrédi-

---

[1] Messaline était la femme de l'empereur Claude : ce qui présentait un double danger pour Inginac. La tradition ne rapporte pas si Bazelais fit savoir cette particularité.

[2] Hist. d'Haïti, t. 3, p. 265.

[3] Ibid., p. 245.

ter son ministre par des mots qui faisaient allusion à son ignorance, et signaler le chef de ses bureaux comme un homme dont la corruption désorganisait les finances de l'empire ; et cependant, il souffrait cet état de choses.

Dans les paroles rapportées plus haut et relatives à l'administrateur, on se tromperait si l'on pensait qu'il y avait méprise de sa part ; il voulait plutôt ridiculiser ce fonctionnaire par une observation qui ne manque pas d'esprit. L'originalité de son caractère, ses excentricités, semblaient vouloir le plus souvent exciter le rire de ses auditeurs ; jusque dans sa manière de faire usage de sa tabatière, il y avait quelque chose de tout personnel à lui ; mais, malheureusement, cette tabatière roulait dans ses mains, trop souvent comme une sentence de mort. Il aimait la fermeté, le courage dans ceux qu'il y dévouait, et on l'a vu plus d'une fois clément envers des individus qui allaient périr par ses ordres, parce qu'ils en firent preuve publiquement.

Ce contraste autorise à croire, que si Dessalines avait passé par une autre école politique que celle de Toussaint Louverture, on n'eût pas eu à lui reprocher tant de crimes. Il eût été toujours un despote, à cause du peu de lumières qu'il possédait ; mais son despotisme eût été dégagé de ces bizarreries qui en firent un être redoutable, et un chef de gouvernement incapable de comprendre les besoins, les nécessités de son pays, après la déclaration de son indépendance. Habitué sous le régime de fer de son chef à n'employer que la contrainte, que la rigueur excessive en toutes choses ; en proie aux passions les plus fortes, il était presque impossible qu'il ne subît pas l'influence de quelques hommes pervers qui l'entouraient.

Se trouvant à Jacmel, il y vit arriver l'Espagnol Mi-

randa, natif de Caracas, qui avait organisé une expédition en Angleterre et qui arrivait alors des États-Unis, pour se porter à Carthagène d'où il espérait soulever contre l'Espagne, toute la Côte-Ferme comprenant la Nouvelle-Grenade et le Vénézuéla, son pays natal. Présenté à l'empereur, Miranda en fut bien accueilli ; et quand il lui eut dit que son dessein était de proclamer l'indépendance de ces contrées, de même qu'il l'avait fait pour Haïti, Dessalines lui demanda *quels moyens* il emploierait pour réussir dans un si vaste projet. Miranda répondit qu'il réunirait d'abord *les notables* du pays en assemblée populaire, et qu'il proclamerait l'indépendance par un acte, un *manifeste* qui réunirait tous les habitans dans un même esprit. A ces mots, Dessalines agita et roula sa tabatière entre ses mains, prit du tabac et dit à Miranda, en créole : « Eh bien ! Monsieur, je vous vois
« déjà *fusillé ou pendu :* vous n'échapperez pas à ce sort.
« Comment ! vous allez faire une révolution contre un
« gouvernement établi depuis des siècles dans votre pays;
« vous allez pour bouleverser la situation des grands
« propriétaires, d'une foule de gens, et vous parlez d'em-
« ployer à votre œuvre *des notables, du papier et de*
« *l'encre !* Sachez, Monsieur, que pour opérer une ré-
« volution, pour y réussir, il n'y a que deux choses à
« faire : *coupé têtes, brûlé cazes.* » Miranda rit comme tous les assistans de ces moyens expéditifs dont Dessalines avait fait un si grand usage. Il prit congé du terrible Empereur d'Haïti, et fut à Carthagène où il échoua dans son entreprise [1].

---

[1] M. Madiou raconte autrement que nous le passage de Miranda à Jacmel : selon lui, Dessalines n'aura pas vu ce général, mais il aura envoyé l'ordre à Magloire Ambroise de bien l'accueillir et de lui donner de sa part le conseil

Prenez Dessalines avec ses idées originales et son expérience de la révolution de Saint-Domingue, vengeresse des crimes du régime colonial pendant trois siècles, et vous le trouverez conséquent avec lui-même, logique en tous points. Malheureusement pour lui et pour son pays, il ne put comprendre que son rôle de révolutionnaire étant rempli, celui d'administrateur, de gouvernant, commençait après ses glorieux succès dans l'œuvre de l'indépendance.

En cette dernière qualité, le 1er février, il rendit un décret qui contenait des dispositions sur l'organisation de la marine militaire, sur celle de la marine marchande, autrement dit le cabotage, sur les mouvemens des ports de l'empire, sur la pêche qui se fait sur les côtes, sur les salines établies sur le littoral, etc. Ce fut, dit le décret, sur le rapport du ministre de la guerre et de la marine. Le général Gérin, qui avait été marin du cabotage dans l'ancien régime colonial, se donna pleine carrière dans cet acte où il fit un amalgame d'idées, de dispositions puisées dans les lois françaises sur toutes ces matières. Il y en avait certainement de très-convenables, mais

---

de tuer et d'incendier, pour réussir dans son projet. Dessalines lui aura même fait fournir des armes et des munitions, en lui permettant de recruter *de jeunes Haïtiens* qui seraient partis avec lui, *en grand nombre*. Mais nous relatons les choses d'après d'autres traditions, et nous ne comprenons pas que Dessalines eût confié *des Haïtiens* à l'expédition aventureuse *d'un blanc* qui allait agir dans un autre pays. Ce n'est pas Dessalines qui eût pu faire cela.

Miranda, de retour à Vénézuéla, en 1810, après le soulèvement opéré à Caracas, au nom de Ferdinand VII contre Napoléon, y devint *général en chef*. Le 5 juillet 1811, l'indépendance fut proclamée contre l'Espagne ; mais le 26 juillet 1812, Miranda fut contraint de capituler, après une bataille donnée à Vittoria : devenu prisonnier de guerre, il fut envoyé à Porto-Rico et delà dans les cachots de Cadix où il mourut, justifiant ainsi la prédiction de Dessalines sur le sort qui lui était réservé.

d'autres aussi qui étaient trop contraires aux habitudes du peuple, aux nécessités des malheureux, pour ne pas devenir odieuses à ceux qu'elles froissaient, si ce décret avait été littéralement exécuté.

Ainsi, non-seulement pour *naviguer*, mais pour pouvoir faire la *pêche*, il fallait être classé et immatriculé comme marin; les enrôlemens pour la marine militaire se faisaient par *la presse*, et le temps du service était *illimité ;* le code pénal pour les troupes de terre était applicable aux marins de l'Etat, justiciables aussi des conseils spéciaux ; aucun patron ni capitaine au cabotage n'était *exempt* de service sur les bâtimens de guerre. Avec *la presse* qui faisait prendre indistinctement tous les marins, les patrons et les capitaines y étant sujets, c'était la désorganisation du cabotage si nécessaire au pays. Mais il y avait plus dans l'article 2 : « il ne sera admis *qu'un propriétaire* par embar-
« cation. » Un père et son fils, deux frères se livrant à la même industrie, ne pouvaient donc être *co-propriétaires* du même canot, de la même embarcation, servant à la pêche sur le littoral, ou transportant les denrées d'un port à un autre : c'était absurde. — Tout capitaine ou patron au cabotage était tenu de faire porter sur le rôle d'équipage, et en arrivant dans un port, de présenter au bureau de la place, les voyageurs des deux sexes qui prenaient passage à son bord. — Le cabotage était interdit, comme de raison, aux navires étrangers qui ne pouvaient entrer que dans les ports ouverts à leur commerce. Enfin, l'article 18 établissait le droit, pour les tribunaux de l'empire, de juger de toutes les contestations ou affaires en cette matière, parce que, « *en fait de commerce, tous*
« *les hommes sont regardés comme de la même nation.* »

Ce fut, à ce qu'il paraît, le seul acte impérial que Gérin

contresigna en sa qualité de ministre de la guerre et de la marine ; mais ce n'est pas qu'il fût avare *de projets*, qui lui attiraient les plaisanteries de la part de J. Chanlatte et de Boisrond Tonnerre, les grands rédacteurs des actes : plaisanteries auxquelles s'amusait l'empereur lui-même, qui ne lui épargnait rien à ce sujet, non plus qu'à son ministre des finances [1].

Peu de semaines après que ce décret eût été rendu, 10 mars, le général Jean-Louis François mourut à l'Anse-à-Veau. Né dans la commune des Cayes en 1769, il avait atteint sa 37e année et était par conséquent dans toute la force de l'âge ; mais ses services militaires, ses blessures avaient ruiné sa robuste constitution. Fils d'affranchis noirs, il se trouva comme beaucoup d'autres hommes de sa classe, au premier campement qu'ils firent à Prou, en 1790, sous Rigaud ; il prit part à tous les évènemens politiques, à toutes les guerres qui s'ensuivirent, se conduisant toujours avec honneur sous tous les rapports, et se distinguant par sa bravoure sur le champ de bataille, par sa modération dans les affaires publiques. Signataire de l'acte d'indépendance, il fut généreux envers des ennemis vaincus, s'associant en tous points à la conduite de Pétion qu'il seconda si bien au Haut-du-Cap, à celle de Geffrard qu'il seconda aussi dans le Sud. Il a mérité et obtenu l'estime générale de ses concitoyens, les vifs re-

---

[1] Ce que nous disons ici des plaisanteries dont Gérin était le sujet, se trouve confirmé dans la diatribe de J. Chanlatte publiée au Cap en 1807, contre le Sénat de la République d'Haïti. Il dit de sa manie de proposer des plans : « Que de rouleaux de papier ! il en a jusque dans les bords de son chapeau galonné. »

Après la mort de Dessalines, à son tour, le peuple constata cette habitude d'une manière flatteuse pour Gérin : il fit une chanson où l'on disait de lui : *Vieux ministre dit : Oui, faut payer* (les troupes) ; *l'empereur dit : Non, n'y a point l'argent.*

grets de sa patrie [1]. Son corps fut inhumé au fort *Desbois*, construit dans les montagnes de l'Anse-à-Veau. En apprenant sa mort, Geffrard se rendit de suite en cette ville et présida à ses funérailles.

Nous avons déjà dit que, devenu commandant de l'arrondissement d'Aquin, J.-L. François avait demandé à Geffrard de nommer Borgella, commandant de cette place alors au vieux bourg, situé à une lieue de la ville actuelle. Ce fut par leur initiative propre que la nouvelle ville fut fondée, là où était l'ancien embarcadère de la commune. Dans le premier voyage que fit Dessalines dans le Sud, il désapprouva le nouvel établissement au port d'Aquin ; mais Borgella surtout lui fit remarquer que les travaux des fortifications du *Bonnet-Carré*, dans les montagnes, n'en seraient que plus activés, et que les autorités y surveilleraient plus facilement l'embarquement des denrées du pays et les mouvemens du cabotage, que la population de l'arrondissement en profiterait davantage : ces considérations obtinrent son assentiment.

Le concours que Borgella donnait à son général, l'intimité qui existait entre eux, portèrent J.-L. François à désirer l'avoir comme adjudant-général de sa division, lorsqu'en juillet 1805 il fut nommé commandant de la 2ᵉ division du Sud, à la résidence de l'Anse-à-Veau : il en fit la demande à l'empereur qui ne souscrivit pas à

---

[1] C'est avec étonnement que nous avons lu dans l'Histoire d'Haïti, t. 3, p. 151, que J.-L. François, vivant en mésintelligence avec Gérin, empiétait souvent sur son autorité dans l'arrondissement de l'Anse-à-Veau, *et lui reprochait de favoriser les hommes de couleur au détriment des noirs*. J.-L. François, qui a sauvé des blancs français du massacre de 1804, était inaccessible à ces sottes puérilités de couleur. Que l'on sache donc, une fois pour toutes, que Gérin était, comme l'on dit vulgairement, *un mauvais coucheur*.

son désir et qui nomma Véret à ces fonctions et en même temps à ce grade militaire. Cette décision de Dessalines eut pour cause des intrigues ourdies par Boisrond Tonnerre et son père, Mathurin Boisrond, alors administrateur des domaines de l'arrondissement d'Aquin. Ce dernier avait eu des difficultés avec Borgella, à propos de l'affermage d'une habitation que voulait avoir un vieil officier nommé Arion, que Borgella protégeait. L'administrateur profita d'un voyage du ministre des finances aux Cayes, et se plaignit à lui contre Borgella. Malgré les représentations du général Geffrard, le ministre fit passer Borgella cinq jours aux arrêts. Boisrond Tonnerre n'ignora pas ce fait; et d'accord avec son père, il dénonça Borgella à Dessalines, comme un partisan *des blancs*, comme ayant contribué à en sauver plusieurs. C'est à ces intrigues qu'il faut attribuer le refus fait par l'empereur, de nommer Borgella adjudant-général.

J.-L. François apprit ces particularités peu de temps avant sa mort; il les fit connaître à Borgella qui sentit la nécessité de se rendre à Marchand, afin de se disculper : il n'y fut qu'au mois de mai. En passant au Port-au-Prince, il vit Pétion qui lui recommanda de montrer de la fermeté, comme le seul moyen de réussir auprès de l'empereur qui aimait le courage dans les hommes [1]. Il arriva à Marchand dans un moment fort critique, par rapport à l'accusation qui pesait sur lui, — d'avoir favorisé *l'évasion* de quelques Français. Une douzaine de Polonais, employés à l'arsenal de cette ville naissante, craignant sans doute un malheureux sort pour l'avenir, ou

---

[1] Le cas de David-Troy était différent, il fallut qu'il s'humiliât pour échapper à la mort.

peut-être excédés de travaux, conçurent l'idée de fuir et de gagner la partie de l'Est pour y joindre les troupes françaises ; arrêtés sur la route et ramenés à Marchand, ils venaient d'être sacrifiés par ordre de Dessalines qui était dans toute sa fureur, et qui se promenait sous les galeries du palais en vociférant contre les blancs et leurs partisans : personne n'osait s'approcher de lui en ce moment.

Or, David-Troy, l'ancien ami de Borgella, était en faction sous ces galeries, comme soldat de la 4e demi-brigade. A la vue de ce brave officier, son intime, Borgella fut ému et se porta devant lui pour lui témoigner toute son affection. Selon son habitude, il tenait ses deux mains croisées derrière le dos, quand survint Boisrond Tonnerre qui s'approcha et en saisit une en lui disant : « Bonjour, « mon cher Borgella. » Se retournant et le reconnaissant, Borgella retira sa main avec humeur et lui répondit : « Je ne donne la main qu'à mes amis ! » A ces mots, David-Troy applaudit à haute voix.

Dessalines avait tout vu et tout entendu. Remarquant qu'il portait attention à la confusion de Boisrond Tonnerre, Borgella s'approcha de lui avec calme et tout le respect qui lui était dû, et lui dit qu'ayant appris que des calomniateurs l'avaient dénoncé faussement, il venait se présenter à lui pour les démentir. — « Je te crois, ré- « pondit Dessalines ; car je suis sûr que tu n'ignores pas « que c'est Boisrond et son père qui t'ont dénoncé : ce « que tu viens de lui faire me prouve que tu as raison. « Tu peux retourner à ton commandement. »

Si ce jugement de Dessalines offre l'équité dont il donnait souvent la preuve, il donne aussi une idée des contrastes que présentait son caractère. Un tel caractère fait regretter que ce chef ne put jamais inspirer à qui que ce soit, une entière sécurité dans ses résolutions, dans ses sentimens, surtout à raison de tous ses antécédens presque toujours marqués au coin de la violence. Doué de fortes passions, habitué à l'exercice d'un pouvoir absolu qui n'avait de limites que sa propre volonté, il était constamment redoutable, parce que chacun voyait suspendue sur sa tête cette menaçante épée de Damoclès, qui inspire la terreur en même temps que le désir de s'en affranchir.[1]

Telles furent les réflexions que fit Pétion à Borgella, à son retour, en l'initiant au projet concerté entre lui, Geffrard et H. Christophe, et sur l'initiative prise par ce dernier lors de la mission secrète remplie par Bruno Blanchet. Pétion ne lui laissa pas ignorer non plus le danger que lui et Geffrard avaient couru récemment à Marchand : il le chargea d'aller aux Cayes auprès de ce dernier, pour lui recommander de se tenir prêt, parce qu'il était certain que Dessalines ne tarderait pas à se rendre dans le Sud et qu'il avait reçu de Christophe de nouveaux avis secrets.

En revoyant Lamarre au Petit-Goave, Borgella s'entretint avec lui de la triste situation où l'empereur avait conduit le pays : ce qui faisait présumer que cet état de choses ne pouvait durer, vu le mécontentement général ; qu'alors il faudrait prendre les armes pour changer le gouvernement. Mais il ne dit pas à Lamarre quel avait été son entretien avec Pétion. Ce colonel lui répondit qu'il

---

1 Par sa violence, Dessalines inspirait autant de crainte que Toussaint Louverture, par son caractère fourbe et hypocrite : il y avait aussi peu de sécurité avec l'un qu'avec l'autre. La confiance dans un chef ne peut résulter que de sa modération et de la fixité de ses principes de justice.

voyait comme lui, qu'il y avait peu de sécurité avec un chef comme Dessalines ; que bien qu'il n'eût cependant rien à lui reprocher personnellement, si un événement survenait, *il suivrait le parti que prendrait Borgella*. On ne doit pas s'étonner de cette réponse de Lamarre, en se rappelant l'intimité qui existait entre eux, quand ils servaient tous deux dans la cavalerie de l'Ouest, à Léogane, et ensuite dans l'escorte de Rigaud.

Arrivé à Aquin, Borgella tomba malade. Contrarié dans son dessein d'aller aux Cayes, il commença une lettre qu'il voulait adresser à Geffrard pour lui transmettre les paroles de Pétion ; mais il se ravisa et la brûla, fort heureusement ; car il ne tarda pas à apprendre la mort de Geffrard, et la saisie de tous ses papiers mis sous scellé par les soins du général Moreau, qui espérait y trouver les preuves convaincantes de ses dénonciations à l'empereur, et surtout de la conspiration qui s'ourdissait aux Cayes.

Geffrard, en retournant dans cette ville pour s'y préparer, n'avait pu garder un secret absolu sur ce dont il était convenu avec Christophe et Pétion, parce qu'il avait nécessairement besoin du concours de plusieurs officiers pour abattre l'empereur, quand celui-ci y viendrait ; mais ce fut le nom de Christophe, général en chef de l'armée, qu'il mit en avant pour les disposer à le reconnaître pour chef de l'Etat, en leur persuadant que ce général avait lui-même provoqué cette terrible mesure, comme le seul moyen de mettre un terme à la tyrannie impériale. Le général Moreau ne put donc pas ignorer tout-à-fait ce projet, sans cependant en connaître toutes les ramifications ; car chacun se défiait de lui, à cause des procédés dont il usait envers Geffrard, si sincèrement estimé et aimé. Or, si dans la guerre de l'indépendance, ce dernier avait tout fait pour ramener les esprits dans le Sud à l'égard de Dessalines, contre lequel on était prévenu pour les faits commis dans la guerre civile et après, il suffisait que maintenant il se prononçât contre lui, pour rallier également les esprits à son projet, alors que de nouveaux faits de la part de Dessalines les avaient mécontentés. Geffrard était d'une influence immense dans ce département, tant sur les troupes que sur les citoyens de tout rang, malgré sa sévérité toujours tempérée par la bonté.

Un nouvel acte de l'empereur, publié à Marchand le 2 mai, vint aggraver cette situation tendue ; ce fut un décret concernant *les guildiveries*. Le voici :

Jacques, Empereur Ier d'Haïti, etc.,

Voulant remédier *aux dommages* que divers spéculateurs *non-autorisés*, apportent à l'exploitation *des guildiveries de l'Etat*[1] ;

Décrète ce qui suit :

1. Toute guildive appartenant à l'Etat ou aux particuliers, qui aura été relevée ou établie *antérieurement* à l'arrêté de S. E. le ministre des finances (du 22 décembre 1804), relatif à l'affermage des guildiveries, sera *conservée* et continuera de fabriquer.

2. Toutes celles qui auront été réparées ou entreprises *par des particuliers*, *postérieurement* à l'arrêté précité, sans une *permission* expresse et signée de ma propre main ou de celle de S. E. le ministre des finances, seront considérées comme illicites et par conséquent *démolies*.

3. Dans un mois, à compter du jour de la publication du présent décret, tous les entrepreneurs *particuliers* qui n'auront pas satisfait au désir de l'art. 2, *seront poursuivis extraordinairement et auront leurs manufactures confisquées au profit de l'Etat.*

---

[1] Quels dommages les guildives non autorisées pouvaient-elles occasionner à celles des fermiers de l'Etat, sinon la concurrence faite par leurs produits similaires ?

4. Le présent décret sera lu, publié et affiché partout où besoin sera, à la diligence des administrateurs.

Ordre aux généraux commandans de divisions et d'arrondissemens, de prêter main-forte à l'exécution du présent décret.

Signé : DESSALINES.

Que ressort-il de ce décret combiné avec l'arrêté du 22 décembre 1804 ? Serait-ce seulement, comme le dit l'auteur de l'Histoire d'Haïti, t. 3, p. 271, que : « Dessalines « et son entourage dont la conduite était si scandaleuse, « s'efforçaient *de mettre un frein aux passions* du peuple ; « que pour l'empêcher de se livrer *aux excès des liqueurs* « *fortes*, l'empereur se résolut à faire démolir la plupart « des guildives, du moins celles qui n'appartenaient pas « à l'État ; que *dans le Sud* particulièrement, on consom- « mait *immodérément le tafia* dont la propriété est d'é- « nerver l'homme et de l'abrutir [1] ? »

Est-ce que le tafia, produit dans le Sud, n'était pas transporté et consommé aussi dans les autres départemens ? Dans l'ancien régime, sur 182 guildiveries que possédait la partie française, il y en avait 46 dans le Nord, 80 dans l'Ouest (y compris l'Artibonite) et 56 dans le Sud. Aux Cayes surtout, on avait adopté ce genre de produit de la Jamaïque placé dans le voisinage, parce que l'on y faisait moins de sucre relativement aux autres parties de la colonie ; c'était là l'industrie de bien des particuliers qui n'étaient pas producteurs de sucre ni de sirop. La plupart de ces manufactures existaient, on les rétablit malgré la défense.

---

[1] Le despotisme aime, au contraire, à voir les hommes *s'énerver, s'abrutir,* pour régner plus facilement, de même qu'il préfère l'ignorance, aux lumières qui éclairent sur ses actes.

Le fait est, que la plupart des grandes sucreries affermées à l'empereur, à ses ministres, aux généraux, ayant de ces établissemens, l'arrêté du 22 décembre 1804 avait défendu « aux particuliers qui n'étaient pas fermiers de « l'État, d'en restaurer ou établir de nouveaux, » pour ne pas *faire concurrence* à tous *ces grands* de l'empire, dans la vente du tafia. Voilà le vrai motif de cet arrêté. Le décret vint ajouter à cette injustice, en ordonnant *la démolition* des guildives rétablies malgré la défense faite. On avait enfreint l'arrêté, parce que les permissions émanées de l'empereur ou du ministre des finances constituaient *des priviléges*, qui s'obtenaient en donnant de l'argent à *leurs secrétaires*; il ajouta encore en ordonnant *la confiscation* de ces propriétés particulières qui n'auraient pas été détruites dans le mois accordé pour tout délai, et des poursuites rigoureuses contre les retardataires.

Ce décret était donc une iniquité, propre seulement à soulever les esprits contre le gouvernement, surtout dans *le Sud* où l'on était peut-être plus en dérogation avec l'arrêté, où le décret fut mieux exécuté, comme on le verra bientôt.

La population de ce département se trouvait ainsi *disposée* à la révolte méditée, quand Geffrard tomba malade et mourut aux Cayes, le 31 mai. On soupçonna assez généralement qu'il mourut *empoisonné* par des ordres secrets de Dessalines, tant les préventions populaires sont promptes à attribuer le mal aux chefs qui sont détestés. L'irritation s'accrut par cette erreur, parce que Geffrard fut universellement regretté, parce qu'on fondait sur lui l'espoir d'une résistance à laquelle on se préparait.

Il semble que la Providence voulut qu'elle fût l'œuvre *du peuple* lui-même, pour lui apprendre qu'il doit compter *sur sa puissance souveraine*, pour apprendre *aux chefs de gouvernement* qu'ils ne tiennnent leur pouvoir, leur autorité, que *de la volonté nationale*.

Nicolas Geffrard, fils d'un mulâtre et d'une négresse du sang sénégalais, avait ce beau teint qu'on remarque dans les colonies, sur les individus qui proviennent de cette nation africaine dont le type se rapproche le plus de celui de la race blanche, au physique, dont le moral atteste une supériorité sur celui des autres tribus de cette contrée. Né sur l'habitation Périgny, dans les hauteurs du camp Périn, où demeuraient son père et sa mère, deux affranchis, il avait de 44 à 45 ans à sa mort. Prenant parti avec sa classe dès 1791, il ne cessa de se distinguer à la guerre où il obtint tous ses grades militaires par sa bravoure et son mérite. Ses talens étaient naturels, car son éducation fut négligée comme celle de la plupart des hommes de sa classe. Dans la société privée, il joignait la politesse la plus affable à une urbanité exquise; mais comme homme public, il était d'une fermeté, d'une résolution qui allaient par fois à la violence, pénétré surtout, en sa qualité de militaire, que la discipline et la subordination exigeaient cette manière d'être. La bonté de son cœur tempérait cette rudesse, au point que ses subordonnés lui obéissaient plutôt par estime, par amour, que par crainte. — Son corps fut enterré à la citadelle des Platons, et ses entrailles sur la place d'armes des Cayes.

Nous avons assez cité son nom dans nos volumes précédens, surtout dans le 5e, pour ne pas revenir sur toutes les actions éclatantes qui le firent remarquer parmi ses compagnons d'armes, qui lui valurent la haute considération de ses concitoyens et leurs regrets sincères, quand arriva le terme de sa précieuse existence.

L'empereur Dessalines ne jugea pas comme eux ; il se considéra heureux d'être débarrassé d'un officier dont il redoutait l'énergie ; il dit même à quelques-uns de ses favoris, « que Dieu, en enlevant Geffrard, avait été *plus* « *pressé* que lui. » Cependant peu après, en se rendant dans le Sud, il fit chanter au Port-au-Prince un service funèbre en mémoire de ce général ; mais aussi, dans la soirée du même jour, il donna un grand bal au palais impérial, afin de chasser *les chagrins* qu'il éprouvait.[1]

---

[1] Hist. d'Haïti, t. 3, p. 275.

CHAPITRE VIII.

Meurtre de Noblet et de Pujol. — Explosion de la salle d'artifice du Port-au-Prince et ses causes. — Dessalines vient dans l'Ouest. — Plan perfide attribué à Boisrond Tonnerre, Mentor et Borno Déléard, à son égard. — Faits relatifs à T. Tuat, son assassinat et spoliation de sa fortune. — Nouvelle vérification des titres de propriété à Jacmel. — Dessalines va dans le Sud. — Il fait brûler les bois de campêche sur tout le littoral. — Il confie provisoirement l'arrondissement de Jérémie à Bazile. — Il arrive aux Cayes. — Le général Moreau lui dénonce une conspiration concertée entre Geffrard et H. Christophe. — Les papiers de Geffrard sont livrés à A. Dupuy qui n'y trouve aucune trace de ce projet. — Assertions de B. Inginac à ce sujet, réfutées. — Conduite de Dessalines aux Cayes. — Il fait démolir plusieurs guildives. — Il mande Inginac aux Cayes. — Conciliabule entre B. Tonnerre, Mentor et B. Déléard, établissant des indices de conspiration de leur part. — Inginac arrive aux Cayes. — Dessalines lui ordonne de vérifier les comptes de l'administration et les titres de propriété. — Ce qu'il fait relativement à ces deux objets. — Examen de ce qui a rapport aux titres de propriété. — Décret du 1er septembre y relatif. — Décret du 2 septembre sur les douanes, etc. — Dessalines quitte les Cayes : ordre qu'il donne en partant. — Ses paroles à Lamarre, au Petit-Goave. — Il élève Germain Frère au généralat. — Il ordonne d'incorporer les jeunes gens dans la 12e demi-brigade. — Nouvelle vérification des titres de propriété. — Il retourne à Marchand. — Meurtre de Dalégrand. — Mort de Poutu, en duel.

Plus nous approchons de l'époque où un grand attentat mit fin à la vie de Dessalines, plus nous avons à signaler des faits qui concoururent à provoquer ce terrible drame.

L'illustre héros de l'indépendance nationale dans le Sud venait de terminer sa carrière, ou peut-être peu avant ce douloureux événement, quand l'empereur commit un de ces actes, un de ces crimes qui révoltent la conscience publique. Sous l'administration de Rigaud, il y avait à Miragoane un Français nommé Noblet, qui y exerçait les fonctions de trésorier. Cet homme, de même que Pelletier dont nous avons parlé dans notre 3e volume, avait des principes et des sentimens libéraux ; il avait hautement approuvé la liberté générale, il était l'ami des hommes éclairés de la race noire. A la fuite de Rigaud, redoutant encore plus *les colons*, ses compatriotes, que la fureur de Toussaint Louverture, il s'était éloigné du pays : pendant l'occupation française sous Leclerc et Rochambeau, il resta encore à l'étranger, par les mêmes motifs. Mais, dans le courant de 1804, il était revenu en Haïti, comptant sur son ancien dévouement à la race noire. En effet, sur l'attestation qui fut donnée à Dessalines de toute sa conduite, il l'avait admis à jouir de la qualité d'*Haïtien*. Noblet habitait Miragoane de nouveau et y vivait en bon et paisible citoyen, lorsqu'un ordre impérial le manda à Marchand. Pour y faire quoi, grand Dieu ! Pour y être *assassiné*, et il le fut, « parce qu'il avait osé rentrer en « Haïti, après la publication qui anathématisait les « Français. [1] »

Mais, et cet accueil qui lui fut fait à son retour dans le pays, et ce titre de citoyen d'Haïti qui lui fut accordé ?... A la nouvelle de cet assassinat, on ressentit une vive indignation dans le Sud, car Noblet y était généralement estimé.

Un nouvel assassinat occasionna le même sentiment dans l'Ouest, à peu près à la même époque.

[1] Hist. d'Haïti, t. 3, p. 272.

En 1804, Pétion avait spécialement protégé le médecin français Pujol qui devint aussi Haïtien, comme tout autre de sa profession. Pujol lui portait des soins dévoués, comme à une grande partie des familles du Port-au-Prince où il résidait : il était un officier de santé de l'armée, étant encore plus chirurgien que médecin : en cette qualité, il soignait aussi les militaires malades. Jeune et d'un caractère enjoué, il s'était lié avec tous les officiers de l'état-major de Pétion et de l'empereur. Un de ces derniers (nous ignorons lequel) lui avait emprunté une belle bague en diamant, qu'il portait toujours au doigt, à l'occasion d'un bal donné au palais du Port-au-Prince, et avait emporté ce bijou à Marchand. Au mois de mai, Pujol y alla pour la réclamer ; il rencontra J.-P. Boyer qui y était pour assister au mariage de son jeune frère, Souverain Brun. Lié avec Boyer, Pujol et lui étaient logés dans la même maison. Pendant une nuit, on vint l'appeler sous prétexte de soins à donner à un malade ; il sortit, et à peu de distance de la maison, il fut *assassiné* lâchement par plusieurs individus.

On n'a jamais su qui ils étaient, car il va sans dire que le meurtre d'un blanc français, quoique devenu Haïtien, était une chose trop *honorable* à cette époque pour que la police impériale s'en émût [1]. Était-ce l'emprunteur de la bague qui, pour ne pas la restituer, avait appelé d'autres infâmes à la perpétration de ce crime, ou bien des individus qui en reçurent l'ordre ? Quoi qu'il en fût, cette action atroce ne put que faire rejaillir sur l'hôte de Marchand, une responsabilité qu'il encourait par des actions

---

[1] J'ai entendu Boyer raconter la mort de Pujol : il croyait avoir su quels étaient ses assassins, mais il ne les nomma pas. M. Madiou s'est trompé en disant que Pujol avait été contraint de s'établir à Marchand.

semblables, connues publiquement comme émanées de sa volonté.

Ces faits, et l'exécution des douze Polonais dont il a été question dans le chapitre précédent, occasionnèrent au Port-au-Prince un événement où le courage s'alliait au désespoir. On avait fait courir le bruit que Dessalines voulait faire tuer tous les blancs qu'il avait conservés jusqu'alors. Trois Français étaient employés à l'arsenal de cette ville, comme artificiers ; ils reçurent l'ordre de préparer des pièces d'artifice pour la prochaine arrivée de l'empereur ; deux d'entre eux prirent instantanément la résolution d'y mettre le feu, dans la salle même où ils travaillaient, préférant se tuer que d'être assassinés. Le troisième, qui ne voulut pas y adhérer, et qui a vécu quelques heures après l'explosion, en fit connaître la cause. Vers 2 heures de l'après-midi, une détonation se fit entendre, et la salle d'artifice fut emportée dans les airs : il s'y trouvait, dit-on, 3 à 4 milliers de poudre.

Le feu se communiqua aux autres parties de l'arsenal et au magasin de l'État qui y était contigu. Heureusement qu'il y avait des pompes qui furent employées à l'éteindre. Toutes les autorités militaires y accoururent avec les troupes, sorties des casernes qui n'en étaient pas fort éloignées. Le colonel Germain fit jouer *bâtons et sabres* par les officiers, et en peu d'instans on était maître de l'incendie, comme d'un fort pris d'assaut.

En juin, l'empereur arriva au Port-au-Prince. Après y avoir séjourné quelques jours, il passa à Léogane pour se rendre à Jacmel. On dit que dans ces villes, il fut courroucé contre Boisrond Tonnerre, à propos de quelques méfaits de sa façon ; que ce dernier, qui l'avait vu congédier Borgella, en lui disant qu'il était son principal dénonciateur, humilié, se promit de se venger en le poussant à des actes de fureur qui exciteraient le mécontentement contre lui. B. Tonnerre ne serait pas le seul qui eût conçu ce plan affreux. Mentor et Borno Déléard auraient été d'accord avec lui. Ces trois hommes se persuadaient qu'avec le caractère de Dessalines, ils réussiraient dans leurs vues, conçues peut-être avant son départ de Marchand, parce qu'il agréait presque toujours les conseils qui l'excitaient au mal.

Il y avait à Jacmel un Anglais nommé Thomas Thuat, négociant établi dans le pays depuis si longtemps, qu'il était en quelque sorte considéré comme un indigène, un Haïtien, aimé pour sa bienfaisance envers les malheureux, pour son obligeance envers tous. Déjà, en 1805, dans une tournée d'inspection effectuée par Inginac, sur l'ordre de l'empereur, il paraît qu'il aurait acquis la preuve manifeste que Thomas Thuat avait fait des actes de contrebande (ce que faisaient bien d'autres étrangers dans les ports, et d'accord avec les fonctionnaires des finances); et Inginac l'aurait contraint à une restitution au trésor public de 24 mille piastres, et l'aurait condamné de sa propre autorité, à une *amende* égale à cette somme [1]. Nous disons *de sa propre autorité*, parce que nous n'avons trouvé jusqu'ici aucune disposition de loi qui autorisait une aussi énorme amende, et que dans tous les cas, un tribunal seul était habile à prononcer. L'ordonnance du 15 octobre 1804, sur la vente des cargaisons en gros, prévoyait seule une amende de 300 et de 500 gourdes contre les délinquans. Mais si celle de 24 mille gourdes fut *réellement* imposée à Thomas Thuat, ce fut une injus-

---

[1] Hist. d'Haïti, t. 3, p. 251, sans doute sur des notes d'Inginac qui en a fourni beaucoup à l'auteur.

tice commise envers lui ; et le propre d'une injustice est d'en entraîner d'autres, même des crimes.

Thomas Thuat était donc signalé d'avance à une basse cupidité : on le dénonça à l'empereur, aussitôt son arrivée à Jacmel, comme continuant à faire la contrebande. Il ordonna, dit-on, une visite domiciliaire chez cet Anglais par des agents de police : « Dessalines *se convainquit* de « la véracité des rapports qui lui avaient été adressés. » Mais, agissant autrement que le directeur des domaines Inginac : « Il fit *assassiner* Thomas Thuat... Ses ma-« gasins furent séquestrés (confisqués) au profit de l'Etat ; « sa caisse pleine *d'or et d'argent* fut livrée à Dessalines ; « les sommes que celui-ci en retira furent employées à « créer une maison de commerce éphémère, sous la « raison sociale *Innocent et Cie* [1]. »

Voilà la plus forte *preuve* de la contrebande que faisait l'infortuné Thomas Thuat ; voilà ce qui motiva son lâche assassinat. Et comment qualifier cette appropriation de la fortune de cet Anglais? Dirons-nous aussi, en terme de commerce, *Innocent assassinat*, *Spoliation et Cie* ?

Lorsqu'un chef de gouvernement commet de pareils actes, ne provoque-t-il pas la sainte insurrection du peuple, par le gémissement qu'ils font sortir de tous les cœurs? N'y a-t-il pas au fond de toutes les sociétés humaines, une morale éternelle qui s'indigne contre de telles atrocités, et qui les soulève pour frapper les chefs qui s'en rendent coupables ?

Après cet Anglais, — les Haïtiens : « L'empereur fit « encore vérifier tous les titres de propriété, même ceux

---

[1] Hist. d'Haïti, t. 3, p. 275. L'auteur ajoute que c'est sur une note fournie par Inginac. *Innocent* était le nom d'un fils naturel de Dessalines.

« des citoyens qui avaient déjà été régulièrement mis en
« possession de leurs biens. Il quitta Jacmel après avoir
« excité beaucoup de mécontentement [1]. »

Ce ne fut pas là seulement qu'il excita du mécontentement : sur toute sa route par le Grand-Goave, le Petit-Goave, l'Anse-à-Veau, jusqu'à Jérémie, de Jérémie aux Cayes par Tiburon, ce fut un concert d'improbation, une unanimité de plaintes, à propos de l'incendie ordonné par Dessalines, de tout le bois de campêche coupé et exposé sur le littoral, pour être transporté dans les ports et vendu pour l'exportation. L'arrêté du 22 décembre 1804 avait *défendu* l'exploitation du campêche, sans doute pour favoriser la production des autres denrées, telles que sucre, café, coton, cacao, etc. [2] La contrainte et la rigueur étant le système général de l'empire, l'empereur devait arriver à cette exécution par le feu qui lui plaisait tant à voir. Un certain empereur romain ne fit-il pas incendier Rome, pour jouir de ce spectacle? Les hommes de tous les temps et de toutes les races se ressemblent sous tous les rapports.

Toussaint Louverture avait défendu l'exploitation du bois d'acajou, dans l'Est où ce genre de travail était une ancienne industrie pour les habitans, en permettant celle du campêche et autres bois de teinture. Dessalines défendit cette dernière qui n'avait jamais été, effectivement,

---

[1] Hist. d'Haïti, t. 3, p. 275.

[2] Si l'on admet que le gouvernement avait *le droit* de contraindre à produire le sucre, le café, le coton, etc.; plutôt que le campêche, il faudra aussi lui reconnaître *le droit* de contraindre le commerce étranger à former ses cargaisons d'exportation avec une égale quantité de ces trois espèces de denrées. Le producteur doit-il avoir moins de liberté que le commerçant? Il faut *éclairer* les hommes sur ce qu'il est de leur intérêt de produire, et non les *contraindre* à préférer telle ou telle production.

un produit d'exportation, non-seulement pour faire produire les autres denrées, mais parce que la plus grande partie des propriétés rurales appartenaient aux domaines de l'Etat, et qu'étant affermées aux chefs, les cultivateurs trouvaient dans l'exploitation du campêche, un moyen *de se soustraire* à leur autorité, quand ils ne faisaient pas eux-mêmes couper ce bois. Or, les cultivateurs étant contraints de rentrer et de travailler sur les anciennes habitations auxquelles ils avaient jadis appartenu, ils contrariaient le système agricole de l'empire sous ces deux rapports. Les particuliers propriétaires, les autorités militaires, mécontens eux-mêmes du gouvernement, n'observaient pas la défense faite à ce sujet par l'arrêté de 1804 ; ils facilitaient les cultivateurs qui, seuls, faisaient la coupe du campêche, parce que, d'un autre côté, ils en avaient besoin pour d'autres travaux.

Néanmoins, c'est une chose curieuse à observer, comment *les cultivateurs* s'ingéniaient à trouver le moyen d'acquérir *leur indépendance personnelle*, de l'autorité trop arbitraire de ces temps déjà reculés. Sous Toussaint Louverture, ils imaginèrent de s'associer pour acheter de petites portions de terre, où ils s'établissaient à l'abri des colons et des chefs militaires fermiers des biens séquestrés. Sous Dessalines, ce fut dans la coupe du bois de campêche qu'ils arrivaient en bien des endroits, à se soustraire aux seuls fermiers des biens du domaine, les colons n'existant plus. Il a fallu que Pétion arrivât au gouvernement du pays, pour satisfaire à ce besoin social, à ce légitime désir de l'homme, par la distribution des terres [1].

On rapporte que Dessalines, en faisant brûler les tas de

---

[1] Dans le volume suivant, on verra la divergence de ses vues à ce sujet, avec celles du Sénat qui se cramponnait au vieux passé colonial.

campêche qu'il trouva sur sa route, s'exprima de manière à prouver qu'il voulait pousser la population du Sud à la révolte, pour trouver l'occasion d'y renouveler les horreurs de 1800 et 1801. S'il est vrai que B. Tonnerre, Mentor et B. Déléard contribuèrent, par leurs conseils ou leurs applaudissemens, à cette pensée homicide, même dans l'espoir qu'il perdrait sa tête à ce jeu, ils ont été bien coupables, bien criminels!

Etant à Jérémie, l'empereur chargea le colonel Bazile du commandement provisoire de l'arrondissement, vu la maladie du général Férou; et la place fut confiée à René, chef de bataillon. Qu'il eût des soupçons contre Férou ou non, la maladie de ce dernier autorisait cette mesure par rapport au service. Bazile, né dans l'Ouest, avait été dans les troupes de Toussaint Louverture et fut nommé commandant du Corail, en 1800. Quoique dévoué à Dessalines, par ces antécédens mêmes, c'était un homme modéré: déjà, à cause de son dévouement, il avait été suspecté de projets inhumains, mais sans fondement; il s'en était plaint à l'empereur, par une lettre en date du 22 juin 1805 [1], où il rendait justice aux sentimens personnels de Férou avec qui il avait fait la guerre de l'indépendance, et où il priait l'empereur de le retirer du Sud. Dès qu'à Jérémie, on vit Dessalines si animé de fureur et placer Bazile au commandement de Férou, on *supposa* les plus mauvais desseins à cet officier, parce que les préventions populaires, suggérées le plus souvent par l'erreur, ne savent point tenir compte aux gouvernemens qui se croient menacés, des nécessités de leur situation, ni aux hommes dévoués qui servent sous eux, de ce que

---

[1] Hist. d'Haïti, t. 3, p. 252.

commandent leurs devoirs. C'est encore pis, quand les gouvernemens donnent de justes sujets de se plaindre d'eux.

Enfin, l'empereur était arrivé aux Cayes, le 1er août, avec les préventions qu'il avait eues contre Geffrard par rapport à Rigaud, dans des dispositions défavorables à la population de cette ville qui regrettait l'illustre général dont les cendres étaient encore chaudes, mais dont la mort prématurée avait fait tant de plaisir au chef de l'Etat. Tandis qu'il ne pensait qu'à une conspiration de la part de Geffrard pour favoriser le retour de Rigaud, le général Moreau, ancien officier aussi sous ce grand révolutionnaire, mais dont les sentimens s'étaient pervertis dès sa chute, en 1800 ; Moreau, pour obtenir le commandement de la 1re division du Sud, vacante comme la 2me division, lui affirma que Geffrard conspirait au moment de sa mort, en faveur du général en chef H. Christophe et d'accord avec lui. Il assura à l'empereur qu'il trouverait la preuve de cette conspiration dans la correspondance et les papiers de Geffrard, que, par ces motifs, il s'était empressé de mettre sous scellé. Nous avons dit qu'en effet, Moreau avait entendu citer le nom de Christophe dans le projet qui s'élaborait aux Cayes ; il était dans *le vrai*, sans pouvoir particulariser ses preuves. L'examen des papiers de Geffrard devenait donc d'un haut intérêt pour Dessalines, bien que le général en chef eût été assez habile, dans le conseil secret du 1er janvier, pour détruire en partie ses anciennes préventions contre lui, en entrant dans ses idées de meurtre projeté contre Geffrard et Pétion. Mais un homme comme H. Christophe, qui, dans cette circonstance, avait montré un tact si fin, une politique si profonde, pour mieux conjurer contre la vie de l'empereur, un tel homme n'avait pu faire la sottise de se compromettre par correspondance écrite, littérale.

Sur la déclaration de Moreau, l'empereur chargea A. Dupuy, son aide de camp et secrétaire, de chercher dans ces papiers, surtout la correspondance entre Geffrard et Christophe, et toutes autres pièces qui auraient trait à une conspiration. Dupuy lui donna lecture de toutes les lettres respectives des deux généraux. D'après le registre de correspondance de Geffrard, elles se trouvaient en rapport de dates ; et les unes et les autres ne roulaient que sur des matières du service militaire (la constitution ayant donné le droit au général en chef de correspondre avec les généraux), sur des témoignages d'estime mutuelle [1]. Geffrard lui-même était trop intelligent, trop capable, pour consigner sur un registre ou laisser dans ses papiers, une trace quelconque de son projet. Les annotations de Poutu, qui avaient tant contribué à prévenir l'esprit de Dessalines contre Geffrard et d'autres, n'étaient-elles pas une leçon, un avertissement ?

Deux lettres seulement, de Papalier et de Glézil fils, parurent à Dupuy, dans tous ces papiers, pouvoir être soustraites à la connaissance de l'empereur qu'il voyait si irrité ; et cette conduite dépose encore une fois en faveur des sentimens et de la haute portée d'esprit de Dupuy, qui montra d'ailleurs tant de capacité. Il les remit lui-même à leurs auteurs [2]. Ces deux officiers avaient été envoyés à Jérémie par Geffrard, peu après la déclaration de l'indépendance, en janvier, à propos des intrigues ourdies là par des blancs avant les vengeances : intrigues

---

[1] Notes de Glézil fils sur l'insurrection et la révolution de 1806.
[2] Déclaration particulière de Glézil fils.

ou trames rappelées dans la proclamation du 28 avril de cette année ; elles tendaient à porter Dessalines à se méfier de Férou et des hommes de couleur. Papalier et Glézil en avaient rendu compte à Geffrard dans ces lettres. Dans un moment où Dupuy voyait l'empereur disposé à tout accueillir contre les populations du Sud ; différant, par ses sentimens élevés et son dévouement au chef de l'Etat et au pays, de ceux de B. Tonnerre, de Mentor, de B. Déléard, il crut devoir ne pas réveiller dans son esprit ce qui eût pu le porter au mal. Il ne put, enfin, reprendre en sous-œuvre, l'œuvre perfide des colons. Il fit bien.

Nous lisons cependant dans l'Histoire d'Haïti (t. 3, p. 277 et 287), que « Dupuy trouva *beaucoup de pièces* « *pouvant compromettre de nombreuses familles, plu-* « *sieurs lettres* de Christophe. Il dit cependant à Dessa- « lines, que la correspondance de Geffrard était toute d'a- « mitié, et sauva ainsi un grand nombre d'individus de « tous grades et de toutes conditions..... » Enfin, avant de quitter les Cayes avec l'empereur, il aurait chargé Inginac de détruire ces lettres compromettantes dont lui et Diaquoi auraient déjà soustrait plusieurs : ce qu'Inginac aurait fait avant d'expédier à Marchand les papiers de Geffrard, comme il en avait reçu l'ordre de l'empereur[1].

Nous avouons ici ne pas avoir *une foi aveugle* en Inginac, *en fait d'histoire.*[2] Nous craignons qu'il ait voulu

---

[1] Assertion produite d'après des notes d'Inginac, et ses Mémoires de 1843.

[2] Mes soupçons contre ce citoyen de haute capacité, *en fait d'histoire*, ont eu pour origine ce que je vais dire : Un jour, je reprochais l'inconvenance de *l'antidate* des actes relatifs à l'élévation de Dessalines à la dignité impériale. Le général Inginac, avec qui je causais de cela, voulut *me persuader* qu'il n'y avait pas eu d'antidate, que les généraux s'étaient réellement assemblés au Port-au-Prince le 25 janvier 1804, ainsi du reste. Je demeurai convaincu

se faire *un mérite* en cela, pour *racheter* ce qui fut de sa part, *excès de zèle*, dans ce qui nous reste à dire de lui dans ces circonstances.

Quoi qu'il en soit, Dessalines n'ayant pas acquis la preuve de l'existence d'une conspiration entre Geffrard et Christophe, en revint plus fortement aux soupçons d'un prochain retour de Rigaud dans le pays, que Geffrard et toute la population du Sud voulaient favoriser. En proie à cette funeste idée qui le tourmentait, il ne mit aucune borne dans ses procédés vexatoires. A l'Anse-à-Veau, il avait accueilli les officiers de l'état-major de J.-L. François, élevé plusieurs de ses domestiques au rang d'officier : aux Cayes, il repoussa ceux de Geffrard, fit enrôler ses secrétaires comme soldats ; il ordonna la mutation dans les corps de troupes des officiers que Moreau lui désigna comme ayant été dévoués à ce général ; il n'en parlait qu'avec horreur, sans craindre de blesser le sentiment public qui vénérait sa mémoire : il en fit une idole !

En ordonnant la démolition de plusieurs guildives, aux termes du décret du 2 mai, il arriva qu'on en démolit qui existaient depuis dix ans, parce que la passion présidait à l'exécution de cet acte.

Il en fut de même à l'égard d'autres propriétés, pour lesquelles des mises en possession avaient été obtenues des agents du gouvernement ; et, comme il avait chargé Lhérisson, à Jérémie, de faire une nouvelle vérification de celles de la Grande-Anse, voulant en même temps faire vérifier les comptes des fonctionnaires de finances aux Cayes, il manda Inginac à bref délai pour l'en charger. Inginac lui parut propre à ces opérations, non-seulement

qu'il ne fallait pas *toujours* ajouter foi à ce qu'il disait, quand il parlait de *faits historiques* ; et je crois n'être pas le seul qui pense ainsi.

par sa capacité incontestable, mais par le *zèle* qu'il avait montré au Port-au-Prince et à Jacmel : dans l'Ouest, il avait fait entrer 562 propriétés aux domaines publics.

En attendant l'arrivée de ce fonctionnaire, l'empereur se livrait à tous les plaisirs avec sa principale maîtresse, Euphémie Daguilh, à la danse dans les bals qu'il donnait. A son exemple, les officiers qui formaient son nombreux état-major, moins quelques-uns des plus respectables, se livraient aussi à tous les divertissemens. Le deuil universel qu'avait fait naître la mort inopinée de Geffrard, soupçonnée d'empoisonnement, en était d'autant plus froissé ; le flot de la haine montait incessamment contre l'empereur, responsable aux yeux de tous, malgré le caractère sacré et inviolable de sa personne, déclarée telle par la constitution.

Pendant ce temps de plaisirs auxquels ils participaient largement, Boisrond Tonnerre, Mentor et Borno Déléard, tenaient entre eux un conciliabule dont nous donnons les particularités, d'après des notes que nous tenons depuis longtemps, d'un citoyen respectable qui était alors employé près du général Moreau, et à la véracité duquel on peut, selon nous, ajouter toute croyance. Lui-même n'en a eu connaissance qu'après la mort de Dessalines, et a reçu la confidence de ce fait, de Baillio, Franco-Haïtien, qui était imprimeur aux Cayes ; et c'est encore d'après lui que nous avons rapporté ce qui est dit plus avant de ces trois adjudans-généraux de l'état-major de l'empereur. Nous consignons ici sa propre narration [1].

---

[1] André Pilié, ancien administrateur à Jacmel, secrétaire d'Etat au moment du renversement de Boyer. En 1814, Baillio, qui avait pris parti avec les indépendans de la Côte-Ferme, vint à Jacmel où il raconta de nouveau ces faits à Pilié.

« Cette première impulsion donnée (celle qui tendait à
« exciter Dessalines aux voies extrêmes contre le Sud),
« un des conjurés, durant le séjour de Dessalines aux
« Cayes, demanda au sieur Baillio, imprimeur alors de
« cette ville, et obtint de lui un appartement dans la cour
« de la maison qu'il occupait, pour y donner un repas
« d'amis, et chargea ledit sieur Baillio, sous le sceau du
« secret, de faire à cet effet tous les préparatifs nécessai-
« res : en conséquence, l'argent lui fut amplement donné.
« Au jour et à l'heure indiqués, dans la soirée, Boisrond
« Tonnerre, Mentor et Borno Déléard se rendirent au
« lieu du festin, où toutes les précautions furent prises pour
« que nulle personne (excepté le sieur Baillio) n'y entrât.
« Après le repas, on passa aux toasts. Le premier fut porté
« au nouveau *Ministre de la guerre*, c'est-à-dire à *Mentor*
« qui y a répondu ; ensuite au nouveau *Ministre secrétaire*
« *d'État* : c'était à *Boisrond Tonnerre* qui y a répondu
« aussi ; après, au nouveau *Ministre des finances :* c'é-
« tait à *Borno Déléard*, qui y a également répondu.

« Dès lors, le sieur Baillio comprit qu'indubitablement
« il dut exister une conjuration contre Dessalines et son
« gouvernement ; mais au résultat, il ne put savoir quel
« fut le nouveau chef et le nouveau gouvernement que
« l'on avait en vue. Sur tout ce qui s'était passé et sur ce
« qui pourrait avoir lieu par la suite, un secret inviolable,
« *sous peine de mort*, fut recommandé au sieur Baillio.

« Dessalines quitta les Cayes et retourna dans l'Ouest.
« Peu après son départ de cette ville, M. Baillio reçut
« sous son couvert *un écrit* en forme de *décret*, comme
« ayant été rendu par Dessalines, à Marchand, portant
« *proscription*, pour ainsi dire, *contre les gens les plus*
« *éclairés* des classes *jaune et noire*. Lui, le sieur Bail-

« lio, fut chargé de faire une copie *imprimée* de ce sinis-
« tre écrit qui dut être ensuite remise en temps opportun
« *au chef* de la conjuration, afin d'exciter plus ardemment
« les esprits à la révolte : ce qu'il n'exécuta point. »

Voilà certainement *des indices* frappans d'une conjuration profondément méditée contre les jours de Dessalines. On conçoit et on excuse celle arrêtée entre H. Christophe, Geffrard et Pétion dont la vie était menacée ; mais ce triumvirat de Boisrond Tonnerre, Mentor et Borno Déléard, trois officiers jouissant de la confiance de Dessalines et en profitant pour le précipiter dans l'abîme, à quelle cause l'attribuer ? A la funeste ambition qui les égarait. En faveur de qui conspiraient-ils, puisqu'ils espéraient des positions si élevées dans le nouveau gouvernement ? Recherchons, rapprochons les diverses données de la tradition orale que nous trouvons dans l'Histoire d'Haïti, dont l'auteur a ignoré celle que nous venons de donner : peut-être la lumière jaillira-t-elle.

Parmi une infinité de propos attribués à Mentor, nous remarquons ceux-ci :

« Comme il savait que David-Troy ne pouvait qu'être
« hostile à l'empereur, il lui dit un jour en le rencontrant
« dans la rue (en 1805 déjà !) :—Est-ce qu'un ignorant tel
« que Dessalines est fait pour nous commander ? Des hom-
« mes tels que *nous* devraient être *à la tête* du gouver-
« nement. *J'organise* un parti contre l'empereur ; sois
« des nôtres, tu acquerras une haute position quand j'au-
« rai réussi. *Je veux* que Dessalines commette *tant d'in-
« justices*, que le peuple soit obligé de se soulever contre
« lui.¹..... »

[1] T. 3, p. 237.

« Mentor, qui avait fini par éprouver ce qu'il y avait
« de chimérique dans ses projets ambitieux (pour occu-
« per une haute position, même celle de Dessalines),
« s'était *rallié* au parti du général Christophe en lequel
« il reconnaissait un grand avenir. Quand il entendait
« Dessalines se prononcer contre l'éducation du peuple,
« il disait à l'écart à ceux qui parlaient d'améliorations
« morales et intellectuelles : Ne voyez-vous pas que Des-
« salines est un barbare, un tyran abominable ? Il est
« loin de penser comme le général Christophe, qui, *à sa
« place*, eût apprécié vos observations et vous en aurait
« su gré. [2] »

Si, dès 1805, alors que Christophe méditait déjà le renversement de l'empereur, Mentor parlait ainsi en sa faveur ; si, dans le conciliabule des Cayes, le premier toast lui fut porté comme le futur ministre de la guerre, il est donc *à présumer* que cet homme astucieux, lié à Boisrond Tonnerre et à Borno Déléard, non moins corrompus par l'ambition ; gagné déjà par Christophe, aura gagné lui-même ses deux collègues—aides de camp au projet du général en chef, par la perspective d'être encore collègues —ministres dans le nouveau gouvernement. Cette présomption expliquerait ce qui se passa chez Baillio. Il reste néanmoins à savoir si Christophe ne se fût pas défait de tous les trois, comme des hommes dangereux pour son pouvoir. Nous disons ainsi, d'après M. Madiou lui-même :

« Il (Mentor) ne craignit pas de s'efforcer d'inciter
« Dessalines contre Christophe, Geffrard et Pétion.
« Christophe ne tarda pas à découvrir qu'il ne convoitait
« pas moins que lui la première dignité de l'Etat... Il le

---

[1] Ibid., p. 213.
[2] Ibid., p. 256.

« savait capable des projets les plus audacieux... Il con-
« tinua ses relations avec les généraux Pétion et Gef-
« frard, et leur représenta Mentor comme un agent *du
« parti colonial.* »[1]

Si Christophe pensait ainsi de Mentor, dont il n'avait pu ignorer les aveux à Dessalines, relativement à la mission secrète qui le ramena à Haïti, il est probable qu'il se serait toujours défié de lui après s'en être servi pour arriver à son but.

Enfin, Inginac était arrivé aux Cayes. Il reçut de l'empereur une lettre qui lui enjoignait de vérifier les comptes de l'administration financière de cet arrondissement, que dirigeait Quenez; elle se terminait par cette phrase : « Rappelez-vous que j'espère que ma confiance dans « cette occurrence ne sera point trompée. » — Il paraît que verbalement, il lui aura dit encore : — « Si vous « trahissez ma confiance, *votre tête tombera comme celle* « *d'un canard* ; ainsi, prenez garde à vous. » En outre, « Inginac était aussi chargé *d'anéantir* les donations, « testamens, ventes, faits par les blancs en faveur des « indigènes. »[2]

C'était, il faut en convenir, lui imposer une rude besogne, sous des menaces terribles, en cas de faiblesse de sa part envers les comptables, et envers les particuliers mis en possession des biens qu'il fallait réunir aux domaines. S'il est vrai, comme il paraît, qu'Inginac trouva toute la comptabilité irrégulièrement tenue; le trésor vide de fonds, n'ayant que des bons souscrits par des dé-

---

[1] Hist. d'Haïti, t. 3, p. 213. Ceci se passait avant que Mentor se fût rallié à son parti.
[2] Ibid., p. 280 et 281.

biteurs qui ne payaient pas ; le magasin des domaines sans denrées, etc., il devait remplir *son devoir* en signalant ces faits à l'empereur, en faisant payer les débiteurs, en contraignant les fermiers de l'Etat à verser les denrées au magasin. Mais c'était pour fournir aux dépenses scandaleuses de la maîtresse de l'empereur. Elle dévorait mille gourdes *par jour* depuis son arrivée aux Cayes : il réduisit ce scandale à huit cents gourdes *par mois*.[1]

La constitution impériale accordait un traitement fixe à l'impératrice, mais non pas aux concubines de l'empereur. Quand cet état de choses immoral subsistait avant et depuis son arrivée aux Cayes, et qu'on savait qu'il en était de même partout, on conçoit que les comptables se croyaient autorisés eux-mêmes à ne pas montrer de la probité dans la gestion des finances, que c'était un sauve-qui-peut pour chacun dans sa sphère d'action. Et l'empereur qui se fit donner par Inginac mille doublons, (seize mille piastres)[2] sur la vente opérée de 500 mille livres de café rentrées au magasin de l'Etat, faisait-il bien de s'approprier ainsi les fonds publics, alors qu'il avait de nombreuses habitations à ferme dont il ne payait pas le fermage au domaine, alors que les troupes n'étaient ni soldées, ni habillées ?

Si Inginac dut se montrer sévère envers les comptables publics, envers les fermiers de l'Etat, il n'y avait pas de motif pour qu'il ne le fût pas aussi envers les commerçans, nationaux et étrangers, dont la rapacité frustrait les droits dus au fisc, en complicité avec les comptables. Boisrond Canal était directeur de la douane ; il fut remplacé comme

[1] Hist. d'Haïti, t. 3, p. 285. — « Dans chaque grande ville, les maîtresses de l'empereur coûtaient presque autant à l'Etat. »
[2] Ibid., ibid.

prévaricateur et complice de la conspiration de Geffrard, dit l'Histoire d'Haïti, étant accusé *par son propre frère* B. Tonnerre, « parce que Canal avait refusé de faire honneur à plusieurs de ses mandats¹. » Barreau, négociant haïtien, devait au trésor une somme de près de 4000 gourdes ; l'empereur en fit son affaire afin de l'empocher. Un sieur Hopsengartner en devait 50 mille, un sieur Mackintosch en devait 120 mille, qu'ils furent contraints également de restituer au trésor. Ce dernier avait été signalé à Inginac par l'empereur lui-même, d'après une lettre en date du 8 septembre.

Si ces étrangers devaient *réellement*, il était *juste* qu'ils payassent ; mais si Inginac agit envers eux comme à l'égard de Thomas Thoat, en leur imposant une amende arbitraire équivalente aux droits dus par eux, il eut tort, et il devait encourir la responsabilité de son absolutisme aux yeux de la population irritée. Mackintosch surtout, comme Thomas Thoat, en faisant des fraudes et des contrebandes, rendait des services aux personnes malheureuses, même à celles qui ne l'étaient pas, aux fonctionnaires publics : c'était un moyen de corruption pour faire fermer les yeux sur son avidité. Il avait en outre facilité l'évasion de bien des Français pendant les exécutions à mort exercées aux Cayes. Sous ces deux rapports, il devait être mal vu de l'empereur, qui était hostile à la population et qui était loin d'approuver cette évasion : de là peut-être *un excès de zèle* de la part d'Inginac, qui craignait que sa tête ne tombât comme celle d'un canard. Nous le disons ainsi d'après ce qui suit :

« Les opérations de la vérification générale continuè-

---

¹ Ibid., p. 281. — Si ce fait est vrai, il prouve la profonde immoralité de Boisrond Tonnerre, conspirateur lui-même.

« rent toujours avec une rare activité. Dessalines, *satisfait*
« d'Inginac, lui annonça qu'il le nommait *grand officier*
« de son empire et *contrôleur général* de toutes les opé-
« rations administratives. Il lui recommanda *d'agir sans*
« *crainte*, et lui promit de le soutenir par ses baïonnettes
« et ses bouches à feu [1]. »

Il faut avouer que ce fonctionnaire se trouvait alors, comme l'on dit vulgairement, « entre l'enclume et le « marteau. » Menacé de périr comme un canard, il avait à redouter la hache populaire, et même ces baïonnettes et ces bouches à feu qui se laissent si facilement tourner contre tout gouvernement.

Voilà pour la comptabilité, pour les finances. Passons maintenant aux titres de propriété.

Il paraît que depuis l'établissement des tribunaux civils, en 1805, les particuliers porteurs de testamens ou de tous autres actes de donation, recouraient à eux, pour échapper à l'administration et conformément aux anciennes lois en vigueur dans le pays, afin de faire admettre leurs droits par l'homologation ou l'insinuation, autrement dit l'enregistrement. Mais avant leur création, le gouvernement faisait juger ces droits administrativement par son ministre des finances, par ses directeurs des domaines : c'est ce qui résulte de l'arrêté du 7 février 1804, et encore du titre II de la loi sur les enfans nés hors mariage. Par ce dernier acte, c'était au ministre à juger de la validité des droits, en vertu de testamens notariés ou olographes, et l'on a déjà vu combien de vérifications ont eu lieu successivement, des titres de propriété pour lesquels l'administration avait prononcé la mise en possession. L'im-

[1] Hist. d'Haïti, t. 3, p. 285.

mixtion, en dernier lieu, des tribunaux civils dans cette matière, constituait *un conflit* entre l'ordre judiciaire et l'ordre administratif ; il déplut au gouvernement, parce qu'il est *probable* que des actes irréguliers furent admis par les tribunaux. Cela pouvait d'autant mieux arriver que l'administration elle-même en avait admis, soit par ignorance, soit par corruption des fonctionnaires.

C'est ce qui motiva l'appel d'Inginac aux Cayes. Comme il ne manquait pas de capacité, et qu'il était incorruptible, son zèle dans l'Ouest, joint à un caractère absolu et à des formes quelquefois brutales, dans cette époque de sa jeunesse (il faut le dire pour la vérité historique), l'avait fait distinguer par Dessalines qui avait bien et ce caractère et ces formes aussi. On conçoit alors que, menacé d'abord de la *décapitation*, puis fait *grand de l'empire* (d'après ses propres notes historiques), il se crut obligé d'aller *à bras raccourci* dans l'opération de la vérification des titres de propriété, comme il avait fait dans celle relative aux finances.

Or, si des particuliers avaient profité de faux actes simulés par des colons fuyant la proscription, pour se prétendre propriétaires de biens qui revenaient aux domaines publics, il faut reconnaître aussi qu'après tant de troubles, d'incendies, de révolutions dans le pays, il devait s'en trouver qui étaient démunis de leurs titres, qui n'avaient que des actes d'enquête à exhiber pour prouver leurs droits par une ancienne possession. Dans la formation de ces actes, il a pu se présenter encore de fausses attestations : delà la propension naturelle de l'administration à douter *de tous*, parce qu'avec son esprit fiscal, commun à toutes les administrations, elle devait vouloir *tout retenir* pour l'Etat.

C'est toujours une matière délicate que celle concernant *la propriété* : il suffit souvent d'une seule injustice caractérisée, de la part d'un gouvernement qui agit dans de telles circonstances, pour faire croire aux populations que toutes ses décisions sont entachées de partialité. Un gouvernement bienveillant doit se conduire à cet égard avec beaucoup de prudence. Jugez donc lorsqu'il apparaît à chacun, comme animé d'un sentiment hostile contre les personnes, les propriétaires ; lorsqu'il ne met pas dans ses procédés, ces formes qui font souffrir avec résignation une dépossession ; lorsqu'il heurte la conscience publique en faisant parade de ses baïonnettes et de ses bouches à feu, et qu'on lui suppose des desseins, des désirs homicides !

Le 8 septembre, le jour même de son départ des Cayes, Dessalines adressa deux autres lettres à Inginac, — l'une par rapport aux papiers de Geffrard qu'il devait expédier à Marchand, — l'autre pour lui ordonner de vérifier les titres de propriété. Il lui disait :

« Vous demanderez *l'exhibition* de tous les titres de
« propriété relatifs aux maisons, qui ont été *déjà remi-*
« *ses* pendant mon séjour en cette ville, *pour confirmer*
« *leurs propriétaires en possession d'icelles*; et ceux qui
« ne l'ont pas été encore doivent être astreints à votre
« examen, afin de vous assurer *des véritables proprié-*
« *taires* qui seront *par vous* renvoyés également en
« jouissance de leurs biens, et vous ordonnerez *de reu-*
« *nir aux domaines de l'État*, les propriétés dont les
« titres des réclamans *vous paraîtront illégaux*, et en-
« suite vous m'en aviserez. J'ai ordonné à l'adjudant-
« général Papalier de vous fournir tous les moyens né-
« cessaires dans vos opérations, *tant en baïonnettes qu'en*

« *bouches à feu*, si le cas le requiert. Je me plais à croire,
« Monsieur, que vous mettrez toute l'exactitude *que je*
« *vous connais* dans l'exécution du présent ordre. »

« L'historien auquel nous empruntons cette lettre, ajoute :
« Inginac exécutera ces deux ordres *avec tant de vi-*
« *gueur* (peut-être *de rigueur* aussi), qu'il soulèvera
« contre lui l'animadversion de toute la population des
« Cayes. »[1]

« Les deux notes que nous possédons sur les événemens survenus alors, s'accordent également à dire,
— l'une : « que dans l'examen des titres de propriété, il
« y eut *beaucoup d'injustices ;* » — l'autre : « *des actes*
« *révoltans* furent commis contre *la possession non-*
« *interrompue de propriétés patrimoniales* d'un grand
« nombre d'habitans indigènes de ce département (du
« Sud), en faisant réunir aux domaines de l'Etat, leurs
« biens, par cela qu'ils ne pouvaient exhiber les titres qui
« avaient été perdus dans la révolution. »[2]

Si, en partant des Cayes, Dessalines chargea Inginac
de confirmer les titres qu'il avait admis lui-même, *d'examiner* tous autres ; s'il y eut *injustice et dépossession*,
l'empereur d'abord, pour les titres non admis par lui,
Inginac ensuite, pour tous autres dans ce cas, en furent
les auteurs. C'est ce que nous qualifions *excès de zèle* de
la part de ce dernier.

M. Madiou dit même, t. 3, p. 294 : « Obligé de sévir
« contre les contrebandiers, les dilapidateurs, et se mon-
« trant *beaucoup trop* sévère dans l'examen des titres de
« propriété, il avait soulevé contre lui une animadversion
« générale... Néanmoins, il procédait toujours sans

---

[1] Hist. d'Haïti, t. 3, p. 286.
[2] Notes de Glézil fils et d'A. Pilié.

« crainte à la révision des titres de propriété, ratifiait
« ceux qui étaient en due forme, et *anéantissait* ceux
« qu'il trouvait *irréguliers, quoiqu'ils eussent été, la*
« *plupart, déjà sanctionnés par l'empereur.* »

Cependant, dès le 1ᵉʳ septembre, huit jours *avant*
l'ordre donné à Inginac, l'empereur avait reconnu *le droit*
de l'autorité judiciaire, à juger de la validité des titres de
propriété, en faisant concourir l'administration dans ces
opérations; c'est ce qui résulte du décret suivant :

JACQUES, Empereur Iᵉʳ d'Haïti, etc.

Considérant que les tribunaux ont, *jusqu'à ce jour*, homologué
indistinctement tous les testamens qui leur ont été présentés ;

Considérant qu'au mépris de l'ordonnance du 7 février 1804
(rendue aux Cayes mêmes), qui fixe l'époque qui annule les ventes,
testamens et donations faits par les blancs, les tribunaux *n'ont cessé
depuis leur installation*, d'homologuer et insinuer de tels actes ;

Décrète :

1. *A l'avenir*, lorsqu'un testament portant donation, aura été
présenté, soit à l'homologation, soit à l'insinuation, le tribunal civil, *avant de faire droit*, donnera connaissance à l'administrateur
principal de la division, de la demande en homologation dudit testament, à l'effet de s'assurer *si l'Etat n'est pas fondé à réclamer*
contre ladite demande.

2. A l'avenir, aucun notaire ne pourra passer des actes portant
vente ou donation, qu'au préalable le vendeur ou le donateur n'ait
produit, outre ses titres de propriété, un certificat de l'administrateur principal de la division qui atteste que ledit donateur ou vendeur est légitime propriétaire, et que le bien qu'il veut vendre ou
donner n'appartient ni en tout ni en partie au domaine de l'Etat.

3. Dans aucun cas, le tribunal ne pourra homologuer ou insinuer
aucun acte portant donation, que le requérant en justice n'ait produit *le certificat* mentionné en l'article précédent.

4. Les dispositions du présent décret s'étendent même sur les
actes passés entre Haïtiens.

5. Les commissaires impériaux près les tribunaux sont chargés, sous leur responsabilité personnelle, *de surveiller* l'exécution du présent, par les tribunaux.

6. Les administrateurs principaux de division qui, dans le cas de contravention au présent décret, de la part des tribunaux, *n'auraient pas réclamé contre*, seront poursuivis suivant toute la rigueur des lois.

7. Le présent décret sera lu, etc.

Si ce décret du 1er septembre disposait pour l'*avenir*; s'il astreignait les tribunaux, déjà en possession du droit d'homologation et d'insinuation, à communiquer toute demande à cet effet à l'administrateur ; si celui-ci était tenu de veiller aux cas de contravention ; si le commissaire impérial, exerçant le ministère public, était aussi obligé de surveiller l'exécution de ce décret : comment se pouvait-il que, *huit jours après*, l'empereur donnât à Inginac *seul* le droit d'examiner les titres des propriétaires, afin de prononcer l'envoi en possession de ceux qu'il jugerait fondés et la réunion aux domaines des autres propriétés? Ou il fallait retirer aux tribunaux le droit d'homologation et d'insinuation, pour continuer à l'administration l'examen et la décision de ces questions; ou, en le leur confirmant par ce décret, entouré de toutes ces précautions, il fallait les laisser agir.

Ce fut moins une violence, une inconséquence de l'empereur, qu'*une faute* qu'on lui fit commettre en cette occasion, et qui devint fatale à son autorité et à sa personne. Car, si dans le cours ordinaire des choses, l'autorité judiciaire est la gardienne naturelle du droit de propriété, — dans les circonstances où se trouvait le pays, on ne pouvait refuser à l'administration, au gouvernement, *la faculté, le droit* de sauvegarder les intérêts du domaine public. C'était donc plutôt à lui qu'à l'autorité judiciaire, que revenait la mission de juger et de reconnaître les droits des citoyens qui se prétendaient propriétaires des biens qui avaient réellement appartenu aux colons, et qui présentaient des actes translatifs de ces propriétés et plutôt simulés ou extorqués que réels. Tout ce qu'on avait à attendre de lui, c'était qu'il ne mît aucune passion dans l'examen de ces actes, qu'il prescrivît des formalités à observer par les particuliers, dont les titres d'anciennes propriétés avaient pu se perdre dans le cours de la révolution [1].

S'il est vrai comme cela paraît assez constant, que Boisrond Tonnerre, dans ses vues perfides, poussait Dessalines à des actes arbitraires pour le faire haïr, il est à remarquer qu'il fut le rédacteur du décret du 1er septembre, qu'il le contresigna en l'absence de J. Chanlatte, et que cet acte, suivi de la lettre à Inginac, du 8, contribua beaucoup à ce funeste résultat.

Un autre décret publié le 2 septembre par l'empereur, tend à prouver que, s'il trouva tant d'irrégularités et de fraudes dans l'administration des Cayes, à l'égard de laquelle il était hostile à cause des préventions qu'il avait contre les personnes, son gouvernement en était en quelque sorte responsable, pour n'avoir pas réglé les finances ou leur perception plus convenablement depuis trois ans

---

[1] C'est ce que fit le Sénat de la République d'Haïti, peu de mois après la mort de Dessalines, par les lois des 9 février et 16 mars 1807. Il maintint les dispositions de l'art. 19 de l'arrêté du 7 février 1804, pour toute la durée de la guerre civile existante alors et une année après sa fin, en ne reconnaissant qu'au gouvernement *seul* le droit de statuer sur ces sortes de réclamations ; car, de même que Dessalines, le Sénat devait sauvegarder les intérêts du domaine public contre l'avidité des particuliers. Les citoyens durent subir cette nécessité du temps, entourée d'ailleurs des formes douces qu'un gouvernement doit mettre dans de tels cas.

qu'il régnait; et cela ne doit pas encore étonner, lorsqu'on se rappelle que personnellement, il n'y entendait rien, que son ministre des finances était un ignorant, que le chef des bureaux de ce dernier était un homme dont la corruption trouvait son compte à tout laisser dans le vague de l'arbitraire, pour mieux exploiter les agents comptables. Lisons une partie de ce décret pour comprendre cet état de choses.

JACQUES, Empereur Ier d'Haïti, etc.

Oui le rapport de ses ministres des finances et de la marine réunis ;

Considérant qu'il est instant de corriger les abus qui depuis longtemps, se sont glissés dans le service de l'administration de la marine ;

Considérant qu'il est instant de dégager le commerce des entraves qui le paralysent ;

Voulant, en conséquence, fixer définitivement *les droits* d'importation et d'exportation, et *les rétributions* que des fonctionnaires avides et infidèles portaient à un taux exagéré ;

Décrète :

1. Les droits *d'entrée*, de même que ceux *de sortie*, se percevront sur le pied *de dix pour cent*.

2. A l'avenir, les directeurs des douanes se conformeront strictement au tarif des prix annexé au présent décret, et ne pourront, dans aucun cas, *exiger* pour les droits d'importation ou d'exportation, *au-delà* du prix fixé par le présent décret.

(Viennent ensuite des dispositions corrélatives aux précédentes et aux motifs du décret, les tarifs des rétributions revenant aux fonctionnaires et du prix estimatif de la valeur des marchandises importées et des denrées exportées.)

Ce décret prouve dans quelle confusion se trouvait l'administration des finances, surtout dans la partie la plus essentielle aux intérêts du trésor public. Jusqu'alors on n'avait pas fixé le *taux* des droits à l'importation et à l'exportation ! Et sur quoi donc se basaient les directeurs de douanes et les administrateurs dont ils relevaient ? Il y a apparence qu'ils agissaient d'une manière aux Cayes, d'une autre manière dans chacun des autres ports ouverts au commerce étranger ; et alors, comment reconnaître leurs fraudes ?

L'article 8 de ce décret contient une disposition qu'il faut produire.

« Défend également Sa Majesté *à ses ministres* des
« finances et de la marine, d'établir et de faire percevoir
« par les administrateurs de leurs départemens respectifs,
« *d'autres droits* que ceux avoués par le présent décret,
« sous peine *de punition.* »

Il paraît donc qu'auparavant, Vernet et Gérin ordonnaient sur ces matières ce qu'ils jugeaient convenable, et selon les lieux. Conçoit-on alors le beau jeu qu'avait Vastey dans ce dédale administratif ?

Enfin, le 8 septembre, Dessalines quitta la ville des Cayes, en chargeant le général Moreau du commandement provisoire de la 1re division du Sud, objet de tous les désirs de cet officier. Il donna le commandement de l'arrondissement à l'adjudant-général Papalier, et maintint le colonel Beauregard à celui de la place.

Au moment de son départ, il recommanda à ces trois officiers, sous la menace des peines les plus sévères, de visiter eux-mêmes à tour de rôle, tous les bâtimens qui arriveraient aux Cayes, afin de s'assurer si André Rigaud s'y trouvait ; que ce cas échéant, ils lui feraient *trancher la tête* à bord du navire qui l'aurait ramené.

Il aurait suffi de cet ordre, qui ne reposait que sur des préventions suggérées, pour exaspérer la population des

Cayes, si d'ailleurs l'intention de Dessalines de la pousser à un mouvement insurrectionnel ne perçait pas dans ses procédés et ses paroles.

Il passa au Petit-Goave où le colonel Lamarre alla lui présenter ses hommages. « Lamarre, mon fils, lui dit-il, « tiens prête la 24ᵉ demi-brigade ; car avant longtemps « j'aurai besoin de toi et de ce corps pour descendre *dans* « *le Sud*. Après ce que je viens d'y faire, *si les citoyens* « *ne se soulèvent pas contre moi, c'est qu'ils ne sont pas* « *hommes*. »

Ces paroles n'étaient pas seulement imprudentes : elles prouvaient la perversité des sentimens, les vues sanguinaires de Dessalines : il se complaisait dans l'attente d'un événement qui lui eût permis de punir le Sud, de l'opposition qu'il y avait trouvée à ses ordres par rapport au bois de campêche et aux guildives, des regrets que les citoyens de ce département avaient manifestés à la mort de Geffrard. Mais il méconnaissait l'influence qu'exercent sur le cœur et l'esprit des hommes, une tombe qui a reçu les restes d'un chef vénéré, et leurs intérêts légitimes froissés et violés.

A son arrivée au Port-au-Prince, il récompensa Germain Frère de toutes ses délations, de tout le despotisme qu'il mettait dans l'exercice de son autorité, en l'élevant au grade de général de brigade. Il lui ordonna de placer dans la 12ᵉ demi-brigade, son ancien corps, la plupart des jeunes gens de cette ville, sans doute en prévision de la campagne méditée contre le Sud. Malgré les précédentes vérifications des titres de propriété, par Inginac surtout, il en ordonna une nouvelle qui fut faite par lui-même [1].

---

[1] Lettre de G. Roux à Inginac, du 26 septembre, citée dans l'Hist. d'Haïti, t. 3, p. 290.

Rendu à Marchand, Dessalines y fit fusiller, dès son arrivée, un nommé Dalégrand. Il allait contraindre un officier de garde à son palais, de passer *aux verges* sa propre mère, quand le colonel Charlotin Marcadieu réussit à l'en dissuader. « Les mots de sang et de massacre « sortaient souvent de sa bouche ; il paraissait se défier « d'un grand nombre de ses anciens amis ; Mentor pres- « que seul possédait toujours toute sa confiance¹. »

A cette époque, les Français ou leurs auxiliaires dans l'Est vinrent s'emparer du bourg d'Ouanaminthe ; mais le général Capois les en chassa aussitôt. En avisant Dessalines de ce fait, Christophe lui dénonça Capois comme négligeant son service militaire pour ne s'occuper que d'intrigues. L'empereur chargea, dit-on, le général en chef de surveiller ses moindres démarches ; mais ce dernier se prévalut de cet ordre pour le faire assassiner peu après.

On était alors aux premiers jours d'octobre. Tandis qu'aux Cayes et dans tout cet arrondissement, les populations étaient soulevées contre Dessalines, qui ignorait encore ce mouvement, à Marchand, il contraignait Poutu à vider un duel à mort avec Laurore Gabart, officier de la 4ᵉ demi-brigade. Poutu avait reçu une insulte grave de son adversaire. Dessalines décida qu'ils se battraient au pistolet jusqu'à ce que l'un des deux fût atteint mortellement ; il assista à ce duel. Au *douzième* coup, le malheureux Poutu fut tué, aux grands applaudissemens de l'empereur qui se réjouissait de la mort de l'ancien secrétaire de Rigaud, sans se douter que sept jours après, il tomberait lui-même, frappé par les balles des troupes du Sud. Ce duel eut lieu le 10 octobre².

¹ Hist. d'Haïti, t. 3, p. 292 et 293.
² M. Madiou s'est trompé en portant ce duel au commencement de 1806

[1806]

La nomenclature des actes impériaux mentionne, à la même date du 10 octobre, une « adresse de l'empereur « au conseil supérieur, suivie du jugement dudit con- « seil, » sans dire l'objet de cette adresse, ni de ce juge- ment. De plus, on ne sait comment était formé ce con- seil ni quelles étaient ses attributions. Il y a donc tout lieu de présumer que ce fut un conseil *ad hoc*, composé d'of- ficiers et de fonctionnaires supérieurs, pour examiner quelque grande question d'administration publique, et qui émit à cette occasion son *opinion* qualifiée de *juge- ment*.

» Nous faisons cette conjecture d'après un document qui nous est tombé sous les yeux. Dans l'Enquête ordon- née par le parlement britannique, en 1832, pour parvenir à l'abolition de l'esclavage dans les colonies anglaises, parmi le grand nombre de personnes entendues en vertu de cet acte, M. Robert Sutherland, fils de Robert Suther- land, négociant anglais qui habita le Port-au-Prince du- rant longues années, et qui y mourut en 1819, produisit une lettre de son père qui appuie notre conjecture. Nous allons le laisser parler lui-même à cet égard ; on lui posa la question suivante :

« Demande. — Savez-vous quel était l'état de la colo- « nie (Haïti) en 1804, à l'époque où elle devint libre ?

« Réponse. — Je possède un document fort curieux à « ce sujet : c'est une lettre de la main de mon père ; elle « ne porte pas *de date*, mais *comme il avait été autorisé*,

(p. 268). J'ai eu occasion de voir une lettre écrite par Pétion à D. Boyer, en date du 9 octobre, à 10 heures du soir, qui disait que le lendemain matin il devait vider un duel avec un ivrogne ; et dans le pressentiment de sa mort, il recommandait sa femme et son enfant à Boyer, en le chargeant de trans- mettre de sa part la même recommandation à Papalier qui, en ce moment-là, était dans l'insurrection des Cayes.

« le 10 octobre 1806, *à commercer par privilége exclu-
« sif avec Haïti*, elle doit avoir été écrite *vers cette épo-
« que.* »

Précédemment, M. R. Sutherland avait dit au comité parlementaire, que : « *son père était négociant et agent
« anglais* à Haïti, parce qu'à cette époque il n'y avait
« pas d'agent *accrédité*, et qu'il en remplissait *les fonc-
« tions.* »

Ce dernier termina sa lettre par ces mots :

« Ce que je sais de l'attachement de Dessalines pour
« l'Angleterre ; d'un autre côté, sa politique, sa pru-
« dence et son intérêt personnel, m'autorisent à dire
« *que l'on peut faire avec lui un traité* qui assurera à la
« Grande-Bretagne *la plus forte partie* du commerce lu-
« cratif de cette île, et sera pour elle une source impor-
« tante de richesse nationale, en ce que *tous les produits
« précieux* de Saint-Domingue lui seront remis en
« échange de ceux de ses manufactures. »

On peut donc conclure de cette lettre, que l'acte du 10 octobre, ou *adresse*, est celui qui, examiné par un conseil privé, accorda à Robert Sutherland *le privilége personnel exclusif* dont parle son fils : acte qui ne put avoir son effet, par la mort de Dessalines survenue sept jours après. On voit aussi que cette lettre était adressée, probablement au gouvernement britannique, puisque R. Sutherland en était un agent, quoique non accrédité, et qu'il provoquait un traité de ce gouvernement avec celui de Dessalines, par lequel ce privilége, ou monopole, eût été étendu à tous les commerçans anglais.

Dans sa lettre, il disait encore que les produits d'Haïti, en 1806, ne s'élevaient qu'à 15 millions de livres de café, 10 millions de livres de coton, et 4 millions de livres de cacao, sans compter d'autres articles de moindre valeur qu'il serait difficile de détailler.

D'un autre côté, M. Madiou porte l'exportation du café à 30,870,111 livres, non compris la quantité qui passait en contrebande et qui était, dit-il, presque égale [1].

Il y a lieu de croire, en effet, quant au café, que R. Sutherland accusait un chiffre trop inférieur; et nous regrettons de ne pouvoir déterminer au juste quelles étaient les productions d'Haïti à cette époque, à quel taux s'élevaient les recettes et les dépenses de l'empire.

[1] Hist. d'Haïti, t. 3, p. 182.

CHAPITRE IX.

Situation des choses aux Cayes après le départ de Dessalines — Vraie cause de l'insurrection du Port-Salut. — Arrestation du général Moreau, le 8 octobre, par les habitans sous la direction du juge de paix Messeroux. — Effet qu'elle produit aux Cayes. — L'insurrection se propage dans la campagne. — Papalier envoie le colonel Wagnac pour délivrer Moreau ; il prend parti avec les insurgés. — Perplexité et agitation des esprits aux Cayes. — Le colonel Francisque adhère à l'insurrection et décide Bourdet, Papalier et les autres officiers à s'y rallier. — Il part pour l'Anse-à-Veau. — Wagnac vient aux portes des Cayes à la tête des insurgés. — Les chefs de la ville vont s'entendre avec lui et ils y rentrent tous ensemble. — Wagnac, chef de l'insurrection, parle aux troupes et proclame H. Christophe, chef du gouvernement. — Le général G. Lafleur arrive aux Cayes et y est constitué prisonnier. — Messeroux transfère Moreau au camp Gérard. — Il est appelé aux Cayes et s'y fait emprisonner par ses extravagances. — A la nouvelle de l'insurrection, Gérin écrit à Dessalines, de l'Anse-à-Veau, qu'il va la réprimer. — Francisque y entraîne la 15e et la 16e et va auprès de Gérin. — Gérin se décide pour l'insurrection. — Examen de ses motifs. — Les chefs des Cayes lui déférent le commandement de tout le Sud. — Son plan militaire et politique pour faire réussir l'insurrection. — Il écrit à H. Christophe. — Les chefs des Cayes lui écrivent aussi. — Gérin marche sur l'Ouest avec les troupes de l'Anse-à-Veau. — Opposition du colonel Lamarre au Petit-Goave. — Une lettre de Borgella le rallie à l'insurrection. — Entretien de Gérin avec le général Yayou. — Gérin entre au Petit-Goave. — Pétion écrit à Dessalines et part à la tête des troupes du Port-au-Prince. — A Léogane, il entraîne Magloire Ambroise à l'insurrection. — Il rencontre Yayou et l'y entraîne aussi. — Il entre au Petit-Goave et s'entend avec Gérin. — Les troupes du Sud et de l'Ouest marchent sur le Port-au-Prince, où elles arrivent le 16 octobre. — Les chefs des Cayes décident la mort de Moreau et de G. Lafleur : ils sont exécutés. — Les matelots assassinent Aoua, chef de division navale. — Réflexions sur les excès révolutionnaires.

La conjuration conçue et résolue à Marchand, le 1er janvier, était éteinte dans le Sud par la mort de Geffrard :

aucun des officiers dépositaires de son secret n'eût osé concevoir l'idée de s'en faire le chef après cet événement, comme aucun ne trahit la mémoire de l'infortuné général quand l'empereur vint aux Cayes. Moreau, qui avait éventé ce projet, ne put lui en fournir les preuves qu'il croyait exister dans les papiers de Geffrard. Mais il n'en fut que plus exécré, et par les conjurés et par la population, à cause de ses délations antérieures connues de tous et de celles récentes qui n'avaient abouti à rien. La conduite tenue par l'empereur, aux Cayes et dans tout le Sud, durant sa présence dans ce département, fit naître des haines particulières qui ravivèrent celle qui existait contre lui sous le règne de Toussaint Louverture : il y occasionna un mécontentement général par ses procédés, par toutes ses mesures violentes à l'égard des guildives et des autres propriétés.

Après son départ des Cayes, le général Moreau, revêtu du commandement de la 1re division du Sud, orgueilleux de cette position et de l'estime de l'empereur, se crut d'autant plus autorisé à agir sans ménagement envers ses administrés : par ordre de l'empereur, il fit incorporer dans les troupes de la garnison bien des jeunes gens de famille, comme l'empereur lui-même le fit faire au Port-au-Prince sans même en excepter des employés de l'administration des domaines qui relevaient d'Inginac[1]. L'irritation s'accrut contre Moreau, qui avait déjà encouru le mécontentement des officiers des corps qu'il désigna à Dessalines comme ayant été dévoués à Geffrard, et qui furent ou renvoyés ou placés dans d'autres ; leurs soldats

---

[1] Voyez la lettre de G. Roux, employé aux bureaux des domaines au Port-au-Prince, adressée à Inginac le 26 septembre, dans l'*État d'Haïti*, p. 290.

partagèrent leur indignation, parce qu'ils s'attachent à ceux qui les ont toujours commandés, qui ont vécu de la vie militaire avec eux.

Ainsi, Moreau, le représentant principal de l'empereur aux Cayes et dans toute la division, chef militaire, ne pouvait plus compter ni sur ses compagnons d'armes, ni sur les citoyens, pour réprimer une tentative quelconque contre l'autorité impériale.

Papalier et Beauregard, ses lieutenans immédiats aux Cayes, n'avaient pu rester dans l'ignorance du projet de Geffrard ; et, sans concevoir l'idée de se faire chefs de parti, ils n'avaient pu que recevoir avec dégoût, avec indignation, l'ordre de Dessalines de trancher la tête de Rigaud, s'il venait à paraître [1]. Ils ne pouvaient donc être disposés à seconder Moreau dans ses mesures de répression, s'il y avait lieu ; car lorsqu'un chef de gouvernement contraint des officiers d'honneur à avoir pour lui de tels sentimens, et qu'ils voient d'ailleurs quelles sont ses tendances liberticides et destructives de toute sécurité, ces officiers sont plutôt enclins à se ranger du côté de la résistance que du côté de l'oppression.

D'autres officiers influens partageaient leurs sentimens : c'étaient Wagnac, Bourdet, Voltaire, Racolier, Lafrédinière, Pérou. Ils avaient encore l'assentiment secret des fonctionnaires publics révoqués ou froissés, des citoyens plus ou moins influens dans la société, tels que Quenez, Boisrond Canal, Tapiau, etc.

Tous, enfin, savaient que Geffrard s'était entendu avec

[1] Papalier et Beauregard ont pu n'être pas entrés dans le projet de Geffrard, mais ils n'ont pas pu l'ignorer, puisque Moreau le dénonça à Dessalines : Celui qui paraît avoir été positivement complice de Geffrard, est le colonel Wagnac commandant de la cavalerie.

le général en chef H. Christophe ; et cette conviction était d'un grand poids pour toute détermination ultérieure, si un événement venait à surgir. Ils ne conspiraient point, peut-être ; mais il est vrai qu'il y a de ces momens dans la vie des peuples, où la conspiration est dans tous les cœurs, dans tous les esprits, sans qu'ils se communiquent ; où elle est, pour ainsi parler, dans l'air qu'on respire. La résistance la moins importante vient-elle à se manifester de la part de l'individu le plus obscur, chacun s'y rallie par une sorte d'entraînement irrésistible ; et l'on est tout étonné de voir tomber un gouvernement qu'on croyait solidement assis. En 1820 et 1843, n'a-t-on pas assisté à un spectacle semblable ?

Telle était la situation des choses, dans la ville et dans tout l'arrondissement des Cayes, après le départ de Dessalines.

Ses deux lettres à Inginac, du 8 septembre [1], l'une relative à Mackintosch, l'autre relative à l'examen des titres de propriété ; prouvent qu'à cette date, ce fonctionnaire n'avait pas encore achevé la vérification des comptes de l'administration, et qu'il n'avait pas commencé celle des titres de propriété. C'est donc *en l'absence* de l'empereur qu'il opéra sur les propriétés.

A l'égard des comptes, il dut mécontenter les fonctionnaires et leurs employés, qui profitaient des abus ; mais quant au peuple, qui n'y prenait aucune part, il est toujours satisfait lorsque le gouvernement met de l'ordre dans les finances, si d'ailleurs le trésor public est géré dans l'intérêt général. Quoique ce ne fût pas le cas de

[1] Hist. d'Haïti, t. 3, p. 284 et 285.

les circonstances où l'on se trouvait, ce n'est point pour ce motif que l'irritation alla croissant chaque jour.

Mais ce fut par rapport *aux propriétés*. On conçoit que Dessalines, d'après sa lettre du 8 septembre, ayant *admis des titres* lui-même et ordonné seulement à Inginac de les lui faire *exhiber*, « pour confirmer les propriétaires « en possession; » et Inginac, de son propre *aveu* par ses notes personnelles, *les anéantissant*, l'histoire ne peut le trouver *excusable*. C'était montrer *un zèle outré*, prétendre à être *plus royaliste que le roi*. « Ce qu'il y « avait de pénible dans sa tâche, dit l'Histoire d'Haïti « d'après lui, c'était *de vérifier les titres* que l'empereur « *avait déjà ratifiés*, mais souvent sans un mûr exa- « men [1]. »

Ce n'est pas là *une excuse*; car l'ordre portait *de confirmer*, et non pas *de vérifier*. Il ne devait vérifier, examiner, *que les autres titres* qui n'avaient pu être présentés à l'empereur, pour juger de leur validité, « ren- « voyer en jouissance de leurs biens les propriétaires qui « lui auraient paru fondés, ou réunir aux domaines de « l'Etat les propriétés dont les titres des réclamans lui « paraîtraient illégaux. » Ce sont là les termes de la lettre du 8 septembre.

On voit donc qu'il y eut *de l'arbitraire* de la part d'Inginac, dans les opérations relatives *aux propriétés*; que si des citoyens furent dépossédés *injustement*, ainsi que l'attestent les deux témoignages que nous avons cités au chapitre précédent, ce fut surtout *lui* qui commit ces injustices. Nous ne prétendons pas dire que toutes ses décisions furent *injustes* [2]; car il est probable qu'il recon-

---

[1] Ibid. p. 294.
[2] Nous ne prétendons pas dire non plus, qu'il était *sciemment* un suppôt de

nut effectivement des titres irréguliers, en contravention à l'arrêté du 7 février 1804 ; mais toujours est-il que les injustices commises portèrent les esprits à l'exaspération.

« Beaucoup de campagnards *propriétaires* avaient été
« *dépossédés*; ceux qui ne l'étaient pas s'attendaient *à*
« *l'être*. Il y avait d'une part *désespoir*, et de l'autre *in-*
« *quiétude* ¹. »

Il n'en fallait pas davantage pour décider la population à une prise d'armes, lorsque tant d'autres causes y concouraient.

Nous ne suivrons pas toutes les assertions que nous trouvons dans l'Histoire d'Haïti, relatives à ce fait et qui nous paraissent provenir des notes d'Inginac ; telle par exemple, que la démarche du colonel Bourdet, à la tête de 50 officiers de la 15e demi-brigade, faite auprès de lui pour l'exhorter à prendre *l'autorité supérieure*, conseil que lui aurait donné déjà Euphémie Daguilh, maîtresse de l'empereur, et qu'il n'accueillit pas. Cette femme avait bien pu croire qu'Inginac était capable de remplir un tel rôle ; mais ce n'est pas dans un moment où il fallait

la tyrannie de Dessalines ; mais seulement, qu'il agit d'une manière irréfléchie comme fonctionnaire public, d'après son caractère absolu, même quand il faisait bien son devoir, avec les meilleures intentions. Voici ce qu'il a dit lui-même de sa conduite à cette époque, dans sa lettre du 15 mars 1843 :

« Lorsque le gouvernement de l'empereur Dessalines dominait le pays, et
« après que j'avais été fortement et souvent rudoyé par ce chef animé d'un
« patriotisme exalté ; que je parvins à obtenir sa confiance, je n'agissais que
« *par dévouement à la patrie*, et non dans l'idée de servir le chef qui se trou-
« vait à la tête des affaires ; et ainsi, *l'énergie* que j'ai pu avoir déployée dans
« mes actes d'alors ne fut que dans l'idée d'obtenir des résultats favorables à
« un peuple qui venait de s'émanciper, et qu'il me paraissait indispensable de
« rappeler à des principes de bonne foi.... Je ne pense pas qu'aucun acte
« d'égoïsme ou d'intérêt personnel peut, avec justice, m'être reproché. »

Cela est vrai, il faut le dire à son honneur.
¹ Hist. d'Haïti, t. 3 p. 295. Il le fallait bien, puisque Inginac ne respecta point les décisions rendues par l'empereur.

dégaîner le sabre, qu'un militaire comme Bourdet fût venu s'adresser pour un tel office, à un fonctionnaire qui n'avait jamais manié *que la plume.* Il est de ces choses que l'histoire ne doit enregistrer que pour les réfuter.

Le fait est, que le général Moreau avait reçu l'ordre de l'empereur de se rendre à Tiburon pour organiser le recrutement de la 19ᵉ demi-brigade ; qu'il partit des Cayes, le 7 octobre, dans la plus grande sécurité, avec ses guides et quelques officiers parmi lesquels était Lafrédinière ; que le même jour il entra au bourg du Port-Salut où il fut accueilli comme à l'ordinaire [1]. Les habitans de ce quartier, qui comptaient parmi eux beaucoup de propriétaires *dépossédés,* apprenant qu'il allait continuer son voyage le lendemain et le voyant entouré d'une faible escorte, prirent inopinément la résolution d'opérer son arrestation sur la route, et positivement aux Karatas, lieu propice à un tel dessein. Le juge de paix du Port-Salut, Messeroux, un noir qui y exerçait de l'influence, se fit le chef de ce complot hardi, qui allait produire un résultat auquel les conjurés ne s'attendaient pas. Messeroux aspira à jouer le rôle de *général*, comme il en prit le titre pendant peu de jours [2]. Les conjurés, qui connaissaient les sentimens de Lafrédinière et de plusieurs autres officiers autour de Moreau, leur firent part de leur projet ; aucun de ces officiers n'en parla à Moreau, et sous divers prétextes, Lafrédinière et les autres l'abandonnèrent soit au bourg même, soit le lendemain sur la route [3].

Moreau se trouvait donc réduit à une très-faible escorte

---

[1] Notes d'A. Pilié.

[2] Notes de Glézil fils.

[3] Déclaration de Moreau, prisonnier, à Pilié qu'il avait laissé aux Cayes, mais qui se rendit auprès de lui sur l'habitation Taverne, lorsqu'il apprit son arrestation, et d'après un permis de Papalier.

quand, le lendemain 8 octobre, il arriva aux Karatas. Là étaient réunis une centaine de propriétaires et cultivateurs, tous armés et en embuscade, et Messeroux à leur tête : ils en sortirent aussitôt et entourèrent Moreau tumultueusement, sans tenter autre chose que son arrestation en tenant la bride de son cheval. Maurant Mallet fut le premier qui agit ainsi. Le trompette de ses guides ayant voulu cependant sonner la charge, ils menacèrent de faire feu. Etonné de voir parmi eux Messeroux qui, la veille, était venu le saluer et causer avec lui, il lui demanda et à eux tous, quel était le motif de leur rassemblement et de ces actes d'hostilité commis à son égard, en leur disant en outre que, s'ils n'étaient pas tous ses concitoyens et ses frères, il pourrait concevoir des craintes sur leur dessein. Ce langage timide les enhardit. Messeroux prit la parole alors, et lui répondit : « qu'ils étaient
« las du joug de Dessalines ; qu'ils avaient pris les armes
« contre sa tyrannie, parce qu'il avait arbitrairement dé-
« possédé de leurs biens un grand nombre d'entre eux ;
« que ses actes étaient iniques et révoltans, notamment
« celui qui les empêchait de vendre leurs cafés à moins
« de 20 sous la livre, sans égard à leurs besoins, de sorte
« qu'ils souffraient de mille privations, leurs cafés restant invendus, ne pouvant pas en disposer à leur gré [1] ;
« qu'enfin, ils ne voulaient pas lui faire de mal, à lui,
« Moreau, mais que, pour leur sûreté, il devait leur remettre ses armes. »

---

[1] Ce reproche ne s'accorderait pas avec le prix de 27 et 28 sous dont parle l'Hist. d'Haïti (t. 3, p. 224) pour le mois de mai 1805, à moins de supposer qu'en 1806, le café valait moins de 20 sous, et que Dessalines ordonna alors de tenir la main, afin de contraindre le commerce étranger à le payer à ce prix. D'un autre côté, il taxa le café à 25 sous la livre pour prélever le droit d'exportation.

Loin de faire la moindre résistance, Moreau répliqua : « Mon beau sabre vous fait envie, sans doute ; eh bien ! « prenez-le. Mais, vous ne vous rappelez donc pas tous « les malheurs que le Sud a éprouvés dans la guerre civile « entre les généraux Rigaud et Toussaint Louverture, « quand vous vous armez contre l'empereur ? [1] » Arrêté, désarmé, il fut conduit sur l'habitation Taverne, où Messeroux et sa bande campèrent : dans la journée, de nombreux habitans et cultivateurs se joignirent à eux, en vociférant contre Dessalines. La nouvelle parvenant sur toutes les habitations, de proche en proche, toute la commune du Port-Salut, celle de Torbeck et la plaine des Cayes participèrent au mouvement insurrectionnel dans la nuit. Le peuple des campagnes était debout ! Il souffrait tant !.....

Aussitôt que Moreau eut été amené à Taverne, Messeroux avait envoyé aux Cayes l'un des conjurés, nommé Beauchamp, qui y donna la nouvelle de son arrestation, comme s'il n'y avait pas participé : il arriva à 3 heures de l'après-midi. L'adjudant-général Papalier, commandant de l'arrondissement, fit battre *la générale* immédiatement : à 5 heures, toutes les troupes de la garnison étaient réunies sur la place d'armes. Les esprits avaient reçu la commotion électrique à laquelle ils s'attendaient par pressentiment [2].

Papalier se rendit sur la place ; il annonça aux troupes l'arrestation de Moreau, en les haranguant, surtout la 13e demi-brigade dont ce général avait été le colonel,

---

[1] Notes de Pilié, sur la déclaration de Moreau.
[2] Cependant, la pièce intitulée *Relation de la campagne contre la tyrannie*, publiée ensuite au Port-au-Prince, dit que « Moreau et Étienne Mentor « furent arrêtés *par les ordres* du brave colonel Wagnac. » Il y aurait donc eu concert entre le colonel Wagnac et Messeroux !

pour se tenir prêtes à marcher avec lui, afin *de le délivrer des* mains des perturbateurs de la tranquillité publique qui avaient osé commettre cet attentat. En attendant, et pour savoir au juste quelle était la force de ces derniers, il expédia à cet effet le colonel Wagnac à la tête d'un escadron. Les troupes reçurent l'ordre de rester l'arme au pied. Papalier quitta la place d'armes pour aller s'assurer de la position de l'arsenal et des postes de la ville, et y donner ses ordres.

Il était à peine parti, que des murmures éclatèrent dans les rangs des troupes, de la part des officiers et des soldats; quelques-uns, cependant, plaignirent hautement la situation où se trouvait Moreau. Mais l'insurrection se propageait dans toute la ville des Cayes; chacun pensait ou pressentait que le colonel Wagnac allait grossir le nombre des insurgés de la campagne.

Francisque, colonel de la 15e demi-brigade en garnison à l'Anse-à-Veau, se trouvait fortuitement aux Cayes pour le règlement de quelques affaires. L'adjudant-général Véret, employé dans la 2e division, y était aussi par des motifs semblables. Ceux qui se décidaient pour le mouvement sentirent l'importance de l'adhésion de Francisque à leur manière de voir, parce que, commandant à 1500 baïonnettes, il pouvait y entraîner aussi le colonel Bruny Leblanc et la 16e demi-brigade qu'il commandait, également à l'Anse-à-Veau. A cet effet, ils députèrent auprès de Francisque, son allié Glézil fils (l'auteur des notes citées), pour l'en persuader. Mais Glézil trouva ce colonel *fort opposé* à *l'insurrection;* ayant fait son rapport aux autres, ils restèrent consternés.

Pendant la nuit du 8 au 9, on fut dans une anxieuse situation aux Cayes. On ne voyait pas revenir Wagnac, on n'en avait aucune nouvelle. A la pointe du jour, Papalier envoya son adjoint Brunet auprès de lui, pour savoir ce qu'il était devenu, et en même temps, il écrivit au général Guillaume Lafleur, commandant de l'arrondissement d'Aquin, de venir lui prêter main-forte avec la 17e qui y était et son colonel Vancol, et il donna avis de l'arrestation de Moreau, par une autre lettre au général Gérin qui se trouvait sur une habitation près de l'Anse-à-Veau. Il écrivit aussi à l'empereur pour l'informer de ces faits.

En ce moment, arriva aux Cayes un blanc franco-haïtien qui était le secrétaire du colonel Etienne Mentor ou Esmangart, inspecteur des cultures. Il rapporta qu'à 8 heures du soir, ce colonel avait été haché à coups de sabre par *les dragons* de Wagnac [1]; que celui-ci avait pris parti avec les insurgés du Port-Salut, et que toute la population des campagnes s'y était ralliée.

La situation devint plus critique; l'insurrection triomphait par l'adjonction de Wagnac, officier influent sur les populations et les troupes, aussi respectable que respecté, aimé de tous. Papalier se mit de suite en tournée à l'arsenal et dans les postes, ne sachant pas trop que faire, *peut-être*, ou *probablement* satisfait de la tournure que prenaient les choses; car il était difficile qu'il se séparât d'une cause dans laquelle Wagnac s'était jeté avec résolution [2]. Cette indécision du commandant de l'arron-

---

[1] Etienne Mentor reçut plusieurs blessures; mais il en guérit et vécut longtemps après, sans être un mauvais citoyen pour cela. A l'époque, on le considérait comme un Séide de Dessalines : C'est une particularité remarquable, que cet inspecteur de cultures portait un nom identique à celui de l'adjudant-général Etienne Mentor, qui fut aussi victime de cette révolution.

[2] Si ce fut réellement Wagnac qui ordonna l'arrestation de Moreau, tout s'explique : il y aurait eu alors conspiration entre les chefs des Cayes.

dissement porta chacun à se manifester hautement contre Dessalines ; la propagande devint active, les troupes furent gagnées : elles étaient sans solde, sans habillement, casernées, subissant une discipline monstrueuse par les verges et le bâton !

Glézil fils fut chargé d'aller de nouveau auprès de Francisque qu'il trouva chez lui. Tandis qu'il l'entretenait des événemens, un vieux noir, nommé Mathieux Périgny, son voisin, y entra. — « Eh bien ! voisin, lui dit Francisque, « que pensez-vous de tout ce qui se passe ? — Ce qu'on fait « là, répond Mathieux, est une grande sottise; mais, puis- « qu'elle est faite, si vous autres *chefs*, vous ne vous met- « tez pas à la tête *du peuple* pour le soutenir, je vous ver- « rai tous amarrés deux à deux et conduits au supplice « d'une manière encore plus cruelle qu'en 1800. »

Ces paroles, pleines de bon sens, déterminent Francisque ; il remercie le vieux Mathieux, prend son chapeau et se dirige avec Glézil fils chez Bourdet. « Mon ami, lui « dit-il en arrivant, je viens d'être rappelé à mon devoir « par un vieux frère ; il n'y a plus à hésiter. Je pars pour « l'Anse-à-Veau, afin de rallier la 15ᵉ à l'insurrection pour « combattre Dessalines, ou mourir à la tête de mes sol- « dats. Tu commandes aussi à 1500 baïonnettes ; vois ce « que tu as à faire en cette circonstance. » Bourdet lui répondit : « Allons ensemble voir Papalier. »

Ce dernier n'étant pas encore rentré chez lui, Francisque se dirigea chez Mackintosch, qui lui achetait toujours ses denrées, afin de se procurer quelque argent. On conçoit que ce négociant n'en refusa ni à Francisque ni à aucun de ceux qui lui en demandèrent en cette occurrence; il avait le cœur gros contre Dessalines et Inginac. Pendant qu'il y était, Francisque vit passer Papalier à cheval et l'ap-

péla. « Mon cher Papalier, lui dit-il, le sort en est jeté !
« Demain, je serai à la tête de mon corps pour combattre
« Dessalines : Bourdet est dans les mêmes dispositions.
« Choisis maintenant entre Dessalines et tes frères. —
« Je ne saurais me séparer de vous tous, répondit Papa-
« lier ; puisque, comme Wagnac, vous prenez parti avec
« les insurgés, vous avez fixé le mien. Mais agissons sin-
« cèrement et avec une prompte résolution. Tu connais
« l'ardente activité de Dessalines ; pars de suite pour
« l'Anse-à-Veau, et ne perdons pas un instant. »

Là même, chez Mackintosch, Papalier écrivit immédiatement plusieurs lettres, à Férou, à Vancol et à quelques autres officiers du Sud, pour leur faire part des événemens et de sa résolution. Il envoya un officier en toute
hâte informer Wagnac et les autres insurgés, de l'adhésion
des troupes et des habitans des Cayes, afin d'agir comme
un seul homme contre Dessalines ; il vit Bourdet et prit
avec lui des mesures en conséquence.

Wagnac s'était rapproché des Cayes avec les insurgés,
ne sachant pas encore ce qui s'y décidait [1]. En réponse
à l'avis de Papalier, il fit dire qu'il voulait voir Bourdet.
Celui-ci se rendit aussitôt auprès de lui, accompagné de
quelques officiers, Voltaire, Racolier, Lafrédinière et d'autres : ils s'entendirent ; mais Wagnac remit à rentrer en
ville le lendemain, pour avoir le temps de réunir les insurgés. Devenu le chef militaire de ces derniers dans les
campagnes, il prenait et il devait prendre ses sûretés à
tout événement.

Le lendemain, vendredi 10 octobre, Papalier écrivit
une seconde lettre à Vancol, qu'il lui fit porter par Glézil

[1] Il s'arrêta sur l'habitation Delruche.

fils et le capitaine Rousseau, de la 17e, qui se trouvait aux Cayes. Il fallait persuader et convaincre Vancol de l'urgente nécessité de son adhésion ; ils le rencontrèrent sur l'habitation Bergeaud, à peu de distance des Cayes : il avait devancé son corps, parti d'Aquin la veille au soir.

Au départ de ces officiers, Papalier, Bourdet et les autres officiers supérieurs se rendirent auprès de Wagnac qui s'était porté avec son monde, aux Quatre-Chemins, à un quart de lieue des Cayes. Là, on proposa d'y rentrer tous ; mais quelques chefs des insurgés, montrant une certaine méfiance des vraies dispositions de la ville, Bourdet offrit de rester parmi eux en ôtage. Il ajouta : « Je crois « que le colonel Wagnac doit prendre le commandement « de la 1re division du Sud, puisque le général Moreau « en est déchu ; l'adjudant-général Papalier continuera « à commander l'arrondissement, sous ses ordres. » Papalier répondit aussitôt : « Je consens à tout ce qui peut « assurer le succès de notre entreprise. » Wagnac dit noblement à son tour : « Mes amis, mes frères, je n'ai « pas besoin d'ôtage pris parmi vous. Depuis seize ans, « nous combattons ensemble pour nos droits : c'est encore « pour eux que nous combattrons jusqu'à la mort. » Il décida qu'on entrerait immédiatement aux Cayes.

Arrêtons-nous aux propositions de Bourdet, pour louer son désintéressement, sa loyauté, son discernement des choses, son sens judicieux.

Après Messeroux, incapable de donner suite à cette audacieuse insurrection, n'étant pas militaire, ne pouvant inspirer la confiance nécessaire aux troupes qui vont effectivement opérer la révolution de 1806, quel était, aux Cayes, *le vrai chef* de cette gigantesque entreprise ? Wagnac qui, en s'y ralliant avec ses dragons, avait déterminé tous les autres officiers, toute la population. La justice voulait donc qu'il remplaçât Moreau, et non pas Papalier. Bourdet eut donc raison de le proposer en cette qualité qui, seule, pouvait harmoniser l'insurrection tant dans les campagnes que dans la ville. Papalier était lui-même trop judicieux, trop bon soldat de la liberté, pour concevoir même l'idée d'une supériorité de rang militaire en une telle occurrence. Chacun remplit enfin son devoir envers la commune patrie, envers cette auguste liberté dont il fallait assurer le triomphe sur le despotisme.

Racolier, qui n'était qu'un sabreur, un exécuteur impitoyable, dit en ce moment avec un geste significatif : « Et que ferons-nous d'Inginac et d'Almanjor ? » Mais Papalier lui répondit avec cette humanité qui le caractérisait : « Commandant Racolier, il est inutile de verser le « sang. Ce serait le moyen d'éloigner tous nos frères, « tandis que nous avons besoin du concours de tous. »

Almanjor, dont il est question ici, était un homme du Nord que l'empereur avait envoyé à la fin de septembre, pour remplacer l'administrateur Quenez, qu'il révoqua de ses fonctions. Il ne pouvait être que mal vu aux Cayes ; et, suivant Inginac, il lui avait proposé de se sauver tous deux, même avant la révolte de Messeroux au Port-Salut. Sans l'active sollicitude de Papalier, ils eussent péri dans ces momens de fureur populaire [1].

---

[1] Voyez dans l'Hist. d'Haïti, t. 3, p. 303, la relation des dangers que courut effectivement Inginac qui était devenu odieux à la population, pour avoir été au-delà même des ordres de l'empereur. La page 302 mentionne le meurtre d'un jeune homme de couleur nommé Henri, secrétaire du général Yayou, arrivé dans ces circonstances : fait que nous ne trouvons pas dans les notes de Glézil et de Pilié, témoins des événemens. Nous ne concevons pas d'ailleurs comment Yayou, les ignorant encore, aurait eu l'idée d'informer Papalier *que les troupes de l'Ouest allaient marcher contre le Sud.* Et dans quel but eût-il envoyé une telle information au chef secondaire des Cayes ? Ensuite, ce fait

En entrant aux Cayes, Wagnac fit assembler les troupes sur la place d'armes. Là, il leur déclara que l'insurrection dont il prenait la direction n'était point guidée par l'ambition ; que son origine, ses causes, prenaient leur source dans la nécessité de secouer le joug d'une tyrannie insupportable, qui ne respectait pas les droits des citoyens et de l'armée : « Soldats, leur dit-il, depuis la dé-
« claration de notre indépendance nationale, combien
« de fois avez-vous été payés de votre solde ? Combien
« de fois avez-vous été habillés ? Cependant, les cais-
« ses de l'Etat regorgent d'or ; mais c'est pour servir
« aux dépenses scandaleuses des maîtresses du tyran.
« Il n'est plus notre chef : c'est le général en chef
« H. CHRISTOPHE qui l'est maintenant ; c'est en son
« nom que nous agissons tous ; *il ne fera pas comme*
« *Dessalines*. J'ordonne aux quartiers-maîtres des
« corps de dresser des feuilles de solde dans la journée
« même, pour que vous soyez payés : vous serez habillés
« aussi. »

Cette allocution militaire produisit sur les troupes un enthousiame électrique ; elles crièrent : *Vive le général Christophe ! Vive le colonel Wagnac ! Vive l'adjudant-général Papalier !* Tous les liens de subordination, de soumission à l'autorité impériale de Dessalines, furent dès lors rompus. La proclamation de Christophe, comme chef du gouvernement, prouve invinciblement que Wagnac, peut-être Papalier et les autres officiers supérieurs, avaient été initiés par Geffrard au projet arrêté à

---

de la tête de Henri portée à la pointe d'un sabre et montrée à Inginac, à qui l'on aurait dit : *Ton tour viendra bientôt,* ce fait nous semble tout-à-fait apochryphe. Quant à Almanjor, il se sauva dans ces momens sur un caboteur qui le porta aux Gonaïves.

Marchand. Le colonel Vancol avait eu le temps d'entrer aux Cayes, et prit part à ces résolutions.

Le 9 octobre, à 5 heures de l'après-midi, la lettre de Papalier au général Guillaume Lafleur lui était parvenue ; il ordonna aussitôt de battre *la générale*, adressa une lettre à l'empereur en lui envoyant celle de Papalier, pour l'informer de l'arrestation de Moreau et lui dire qu'il allait marcher aux Cayes avec la 17e, qu'il fit effectivement mettre en route à 7 heures du soir, Vancol à sa tête, ayant sous ses ordres le chef de bataillon Fossé. Arrivé à Saint-Louis, Vancol laissa le corps aux ordres de Fossé pour se rendre aux Cayes, afin de connaître la situation des choses.

Guillaume Lafleur ne quitta Aquin qu'à 2 heures du matin, le 10 ; il rencontra la 17e à Cavaillon, à 10 heures du matin ; et, mécontent du peu de célérité de sa marche, il blâma Fossé avec humeur ; déjà cet officier et ses soldats étaient gagnés à l'insurrection qui se propageait dans tous les rangs de la société. Fossé lui répondit avec non moins d'humeur. Lafleur les traita tous *d'insurgés* : « Puisque vous prenez parti contre l'empereur, je vais « le joindre, » dit-il. L'insubordination des troupes éclata contre lui ; un officier nommé Joute Bardet lui dit : « Votre « empereur doit avoir la tête tranchée en ce moment, et « vous-même, vous êtes notre prisonnier. »

A cette déclaration, Lafleur traversa la rivière de Cavaillon prenant la route des Cayes ; mais, craignant qu'il ne rebroussât par des chemins détournés, on le poursuivit à cheval ; et escorté, prisonnier de fait, il entra aux Cayes à 1 heure de l'après-midi, alors que tout était consommé contre l'autorité de Dessalines.

C'était un singulier désappointement pour lui, qui

croyait arriver pour prendre part à la répression de la révolte de Messeroux. Descendu chez Quenez, où se trouvaient tous les chefs réunis, ceux-ci l'accueillirent en lui manifestant l'espoir qu'ils avaient de sa coopération; mais Lafleur était encore sous l'influence de la colère excitée en lui par sa rencontre avec la 17e ; il répondit avec humeur, demanda à se battre avec Fossé qui l'avait insulté, disait-il. Au lieu de consentir à la proposition des chefs, il demanda à Wagnac un entretien particulier avec lui dans la soirée, chez lui-même. Dès lors il fut tenu en suspicion, de vouloir tenter de ramener Wagnac à la cause de Dessalines. Wagnac ne se rendit pas à son invitation, et une garde fut envoyée dans sa demeure pour l'y retenir prisonnier : ses aides de camp et ses guides furent envoyés en détention au camp Gérard, dans la plaine des Cayes, où l'on avait déjà transféré le général Moreau.

Le 9 octobre, étant encore à l'habitation Taverne, Messeroux avait enjoint à Moreau, d'écrire un ordre au commandant de la citadelle des Platons, pour livrer des munitions de guerre à un détachement d'habitans et de cultivateurs qu'il y envoyait. Moreau fut contraint de faire cet ordre, et le détachement partit. Mais le chef de ce poste, qui avait déjà appris l'arrestation de Moreau, refusa péremptoirement de livrer ces munitions. Le détachement revint le lendemain, 10, à Taverne; alors Messeroux leva son camp tout entier, disant qu'il allait s'emparer de la citadelle ; il emmena Moreau et les personnes de sa suite, arrêtées aux Karatas. Nouveau *général improvisé*, Messeroux se ravisa en route et se dirigea au camp Gérard, où il livra son prisonnier au capitaine Augustin, qui le fit mettre dans une chambre gardée par une sentinelle : les autres personnes, parmi lesquelles étaient A. Pilié, furent placées dans une autre chambre avec la faculté d'en sortir à volonté. Après cela, Messeroux congédia le gros de ses bandes et partit pour les Cayes avec quelques chefs : il n'y entra pas cependant immédiatement.[1]

Quoique Wagnac eût ordonné de dresser les feuilles de solde de suite, dans l'après-midi du 10, les quartiers-maîtres ne les firent que le samedi 11, et si imparfaitement, qu'il fut ordonné de les refaire : ce qui eut lieu le 12.

Dans une réunion des chefs, ce jour-là, chez Papalier, Racolier fit observer qu'on décidait de tout, sans faire participer Messeroux qui avait été le premier à organiser la résistance. En conséquence, on l'envoya chercher dans les environs des Cayes où il se tenait. Il y entra le dimanche 12, vers 7 heures du soir, dans un tel état d'ivresse, qu'il ne put conserver aucun prestige : il divaguait. Les vrais chefs ordonnèrent de l'emprisonner.

Il était logé chez son cousin, nommé Sully : en apprenant qu'une garde y arrivait pour l'arrêter, il ouvrit *une grosse malle* et s'y enferma. Découvert dans ce singulier réduit, *le juge-général* dut se résigner piteusement à aller se loger en prison. Relâché le lendemain, il reconnut que son rôle était fini, sinon aux Karatas mêmes, du moins au camp Gérard ; et il regagna ses pénates, « en jurant, « mais un peu tard, qu'on ne l'y prendrait plus. »

Dans les événemens les plus graves, il y a presque toujours un côté comique qui surgit comme pour dérider les

---

[1] Notes d'A. Pilié, qui resta auprès de Moreau, qui lui donna des témoignages de compassion dans son malheur jusqu'au 15 octobre, la veille de sa mort, où il reçut l'ordre de rentrer aux Cayes.

fronts, soucieux de la situation où l'on s'est engagé. Voilà quel fut, dans l'espace de quatre jours, le singulier sort du Héros des Karatas !

Il avait pris l'initiative de la courageuse résolution qui, en renversant un Empereur et son Empire, devait donner naissance à une République et à un Royaume, et occasionner une guerre civile de quatorze années entre ces deux Etats, et il ne put soutenir son rôle ! C'est qu'il n'est pas donné à tout le monde de remplir celui de *révolutionnaire*. Pour y réussir et *se maintenir*, il faut avoir *des antécédens honorables, du caractère et de la capacité*, sinon l'on est promptement sifflé sur le théâtre où l'on se met en scène.

Toutefois, voyons le côté sérieux et politique de l'entreprise de Messeroux. Il a sauvé, pour son pays, *le principe du respect dû à la propriété;* il a donné une leçon à tous les gouvernemens qui y ont succédé à celui de Dessalines. Cet important résultat doit faire tirer de l'oubli le nom de Messeroux, et d'autant plus, qu'en faisant prévaloir ce principe sacré et celui *de la résistance à l'oppression*, il n'a usé d'aucuns sévices sur la personne du général Moreau ; il n'a commis ni fait commettre aucun crime. Rendons cette justice à sa mémoire ! [1]

Quittons les Cayes un moment, pour voir ce qui eut lieu à l'Anse-à-Veau, où se trouvait l'homme destiné à prendre, dans le Sud, la direction de la levée de boucliers de 1806.

Le général de division Gérin, ministre de la guerre et de la marine, avait obtenu de l'empereur l'autorisation de ve-

---

[1] Messeroux continua ses fonctions de juge de paix, et devint en 1808 assesseur au tribunal d'appel des Cayes. Il avait été et fut toujours un bon citoyen.

nir à l'Anse-à-Veau pour se livrer à un traitement sudorifique. Il avait laissé *son épouse* à Saint-Marc, lieu de sa résidence ministérielle, et se tenait, *en compagnie* de Madame Veuve Abel, sœur de Geffrard, sur la sucrerie Laval qu'il avait affermée du domaine.

Lorsqu'il reçut, le 10 octobre, la lettre de Papalier qui lui mandait l'arrestation de Moreau au Port-Salut, Nicolas Brouard, commissaire des guerres de la 2e division du Sud, se trouvait chez lui. Gérin, qui avait été étranger au projet résolu à Marchand, voyant dans l'arrestation de Moreau un fait grave, dicta immédiatement à Brouard une lettre qu'il adressa à Dessalines pour l'en informer, en lui disant qu'il allait faire réunir les troupes à l'Anse-à-Veau, afin de se mettre à leur tête et de marcher aux Cayes, contre les révoltés. Gérin était sincère dans ses dispositions. Il envoya Brouard porteur de cette lettre au général Vaval, avec l'ordre de l'expédier à Saint-Marc par une barge, et de faire battre *la générale* pour réunir les troupes : ce qui fut exécuté par Vaval [1].

La 15e et la 16e étaient donc réunies sur la place d'armes, quand Francisque et Véret arrivèrent à l'Anse-à-Veau, à une heure de l'après-midi : le premier était porteur d'une lettre de Papalier pour N. Brouard, qu'il engageait à prendre parti, comme lui, dans l'insurrection.

Francisque logeait avec Véret dans la même maison, à toucher la place d'armes. Il fit venir chez lui, d'abord les sous-officiers de la 15e ; il leur raconta les événemens des Cayes et leurs causes, en leur demandant si, en proie aux mêmes privations que les militaires de cette ville, sans habillement, sans solde, sans ration, voyant aussi

[1] Note de N. Brouard, qu'il m'a fournie en 1829.

leurs frères des campagnes sous le joug d'un tyran, ils pourraient aller les combattre? « D'ailleurs, ajouta-t-il, « le général en chef Christophe a pris les armes aussi « dans le Nord, le général Pétion au Port-au-Prince ; des « Cayes à Tiburon c'est de même. Dessalines, réduit à « l'Artibonite seulement, ne pourra résister, et c'est au « nom du général en chef que nous devons tous agir : il « a été proclamé aux Cayes. » Ce discours révolutionnaire enflamme ces sous-officiers ; leur colonel les charge d'entraîner les soldats, et les renvoie à leurs rangs. Il fait venir ensuite le corps d'officiers auquel il tient le même langage, et il en obtient le même assentiment. Il les charge d'entraîner les officiers de la 16e : ce qui ne fut pas difficile, car la propagande se faisait déjà par mille voix obscures. Le soldat est presque toujours plus tôt informé que les chefs de ces sortes de nouvelles.

Assuré de son corps, assuré que la 16e était gagnée, Francisque partit aussitôt avec Véret pour Laval : ils y étaient rendus à 3 heures de l'après-midi, la distance à parcourir n'étant que d'une lieue [1]. Ils trouvèrent Gérin à table avec Madame Abel, se disposant à se rendre à l'Anse-à-Veau après son repas. Francisque lui raconte immédiatement dans quelle situation il a laissé la ville et l'arrondissement des Cayes, et lui dit que la 15e et la 16e sont dans les mêmes dispositions ; et que dans une telle conjoncture, étant le seul général de division présent

---

[1] Après le départ de Francisque pour Laval, les deux corps d'officiers se rendirent chez le général Vaval et le conjurèrent de prendre parti avec eux. Vaval hésitait ; mais son secrétaire Guillaume Cézar lui fit des représentations sur la nécessité de ne pas séparer son sort de celui de ses camarades d'armes, qui se soulevaient avec raison contre le despotisme intolérable de Dessalines ; et Vaval se détermina de suite. Le colonel Brany Leblanc prit la même résolution.

dans le Sud, ayant toujours guidé ses frères dans la conquête de leurs droits, il ne peut se refuser à les guider de nouveau contre la tyrannie de Dessalines.

« Mais, vraiment, colonel Francisque, répartit Gérin,
« je ne puis concevoir que vous fassiez tous une telle
« entreprise sans en calculer les conséquences, et surtout,
« sans vous ressouvenir des malheurs de notre guerre
« civile avec Toussaint Louverture ! »

A ces mots, Madame Abel, qui partageait l'opinion commune que Geffrard, son frère, avait été empoisonné par ordre de l'empereur ; qui, dès lors, avait voué à celui-ci une haine implacable : Madame Abel, exaspérée, indignée du langage de Gérin, se lève de table dans une mâle et fière attitude ; et, l'apostrophant, lui lance ces paroles d'une héroïne : « Général Gérin, si vous ne vous sentez
« plus le courage de combattre avec vos frères, donnez-
« moi votre habit, vos épaulettes et votre épée, je mar-
« cherai à votre place ! » O femme !...

Gérin succombe à ce reproche empreint de tant d'énergie : brave et téméraire comme il est, il se rappelle toute sa carrière révolutionnaire et militaire ; et, plein de feu, il s'écrie : « C'en est fait ! je me mets à votre tête, et
« je verrai si vous saurez tous vaincre ou mourir avec
« moi, dans la terrible résolution que nous prenons au-
« jourd'hui ! »

Pouvait-il, en effet, se soustraire à la nécessité de diriger ses compagnons d'armes, ses frères, toute cette population du Sud menacée des rigueurs de la tyrannie, ce Gérin *à côtes-de-fer* [1] auquel ils faisaient un si glorieux

---

[1] Surnom que portait Gérin, à cause de sa ténacité à la guerre. — Dans son ouvrage intitulé *Voyage dans le Nord d'Haïti*, M. H. Dumesle cite l'in-

appel? Pouvait-il refuser cette mission providentielle, par la crainte du renouvellement des horreurs commises en 1800 dans ce département héroïque? Quel que dût être intérieurement son profond regret, de tirer l'épée contre Dessalines qui lui avait sauvé la vie à cette époque, *son devoir actuel* ne l'emportait-il pas sur *sa reconnaissance* personnelle? Pour être *ministre* de l'empereur, cessait-il d'être *citoyen*, et ce titre de citoyen n'est-il pas *le premier* dans la hiérarchie civile et politique? Quoi! Gérin aurait servi les passions, la haine, la cruauté sauvage de Dessalines, contre des hommes tels que Wagnac, Papalier, Bourdet, Voltaire, Lafrédinière, Racolier, Francisque, Véret, Férou et d'autres qui concoururent avec Geffrard et lui, à assurer le triomphe de l'indépendance nationale dans ce département! Et ils auraient vaincu les tyrans d'outre-mer, pour subir la tyrannie d'un chef qu'ils avaient élevé sur le pavois!

Non, ce n'était pas possible! Gérin devait agir comme il a fait. La parole de Madame Abel, c'était le cri de la Patrie rappelant à ce brave défenseur de la Liberté, qu'il avait un nouveau devoir à remplir.

Sa résolution prise, Gérin demande son cheval et se rend avec Francisque et Véret à l'Anse-à-Veau. A son arrivée dans ce chef-lieu de la deuxième division du Sud, il fut accueilli avec enthousiasme par le général Vaval, le colonel Bruny Leblanc, la 15e et la 16e demi-brigades. Il harangua ces corps au cri de *Vive la liberté!* et ordonna

---

tervention de Madame Racolier, née Lauraine Cambri, dans une réunion des insurgés du Port-Salut au carrefour Gauvin, pour les exciter à poursuivre leur projet, comme fit Madame Abel envers Gérin; mais il ne mentionne pas le fait de cette dernière, que nous avons puisé dans les notes de Glézil qui, lui, ne parle pas de l'autre.

qu'ils fussent soldés immédiatement et que les militaires eussent à se réunir à leurs drapeaux sans délai.

Le lendemain, 11 octobre, Castaing arriva des Cayes, porteur d'une lettre de Wagnac au ministre, qui lui faisait savoir qu'eux tous l'avaient reconnu en qualité de *chef* de l'armée et du département du Sud, et qu'ils attendaient ses ordres. Cette lettre l'informait en même temps qu'ils avaient acclamé le général en chef H. Christophe, comme *chef du gouvernement.*

Gérin devenait ainsi, non-seulement *chef militaire*, mais *chef politique* de l'insurrection. En cette double qualité, il avait à prendre toutes les mesures qui pouvaient la faire triompher.

Se tenir dans le Sud pour organiser et attendre les événemens, c'eût été une faute capitale. L'insurrection ne ne pouvait y trouver d'obstacles. Il fallait donc qu'elle fût envahissante, pour rallier à elle les populations mécontentes des autres départemens ; qu'elle marchât dans l'Ouest pour obtenir le concours du général Pétion et des troupes sous ses ordres ; décider, sinon l'Artibonite, du moins le Nord, au même mouvement révolutionnaire, afin d'annihiler la puissance impériale.

Dans ce dessein judicieux, Gérin expédia aux Cayes, le dimanche 12, le colonel Faubert et le chef d'escadron David-Troy qui se trouvaient à l'Anse-à-Veau, le premier en résidence, le second en permis [1], avec ordre à Wagnac de faire marcher sur le Pont-de-Miragoane toutes les troupes pour l'y joindre, et *de juger* les généraux Moreau

---

[1] David-Troy, soldat de la 4e demi-brigade, avait obtenu enfin un permis pour vaquer à ses affaires : il était à Aquin, auprès de Borgella qui, apprenant les événemens des Cayes, lui conseilla d'aller à l'Anse-à-Veau pour offrir son concours à Gérin. En ce moment, il reprit son rang de chef d'escadron.

et Guillaume Lafleur. Au fait, c'était presque ordonner de les juger *à mort :* c'est ainsi qu'on le comprit aux Cayes, comme on le verra bientôt. Ce fut peut-être un tort : ces deux hommes ne pouvaient guère nuire aux succès de l'entreprise, G. Lafleur surtout ; en les tenant captifs, on eût pu épargner deux actes sanglans à cette réclamation de droits. Mais, dans ces sortes de crise politique, on redoute toujours ceux dont on se méfie ; les passions se donnent alors une pleine carrière.

Une autre mesure était plus essentielle : c'était d'informer le général en chef de son acclamation dans le Sud, des causes des événemens qui avaient amené cette mesure. Gérin se décida à écrire une lettre à cet effet à H. Christophe : nous en donnons un extrait.

A l'Anse-à-Veau, le 12 octobre 1806.

Le Général de division, ministre de la guerre et de la marine,

Au Général en chef de l'armée d'Haïti.

Mon cher général,

Tous les militaires et le peuple vous regardent depuis longtemps, comme le successeur au gouvernement d'Haïti. La tyrannie qu'exerce sur l'armée et le peuple d'Haïti le génie destructeur de l'empereur *actuel*, a fait rompre le frein au peuple de la partie des Cayes.... Le général Moreau a été arrêté par le peuple, et les troupes ont demandé leur paye.... leur état fait pitié ; je vous ai vu gémir sur leur sort. Comme ministre de la guerre, par la constitution, je dois faire payer les troupes ; mais S. M. ne m'a jamais témoigné le moindre désir de les faire solder. Alors, honorable général, ne serait-il pas de votre dignité de prendre à cœur la cause des troupes et du peuple, et de me donner vos ordres ? Car, si les chefs ne montrent pas de l'énergie, le pays sera bouleversé de fond en comble par les suites des démarches inconsidérées du chef du gouvernement.... Mais *la liberté*, grand Dieu ! est un vain nom dans ce pays, qu'on n'ose plus prononcer ouvertement, quoiqu'il soit placé *à la tête des actes* ; mais *elle n'existe que là*. On a usurpé les vœux des généraux pour une constitution *dont ils ignoraient le premier mot, et qui ne leur a été connue que lorsqu'elle fut publiée, quand on l'a reçue* [1], et qu'il foule aux pieds chaque jour...

Cette lettre fut expédiée au général en chef ; mais elle ne lui parvint pas et fut retrouvée au Port-au-Prince. Le lundi 13, Gérin partit avec les 15e et 16e demi-brigades pour se rendre au Pont-de-Miragoane, où sa jonction devait s'opérer avec les troupes des Cayes.

Elles n'avaient pu y recevoir leur solde que le 13. Ce même jour, Faubert et David-Troy y arrivèrent avec les ordres de Gérin ; mais dès la veille à midi, une pluie abondante avait commencé à tomber ; elle dura jusqu'au mercredi à peu près à même heure. Il semble que la Nature pleurait sur les fautes commises aux Cayes par le Fondateur de l'Indépendance nationale, sur les excès de son système gouvernemental, qui contraignaient le Peuple Souverain à reprendre l'exercice de son autorité pour l'abattre.

Faubert et David-Troy, qui savaient que Gérin avait écrit à Christophe, conseillèrent aux chefs des Cayes de l'informer aussi des événemens accomplis, puisqu'ils l'avaient acclamé chef du gouvernement. En conséquence, ils lui adressèrent la lettre qui suit :

Aux Cayes, le 13 octobre 1806.

Les chefs de l'armée du Sud, au Général en chef.

« Ils sont enfin connus, ces secrets pleins d'horreur ! »

Le général de brigade Moreau et ses adhérens, dignes satellites du

---

[1] Gérin confirme ici ce que m'a affirmé le général Bonnet. Ces deux généraux détruisent donc l'assertion de M. Madiou, disant que la constitution de 1805 fut envoyée préalablement à tous les généraux qui la signèrent. Hist. d'Haïti, t. 3, p. 216.

tyran, étaient les porteurs de ces ordres écrits pour exterminer la malheureuse classe *des anciens libres de toutes couleurs*[1]. Dessalines, qui leur doit beaucoup, veut maintenant briser l'instrument dont il s'est en partie servi pour parvenir au faîte de sa grandeur ; il a réuni aux domaines les propriétés les plus authentiques : il a fait des levées de troupes ; il a fait faire des levées d'argent. Tous les cœurs étaient ulcérés, l'indignation était à son comble. Le peuple en masse s'est levé ; nous avons tiré l'épée, et nous ne la remettrons dans le fourreau que lorsque vous nous l'ordonnerez.

Nous ne vous cacherons pas, digne général en chef, que nous croyons votre indignation au moins égale à la nôtre ; et nous vous proclamons avec joie et à l'unanimité, *le chef suprême* de cette île. *Sous quelque dénomination qu'il vous plaise de choisir*, tous les cœurs sont à vous ; nous jurons, devant Dieu, de vous être toujours fidèles et de mourir pour la liberté et pour vous.

Nous ignorons quel est votre sort et votre position ; mais nous espérons que vous combattez en ce moment Dessalines. Nous avons appris indirectement que vous vous étiez emparé du trésor du Cap, et que vous aviez payé vos troupes. Nous venons d'en faire autant : notre trésor des Cayes s'est trouvé grossi par les exactions et les confiscations ordonnées[2].

Nous ferons marcher demain des troupes pour le Pont-de-Miragoane, en attendant que nous soyons surs des intentions du colonel Lamarre, à qui nous avons écrit au Petit-Goave et qui, certainement, ne se fera pas prier pour partager notre indignation.

Nous avons aussi écrit au général de division Gérin, en ce moment au Petit-Trou, pour lui offrir provisoirement le commandement des deux divisions du Sud.

Aquin, l'Anse-à-Veau et Jacmel sont pour nous et pour vous ; nous ne sommes pas encore surs de Jérémie, parce qu'il y a là deux

---

[1] On se rappelle dans quel sens était écrit le prétendu décret que Baillio dit avoir reçu, après le départ des trois aides de camp de Dessalines qui dînèrent chez lui en comité secret. Peut-être qu'à ce moment, Baillio remit-il cette pièce aux chefs des Cayes : ce que ne dit pas Pilié dans ses notes précitées.

[2] En cela, Inginac servit la cause de l'insurrection ; car, s'il n'avait pas fait entrer des fonds à la caisse publique, on n'en aurait point trouvé pour payer les troupes. Et quoiqu'on ait qualifié ses opérations de confiscations et d'exactions, on n'a rien remis à personne.

partisans du tyran, qui ont du pouvoir et qui pourraient en abuser ; cependant nous espérons le contraire. Au reste, le colonel Vancol marchera demain pour les soumettre ou les persuader au besoin.

Le général de brigade Morean, marchant vers le Cap Tiburon, pour exécuter une nouvelle Saint-Barthélemy, a été arrêté dans la plaine par notre parti. Le général G. Lafleur est aussi arrêté en ville.

Nous attendons, général en chef, vos ordres pour l'ensemble de nos opérations ; soyez notre protecteur et celui d'Haïti : nous espérons que Dieu bénira la bonne cause.

Nous vous prions, brave général, de ne point mettre du retard dans cette réponse, et d'avoir avec nous une correspondance très-active, soit par mer, soit par terre, s'il est possible.

Nous avons l'honneur d'être, avec un profond respect, général, vos très-humbles et très-obéissans subordonnés.

Signé : Pour le colonel WAGNAC, commandant l'armée de la 1re division du Sud, VOLTAIRE ; BEAUREGARD, PAPALIER, VANCOL, RACOLIER, L. BOURDET, J. ROCHER, LACOULE.

Cette pièce fut envoyée à Gérin pour être acheminée. Elle était d'une soumission entière à l'autorité de Christophe, et lui laissait ingénument *la faculté* de continuer l'Empire, ou de choisir une toute autre forme de gouvernement. Mais c'était le langage de quelques officiers secondaires, ce n'était pas celui des chefs supérieurs qui allaient prendre la haute direction de l'insurrection, ni celui du peuple rendu à sa souveraineté : elle ne pouvait donc rien préjuger sur cette question.

Le général Gérin avait bien envoyé l'ordre, par Faubert et David-Troy, de faire avancer toutes les troupes au Pont-de-Miragoane ; mais on voit que les chefs des Cayes pensèrent qu'il fallait envoyer Vancol avec la 17e à Jérémie, afin de s'assurer le terrain dans cet arrondissement : les deux partisans de l'empereur dont il est question, étaient Bazile et René. Bourdet inclinait même à s'y rendre avec Vancol ; et la pluie l'empêchant de se mettre en route avec la 13ᵉ, il était encore aux Cayes le mercredi 15, quand le chef d'escadron Borgella y arriva ce jour-là, avec de nouveaux ordres de Gérin pour faire marcher les troupes à sa rencontre. C'est alors que Bourdet défila avec son corps, pour le Pont-de-Miragoane, et Vancol avec le sien pour Jérémie.

En partant d'Aquin, le général G. Lafleur en avait laissé le commandement à Borgella ; mais lorsque celui-ci apprit que Gérin avait été reconnu aux Cayes, en qualité de général de l'armée insurrectionnelle et de commandant des deux divisions du Sud, il laissa à son tour le commandement d'Aquin à Verpil, son adjudant de place, afin de se rendre à l'Anse-à-Veau. Dans la route, il rencontra Faubert et David-Troy et sut que Gérin se rendait au Pont-de-Miragoane : il s'y porta. Avant de quitter Aquin, il avait adressé au colonel Lamarre, une lettre pour l'engager à prendre parti dans l'insurrection.

Dès le 11 octobre, Gérin, méditant sa marche dans la 2ᵉ division de l'Ouest, pour pouvoir s'aboucher avec Pétion dont il présumait les sentimens favorables à la cause de l'insurrection, uniquement par ses antécédens (car il ignorait complètement le concert qui avait existé entre Pétion, Geffrard et Christophe), Gérin sentait l'importance de l'adhésion de Lamarre, qui était capable de lui opposer une vive résistance avec sa demi-brigade. En conséquence, il expédia au Petit-Goave les deux frères Calix et Nicolas Brouard, amis de Lamarre, pour tâcher de le persuader en faveur de l'entreprise. A leur arrivée, les deux Brouard sondèrent ses dispositions qu'ils trouvèrent à l'encontre de leurs désirs et de leur mission : la lettre que Lamarre reçut des chefs des Cayes ne produisit pas plus d'effet. Au contraire, il prit des mesures de défense en attendant l'arrivée du général Yayou, commandant de l'arrondissement, qu'il avisa des événemens du Sud. Les deux Brouard durent retourner auprès de Gérin qu'ils trouvèrent encore à l'Anse-à-Veau : leur rapport n'arrêta pas sa marche pour le Pont-de-Miragoane.

Borgella l'ayant joint au Pont, l'informa qu'il avait adressé une lettre à Lamarre, qui le déciderait probablement à se réunir à lui. Il l'avait expédié par un homme de confiance, nommé Jérôme, pour lui être remise en secret.[1] Elle commençait par ces mots belliqueux : « Aux armes, mon cher Lamarre ! La voix de tes frères t'appelle au secours de la patrie en danger ! etc. » Elle se terminait en rappelant à Lamarre la promesse qu'il lui avait faite, à lui Borgella, à son retour de Marchand, de prendre le même parti que lui, si un événement venait à surgir, en l'engageant à se rallier à l'insurrection comme lui.

Cette lettre, cet appel fait à son patriotisme, électrisa Lamarre : il se décida immédiatement en faveur de l'insurrection ; et assemblant autour de lui son frère Clermont, ses cousins Galet Desmares et Delan Poisson, il leur communiqua la lettre de Borgella et leur dit qu'il ne pouvait suivre une autre bannière que celle qu'il avait adoptée. Le succès de la marche de Gérin n'était plus douteux.

Toutefois, il y avait encore le général Yayou qu'il fallait entraîner dans le mouvement. Avisé des événemens du Sud, il en avait informé le général Pétion, son chef immédiat, et réuni la 21e demi-brigade à la tête de laquelle il partit pour le Petit-Goave : il y était rendu le 14.

---

[1] Ce Jérôme est le même qui devint plus tard capitaine de port aux Cayes : il porta la lettre dans un bâton troué.

De son côté, Gérin s'était avancé vers cette ville avec la 15ᵉ et la 16ᵉ, et un escadron de dragons sous les ordres de Jean Langevin [1]. Au pont de l'habitation Chabannes, entre la ville et l'Acul, Lamarre avait fait élever un petit rempart et placer une pièce de campagne, avant la réception de la lettre de Borgella. Le chef de bataillon Quique gardait cette position; mais il avait été initié au projet de Lamarre de se joindre aux troupes du Sud, et ne tira point sur elles. Gérin fit proposer une entrevue à Yayou pour lui exposer les causes de leur insurrection [2].

Lamarre profita de cette proposition pour se mettre en rapport avec les troupes insurgées : il conseilla à Yayou d'accepter l'entrevue, et en y allant avec lui, il fit dire à Gérin de faire contourner le pont de Chabannes par des militaires qui iraient s'emparer du fort Liberté où il n'y avait qu'un faible poste, son intention étant de se réunir à lui : ce qui fut exécuté par un détachement de la 15ᵉ commandé par Lévêque.

Dans l'entretien des deux généraux, Gérin exposa à Yayou tous les faits qui avaient poussé les populations du Sud à l'insurrection, et la nécessité d'en finir avec la tyrannie de Dessalines. Yayou, quoique secrètement mécontent de ce dernier depuis sa translation à Léogane, n'avait pas assez de confiance dans les hommes du Sud qu'il connaissait fort peu. Prévenu d'ailleurs par tous les

---

[1] Jean Langevin qui, avec Lamarre et Borgella, accompagna Rigaud à Tiburon où il s'embarqua en 1800. Ces antécédens exerçaient leur influence sur ces cœurs toujours unis.

[2] C'est par inattention que l'Histoire d'Haïti, t. 3, p. 312, dit que ce fut Yayou qui demanda une entrevue à Gérin : la note de Glézil fils, qui a servi aussi à M. Madiou, dit à ce sujet : « Lamarre engage le général Yayou à causer avec lui (Gérin) et à savoir *ce qu'il voulait*. Yayou se rend à cet avis et accepte l'entrevue que *demande* Gérin, etc. »

bruits d'assassinats qui avaient circulé, il dit à Gérin qu'il ne pouvait participer à une insurrection où les chefs n'étaient pas respectés, puisque déjà le général Vaval avait été sacrifié. Pour toute réponse à ce reproche, Gérin fit appeler Vaval qui vint de sa personne prouver le contraire et engager Yayou à se joindre à eux. Ebranlé par cette conviction, Yayou leur répondit alors qu'il n'en ferait rien sans avoir vu préalablement le général Pétion qu'il attendait. Il rentra au Petit-Goave avec les officiers qui l'escortaient, et Gérin fit avancer ses troupes, Lamarre ayant dit à Quique de rentrer en ville avec son bataillon. Les soldats du Sud y pénétrèrent aussitôt et achevèrent l'œuvre de fusion, en gagnant ceux de la 21e et de la 24e.

En quittant Gérin, Yayou ne s'arrêta pas au Petit-Goave; il alla au-devant de Pétion qu'il rencontra en-deçà du Tapion.

Lorsque Pétion reçut la nouvelle des événemens du Sud, il adressa une lettre à Dessalines pour l'en informer, en lui disant qu'il donnait ses ordres pour la réunion de toutes les troupes de sa division, afin de se porter à leur tête au Pont-de-Miragoane ou dans le Sud, s'il le fallait.[1]

---

[1] Voici la réponse de Dessalines :

Au palais impérial de Dessalines, le 13 octobre 1806, etc.

JACQUES, Empereur Ier d'Haïti, etc., au général Pétion.

Votre exprès, général, arrive à l'instant, 11 heures; je l'expédie de suite. Vous prendrez la quantité de troupes nécessaire dans votre division, et vous vous rendrez sans délai aux Cayes ; là rendu, vous agirez avec toute la vigueur possible contre les rebelles qui seront armés : cultivateurs, soldats, etc. Si la rébellion est dissipée, vous arrêterez tous les officiers de tous grades de la 13e qui ont demandé de l'argent. Vous ferez de même de tous les officiers des autres corps, s'ils se sont trouvés dans ce cas. *Vous n'épargnerez personne. Vous ferez arrêter les chefs des rebelles parmi les cultivateurs ; la moindre résistance doit être punie par des coups de fusil.*

Signé : DESSALINES.

Hist. d'Haïti, t. 3, p. 478.

C'était remplir son devoir *militaire* envers le chef de l'Etat; mais intérieurement, il se réservait aussi son rôle *politique* pour agir selon les circonstances : car il avait été trop bien informé des excès commis par l'empereur dans le Sud, il connaissait trop l'esprit entreprenant des populations de ce département, pour n'avoir pas pressenti un événement, surtout après que Geffrard y eût jeté les germes de leur conjuration. Par ses ordres, le général Germain Frère réunit les 11e et 12e demi-brigades, et partit aussi avec Pétion à leur tête. Ce n'est pas ce dernier qui eût pu commettre la faute de laisser Germain au Port-au-Prince : il chargea Lys de veiller à tout, avec le corps d'artillerie qu'il commandait. Bédouet, commandant de la place, n'était pas à craindre dans cette ville, lorsque Lys était secondé par des hommes tels que Caneaux, Lavelanet, Zénon, etc, tous officiers influens sur le corps d'artillerie.

A son arrivée à Léogane, Pétion y trouva le général Magloire Ambroise, commandant de l'arrondissement de Jacmel, qui, quoique malade, y était venu pour conférer avec lui et se laisser guider dans cette crise[1]. On a vu qu'au passage de l'empereur dans cette ville, il y avait excité le mécontentement de la population et une horreur générale, par l'infâme assassinat de Thomas Thuat. Quand les chefs des Cayes disaient à Christophe que Jacmel était pour leur cause, c'est qu'ils se flattaient que cet arrondissement était dans le même esprit. Pétion n'eut donc aucune peine à convaincre Magloire Ambroise de la nécessité de se joindre aux insurgés du Sud, comme il allait le faire lui-même, et il le renvoya à Jacmel pour

---

[1] Il est probable que Magloire vint à Léogane, sur l'invitation de Pétion.

donner cette direction aux 22ᵉ et 23ᵉ demi-brigades et à la population.

Quoique les troupes du Port-au-Prince fissent la route rapidement, Pétion avait hâte de se rendre au Petit-Goave pour avoir le temps de s'aboucher avec Gérin, qu'il savait être à la tête de celles du Sud [1]. Les colonels Frontis et Apollon, qui commandaient la 11ᵉ et la 12ᵉ, étaient des hommes dévoués à Dessalines. Pétion ne leur avait pas plus dit qu'à Germain ses desseins secrets; il attendait sa jonction avec les troupes du Sud pour que l'embauchage se fît par les soldats. Il précéda ces deux corps avec Germain, qu'il laissa au Grand-Goave pour les rallier ; et, après avoir envoyé au Petit-Goave le colonel Dieudonné et le capitaine Boyer, ses aides de camp, pour y annoncer son approche, il rencontra le général Yayou qui venait au-devant de lui. Ce général lui raconta l'entretien qu'il avait eu, peu d'heures auparavant, le 15 octobre, avec Gérin. Celui-ci avait déjà produit sur son esprit une impression favorable : Pétion acheva son œuvre, en lui disant qu'ils n'avaient tous qu'à prendre la même résolution ; que le règne de Dessalines devait finir, puisque ce chef ne donnait aucune sécurité à la vie de qui que ce soit, et qu'il opprimait la nation. L'ancien lieutenant de Sans-Souci put se rappeler en ce moment tous les antécédens du Nord, en 1802 et 1803 : d'ailleurs, ses relations avec Pétion, depuis qu'il commandait à Léogane, étaient sur le meilleur pied ; elles assuraient sur son esprit cet ascendant, cette influence que Pétion exerçait sur tous.

---

[1] Il est même présumable que Gérin lui aura écrit, dès qu'il prit la résolution de marcher sur l'Ouest ; mais aucun document, aucune tradition orale ne constatent ce fait.

Après avoir passé le Tapion, Pétion rencontra l'avant-garde de Gérin, commandée par Solages, lieutenant de grenadiers dans la 15e, qui l'accueillit avec les honneurs militaires. Il arriva enfin au Petit-Goave, à midi, et y trouva sur la place d'armes, Gérin avec les 15e, 16e, 21e et 24e demi-brigades et leurs chefs. Il n'y avait plus qu'une chose à arrêter entre eux : c'était de franchir au pas de course les 17 lieues qui séparent le Petit-Goave du Port-au-Prince, pour s'en rendre maîtres ; car Pétion, comme Gérin, connaissait l'activité fébrile de Dessalines, déjà informé de l'insurrection du Sud par diverses voies [1].

La marche des troupes commença aussitôt. Arrivé au Grand-Goave, on y trouva réunies la 11e et la 12e. Les colonels Frontis et Apollon, ainsi que Germain Frère, ne montrèrent aucune disposition favorable aux chefs et aux troupes qui arrivaient du Petit-Goave ; mais les officiers et les soldats se guidaient sur Pétion. On veilla de plus près sur le général Germain pour qu'il ne s'évadât pas. La 15e et la 16e prirent la tête de la marche sur Léogane, la 11e et la 12e au centre, et la 21e et la 24e à l'arrière-garde ; on y fut rendu au coucher du soleil, et on passa la nuit dans cette ville. Pendant cette nuit, le général Germain fut arrêté, parce que ses allures prouvaient qu'il cherchait à se sauver. Partis au jour du 16 octobre, tous ces corps de troupes entrèrent au Port-au-Prince, le même jour, à quatre heures de l'après-midi.

Le général Gérin, en sa double qualité de ministre de

---

[1] Une lettre de Gérin, écrite le 15 octobre par Boisrond Canal, fut adressée à Faubert pour l'inviter à venir de suite à l'armée ; elle était datée du Petit-Goave, peu d'instants après l'entrevue de Gérin avec Pétion ; il disait à Faubert : « J'ai eu le bonheur de joindre le général Pétion ; nous nous sommes « parfaitement entendus, et défilons sans perdre de temps pour le Port-au- « Prince. Jusqu'à présent, le Souverain Arbitre a dirigé nos pas. »

la guerre et de chef de l'armée insurrectionnelle du Sud, à laquelle Pétion n'avait fait que se rallier, dirigea les mouvemens militaires depuis leur jonction au Petit-Goave. Il eût été donc peu sage de la part de Pétion de prétendre à cette direction, quoiqu'ils se trouvassent dans son commandement de la 2e division de l'Ouest ; mais Gérin s'entendait avec lui, prenait ses avis qu'il ne pouvait dédaigner : le meilleur concert exista entre eux.

Le général Germain fut mis aux cachots de la prison. Le commandement provisoire de l'arrondissement du Port-au-Prince fut déféré au général Yayou, et celui de la place au colonel Dieudonné, aide de camp de Pétion, qui opéra l'arrestation de Bédouet, et le conduisit en prison. Bédouet était sur le point de s'évader pour aller avertir l'empereur de la défection de Pétion.

Gérin fit placer immédiatement la 15e et la 16e en embuscade au Pont-Rouge, près du portail Saint-Joseph, dans la pensée que Dessalines pouvait arriver d'un moment à l'autre au Port-au-Prince, ou pour y accueillir à coups de fusil toute troupe qui le précéderait ou viendrait avec lui. La 21e et la 24e occupèrent le fort Saint-Joseph, situé à côté de ce portail, et la 11e et la 12e restèrent en ville, Pétion à leur tête. Les quartiers-maîtres de tous ces corps se dirigèrent au trésor pour toucher leur solde, en attendant qu'ils pussent recevoir des magasins de l'État leur habillement, dont la distribution commença le lendemain au jour.

Retournons dans le Sud.

Après que le capitaine Augustin eut été chargé de la garde de Moreau, il était allé aux Cayes, laissant ce soin au lieutenant de sa compagnie. Le 14 octobre, le chef d'escadron Racolier se présenta au camp Gérard à la tête d'un escadron, et demanda au chef du poste qu'il lui livrât son prisonnier ; mais cet officier exigea que, préalablement, il lui exhibât un ordre à cet effet, émané de l'autorité supérieure des Cayes. Racolier n'étant pas muni d'ordre, fit vainement ses efforts pour avoir Moreau ; il fut contraint de se retirer. Le 15, le capitaine Augustin revint à son poste, et enjoignit à Pilié et à un autre officier qui y étaient encore, au nom des autorités des Cayes, de s'y rendre, en leur permettant de faire leurs adieux à leur général prisonnier [1].

Le 16, un conseil des autorités des Cayes fut tenu pour décider du sort de Moreau et de Guillaume Lafleur, d'après les ordres reçus du général Gérin. Faubert, David-Troy et Borgella y furent appelés pour prendre part à la délibération. En y allant, ce dernier engagea David-Troy à parler en faveur de Lafleur, pour tâcher de le sauver ; car il voyait ce qui allait arriver. Effectivement, ils firent l'observation, à laquelle adhéra Faubert, qu'ils étaient seulement porteurs des ordres du général Gérin, et qu'ils ne pouvaient être membres du conseil des autorités : cependant, ils exprimèrent l'opinion, qu'il fallait reconnaître qu'on ne pouvait pas imputer à Lafleur, des faits coupables comme à Moreau. Borgella surtout s'exprima avec tant de chaleur, qu'il déplut à Racolier et à Voltaire qui manifestèrent leur mécontentement de ce qu'il voulait, disaient-ils, sauver un criminel [2]. En ce moment, Borgella se retira, laissant David-Troy et Fau-

---

[1] Notes de Pilié.
[2] On a prétendu dans le temps qu'une mésintelligence existait entre G. Lafleur et Voltaire, par rapport à une femme qui resta à ce dernier après la mort de l'autre.

bert qui, ayant essayé de nouveau de faire entendre raison et justice, mais vainement, se retirèrent aussi de la délibération. Son résultat fut de mettre *à mort* les deux généraux prisonniers.

Guillaume Lafleur avait été officier des dragons de l'escorte de Rigaud, sous les ordres de Borgella. Il trouva ce dernier commandant de place à Aquin, lorsqu'il fut élevé au rang de général de brigade commandant de cet arrondissement. Leurs anciennes relations d'amitié continuèrent sur le même pied dans leur nouvelle position respective. D'ailleurs, Lafleur avait toujours été un officier d'honneur, un homme de bien, rendant service à tous ceux qui pouvaient avoir besoin de sa protection. Son administration à Aquin n'avait eu rien d'acerbe. Il n'était pas plus dévoué à Dessalines que ne l'était le général Vaval, contre lequel on avait autant de préventions injustes. Avec l'idée qu'on se faisait généralement de la puissance formidable de Dessalines, Lafleur a pu croire que c'était une grande faute, une grande folie, que de se soulever contre lui ; que ce serait attirer sur le Sud de nouveaux désastres pareils à ceux dont il avait été témoin en 1800. Si Wagnac lui eût accordé l'entretien qu'il avait demandé, il est fort possible que ce colonel l'eût amené à adhérer au mouvement. Se voyant traité comme suspect d'un dévouement outré à Dessalines, lui ayant écrit pour l'informer des événemens du Port-Salut, il dut se croire lié par l'honneur, et il ne céda point. Dans tous les cas, sa mort n'était pas nécessaire ; on ne pouvait rien lui reprocher. Mais comment faire entendre la voix de la modération dans les crises politiques? La divergence des opinions produit alors des inimitiés, des haines implacables : on s'acharne plus contre son concitoyen, qu'on ne le fait ordinairement à l'égard d'un ennemi étranger. Cela s'est toujours vu en tous pays.

Ce déplorable parti étant pris, Racolier, l'homme sans entrailles, fut chargé de l'exécution des deux généraux. Il notifia à Lafleur l'ordre qu'il avait reçu, disait-il, de le conduire au camp Gérard. Lafleur obéit en montant à cheval au milieu des dragons qui l'escortaient. Arrivé au carrefour Fonfrède, Racolier cria : Halte ! L'infortuné Lafleur vit que son heure suprême avait sonné : conservant un rayon d'espérance, il céda à un mouvement tout naturel dans sa triste position ; éperonnant son cheval, il le lança au grand galop. Mais Racolier ordonna une charge contre lui ; atteint par les dragons devant l'habitation Labarrère, il fut massacré à coups de sabre.

Tandis que Racolier se dirigeait avec sa troupe au camp Gérard, la mère de Lafleur, à un âge déjà avancé, qui l'avait suivi, arriva et vit le cadavre de son fils gisant sur la route, lorsqu'elle croyait qu'elle eût pu lui porter des soins dans sa détention. Rassemblant ses forces dans sa douleur maternelle, et aidée de quelques cultivateurs, elle lui donna la sépulture sur les lieux mêmes.

Bientôt, ce fut le tour de Moreau. Il était à table, quand il entendit le son de la trompette ; il s'informe de ce que cela peut être, et on lui répond : « Ce sont les dragons « des Cayes. — Allons, mes amis, dit-il, c'en est fait de « moi ! » Il se lève et s'habille promptement. Racolier entre dans la chambre où il était, et lui dit qu'il avait ordre de le conduire aux Cayes. « Allons-y, mon camarade, « répondit-il : je suis prêt. » On le fit monter à cheval ; et, placé au milieu des dragons, quand il arriva au carrefour Touya, il dit avec sang-froid : « Eh bien ! ne sommes- « nous pas convenablement ici ? — Non, général, un

« peu plus loin, » lui répondit-on. Racolier fit faire halte vers l'habitation Pemerle. Aussitôt Moreau descendit de cheval et demanda un crayon pour écrire quelques lignes sur ses affaires d'intérêt ; il donna cette note au capitaine Moulite Tuffet, en le priant de la remettre à sa femme. Il s'accusa alors d'avoir obéi trop aveuglément aux ordres de Dessalines. Sur le point de recevoir la mort, il pria qu'on lui permît de confier encore quelques paroles au même officier pour être rapportées à sa femme. Quand il eut satisfait à ce désir, il dit : « Mes amis, tirez mainte-« nant. » Les officiers des dragons déchargèrent leurs pistolets sur lui, à deux pas : il tomba mort. Racolier et son escadron reprirent alors la route des Cayes, laissant le cadavre à terre.

La Veuve de Geffrard, ayant appris cet événement, vint sur les lieux ; en chrétienne charitable, elle oublia les torts de Moreau envers son mari, ensevelit son cadavre et lui fit donner la sépulture. Ce noble trait de générosité recommande la mémoire de cette femme à l'estime de la postérité, de même qu'elle ne peut refuser son admiration à Madame Abel, pour l'énergie qu'elle montra.

Dans la même journée du 16 octobre, Faubert, David-Troy, Borgella et la plupart des chefs des Cayes partirent pour se réunir à l'armée du Sud qu'ils rejoignirent au Port-au-Prince. Papalier emmena Inginac avec lui [1].

Après leur départ, dans la soirée, le chef de division navale Aoua, qui se trouvait en prison depuis plusieurs jours, pour s'être montré un ardent partisan de Dessa-

[1] Papalier n'arriva au Port-au-Prince que le 22 octobre. Racolier resta aux Cayes en qualité de commandant provisoire de la place et même de l'arrondissement, vu l'absence de Beauregard, de Papalier et de Wagnac.

lines, étant détesté des marins de l'État envers lesquels il exerçait une autorité absolue, en fut retiré et conduit par eux vers les fossés des Cayes, et là sacrifié sans pitié.

Déplorons tous ces excès révolutionnaires. S'ils s'expliquent par la fureur des passions, ils ne se justifient point aux yeux de la postérité. Car, si Inginac n'avait pas trouvé un protecteur généreux et influent en Papalier, il eût été sacrifié aussi dans ces momens : cependant, que de services n'a-t-il pas rendus dans la suite à son pays qu'il aimait ! Ceux qui ont été victimes alors aux Cayes eussent pu également le servir, en se corrigeant de leurs erreurs, de leurs fautes, de leurs torts. Mais, lorsqu'un gouvernement a encouru l'animadversion générale, ce sentiment s'étend aux fonctionnaires qui l'ont servi avec zèle. Il en est de même, lorsqu'un peuple est seulement *entraîné* dans une révolution dont il ne prévoit pas les funestes suites. Heureux alors ceux qui se sont montrés *modérés* dans leur dévouement, ou dont *la nullité politique* ne paraît pas un obstacle au nouvel ordre de choses qui s'établit !

CHAPITRE X.

Dessalines part de Marchand pour venir au Port-au-Prince. — Il informe H. Christophe de l'insurrection. — Meurtre de Delpech, près de Saint-Marc.— A l'Arcahaie, Dessalines se fait précéder par les compagnies d'élite de la 3e demi-brigade.— Défection de cette troupe au Port-au-Prince. — Une députation de cultivateurs vient demander aux généraux la mort de Dessalines et de Germain Frère. — Dessalines arrive au Pont-Rouge où il est tué. — Dévouement héroïque de Charlotin Marcadieu. — Excès blâmables commis sur le cadavre de Dessalines. — Réflexions à ce sujet. — Conduite d'Etienne Mentor, en ce moment. — Honneurs funèbres rendus à Charlotin Marcadieu. — Meurtre de Germain Frère. — Acte de *Résistance à l'Oppression*, où H. Christophe est proclamé *chef provisoire* du gouvernement. — Gérin veut marcher sur l'Artibonite et le Nord, Pétion se refuse à cette mesure et obtient l'assentiment du conseil des officiers. — Origine de la mésintelligence entre Gérin et Pétion. — Ils écrivent à H. Christophe et lui adressent les actes publiés. — Lettre de Pétion à Madame Dessalines. — H. Christophe apprend la mort de Dessalines et écrit à Pétion pour avoir des renseignemens à ce sujet. — Il mande auprès de lui les généraux Romain et Dartiguenave, et les envoie tendre une embuscade à Capois qui est mandé aussi et mis à mort. — Mesures qu'il prend dans le Nord et l'Artibonite.— Sa lettre à Madame Dessalines. — Les dépêches de Gérin et de Pétion lui parviennent. — Il mande à Milot, les fonctionnaires du Cap, représentant le Nord, qui adhèrent à la révolution et le reconnaissent pour chef du gouvernement.— Il répond à Gérin et à Pétion et leur envoie l'acte d'adhésion. — Bonnet est envoyé en députation auprès de lui. — Arrestation et meurtre d'Etienne Mentor et de B. Tonnerre. — Examen des causes de ces faits. — Meurtre de Bazile et d'autres, à Jérémie. — H. Christophe envoie Blanchet jeune porter des dépêches au Port-au-Prince, qui ordonnent le renvoi des troupes dans leurs cantonnemens, et mandent au Cap, Papalier et les aides de camp de Dessalines. — D'autres officiers y sont ensuite mandés. — Résumé de la première Epoque.

Les lettres adressées à l'empereur, le 9 octobre, par Papalier et G. Lafleur, lui annonçant l'arrestation de

Moreau la veille, ne purent guère lui parvenir à Marchand que du 12 au 13 ; il en fut sans doute de même de celles de Gérin, de Lamarre, de Yayou et de Pétion, écrites postérieurement et successivement [1]. Bien qu'il eût appris ensuite, que les officiers de la 13e demi-brigade avaient réclamé la solde pour eux et leurs soldats, il dut se reposer sur ces officiers supérieurs, puisqu'ils se montraient tous disposés à marcher à la tête des troupes pour réprimer cette révolte. C'est ce qui explique la confiance que montra Dessalines en cette occasion, au point de ne partir que le 15, avec son état-major et son escorte ordinaire, comme il en avait du reste l'habitude. Il ordonna cependant aux 1er et 2e bataillons de la 4e demi-brigade, qui étaient à Marchand, de se mettre en route dès son départ, comptant d'y rallier le 3e bataillon qui se trouvait à Saint-Marc.

En apprenant cette nouvelle, il s'était écrié : « Je veux « que mon cheval marche *dans le sang* jusqu'au poi- « trail ! » Idée barbare qui exprimait bien l'état de son âme, les malheureuses dispositions de son cœur, mais dont la réalisation était subordonnée à la volonté d'un Etre plus puissant que lui.

Il confia le commandement de la ville impériale au général de division Vernet, ministre des finances, secondé du général Cangé, et se mit en route, après avoir avisé le général en chef H. Christophe de l'événement, qui dut réjouir son cœur ; car Christophe voyait enfin arriver ce qui avait été l'objet de ses désirs ardents : aussi se prépara-t-il aussitôt à se débarrasser de l'homme qui

---

[1] Cette opinion que nous émettons ici semble confirmée pour toutes, par la réponse de Dessalines à Pétion, du 13, citée dans une note du chapitre précédent.

le gênait dans le Nord, de Capois qui eût pu être un obstacle à ses vues.

A son passage à Saint-Marc, l'empereur ordonna au bataillon de la 4ᵉ de le suivre. Sur la route de cette ville à l'Arcahaie, il fit rencontre du chef d'escadron Delpech, son aide de camp, qui venait du Petit-Goave où il avait sa famille : y ayant appris les événemens du Sud, il s'était empressé de partir pour se rendre à son poste. Delpech crut remplir son devoir en lui disant, qu'il l'engageait à n'entrer au Port-au-Prince qu'à la tête d'une armée. Mais Dessalines, furieux, le qualifia de *traître*, en le chassant et lui ordonnant de ne plus se présenter devant lui [1].

Delpech était cet officier qui commandait au Petit-Goave sous les Français, lorsque Lamarre l'en chassa : envoyé en France par Rochambeau, il était revenu en Haïti en juin 1804 [2], et Dessalines l'avait employé à son état-major. Le conseil qu'il donnait à l'empereur était donc un acte de reconnaissance envers celui qui avait généreusement oublié ses torts en 1802 et 1803 ; car il avait vu la situation des choses, du Petit-Goave au Port-au-Prince. Delpech continua jusqu'à Saint-Marc où il changea de cheval, et repartit de suite pour rejoindre son chef, malgré l'offense qu'il venait d'essuyer ; mais ayant rencontré le bataillon de la 4ᵉ sous les ordres du colonel Jean-Louis Longueval, il fut assassiné sur cette route,

---

[1] L'Hist. d'Haïti, t. 3, p. 312, prétend que Delpech avait été envoyé en *mission* par l'empereur pour s'assurer de l'importance de la révolte du Sud. S'il en avait été ainsi, il l'eût écouté au lieu de le chasser de sa présence. Elle dit encore que Delpech quitta le Petit-Goave au moment de l'entrevue de Gérin avec Yayou : ni ces généraux, ni Pétion ne l'eussent laissé retourner sur ses pas.

[2] Mémoires de B. Tonnerre, édités par M. Saint-Rémy, p. 23, dans une note de l'auteur.

vers l'habitation Lanzac. Il est difficile de penser que ce ne fut pas par les ordres de Dessalines [1]. Ainsi il récompensait *la fidélité* à son autorité, *le dévouement* à sa personne. En ce moment, Lamarre, sur qui il comptait, n'avait-il pas raison de s'être joint aux troupes du Sud?

Arrivé à l'Arcahaie, l'empereur fit partir immédiatement, le 16 octobre dans l'après-midi, le colonel Thomas Jean et le chef de bataillon Gédéon, avec les 3 compagnies de grenadiers et les 3 de chasseurs de la 3e demi-brigade, pour se rendre au Port-au-Prince; mais avec ordre de l'attendre au Pont-Rouge. Il voulait entrer en cette ville, précédé immédiatement de cette troupe d'élite; et cette disposition a été cause d'une pleine sécurité de sa part, qui le fit tomber dans le piége qu'on tendait en même temps au Pont-Rouge contre lui [2].

A l'Arcahaie encore, Dessalines reproduisit l'idée sanguinaire qui l'agitait. Il demanda à Thomas Jean, à Gédéon, au capitaine de grenadiers Nazère, l'un des vaillans officiers de la 3e, « s'ils se sentaient le cœur de mar-« cher *dans le sang* jusqu'aux Cayes [3]. » Il avait prononcé lui-même *son arrêt de mort*, en tenant un tel langage à des hommes sur lesquels Pétion exerçait une si grande influence, en heurtant dans leurs cœurs tous les sentimens humains qui les distinguaient. Dessalines oubliait

---

[1] Quel motif J.-L. Longueval, tout scélérat qu'il fût, pouvait-il avoir pour faire tuer cet aide de camp de l'empereur, s'il n'en avait pas reçu l'ordre?

[2] Ce pont fut construit en 1786, sur la ravine de l'habitation Saint-Martin, tout près du Port-au-Prince : on le nommait alors le pont *Larnage* ; mais ses garde-fous en bois ayant été peints en rouge, on le nomma vulgairement *Pont-Rouge*.

[3] Hist. d'Haïti, t. 3, p. 323. « Il ajouta que bientôt le département du Sud « serait en une telle solitude, qu'on n'y entendrait même plus *le chant du Coq*. » Excepté, sans doute, le chant *du Coq impérial*. Il avait un Coq dans ses armoiries, comme emblème de la vigilance et de l'activité.

donc qu'en 1800, la 3e demi-brigade avait reçu dans ses rangs, les débris de cette fameuse **Légion de l'Ouest**, de ce corps avec lequel Pétion avait si vaillamment défendu Jacmel ! Gédéon, ce noir si courageux, n'avait-il pas été le compagnon, l'ami fidèle de Lamartinière, l'un des braves de la Légion de l'Ouest [1] ?

Quand un gouvernement, un chef doit tomber, tout conspire à sa chute. Ses propres mesures facilitent l'arrêt du Destin, ou plutôt de cette Providence divine qui règle tout en ce monde.

La marche de la 3e s'était faite rapidement, les chefs sachant que l'empereur partirait de l'Arcahaie le lendemain au jour. En parcourant ainsi cette distance de 12 lieues, cette troupe, fatiguée, ne put mettre l'ordre convenable dans sa marche ; elle allait à volonté, divisée par petits pelotons, ayant des traînards ; les chefs restaient tout à fait en arrière pour les faire avancer. Vers 10 heures du soir, un voyageur annonça son approche du Port-au-Prince. Déjà, les cultivateurs sur la route faisaient la propagande révolutionnaire parmi les soldats, bien disposés à l'accueillir, sans que les officiers supérieurs pussent le savoir ou l'empêcher.

A la nouvelle reçue, que la 3e approchait, les généraux Gérin, Yayou et Vaval furent au-devant d'elle : ils achevèrent l'œuvre des cultivateurs, en faisant entrer en ville successivement les diverses fractions de ce corps débandé : il fut réuni sur la place Vallière. Le colonel Thomas Jean

---

[1] Après la mort de Lamartinière, en 1802, la 3e demi-brigade s'était ralliée aux bandes de Larose. Quand celui-ci fuit devant Dessalines et que Pétion occupa l'Arcahaie, cette troupe fut placée sous ses ordres : de là, l'influence qu'il exerçait sur ce corps qui était dans sa division militaire en 1806. En 1812, on vit encore l'effet de cette influence sur la 7e demi-brigade qui avait été placée sous ses ordres dans la guerre de l'indépendance.

et le chef de bataillon Gédéon arrivant ensuite au Pont-Rouge où ils croyaient trouver leur troupe, n'y virent que ces généraux et les soldats de la 15e et de la 16e : ils furent arrêtés comme prisonniers. On les engagea à prendre parti avec les insurgés ; mais ils répondirent avec beaucoup d'énergie, qu'ils voulaient voir le général Pétion avant de se décider. On les fit conduire auprès de ce général qui les accueillit comme des camarades d'armes envers lesquels il fallait user de persuasion. Pétion leur démontra la pénible nécessité qui l'avait porté lui-même à se joindre à l'armée du Sud, en les engageant à suivre le même parti. Thomas Jean hésita, et dut être consigné au bureau de la place ; mais Gédéon ayant adhéré fermement aux motifs donnés par Pétion, fut placé à la tête de la 3e dont il fut considéré dès lors comme le colonel. Pétion laissa naturellement ses armes à ce corps qui s'était rangé avant son chef au parti de l'insurrection.

Gédéon était alors, comme depuis, d'une assez forte corpulence ; il était vêtu d'un pantalon rouge et portait un bonnet à poil. Il déclara que Dessalines lui avait dit qu'il voulait l'apercevoir debout, au milieu de la 3e, sur le Pont-Rouge, quand il arriverait sur la grande route. On saisit cette idée ; on pria Gédéon de se déshabiller pour donner tout son uniforme à un officier de la 21e qui était de même taille et de même corpulence que lui ; ce à quoi il consentit. Cet officier fut donc placé sur le Pont-Rouge, au milieu d'un bataillon de la 15e.

A minuit, des cultivateurs du Cul-de-Sac vinrent auprès des chefs supérieurs, en députation au nom de toute cette population de la plaine qui gémissait sous un travail forcé, par les verges et le bâton, demander la mort de Dessalines et de Germain Frère, afin de jouir de la liberté.

Ils ajoutèrent que, si les soldats étaient résolus à bien faire leurs devoirs, ils étaient aussi disposés eux-mêmes à remplir le leur, en surveillant le maintien de *l'ordre* dans la plaine, et qu'ils s'engageaient *à laisser ignorer* à Dessalines les préparatifs qu'on faisait contre lui.

En effet, l'empereur étant parti de l'Arcahaie, le 17 octobre, à cinq heures du matin, traversa la plaine, et rencontra beaucoup de cultivateurs sortant du Port-au-Prince ou travaillant sur le long de la route ; *pas un* ne lui dit ce qui se passait en cette ville depuis la veille. « A 8 heures, « il était rendu dans nos avant-postes sans s'en aperce- « voir, dit la *Relation de la campagne*; et ce n'est que « lorsqu'on voulut l'arrêter, qu'il reconnut qu'il n'était « pas au milieu des siens (de la 3e) ; alors, *cherchant à se* « *dégager pour pouvoir prendre la fuite*, il reçut le coup « qui termina sa vie et ses forfaits. Le colonel Marcadieu « (Charlotin), en voulant *le défendre*, périt dans cette « circonstance, mais généralement *regretté*. Il y a eu du « côté de l'ennemi quelques blessés, de notre côté un seul « homme tué. »

Le fait est, qu'en approchant du Pont-Rouge, le malheureux empereur y vit l'officier qui remplaçait Gédéon, vêtu comme lui, et arriva en cet endroit avec la plus grande sécurité. Mais l'embuscade se prolongeait au-delà du Pont-Rouge ; il était donc au milieu des troupes qui la formaient. Dans le grand chemin, il y en avait pour représenter la 3e. Le colonel Léger, son aide de camp, qui avait servi dans le Sud sous Geffrard et Gérin, reconnut des militaires de la 15e et de la 16e ; il lui dit : « Mais, « Sire, ce sont les troupes du Sud ! — Non, répondit l'em- « pereur, cela ne peut être : comment pourraient-elles « se trouver ici ? »

Les généraux Gérin, Yayou et Vayal étaient dans l'embuscade. En cet instant, Gérin cria d'une voix forte : « Halte ! Formez le cercle ! »

A ce commandement, les troupes qui étaient dans le bois, derrière l'empereur, en sortirent tumultueusement pour lui barrer le chemin au cas qu'il voulût retourner sur ses pas, tandis que celles qui étaient sur les côtés et en avant vers la ville, sortirent aussi. On peut juger de l'effroi qu'officiers et soldats éprouvaient en présence d'un chef comme Dessalines !

Mais lui, en les voyant obéir à ce commandement militaire, reconnut le piége qui lui avait été tendu et devint furieux : animé de ce courage qui le distinguait à la guerre, il saisit sa canne et en frappa les soldats auxquels les officiers criaient vainement : feu ! feu ! — *Je suis trahi !* dit-il ; ôtant un pistolet de ses fontes, il tua un militaire. Mais, se voyant trop cerné par les troupes, il tournait son cheval pour rebrousser sur la route, quand un jeune soldat de la 15ᵉ, nommé Garat, sur l'ordre d'un sous-officier, lâcha son coup de fusil dont la balle atteignit *le cheval* qui s'abattit. C'est alors que Dessalines cria : « A « mon secours, Charlotin ! » pour l'aider à se dégager sous le cheval : probablement, ce colonel se trouvait le plus près de lui en ce moment, ou bien il comptait plus sur son dévouement. A ce cri de détresse du chef qu'il aimait, tout en déplorant ses défauts, en le voyant renversé par terre, Charlotin, ce *héros de la fidélité*, se précipita de son propre cheval, et vint pour le relever. Ce fut en cet instant que les soldats, reprenant leur aplomb, firent une décharge sous laquelle périrent Dessalines et Charlotin [1].

---

[1] Je relate ces faits comme je les ai entendu raconter : relation qui se

Les diverses circonstances de cette sanglante catastrophe avaient exigé moins de temps que nous n'en avons mis à les relater.

Dessalines, le fier et intrépide Dessalines, tombant mort par les balles de ces troupes haïtiennes avec lesquelles il avait conquis l'indépendance de son pays, on devait s'arrêter à cet épouvantable attentat. On assura à cette époque, que plusieurs officiers supérieurs tracèrent le funeste exemple d'une fureur impardonnable, sur le cadavre du chef qu'ils avaient tant redouté ; que le général Yayou et le chef de bataillon Hilaire Martin, de la 16e, lui portèrent plusieurs coups de poignard ; que le général Vaval voulut décharger sur lui ses deux pistolets, qui ratèrent ; et que le chef d'escadron Delaunay fendit la tête de Charlotin d'un coup de sabre, peut-être en ne voulant que frapper aussi le cadavre de l'empereur.

Comment les soldats eussent-ils respecté le corps de Dessalines, après cette fureur des chefs ? Ils lui coupèrent les doigts pour prendre ses bagues de prix ; ils le dépouillèrent de ses vêtemens, ne lui laissant que sa chemise et son caleçon ; ses armes, pistolets, sabre, poignard, devinrent la proie des pillards. Le général Yayou ordonna aux soldats d'emporter le cadavre en ville, sur la place d'armes, en face le palais du gouvernement. Dans ce tra-

---

trouve à peu près semblable à celle des écrits du temps. Que Dessalines ait tenté de retourner sur ses pas, c'était un mouvement tout naturel et qui ne prouve pas que son courage faillit en cette occasion ; un homme seul ne peut résister à une multitude. Ce seul homme *tué*, selon la *Relation de la campagne*, serait celui tué par Dessalines de son coup de pistolet. S'il y a eu *des blessés du côté de l'ennemi*, comme elle dit, ce serait donc parmi les aides de camp de l'empereur. Le sous-officier qui ordonna à Garat de tirer, se nommait Maurice Duverger, de la 15e jet d'une demi-lieue, ce cadavre fut incessamment jeté comme une pâture à la foule qui accourait de tous côtés; et chaque fois qu'il en fut ainsi, on lui portait des coups de sabre, on lui jetait des pierres.

Ce corps inanimé, mutilé, percé de tant de coups, à la tête surtout, était à peine reconnaissable; il resta exposé sur cette place d'armes jusque dans l'après-midi, où une femme noire, nommée *Défilée*, qui était folle depuis longtemps, rendue à un moment lucide, ou plutôt mue par un sentiment de compassion, gémissait seule auprès des restes du Fondateur de l'indépendance, lorsque des militaires, envoyés par ordre du général Pétion, vinrent les enlever et les porter au cimetière intérieur de la ville, où ils furent inhumés. *Défilée* les y accompagna et assista à cette opération; longtemps après ce jour de triste souvenir, elle continua d'aller au cimetière, jetant des fleurs sur cette fosse qui recouvrait les restes de Dessalines [1]. Quelques années ensuite, Madame Inginac y fit élever une modeste tombe sur laquelle on lit cette épitaphe: *Ci-gît* Dessalines, *mort à 48 ans.*

Les excès commis sur sa personne ne doivent étonner qui que ce soit. Son renversement du pouvoir, auquel il était parvenu par le vœu de ses compagnons d'armes, agissant dans l'intérêt général, était alors *une nécessité politique urgente*, — puisqu'il menaçait *l'existence* des plus importans, des plus influens parmi eux; — qu'il avait commis récemment *des crimes* qui prouvaient que ses instincts cruels l'emportaient sur ses de-

---

[1] Je relate ce qui est à ma connaissance. Ce n'est pas cette pauvre folle qui porta au cimetière le corps de Dessalines, comme le dit M. Madiou : je l'ai connue, elle n'était pas assez forte pour un tel fardeau. Pétion n'avait pas besoin de payer à ces militaires un service qu'il leur ordonnait de remplir. — Voyez Histoire d'Haïti, t. 3, p. 326.

voirs envers la société ; — qu'il n'avait point respecté le droit sacré *de la propriété* ; — qu'il avait usé de procédés arbitraires envers *les personnes* ; — qu'il avait tenu en divers lieux un langage qui attestait que ces violences de sa part étaient autant de provocations à la révolte, pour trouver une occasion de décimer *les populations*, de répandre *le sang* de ses concitoyens.

Mais son renversement du pouvoir n'était possible que par une révolution *violente* aussi ; car un chef puissant, comme l'était Dessalines, ne pouvait être jugé régulièrement ; et même de tels jugemens, quand ils ont lieu, ne sont que des assassinats juridiques. Pour l'abattre, il fallait lui tendre le piége où il est tombé. Là encore, comme il a tenu à peu de chose qu'il terrorisât les troupes, par son intrépidité, par la crainte et le respect qu'il imposait !

Lorsqu'un chef aime mieux employer *la crainte, la terreur*, que la conviction et la bienveillance, pour gouverner ses concitoyens, s'il vient à tomber par un attentat sur sa personne, les esprits qu'il avait comprimés, les âmes qu'il avait humiliées, se déchaînent alors pour se venger inhumainement de toute la peur qu'ils avaient eue sous son gouvernement ; ils s'acharnent contre ses restes, contre sa mémoire ; il n'est plus qu'*un tyran* aux yeux de tous, et on lui dénie même ce qu'il a pu faire de bien pour son pays, malgré ses défauts, ses fautes, parce que les passions du moment sont aveugles dans leur fureur.

Ce serait à ceux qui ont dirigé la vengeance populaire, à empêcher que des excès inutiles ne fussent commis après la chute du tyran ; mais eux-mêmes, ils ne croient pas le pouvoir toujours, car la multitude qui les applaudit a ses instincts, ses besoins abominables dans de telles crises. Y résister, ce serait s'exposer peut-être à la voir condamner l'œuvre accomplie, à occasionner un revirement dans l'opinion des masses, auxquelles il faut faire accepter le nouvel ordre de choses qui surgit d'une révolution quelconque. Et qu'on ne perde pas de vue, dans la circonstance qui nous occupe, l'état de nos mœurs à cette époque ! [1]

Toutefois, plaignons sincèrement le malheureux sort qu'a encouru JEAN-JACQUES DESSALINES ; gémissons sur la fatale nécessité où la nation s'est vue de s'armer contre lui, de l'immoler à la sécurité de tous, à la réforme des abus de son administration, à la création d'un gouvernement plus équitable que le sien, pour garantir aux citoyens de toutes les classes leurs droits dans la société civile. Sa mort violente fut un de ces événemens déplorables, que les peuples les plus civilisés ne peuvent pas toujours éviter eux-mêmes : ils arrivent par un concours de circonstances qui naissent de la nature des choses, souvent plus encore par la faute des gouvernemens. Mais, quelque fondée qu'ait été la résolution prise à cet égard par nos célèbres devanciers, sachons rendre à la mémoire de Dessalines la justice qu'il a méritée, pour avoir énergiquement guidé ses concitoyens, ses frères, dans la conquête de leur indépendance nationale. C'est là son titre à la gloire, à l'estime de la postérité.

Nous ne produirons pas ici la biographie de l'homme, fameux dans nos fastes révolutionnaires, dont nous dé-

---

[1] En 1848, j'ai vu se passer des choses à Paris, que je n'aurais pu comprendre, si mon esprit n'avait pas été quelque peu éclairé préalablement, par la lecture de l'histoire de bien des peuples. Et que ne vîtion pas au Port-au-Prince, en 1843 ? Boyer ne fut-il pas considéré comme un *tyran* ?

plorons les égaremens, dès qu'il lui fallut gouverner et administrer son pays. Il n'était pas personnellement à la hauteur de cette nouvelle mission, et il eut encore le malheur d'être entouré d'hommes immoraux et perfides qui contribuèrent à l'égarer, qui le poussèrent à sa ruine [1].

Il était à peine tombé sous la décharge des troupes, quand l'adjudant-général Etienne Mentor, son aide de camp, son favori, l'un de ces hommes perfides, vrai caméléon politique, s'écria : « Le *tyran* est abattu ! Vive la « Liberté ! Vive l'Egalité ! » Il voulait se racheter par ce cri infâme, et se compromit peut-être davantage aux yeux de ceux qui devenaient tout-puissans au Port-au-Prince ; car, que pouvait-on espérer d'un tel protée, s'il venait à s'asseoir au conseil du nouveau chef déjà proclamé, comme cela devenait *possible*, d'après les particularités du conciliabule des Cayes, rapportées plus avant ?

Aussi prétend-on, qu'aux funérailles qui honorèrent le dévouement généreux de Charlotin Marcadieu, « le gé-« néral Pétion, jetant un regard *courroucé* sur Mentor « et Boisrond Tonnerre, dit que Charlotin avait été *le* « *seul* des favoris de Dessalines qui n'eût pas cherché à « l'égarer [2]. »

Les troupes et les citoyens en foule assistèrent à cette cérémonie funèbre, remplie avec magnificence : témoignage flatteur pour la mémoire de celui qui comprit son devoir militaire. Cette douleur publique, cet hommage rendu au courage malheureux, consolent le cœur des excès dont il se plaint en cette circonstance ; ils contri-

---

[1] Voyez dans l'Histoire d'Haïti, t. 3, p. 327 à 330, l'excellent résumé biographique que M. Madiou a produit sur Dessalines.
[2] Hist. d'Haïti, t. 3, p. 326.

buèrent peut-être à engendrer deux mois après, un nouvel acte d'héroïsme et de dévouement militaire, qui sauva la jeune République d'Haïti [1].

Les peuples gagnent toujours à louer les actions qui sont en harmonie avec la sainte loi du devoir.

Si, dans l'intérieur de la ville du Port-au-Prince, l'anxiété publique était grande lorsqu'on apprit la présence de Dessalines à l'Arcahaie; si elle augmenta, quand circula la nouvelle de son arrivée au Pont-Rouge : en apprenant qu'il avait péri dans l'embuscade, ce fut une joie frénétique, universelle; citoyens et soldats poussaient des cris d'allégresse dans les rues. L'adjudant-général Bonnet, à la tête de la cavalerie, les parcourut aux cris de : *Vive la liberté ! Le tyran n'est plus !* Tous ceux qui l'entendaient applaudirent, en répétant ces cris de triomphe [2].

Les aides de camp de l'ex-empereur entrèrent en ville, plusieurs avec des craintes sur l'issue des événemens, par rapport à eux-mêmes. Il y en avait, en effet, qui étaient autorisés à avoir ces craintes; mais on ne leur dit rien dans ces premiers jours, de même qu'on n'avait fait aucune tentative contre eux au Pont-Rouge [3]. Cependant, le général Germain Frère fut tué dans la prison où il était détenu, peu d'instans après la mort de Dessalines : son sort était lié avec celui du chef qu'il avait plus d'une fois excité, à la connaissance de tous, à de mauvais actes. Les cultivateurs de la plaine, ceux des montagnes environnantes, les troupes de la garnison habituelle du

---

[1] Le dévouement de Coutilien Coustard, à la bataille de Sibert, le 1er janvier 1807.

[2] J'ai vu ce que j'écris. Bonnet passa près du magasin de l'Etat où je me trouvais. On délivrait des habillemens aux troupes dès six heures du matin : les soldats abandonnèrent tout pour courir à leurs drapeaux.

[3] Il y en eut qui rebroussèrent chemin et allèrent à Saint-Marc ou ailleurs.

Port-au-Prince, le détestaient encore plus que Dessalines même. Il est *vrai* qu'une députation de cultivateurs avait demandé sa mort dans la nuit précédente : son exécution ne put être ordonnée que par les généraux réunis.

« Le 18 octobre, un *Te Deum* fut chanté, dit la *Rela-« tion de la campagne*, pour célébrer cette mémorable « journée (celle du 17) qui a vu *finir la tyrannie* et renaî-« tre *la liberté*. » Hélas ! c'était plutôt une espérance qu'une réalité, avec le nouveau chef qu'on avait reconnu.

Ce même jour, ou peut-être la veille, le 17, on rédigea l'acte intitulé *Résistance à l'Oppression*, qui fut *antidaté* cependant du 16. Nous le disons ainsi, parce qu'un passage de cet acte le prouve : ce n'est pas d'ailleurs avant la mort de Desssalines, que les hommes d'action qui dirigeaient l'insurrection auraient pensé *à écrire*. Voici cet acte :

Une affreuse tyrannie, exercée depuis trop longtemps sur le peuple et l'armée, vient enfin d'exaspérer tous les esprits et les porter, par un mouvement digne du motif qui le fit naître, à se lever en masse pour former une digue puissante contre le torrent dévastateur qui le menace.

Un complot, ourdi dans le calme et la réflexion, allait bientôt éclater ; les hommes susceptibles de penser, ceux capables enfin de faire triompher les sublimes principes de la vraie liberté, dont ils sont les défenseurs, devaient disparaître pour toujours ; une marche rapide vers la subversion totale, effrayait déjà même l'homme le plus indifférent : tout semblait annoncer que nous touchions au moment de voir se renouveler ces scènes d'horreur et de proscription, ces cachots, ces gibets, ces bûchers, ces noyades dont nous étions les tristes et malheureuses victimes, sous le gouvernement des Rochambeau, des Darbois, des Ferrand, des Berger, etc., etc., etc.

---

[1] *Jean-François Germain* étaient les vrais noms de ce général, plus connu sous ceux de *Germain Frère* : il était âgé alors de 35 ans.

Moins touché du bonheur de ses peuples qu'avide à ramasser, le chef du gouvernement fit dépouiller injustement de leurs biens, des milliers de familles qui sont en ce moment réduites à la plus affreuse misère, sous le prétexte apparent qu'elles ne pouvaient justifier de leurs titres de propriété ; mais dans le fait, pour augmenter ses domaines. N'est-il pas constant qu'après avoir joui depuis dix, vingt et trente ans d'un bien, on devait en être supposé le véritable propriétaire ? Dessalines ne l'ignorait pas ; il était persuadé même que ces citoyens avaient perdu leurs titres dans les derniers évènemens ; il en profita pour satisfaire sa cupidité. D'autres petits propriétaires furent arrachés inhumainement de leurs foyers, et renvoyés sur les habitations d'où ils dépendaient, sans avoir égard ni à leur âge, ni à leur sexe. Si des considérations particulières ou des vues d'intérêt général pouvaient autoriser cette mesure, qui paraît avoir été adoptée par les gouvernemens précédens, au moins était-il juste d'accorder une indemnité à ceux sur lesquels on l'exerçait.

Le commerce, source de l'abondance et de la prospérité des États, languissait sous cet homme stupide, dans une apathie dont les vexations et les horreurs exercées sur les étrangers ont été les seules causes. Des cargaisons enlevées par la violence, des marchés aussitôt violés que contractés, repoussaient déjà de nos ports tous les bâtimens[1]. L'assassinat de Thomas Thuat, négociant anglais, connu avantageusement dans le pays par une longue résidence, par une conduite irréprochable, et par ses bienfaits, a excité l'indignation ; et pourquoi ce meurtre ? Thomas Thuat était riche, voilà son crime !.... Les négocians haïtiens ne furent pas mieux traités ; les avantages qu'on avait l'air de vouloir leur accorder, n'avaient été calculés que sur le profit qu'on pouvait en tirer : c'étaient des fermiers que pressuraient des commis avides.

Toujours entraîné vers ce penchant qui le porte au mal, le chef du gouvernement, dans la dernière tournée qu'il fit, désorganisa l'armée ; sa cruelle avarice lui suggéra l'idée de faire passer les militaires d'un corps dans un autre, afin de les rapprocher de leur lieu natal, pour ne point s'occuper de leur subsistance, quoiqu'il exigeât d'eux un service très-assidu. Le soldat était privé de sa paye, de sa subsistance, et montrait partout sa nudité, tandis que le tré-

---

[1] Allusion à l'affaire de Jacob Lewis dont il a été fait mention.

sor public fournissait avec profusion, des sommes de vingt mille gourdes par an, à chacune de ses concubines, dont on en peut compter au moins une vingtaine, pour soutenir un luxe effréné qui faisait en même temps la honte du gouvernement et insultait à la misère publique.

L'empire des lois ne fut pas non plus respecté. Une constitution faite *par ordre de l'empereur*, uniquement pour satisfaire à ses vues, dictée par le caprice et l'ignorance, *rédigée par ses secrétaires, et publiée au nom des généraux de l'armée qui n'ont* non-seulement, *jamais ni approuvé ni signé cet acte informe et ridicule,* mais encore n'en eurent connaissance que lorsqu'elle fut rendue publique et promulguée [1]. Les lois réglementaires formées sans plans et sans combinaisons, et toujours pour satisfaire plutôt à une passion que pour régler les intérêts des citoyens, furent toujours violées et foulées aux pieds par le monarque lui-même. Aucune loi protectrice ne garantissait le peuple contre la barbarie du souverain; sa volonté suprême entraînait un citoyen au supplice, sans que ses amis et ses parens en pussent connaître les causes. Aucun frein, enfin, n'arrêtait la férocité de ce tigre altéré du sang de ses semblables; aucune représentation ne pouvait rien sur ce cœur barbare, pas même les sollicitations de sa vertueuse épouse dont nous admirons tous les rares qualités.

Les ministres dont la constitution (si cet acte peut être qualifié de ce nom) avait déterminé les fonctions, ne purent jamais les exercer pour le bonheur du peuple ; *leurs plans et leurs représentations furent toujours ridiculisés et rejetés avec mépris*; leur zèle pour le bien public en général, et *pour celui de l'armée en particulier*, fut par conséquent paralysé [2].

La culture, cette première branche de la fortune publique et particulière, n'était point encouragée, et les ordres du chef ne tendaient

---

[1] Voilà un passage qui confirme ce que m'a dit le général Bonnet ; et je ne conçois pas qu'il ait pu dire à M. Madiou, que *quelques généraux* seulement n'avaient pas signé la constitution ; que cet auteur affirme lui-même que *la plupart* y avaient apposé leurs signatures. Que la gazette officielle de 1805 ait porté leurs noms à tous, elle n'a fait que reproduire ce qui est dans l'acte même ; que les généraux l'aient fait publier avec solennité, cela ne prouve pas qu'ils en furent les auteurs, ni qu'ils l'approuvèrent, qu'ils le signèrent.

[2] Allusion faite *aux plans* incessamment produits par Gérin, et *ridiculisés* par B. Tonnerre, Mentor, J. Chanlatte et d'autres : ce qui irritait Gérin contre eux, car Dessalines en riait aussi.

qu'à faire mutiler les pauvres cultivateurs. Etait-il sage, enfin, d'arracher à la culture des bras qui la fructifiaient, pour grossir sans besoin le nombre des troupes, qu'on ne voulait ni payer, ni nourrir ni vêtir, lorsque déjà l'armée était sur un pied respectable ?

Tant de crimes, tant de forfaits, tant de vexations ne pouvaient rester plus longtemps *impunis* : le peuple et l'armée, lassés du joug odieux qu'on leur imposait, rappelant leur courage et leur énergie, *viennent* enfin, par un mouvement spontané, *de le briser*. Oui, nous avons rompu nos fers !... Soldats, vous serez payés, habillés. Propriétaires, vous serez maintenus dans la possession de vos biens. *Une constitution sage* va bientôt fixer les droits et les devoirs de tous [1].

En attendant le moment où il sera possible de l'établir, *nous déclarons* que l'union, la fraternité et la bonne amitié étant la base de notre réunion, *nous ne déposerons les armes* qu'après avoir abattu l'arbre de notre servitude et de notre avilissement, et placé à la tête du gouvernement un homme dont nous admirons depuis longtemps *le courage et les vertus*, et qui, comme nous, était l'objet des humiliations du Tyran. Le peuple et l'armée dont nous sommes les organes, proclament le général HENRY CHRISTOPHE, *chef provisoire* du gouvernement haïtien, en attendant que *la constitution*, en lui conférant définitivement *ce titre auguste*, en ait désigné la *qualification*.

Donné en conseil, à notre quartier-général du Port-au-Prince, le 16 octobre 1806, an 3e de l'Indépendance, et de la vraie Liberté, le 1er.

(Suivent les signatures de Gérin, Pétion, Yayou, Vaval, Bonnet, Marion, Véret, Francisque, Lamarre, Sanglaou, et celles des autres officiers supérieurs, des principaux fonctionnaires de l'ordre civil, etc.)

Ce manifeste révolutionnaire, en énumérant tous les torts de Dessalines, tous les griefs que la nation avait

---

[1] Voilà ce passage qui nous fait penser que cet acte fut *antidaté* : on y parle du joug de Dessalines *qui vient d'être brisé* ; la prise d'armes seule ne pouvait l'avoir brisé. On n'aurait pas songé à faire une nouvelle constitution, avant ce résultat. La lettre qu'on va lire bientôt, de Pétion à Christophe, porte aussi la date du 16 octobre dans un imprimé de cette époque que nous possédons : si elle ne fut pas antidatée volontairement, ce fut alors une faute typographique, et il se peut qu'il en soit de même de cet acte.

contre son gouvernement, se terminait de manière à faire *réfléchir* l'homme dont *le courage et les vertus* excitaient l'admiration. On lui posait catégoriquement *les conditions* auxquelles il devait prétendre à succéder *au tyran*; car en le proclamant *chef provisoire* du gouvernement haïtien et réservant à a constitution projetée de déterminer le titre, la qualification qu'il aurait, c'était presque lui dire qu'il ne serait pas *Empereur*, que l'État ne serait pas constitué en *Empire*. H. Christophe connaissait trop bien les opinions politiques de Pétion, pour se méprendre sur cette déclaration. *L'arbre de la servitude* qu'on se proposait *d'abattre* ne doit pas s'entendre de la *personne* de Dessalines, mais *des institutions* despotiques, autocratiques, qu'il avait fondées pour asseoir son pouvoir, son autorité.

Cette déclaration faite par la révolution triomphante, renfermait en elle-même le germe de la *guerre civile* qui éclata 75 jours après; car Christophe n'était pas homme à se relâcher sur ses prétentions à avoir *le même pouvoir* que Dessalines, sinon *le même titre* que lui. Mais que faire dans une telle situation? Courber lâchement ces têtes si fières sous le joug d'un nouveau despote, lorsqu'elles venaient de s'élever à la hauteur de la Liberté et de l'Égalité? On n'expose pas sa vie en s'armant contre la Tyrannie, pour la livrer ensuite au Despotisme. Ce langage énergique, cette mâle attitude, étaient une conséquence du triomphe des armes du Sud et de l'Ouest; mais cela ne prouve pas, comme le pense M. Madiou, que : « presque tous les signataires
« de cette pièce, qui fut publiée à l'époque, en procla-
« mant le général Christophe chef provisoire du gouver-
« nement, avaient déjà l'arrière-pensée de l'abattre à la
« première occasion favorable. Ils violentaient leurs sen-

« timens en déclarant solennellement que depuis long-
« temps ils admiraient *ses vertus*, etc. ¹ »

Apprécier ainsi ce fait historique, c'est, ce nous semble, s'exposer à faire imputer à ces révolutionnaires de 1806 un caractère de *perfidie* qu'ils n'avaient pas, des intentions déloyales dont ils n'étaient pas animés : autant vaudrait-il dire, que chaque fois qu'un peuple se donne un chef, il se prépare à l'abattre. Quel est le chef qui puisse ignorer qu'il est dans les attributions souveraines du peuple de *le déposer*, lorsqu'il méconnaît lui-même ses devoirs envers la société? C'est la condition *nécessaire* de son élévation au rang suprême, à cette position où il est placé pour faire preuve de vertus sur lesquelles on compte. En parlant de celles de Christophe, on lui disait en d'autres termes ; « Montrez-en à vos concitoyens, vos égaux
« en droits, et ils poseront sur votre tête *la couronne civi-*
« *que*, — celle qui fait jouir de l'amour du peuple, de la
« vraie gloire et de la célébrité, sinon de l'immortalité. »

D'ailleurs, par quel motif les signataires de la *Résistance à l'Oppression* auraient-ils eu l'arrière-pensée d'abattre Christophe ? S'ils avaient eu confiance en Dessalines pour se placer sous ses ordres, après tous les crimes qu'il avait commis dans la guerre civile du Sud, pourquoi n'en auraient-ils pas eu en Christophe qui en commit *moins* que lui ? Depuis la lutte commune contre les Français, tout le passé avait été oublié de part et d'autre dans l'intérêt général ². Pendant le règne de Dessalines, Christophe ne s'entourait que des hommes éclairés; son langage était conforme à sa conduite; il avait

---

¹ Hist. d'Haïti, t. 3, p. 317.

² Pétion l'avait prouvé à Christophe, en l'entraînant contre les Français, en le défendant contre Sans-Souci et les Congos du Nord.

lui-même provoqué le renversement de l'empereur : on pouvait donc *espérer* qu'il reconnaîtrait la nécessité des institutions politiques propres à garantir *les droits* de tous les citoyens, et c'est pour cela qu'on en parla si fermement dans le manifeste révolutionnaire. Mais, dans le cas où il ne le voudrait pas, on lui faisait entendre avec franchise, par conséquent *sans perfidie*, qu'il ne serait pas le chef définitif de l'Etat, sans avoir pour cela l'intention de l'abattre.

En signant cet acte, le général Gérin prit la qualité de *ministre de la guerre et de la marine*, probablement dans l'espoir d'être maintenu à cette charge par le chef provisoire du gouvernement. Cependant, se renfermant dans son rôle de révolutionnaire, et toujours belliqueux, il fit au conseil des officiers et fonctionnaires assemblés au palais impérial, une singulière proposition qui prouvait que son esprit n'avait pas constamment un sens judicieux. Elle tendait à partir avec toute l'armée réunie au Port-au-Prince, pour se porter d'abord à Marchand, enlever les trésors qui s'y trouvaient, et delà, aller au Cap et dans tout le Nord, afin d'y installer la révolution.

Le général Pétion fut d'un avis contraire ; il n'eut aucune peine à lui démontrer, qu'une telle résolution serait *inconséquente* au but qu'on s'était proposé en prenant les armes contre Dessalines ; que l'ayant atteint par sa mort, et proclamé le général en chef de l'armée comme le chef provisoire du gouvernement, il était à présumer d'abord, que l'Artibonite et le Nord adhéreraient au renversement de l'empereur comme à la proclamation du nouveau chef du pays; qu'alors, c'était à Christophe de juger si les sommes existantes à Marchand devaient y rester ou non, jusqu'à l'achèvement de la constitution qui organiserait le gouvernement ; — qu'ensuite, il n'y avait pas lieu d'aller *imposer* la révolution à des populations qui y étaient préparées plus ou moins, puisqu'elles avaient souffert du régime impérial comme celles du Sud et de l'Ouest ; —qu'une telle démonstration, enfin, dans la ville où siégeait le chef provisoire, même sur Marchand, lui paraîtrait *menaçante* pour son autorité, ferait *supposer* des intentions qu'on n'avait pas, et aliénerait tous les cœurs qu'il fallait au contraire réunir dans un commun accord [1].

Le conseil approuva le raisonnement de Pétion, basé sur la sagesse. On décida alors que ces généraux adresseraient aussitôt à Christophe, des lettres pour lui notifier sa nomination, en lui envoyant copie des actes rendus et publiés, et en l'informant de tout ce qui avait été fait jusqu'alors.

« Mais, dit M. Madiou à cette occasion, Pétion, *froid,
» adroit, qui déjà songeait à se saisir du pouvoir*, fut
» d'un avis contraire (à la proposition de Gérin), et son
» opinion prévalut. C'était le plus sûr moyen d'éteindre
» *l'influence* de Gérin, *qui ne pouvait briller* que par des
» entreprises *audacieuses* [2]. »

Comme nous serons nous-même souvent d'un avis contraire à celui de M. Madiou, en jugeant les actes et la conduite de Pétion, à partir de la mort de Dessalines, nous

---

[1] A une époque postérieure, on vit ce que produisit de fâcheux sur l'esprit des populations, *une promenade révolutionnaire* qui, partant du Sud, parcourut tout le pays.

[2] Hist. d'Haïti, t. 3, p. 332. Si Gérin ne pouvait briller que par *l'audace*, ce n'est pas faire un grand éloge de lui. Un chef révolutionnaire doit avoir d'autres qualités, pour rester *influent* sur le nouvel ordre de choses qu'il veut établir.

devons déclarer ici que, si nous n'avions pas trouvé dans l'Histoire d'Haïti toutes les imputations dont Pétion fut l'objet à cette époque, nous les eussions reproduites pour avoir l'occasion de défendre sa mémoire. Ainsi, que notre compatriote ne s'étonne pas si nous contestons *les jugemens* qu'il aura portés à son égard, d'après les traditions qu'il a recueillies.

Que Pétion fût *froid et adroit*, nous n'en disconvenons pas : *froid*, par la raison qui dominait toujours en lui [1] ; *adroit*, ou plutôt *habile*, par ses talens politiques, par son génie qui appréciait sainement une situation, et qui le fit toujours réussir.

Quand Gérin fit ses objections à Francisque, c'est que, malgré sa *témérité* habituelle, il sentait que cette entreprise était des plus *audacieuses* : il fallait, en effet, *de l'audace* pour y réussir, et il remplit fort bien sa mission. Mais, après la réussite, c'étaient *la prudence*, et *la modération* qu'elle conseille, qu'il fallait pratiquer.

En outre, *de quel pouvoir* Pétion songeait-il donc *à se saisir*, lorsque ses objections à la proposition intempestive de Gérin tendaient à *fortifier* celui dont on venait de revêtir Christophe ? En s'y opposant, il restait encore *conséquent et fidèle* à l'accord qui avait existé entre lui, le général en chef et Geffrard, à la fête de l'indépendance ; il était sincère [2]. Et puis, tous les antécédens de Pétion, comparés à ceux de son collègue, ne parlaient-ils pas assez

---

[1] « La froideur est la plus grande qualité d'un homme destiné à commander. » — Napoléon.

[2] Si l'on veut nier cet accord, cette conjuration, le mérite de Pétion n'en sera que plus grand, lorsqu'il repoussait la proposition de Gérin ; et quant à ce dernier, il suffit de lire ses lettres des 12 et 18 octobre à Christophe, pour reconnaître son *inconséquence*, lorsqu'il voulait empiéter sur l'autorité de ce chef.

haut pour l'emporter sur lui *en influence*, pour que Pétion ne se donnât pas la peine *d'éteindre* celle que Gérin avait acquise tout récemment ?

Il est des hommes qui se démènent, qui se battent les flancs pour arriver *au pouvoir*, qui réussissent quelquefois, sans grand honneur pour eux (nous n'entendons pas *sans de grands honneurs*). Il en est d'autres qui n'ont besoin de faire aucun pas pour y parvenir; *le pouvoir* vient à eux, au contraire, comme par une attraction irrésistible. Pétion était de cette dernière catégorie.

Malheureusement, Gérin, contrarié dans son projet, dans ses vues, devint dès lors *le rival jaloux* de Pétion, dont la sagesse fut mieux appréciée. C'est presque toujours le résultat des révolutions : à peine elles ont triomphé, que *la désunion* commence entre les vainqueurs. Il était impossible qu'il n'en fût pas de même entre ces deux généraux et le chef provisoire du gouvernement [1].

Enfin, ils lui écrivirent chacun une lettre ; lisons-les :

Au Port-au-Prince, le 18 octobre 1806, l'an III de l'indépendance.

Le Ministre de la guerre et de la marine,

A. S. E. le Général en chef de l'armée, et chef *suprême* du gouvernement d'Haïti.

Excellence,

Depuis longtemps nos vœux vous désirent à la tête du gouvernement de notre pays. Une foule d'actes arbitraires, un règne par la terreur, des injustices sans nombre, et un gouvernement dont le but était une destruction et une subversion totales, nécessitaient que

---

[1] Tout chef de gouvernement qui est renversé du pouvoir, peut *se consoler d'avance*, par la certitude de ce résultat qui ne manquera pas de survenir entre ses adversaires, sinon ses ennemis.

vous eussiez *succédé* au tyran, pour nous faire *oublier*, par vos vertus et vos talens, les excès de notre *Néron*. Le malheur du peuple ayant été à son comble, il s'est levé en masse contre celui qui l'a occasionné, et préparait par la force, sa chute, quand la divine Providence, dirigeant cet événement, a conduit Dessalines au Pont-Rouge, sur le chemin du Cul-de-Sac, près de cette ville, pour être frappé à mort par le premier coup de fusil qui a été tiré depuis cette sainte insurrection. En commandant cette embuscade, j'avais donné les ordres les plus positifs de ne le point tuer, mais bien de l'arrêter pour qu'il fût jugé. Cependant, au moment que *je criai : halte !* il se saisit d'un de ses pistolets, en lâcha un coup, et fit des mouvemens pour rétrograder et se sauver. Alors partit ce coup de fusil qui l'atteignit, ensuite une décharge ; et la fureur des soldats alla au point de mutiler et d'écharper son corps inanimé. Le colonel Marcadieu périt aussi en le défendant, et a excité bien des regrets. La difficulté de contenir des esprits montés et exaspérés a empêché de sauver cet homme estimable. Le reste de son état-major est en grande partie ici [1].

Ainsi, le tyran n'est plus, et l'allégresse publique applaudit à cet événement, comme elle vous nomme pour nous gouverner. Le peuple et l'armée ne doutent pas, Excellence, que vous vouliez bien agréer les fonctions dont ils vous chargent, par une volonté générale bien prononcée et spontanée.

J'ai l'honneur de vous adresser sous ce pli, Excellence, une lettre des chefs de la 1re division du Sud ; une relation de la marche de l'armée que j'ai commandée, et des heureux résultats qui en ont été la suite ; des exemplaires de l'acte du peuple qui vous proclame son chef ; et le triplicata d'une lettre que je vous écrivis de l'Anse-à-Veau, dont aucunes ne vous sont, je crois, parvenues, puisque celle que j'ai l'honneur de vous remettre ci-joint m'a été rendue ici.

J'ai l'honneur d'être, avec respect, de votre Excellence,

Le très-humble et très-obéissant serviteur,

Signé : ET. GÉRIN.

---

[1] Gérin confirme ici ce que nous avons dit dans une note antérieure, que tous les aides de camp de l'empereur n'entrèrent pas au Port-au-Prince.

Au quartier-général du Port-au-Prince, le 18 octobre 1806.

Le général de division Pétion, commandant en chef la 2e division de l'Ouest,

A. S. E. le Général en chef de l'armée d'Haïti, Henry Christophe.

Général,

Echappés des coups destructeurs que les agents d'un gouvernement ingrat et barbare frappaient sur les habitans de ce pays, nous avions cru devoir confier les moyens de notre restauration entre les mains d'un homme qui, par ses dangers personnels et sa propre expérience, aurait pu, avec sagesse, fixer encore le bonheur parmi nous. Lorsque abusant de notre patience, *il força nos volontés*, en couvrant sa tête de l'éclat du diadème, nous pûmes penser qu'au faîte des grandeurs et de la puissance, il aurait reconnu que son pouvoir était l'ouvrage de nos mains et le prix de notre courage ; il paraissait même s'en être pénétré, et nous espérions qu'*à l'abri des lois*, nous aurions pu jouir, dans un état paisible, de tous les sacrifices que nous n'avions cessé de faire depuis si longtemps. Quel en a été le résultat, général ? A peine a-t-il senti son autorité affermie, qu'il a oublié tous ses devoirs, et qu'au mépris *des droits sacrés d'un peuple libre*, il a cru qu'il n'y avait de véritable jouissance que dans celle exercée par le pouvoir le plus despotique et la tyrannie la plus prononcée. Nos cœurs ont longtemps gémi, et nous n'avons employé que la soumission et la docilité pour le ramener aux principes de justice et de modération avec lesquels il avait promis de nous gouverner. Son dernier voyage dans la partie du Sud a enfin dévoilé ses projets, même aux yeux les moins clairvoyans, et nous a prouvé qu'il ne nous restait d'autres moyens de conservation pour nous-mêmes, et pour nous opposer aux attaques de l'ennemi extérieur, que de nous lever en masse, si nous voulions éviter une destruction prochaine et résolue : ce mouvement spontané, l'élan de nos cœurs opprimés, a produit un effet aussi prompt que celui de l'éclair. Dans peu de jours, les deux divisions du Sud ont été debout ; rien ne devait arrêter cette irruption, puisqu'elle était un mouvement aussi juste que sacré, celui *des droits du citoyen* impunément violés. Nous avons joint nos armes à celles de nos frères du Sud. Pénétrée des mêmes sentimens qu'eux, l'armée réunie s'est portée au Port-au-Prince, dans l'état le plus admirable et la plus exacte discipline, *en respectant les propriétés*, sans que le travail de l'agriculture ait été dérangé un seul moment, ni que le sang ait été versé.

La Providence, qui est infinie dans ses décrets, s'est plue à se manifester dans une aussi juste cause, en conduisant notre oppresseur au sort qui l'attendait, et lui a fait trouver le châtiment de ses crimes aux pieds des remparts d'une ville où il venait avec des forces, pour l'inonder du sang de ses semblables, puisque, pour nous servir de ses dernières expressions, *il voulait régner dans le sang*.

Nous n'aurions pas achevé notre ouvrage, général, si nous n'avions été pénétrés qu'il existait un chef fait pour commander à l'armée avec toute la latitude du pouvoir dont il n'avait eu jusqu'à ce jour que le nom. C'est au nom de toute cette armée, *toujours fidèle, obéissante, disciplinée*, que *nous vous prions*, général, de prendre les rênes du gouvernement *et de nous faire jouir de la plénitude de nos droits, de la liberté*, pour laquelle nous avons si longtemps combattu, et d'être *le dépositaire de nos lois, auxquelles nous jurons d'obéir*, puisqu'elles seront *justes*.

J'ai l'honneur de vous saluer avec un respectueux attachement,

Signé : PÉTION.

Si Pétion ne voulut pas consentir à la marche de l'armée dans l'Artibonite et le Nord, il termina sa lettre néanmoins de manière à prouver au chef élu par elle, qu'elle pourrait être facilement mise en mouvement. Christophe dut se faire relire cette lettre plusieurs fois ; car il suffit de la comparer à celle de Gérin, pour comprendre l'extrême différence qui existait entre l'esprit et le jugement de ces deux généraux. Celle de Gérin, qui prend toujours la qualité de *ministre*, nous semble d'un homme qui vise à se faire maintenir dans cette charge éminente, en prodiguant *l'Excellence* à H. Christophe, tandis que Pétion ne lui donne ce titre *qu'une fois*, et qu'il lui parle sans cesse de *lois, de droits sacrés du citoyen, d'un peuple libre, de liberté, qu'il jure d'obéir aux lois*, etc.

Indépendamment des antécédens militaires et politiques de ces deux citoyens, voilà la cause de *l'influence* qu'exerça Pétion dans la révolution de 1806, dont il devint l'âme comme il en avait été l'un des promoteurs secrets ; car ce mouvement des populations du Sud n'était qu'une suite des préparatifs faits par Geffrard. Christophe dut comprendre alors, que si Pétion s'était concerté avec lui et ce brave défunt, pour sauver leurs jours menacés, du moins en parvenant au but qu'ils s'étaient proposé d'atteindre, Pétion n'entendait pas faire, comme lui, de cet attentat inévitable, un objet d'ambition égoïste : qu'il voulait surtout, que *le peuple entier* en profitât pour asseoir ses libertés sur des bases durables. Voilà quelle fut *l'ambition de Pétion*.

Après avoir rempli envers Christophe ce devoir militaire et politique, Pétion reconnut qu'il avait un devoir de convenance à remplir aussi envers la Veuve de Dessalines, dont il admirait les vertus privées ; il lui adressa la lettre suivante :

Au quartier-général du Port-au-Prince, le 19 octobre 1806.

Le général de division Pétion,

A Madame Dessalines.

Madame,

Toutes les lois de la nature les plus sacrées, violées par celui qui porta le nom de votre époux ; la destruction générale des véritables défenseurs de l'État, dont l'arrêt était sorti de sa bouche coupable ; l'excès du crime, enfin, a fait courir aux armes tous les citoyens opprimés, pour se délivrer de la tyrannie la plus insupportable. Le sacrifice est consommé, et la mémorable journée du 17 avait été fixée par la Providence pour le moment de la vengeance. Voilà, Madame, le tableau raccourci des derniers événemens, et la fin de celui qui profana le titre qui l'unissait à vous.

Quelle différence de la vertu au crime! Quel contraste! A peine respirons-nous, après la grandeur de nos dangers, qu'en élevant nos mains vers l'Essence suprême, votre nom, vos qualités inestimables, vos peines, votre patience à les supporter : tout vient se retracer à nos cœurs et nous rappeler ce que le devoir, la reconnaissance, l'admiration nous inspirent pour vous. Consolez-vous, Madame; vous êtes au milieu d'un peuple qui consacrerait sa vie pour votre bonheur : oubliez que vous fûtes la femme de Dessalines, pour devenir l'épouse adoptive de la nation la plus généreuse, qui ne connut de haine que contre son seul oppresseur. Vos biens, vos propriétés, tout ce qui vous appartient, ou sur quoi vous avez quelques droits, sont un dépôt confié à nos soins pour vous le transmettre dans toute son intégrité; ils sont sous la sauve garde de l'amour de vos concitoyens. C'est au nom de toute l'armée, dont je me glorifie d'être aujourd'hui l'interprète, que je vous prie, Madame, d'agréer l'assurance des sentimens qui l'animent pour vos vertus, et dont les traits gravés dans tous les cœurs ne pourront jamais s'effacer.

J'ai l'honneur de vous saluer avec respect,

Signé : PETION [1].

La nouvelle de la mort de Dessalines avait franchi les distances avec une rapidité extraordinaire : le 19 octobre, Christophe en était informé par des lettres du colonel Pierre Toussaint, de Saint-Marc, et du général Vernet, de Marchand.

Nous avons dit qu'instruit de l'insurrection du Sud par l'empereur, il se prépara aussitôt à immoler Capois; mais il ne pouvait commettre cet attentat, que s'il apprenait le succès des insurgés. Et nous croyons que M. Madiou se trompe, en disant que : «Christophe, dès *les premiers jours* « d'octobre, avait su qu'une révolte dut éclater contre « Dessalines dans l'arrondissement des Cayes, etc.» [2]

---

[1] Cette lettre, celle à Christophe et la *Résistance à l'Oppression* furent écrites par Sabourin qui, dès lors, fut attaché à Pétion et à sa politique.
[2] Hist. d'Haïti, t. 3, p. 317.

Qui se serait aventuré à lui donner un tel avis? Il n'en savait rien, de même que Pétion. L'un et l'autre pouvaient *conjecturer* à cet égard, mais sans avoir une certitude.

Mais, en apprenant la mort de Dessalines, il résolut de mettre de suite à exécution ce qu'il avait médité. Pour un tel acte, il avait besoin d'un homme dévoué, imbu déjà de ses projets de conspiration avec Geffrard et Pétion : le général Romain était cet homme, par qui il avait éclairé ces deux généraux à Marchand, le 1er janvier. Il le manda auprès de lui, ainsi que le général Dartiguenave, commandant de l'arrondissement de la Grande-Rivière, sur la docilité duquel il ne pouvait que compter en cette circonstance. Voici sa lettre à Romain :

C'est avec *des larmes de sang*, général, que je vous apprends que je viens d'être informé par S. E. le ministre des finances et par le colonel Pierre Toussaint, que S. M. l'Empereur vient d'être *assassiné;* il a commencé à se battre depuis l'habitation Sibert jusqu'au Port-au-Prince, croyant que les troupes et les habitans de cette ville étaient pour lui; il y est arrivé, mais, hélas! il n'y a trouvé que la mort.

En conséquence, au reçu de la présente, rendez-vous sans délai auprès de moi, et laissez le commandement au général Guillaume. *Recommandez* bien à Pourcely de faire maintenir l'ordre *dans cette demi-brigade* (la 9e). Je vous attends.

Signé : HENRY CHRISTOPHE.

Romain était au Port-de-Paix. On voit ce que craignait Christophe, au moment où il allait faire tuer Capois; il s'appuyait surtout sur Pourcely, colonel de la 9e, pour contenir ce corps qui aimait ce général et qui pouvait s'exaspérer, quand il apprendrait sa mort.

Capois était en ce moment en tournée vers Ouanaminthe. Christophe l'avisa de la mort de Dessalines, en l'appelant au Cap, dès que Romain et Dartiguenave y furent rendus, afin de se réunir à lui pour aller *venger cet attentat*. Mais il envoya ces deux généraux à la tête d'un détachement de dragons et de leurs nombreux guides, lui tendre une embuscade au Fossé-de-Limonade, avec ordre de le mettre *à mort*. Capois y arriva avec ses guides et ses aides de camp, Bottex, Placide Lebrun et Bélair ; voyant Romain et Dartiguenave, à pied, sur la route, et ne se doutant pas de leur mission, il s'arrêta pour s'informer d'eux des circonstances de la mort de l'empereur ; ils s'y prêtèrent de bonne grâce, et Capois descendit de cheval. Alors, à un signal de Romain, sa troupe parut, en même temps que l'adjudant-général Gérard saisissait le sabre de Capois. Celui-ci reconnut l'inutilité de la résistance ; mais il dit à Romain, que Christophe était heureux de lui avoir tendu ce piège ; car il lui aurait fait sentir la vigueur de son bras. Romain ordonna sa mort, et on le tua à coups de pistolets et de sabres [1].

Ainsi périt le héros de Vertières, dont la bravoure excita l'admiration de Rochambeau et des troupes françaises. Que d'événemens tragiques depuis cette mémorable journée du 18 novembre 1803 ! Que d'autres à raconter encore !...

---

[1] Je relate la mort de Capois d'après des notes que j'ai sur cet événement. M. Madiou prétend qu'il eut lieu le 8 octobre, et que Christophe fit répandre le bruit au Port-de-Paix, que c'était par ordre de Dessalines. L'écrit publié par Pétion le 17 janvier 1807, semble admettre aussi cette version ; il y dit : « Si vous n'avez pas été directement *l'auteur* de la mort du général « Capois, qui venait de combattre les Espagnols à la frontière, au moins vous « en avez été *l'instrument* ; et certes, vous pouviez le sauver. » Ce qu'on dit Pétion prouve qu'on ne savait pas alors les vraies circonstances de cet assassinat ; mais la lettre de Christophe à Romain, qu'il appela au Cap ainsi que Dartiguenave, m'a fait préférer la version qui assigne la mort de Capois après celle de Dessalines.

En même temps qu'il appelait auprès de lui Romain et Dartiguenave, le 19 octobre, Christophe adressa une lettre à Pétion, qu'il lui fit porter par deux officiers, et où il lui disait qu'il était *inquiet sur son sort*, qu'il attendait impatiemment des renseignemens sur la mort de Dessalines. Cette préoccupation se rattachait à leur projet avec Geffrard, dont il voyait un résultat identique ; et par l'intérêt qu'il manifestait à Pétion pour sa personne, il voulait lui dire : « Soyez fidèle à votre promesse, si vous avez survécu « au drame consommé. »

Afin de s'attacher les troupes, il fit payer et habiller celles du Nord et écrivit au général Vernet d'agir de même envers celles de l'Artibonite. Tous les magasins de l'Etat, dans les chefs-lieux de division, étaient pourvus d'habillemens confectionnés par ordre de Dessalines, et il ne voulait pas les faire délivrer à ces malheureux soldats qui étaient nus ! Les caisses publiques avaient des sommes importantes, et il ne voulait pas les payer ! Au Port-au-Prince seul, il y avait un million de piastres.

Nous avons produit la lettre de Pétion à Madame Dessalines : produisons aussi celle que lui adressa Christophe, le 21 octobre, avant d'avoir appris qu'il eût été nommé chef provisoire du gouvernement : la postérité a besoin de comparer.

Il serait difficile à mon cœur, ma chère commère, de vous exprimer la sensation que j'ai éprouvée en apprenant la nouvelle des troubles qui ont eu lieu, *et surtout l'attentat inouï* qui a été commis sur la personne de S. M. l'Empereur, votre époux ; mon inquiétude est sans égale sur son sort. Je n'ai pu parvenir à avoir aucun détail certain sur ces malheureuses affaires ; *j'ignore absolument les chefs des insurgés, leur plan et leur but;* je ne puis encore penser *qu'ils aient osé tremper leurs mains dans son sang.* De crainte que l'insurrection ne se propage dans le Nord, j'ai cru prudent de prendre, avant de me déplacer, des mesures qui tendent au maintien de l'ordre dans les deux divisions. J'ai ordonné l'habillement et la solde des troupes. Du moment qu'il me sera permis de m'absenter, vous me verrez voler auprès de vous. Ne vous laissez pas, chère commère, accabler par le chagrin. Vous me connaissez, ayez une entière confiance en moi ; je ferai tout ce que l'honneur exige de moi pour éviter l'*effusion du sang* entre nous. *Le grand projet de nos ennemis* est donc rempli ![1] Ils ont enfin réussi à mettre la division *dans l'Empire !* Et dans quel moment ? A la veille d'une pacification générale en Europe, où nous ne devions songer qu'à finir nos fortifications et attendre l'ennemi. *De grands coupables ont joué un rôle dans cette affaire.*

Je ferai tout ce que mon devoir m'ordonnera de faire ; *je prendrai Dieu à témoin de mes actions.* Ayez soin de vos enfans [2]. J'ai écrit au ministre des finances, s'il croyait que vous et votre intéressante famille, couriez quelques risques, de me le faire savoir tout de suite ; je vous enverrais chercher ainsi que vos enfans, pour venir auprès de mon épouse qui est dans les alarmes *et qui gémit comme moi* sur ce cruel événement.

Je vous embrasse de tout cœur et avec un dévouement sans bornes.

Signé : Henry Christophe.

Digne élève de Toussaint Louverture, H. Christophe parlait *de grands coupables*, afin d'ôter jusqu'à l'ombre du soupçon, dans l'esprit de la Veuve de Dessalines, qu'il eût trempé ses mains dans cette affaire, dans le *sang* de son mari ; mais il venait de les tremper dans celui de Capois ! Jusqu'aux *embrassades* qu'il envoyait à cette vertueuse femme, qui nous rappellent celles que son ancien chef en-

---

[1] Le projet des Français.
[2] Madame Dessalines n'avait point d'enfans ; mais elle considérait comme telles, de jeunes personnes qu'elle avait prises sous sa protection et qu'elle faisait élever chez elle, tant son cœur était porté à la bienfaisance, à toutes les vertus.

voyait aussi à Laveaux, en le déportant par son élection au corps législatif.

Mais, deux jours après sa lettre, le 23 octobre, ayant reçu les lettres de Gérin et de Pétion, et les actes qu'ils lui adressèrent, c'était un autre langage. Il était à Milot, devenu son fameux *Sans-Souci*; il y fit venir les autorités civiles et militaires du Cap, pour leur donner connaissance de ces pièces, afin de prendre une résolution qu'on devine d'avance. Voici l'acte qui sortit de cette assemblée :

Aujourd'hui, 23 octobre 1806, an 3e de l'indépendance.

Nous, soussignés, sur l'invitation à nous faite par le général en chef ;

Nous nous sommes rendus au quartier-général de Milot, à l'effet de prendre connaissance des dépêches qui lui ont été adressées par LL. EE. les généraux commandant les divisions du Sud et la 2e de l'Ouest ; où étant, il nous a été donné lecture, etc., etc.

Après avoir mûrement réfléchi sur le contenu des lettres et de la déclaration précitée, ainsi que sur les motifs qui ont déterminé l'armée susdite à se réunir *contre la tyrannie sous laquelle nous gémissions*, nous restons pénétrés *de reconnaissance* pour le courage et l'énergie qu'elle a montrés *en écrasant la tête de l'hydre qui allait nous dévorer*. Trompés par les fausses protestations de protéger et d'assurer notre liberté, de respecter nos droits ; à peine avions-nous donné notre adhésion pleine, franche et loyale aux mesures conservatrices qu'on nous annonçait, que *le plus dur despotisme, la tyrannie la plus révoltante* ont pesé sur nous.

O joug affreux et désespérant ! Enfin, il est brisé !

Les mêmes sentimens qui ont porté nos frères du Sud et de l'Ouest à cet acte répressif, nous animent tous ; et comme eux, nous avons senti que nous ne pouvions mieux placer le salut de notre pays, qu'en déférant au général Henry Christophe, les rênes du gouvernement, *sous quelque dénomination que ce puisse être*.

Nous nous sommes empressés de lui manifester nos vœux à cet égard, et après nos vives sollicitations, *il a adhéré*. Il ne nous reste maintenant *qu'à nous féliciter sur un avenir plus doux*. Sous la protection des lois sages qui vont être faites et sous leur entière **exécution**, *ce* ne sera point un chef que nous aurons, ce sera un père entouré de ses enfans, qui n'aspirera qu'à leur bonheur et à leur prospérité.

Fait et clos les jour, mois et an que dessus.

(Signé) *P. Romain*, général de division ; *Dartiguenave*, général de brigade ; *Gérard*, *Campo Thabarres*, adjudans-généraux ; *Ch. Tiphaine*, chef de bataillon d'artillerie ; *H. Barré*, chef de bataillon directeur du génie ; *Roumage* jeune, administrateur ; *Cézar Télémaque*, contrôleur ; *Roumage* aîné, directeur des domaines ; *L. Raphaël*, directeur de la douane ; *Leroy*, garde-magasin ; *Bertrand Lemoine*, peseur ; *Fleury*, président du tribunal civil ; *Baubert*, juge ; *Bonniot*, président du tribunal de commerce ; *J-B. Petit*, *Almanjor* père, juges ; *Jean Isaac*, juge de paix ; *Delon*, assesseur ; *C. Brelle*, curé ; *Vilton*, *F. Ferrier*, *Juste Hugonin*, *Ch. Leconte*, négocians, etc., etc.

Si les signataires de la *Résistance à l'Oppression* violentaient leurs sentimens en déclarant qu'ils admiraient *les vertus* de Christophe, nous ignorons si ceux de ce procès-verbal croyaient réellement *à un avenir plus doux*, et que ce général, devenu chef du gouvernement, serait vraiment *un père entouré de ses enfans*, lorsqu'ils délibéraient deux jours à peine après l'assassinat de Capois.

Ce procès-verbal fut accompagné d'une lettre adressée par Fleury, l'un d'eux, « au ministre de la guerre et de la « marine et à tous nos frères des armées du Sud et de « l'Ouest » où il leur disait : « Frères et amis, nous vous « serrons dans nos bras, et nous nous réunissons à vous « de cœur et d'esprit. Comme vous, nous aimons la li- « berté et nous détestons l'oppression. Le général en chef « s'est rendu à nos vœux qui sont conformes aux vôtres ; « *il accepte la première magistrature de l'État que vous* « *lui offrez.* »

Christophe lui-même répondit aux lettres de Gérin et de Pétion.

Au quartier général de Milot, le 23 octobre 1806, an IIIe de l'indépendance.

Henry Christophe, général en chef de l'armée d'Haïti,

Au général Gérin, ministre de la guerre.

Mon cher général,

Vos lettres, sous les dates des 12 et 18 du courant, qui accompagnent la déclaration rédigée au nom des trois divisions de l'armée, que vous m'avez adressées, viennent de me parvenir. *L'événement tragique qu'elles m'annoncent, et qu'une cruelle nécessité a amené, m'afflige.* Jamais *l'orgueil et l'ambition des emplois ne m'ont dominé, vous le savez ; le bonheur de mes concitoyens a toujours été mon unique désir.* Effrayé *du fardeau* que le vœu unanime de mes frères m'impose, en me confiant les rênes du gouvernement, ce ne serait qu'avec peine que je l'accepterais, si je n'étais intimement convaincu que vos lumières et vos conseils viendront toujours à mon secours dans les cas urgens.

J'accepte donc cet emploi aussi honorable que pénible et difficile. Faites connaître ces sentimens à l'armée ; assurez-la que le sort du soldat a toujours été et sera toujours l'objet principal de ma plus vive sollicitude.

J'approuve les mesures sages que vous avez prises, dès qu'elles étaient nécessaires, particulièrement pour maintenir le bon ordre et pour procurer aux deux divisions du Sud et à la seconde de l'Ouest, les moyens d'habillement et de paiement dont elles avaient tant besoin : j'en ai usé ainsi pour le Nord et la première division de l'Ouest.

Pour parvenir à l'établissement d'une constitution régénératrice, il est nécessaire qu'une assemblée, composée d'hommes les plus notables, les plus éclairés et les plus amis de la chose, se réunisse pour travailler à ce grand œuvre. Je vous désignerai le temps, le lieu où cette assemblée doit se tenir, et la quantité de membres qui doivent y concourir.

Vous me trouverez toujours disposé à seconder toutes les mesures qui auront pour objet le salut commun.

J'ai l'honneur de vous saluer très-cordialement.

Signé : HENRY CHRISTOPHE.

Il écrivit à Pétion :

> Mon camarade,
>
> Je m'empresse de répondre à votre lettre du 16 (18) courant, qui vient de m'être remise avec les exemplaires de la déclaration faite par les divisions du Sud et la 2ᵉ division de l'Ouest.
>
> Les griefs que vous exposez *contre la conduite et les actes arbitraires dont nous avons été les tristes témoins et les tristes victimes, et qui nous plaçaient dans un état de nullité* sous le règne qui vient de passer, méritent la plus grande attention *pour assurer l'empire des lois dans le pays.* Les mesures que vous avez prises pour le maintien de l'ordre, dès qu'elles étaient nécessaires, sont sages. J'ai agi de même ici, en ordonnant, *en ce moment*, que les divisions du Nord et la première de l'Ouest fussent payées et habillées. Faites connaître à tous nos frères d'armes de l'armée du Sud et de l'Ouest, que j'approuve la bonne conduite qu'ils ont tenue en cette circonstance, puisque l'ordre n'a pas été troublé : ce qui doit toujours être la base de notre constitution.
>
> Le choix qu'ils ont fait de moi, en m'appelant à la place honorable et pénible du gouvernement, impose de grandes obligations. Personne mieux que vous, mon camarade, ne connaît mes principes et mon désintéressement pour toute espèce d'emplois ; il a fallu un aussi puissant motif pour me déterminer à accepter ce fardeau énorme, *avec la persuasion que j'ai, que vous concourrez, en votre particulier, à m'aider de vos lumières lorsque le bien public l'exigera.*
>
> Je m'étends plus au long, par cette occasion, avec le général Gérin, à qui j'écris ; je vous prie de vous entendre avec lui pour maintenir le bon ordre, jusqu'à ce que les lois soient définitivement organisées : ce qui ne doit pas éprouver de retard.
>
> J'ai l'honneur de vous saluer avec considération,
>
> Signé : Henry Christophe.

Par ces deux lettres, il acquiesçait formellement *à l'événement tragique* qui le plaçait au pouvoir : à chacun des deux généraux, du reste, il tint un langage convenable, en rapport avec celui qu'ils lui avaient tenu eux-mêmes ; il ne montra aucune prétention à s'arroger une autorité exorbitante, réservant à la constitution projetée de la fixer, ainsi que l'entendaient les révolutionnaires. Comme il avait toujours existé, entre lui et Pétion, plus de familiarité et d'échange de bons procédés, qu'entre lui et Gérin, il n'est pas étonnant qu'il traitât ce dernier de *général* et l'autre de *camarade;* il est même probable qu'antérieurement, c'était de ce terme, pris dans le sens d'*ami*, qu'il se servait envers Pétion. Ces lettres et l'acte d'adhésion furent expédiés de suite au Port-au-Prince.[1]

Quoique ces deux généraux lui eussent écrit officiellement pour l'informer des événemens accomplis et de sa nomination, le conseil des officiers supérieurs avait jugé qu'il était encore convenable d'envoyer auprès de lui une députation dans le même but. L'adjudant-général Bonnet, chef de l'état-major de la 2e division de l'Ouest, fut désigné pour la présider, et ce choix indique l'influence qu'exerçait Pétion dans ces circonstances. Personne, d'ailleurs, n'était plus apte que Bonnet à remplir une telle mission, tant sous le rapport de la dignité qu'il fallait y mettre, que sous celui de la capacité, du jugement et du courage personnel, lorsqu'il allait pour déclarer dans tous les lieux où il passerait, qu'on était bien résolu à se donner une constitution et des lois qui pussent garantir à la nation entière tous les droits de l'homme dans la société civile, et qu'il devait en même temps *pressentir* les idées de Christophe à cet égard.

« On ne pouvait mieux choisir que Bonnet pour rem-
« plir cette mission délicate, et même périlleuse, à cause

---

[1] Christophe les fit imprimer et répandre dans le Nord et l'Artibonite, en envoyant des exemplaires aux deux généraux.

« du peu *de sincérité* qui existait entre *l'Ouest* et le
« Nord.[1] »

Présenter ainsi la position *de l'Ouest* particulièrement, c'est-à-dire de Pétion qui en personnifiait les idées politiques, c'est donc offrir d'avance *une excuse* à tout ce que va faire H. Christophe, c'est *approuver* la conduite qu'il a tenue.

Lorsqu'une révolution a lieu, la société tout entière devient *méfiante* envers le gouvernement nouveau qu'elle veut établir ou celui qu'elle se borne à réformer. C'est un sentiment universel qui se reproduit dans tous les siècles et chez toutes les nations, et il est d'autant plus vif qu'on connaît déjà *les antécédens* de l'homme que les circonstances désignent au pouvoir ; on le voit même se manifester, alors que l'opinion n'en a pas désigné un. Ce sont *des sûretés* qu'on prend pour l'avenir, en raison du passé avec lequel on vient de rompre. Loin de manquer *de sincérité*, ce sentiment de méfiance est au contraire *très-sincère*, parce qu'il est dans la nature des choses [2].

Bonnet et une trentaine d'autres officiers ou citoyens quittèrent le Port-au-Prince, le 22 octobre, pour se rendre par mer au Cap. Nous dirons dans un autre livre comment il accomplit sa mission.

Les officiers supérieurs des Cayes étaient arrivés au Port-au-Prince, le 19 octobre, et avec eux, Borgella, Du-

---

[1] Hist. d'Haïti, t. 3, p. 338.
[2] Pour appuyer ces assertions, faudrait-il citer la révolution d'Angleterre, celle des États-Unis, celle de 1789 en France, et d'autres encore dans ce dernier pays ? J'ai assisté à la discussion de sa constitution républicaine de 1848, et j'ai vu, j'ai compris ce que j'avance ici. Mieux que moi qui étais *au cachot*, M. Madiou a dû voir et observer les mêmes choses dans la discussion de la constitution de 1843, au Port-au-Prince.

vid-Troy et Faubert. Dans ces momens de fermentation des esprits, se joignant à ceux qui venaient de concourir à la mort de Dessalines, ils s'étonnaient de trouver en pleine liberté ses aides de camp qu'on avait vus récemment avec lui dans le Sud, et contre lesquels on était plus ou moins prévenu, selon la part qu'on leur attribuait aux mesures prises aux Cayes et qui occasionnèrent l'insurrection. Parmi ces aides de camp, Mentor et Boisrond Tonnerre excitaient le plus ces préventions, parce qu'on avait pu constater l'influence pernicieuse qu'ils avaient exercée sur l'esprit de Dessalines, non-seulement dans cette dernière tournée, mais depuis longtemps. Nous avons cité assez de faits transmis par la tradition, surtout d'après l'Histoire d'Haïti par M. Madiou, pour expliquer cet état de choses. Il n'est donc pas étonnant que, lorsque les officiers des Cayes venaient de faire exécuter Moreau et G. Lafleur, ils crussent à la nécessité de faire subir le même sort à ces deux adjudans-généraux. David-Troy qui était ardent et qui, à Marchand, les voyait chaque jour dans leur immoralité; tous les autres qui les avaient vus de même aux Cayes, partagèrent ces idées.

C'est le malheur des révolutions sanglantes, de vouloir persévérer dans cette voie : au Port-au-Prince, le général Germain avait péri après son chef, on ne trouvait pas que ce fût assez. On attribua à Mentor d'avoir dit à Madame Germain, *qu'il la protégerait bientôt*. S'il tint réellement ce propos, était-ce pour la suborner, ou bien en raison de l'espoir qu'il aurait eu de devenir ministre de la guerre? D'un autre côté, on lui imputa encore d'avoir entretenu David-Troy *de projets* qui prouveraient son ambition : peut-être ce dernier n'aura rapporté alors que *la proposition qu'il lui avait faite à Marchand, en 1805,*

— d'entrer dans une conspiration contre l'empereur dont il était un favori, — afin de prouver que cet homme, qui venait de crier contre Dessalines aussitôt sa mort, était un être dangereux, capable de tout, hors le bien.

Quant à Boisrond Tonnerre, s'il est vrai, comme on le disait généralement alors, qu'il se montra *ingrat* envers Geffrard au point d'exciter Dessalines contre lui ; s'il s'acharnait contre Pétion également, en le désignant à Dessalines comme jouant le rôle de Sixte-Quint ; s'il tournait Gérin en ridicule, pour ses plans incessans, il ne pouvait pas être mieux vu que Mentor. Ces deux hommes, enfin, avaient trop de charges contre eux dans l'opinion publique, pour ne pas exciter le désir de s'en débarrasser violemment.

Leur arrestation et celle de plusieurs autres aides de camp de Dessalines furent résolues dans un repas qui eut lieu aux bains publics de la ville, et où se trouvèrent Faubert, Francisque, Lys, David-Troy, Borgella, Voltaire, Lévêque, Beauregard, et plusieurs autres officiers supérieurs. Mentor et Boisrond furent pris dans les rues et conduits en prison. En apprenant ce fait, les autres se cachèrent : le colonel Roux se sauva de chez lui où l'on était allé pour l'arrêter ; Dupuy se rendit chez Pétion qui facilita son départ pour le Nord.[1]

Dans la nuit qui suivit, Mentor et Boisrond Tonnerre furent tués dans la prison. Le premier montra de la résignation à son funeste sort, tandis que le second invectiva les soldats exécuteurs.

[1] Dupuy dut se déguiser pour se rendre chez Pétion qui le fit partir pour les Gonaïves, sur sa petite goëlette *l'Indien*, commandée par L. Benjamin. Roux se sauva à cheval et alla se cacher sur une habitation de la plaine, d'où il revint quelques jours après se placer sous la protection de Pétion. Ce sont là des faits connus de tous les contemporains.

Comme Bédouet y était encore détenu, Pétion envoya un de ses aides de camp le prendre et l'amener chez lui, pour qu'il ne pérît pas. Le lendemain, il le renvoya à sa demeure ; mais, quelques jours après, on y fut pour l'arrêter pendant la nuit ; il se sauva et se cacha. Pétion dut déclarer publiquement qu'il entendait le prendre sous sa protection, afin de faire cesser ces persécutions.

En définitive, qui ordonna le meurtre de Mentor et de Boisrond Tonnerre ? Est-ce Gérin, est-ce Pétion, chefs supérieurs ? Sont-ce les officiers de la réunion des bains publics ? Il est probable que ces derniers, surtout ceux des Cayes qui avaient des griefs récents contre eux, auront demandé cette mesure aux deux généraux, et que ceux-ci y auront consenti. Cependant, ces deux victimes étaient restées en liberté, alors que Pétion ou Gérin, ou les deux ensemble pouvaient ordonner leur arrestation et leur mort après celle de Dessalines, comme ils l'ont fait par rapport à Germain. Il faut donc supposer que Mentor et Boisrond Tonnerre auront tenu quelques propos compromettans, ou auront paru réellement trop dangereux, à cause de leurs antécédens connus de tout le monde, et que leur mort aura été résolue par ces motifs.

Quelles qu'aient été les vraies causes de leur sacrifice, il faut les plaindre, en regrettant qu'ils n'aient pas fait un meilleur usage de leurs lumières, auprès du chef qu'ils pervertirent par leurs funestes conseils ; qu'ils n'aient pas eu plus de probité politique et de modération, pour s'attirer l'estime publique. Mais en partageant les regrets exprimés par l'auteur de l'Histoire d'Haïti, nous ne saurions attribuer leur mort à ce qu'il dit :

« La cause *réelle* de leur arrestation était *l'envie* qu'in-
« spiraient leurs talents à plusieurs hommes influents, et

« particulièrement à David-Troy. Ils n'eussent probable-
« ment jamais consenti à devenir *les instrumens des
« passions politiques des chefs révolutionnaires* aux-
« quels ils se jugeaient supérieurs....[1] La patrie perdit
« en ces deux hommes, *victimes de la jalousie la plus
« odieuse*, talent, courage et jeunesse.... Comme *la po-
« litique infâme et machiavélique de l'époque* comman-
« dait que Mentor, *noir*, ne fût pas sacrifié seul, Bois-
« rond Tonnerre, qui avait été un des intimes de l'em-
« pereur, fut immolé *pour prouver aux masses noires
« que les préjugés de castes* ne dictaient pas les mesures
« révolutionnaires, etc. [2] »

Les masses noires n'auraient qu'à lire tout ce que les traditions rapportent et qui est transcrit dans cette Histoire, à la charge de *Mentor*, pour se convaincre qu'il ne fut pas sacrifié, *parce qu'il était noir*; et à la charge de *Boisrond Tonnerre*, qu'il ne périt pas uniquement pour leur prouver que les révolutionnaires, en immolant un *mulâtre*, n'étaient point mus par des idées de castes [3].

Nous indiquons à ces lecteurs, à l'égard de *Mentor*, les pages 212, 213, 237, 238, 245, 249, 250, 256, du 3ᵉ volume de cette Histoire, pour voir comment ont été signalés sa *duplicité*, sa *perfidie*, *ses conseils astucieux* à Dessalines, soit contre les généraux les plus influens de cette époque dont il désirait la mort ou la disgrace pour parvenir à *l'Empire*, soit contre ce chef lui-même pour le porter à se faire haïr par ses concitoyens, et le perdre. Et

---

[1] Hist. d'Haïti, t. 3, p. 339. Mais, probablement, ils eussent consenti à servir la fureur de Christophe, comme firent Vastey et J. Chanlatte.

[2] Ibid., p. 340.

[3] Si, malheureusement pour eux, on les trouva tous deux coupables, *le mulâtre* ne devait pas jouir d'un privilège.

qu'on n'oublie pas que Mentor avoua à Dessalines, qu'il avait paru accepter une mission perfide tendant à ce but qu'il parvint à atteindre !

A l'égard de *Boisrond Tonnerre*, qu'ils lisent aussi les pages 238, 256, 264, 273, 281 et 285 de ce volume, pour reconnaître « qu'il était *animé de mauvaises* passions ;
« qu'il conseillait *des mesures violentes* à Dessalines ;
« qu'il *l'excitait sans cesse contre* ses *principaux lieute-*
« *nans*, notamment Christophe, Pétion et Geffrard ; qu'il
« était *d'une profonde corruption* ; qu'il *n'hésitait pas à*
« *perdre*, dans l'esprit de l'empereur, *n'importe quel*
« *citoyen qu'il soupçonnait* de conspirer ; qu'il finit par
« *dénoncer* à Dessalines, *son propre frère* Boisrond Canal,
« et qu'en tenant *cette infâme conduite*, c'était parce
« que ce frère avait refusé de faire honneur à plusieurs
« de ses mandats. »

Quand de tels hommes agissent ainsi, et qu'une révolution sanglante survient, il est difficile qu'ils échappent à la haine publique ; mais, après avoir constaté, d'après toutes les traditions, leur immoralité, la dépravation de leur cœur et de leur esprit, on doit éviter d'attribuer leur fin tragique à des passions basses, à des sentimens coupables. Il faut déplorer leurs vices qui les y ont entraînés, et plaindre leur malheureux sort, y compâtir ; mais sans accuser ceux qui y ont contribué dans un temps de violences politiques, et qui valaient mieux qu'eux.

Inginac a failli périr aussi dans ces circonstances ; mais, qui pourrait lui imputer les mauvaises passions, l'immoralité, les perfides conseils des Mentor et des Boisrond Tonnerre ? On n'a eu à lui reprocher que son excès de zèle dans l'examen des titres de propriété, sa rigueur envers les comptables. Pour cette époque de désordres financiers, tracés par le chef du gouvernement lui-même, il fut trop exalté dans son désir d'être utile à son pays ; mais lorsque l'âge et l'expérience qu'il amène ont eu modifié ses idées à cet égard, il a pu continuer à le servir honorablement pendant de longues années.

Tandis que ces deux infortunés subissaient la mort au Port-au-Prince, — à Jérémie, le colonel Bazile, le chef de bataillon René et le capitaine Figaro éprouvaient le même sort.

Dès que le général Férou eut reçu la lettre de Papalier, qui lui annonçait que l'insurrection était proclamée aux Cayes, il s'était rendu en ville et avait repris son commandement, afin d'y préparer l'adhésion de son arrondissement. Mais Bazile exerçait assez d'influence sur la 18e demi-brigade pour que cette adhésion ne pût s'effectuer sans des précautions. L'arrivée de Vancol et de la 17e, partis des Cayes le 15 octobre, devait la faciliter. Fort de cet appui qui lui vint, le 22, Férou adressa une lettre au chef de bataillon Pierre Henry, de la 18e, pour qu'il prît le commandement de ce corps. « Personne
« mieux que vous, commandant, lui dit-il, ne peut com-
« mander la 18e, en raison des principes de son premier
« chef ; et n'ayant point confiance *en d'autres qu'en*
« *vous*, dans le moment où l'on vient de prendre les ar-
« mes contre le tyran Dessalines, etc. [1] »

---

[1] Lettre copiée aux archives du gouvernement. M. Madiou se trompe en disant que ce fut Bergerac Trichet qui eut le commandement de la 18e ; il fut appelé par Férou, malade, pour l'aider dans celui de l'arrondissement : ce qui fit qu'il resta le chef supérieur à Jérémie après la mort de Férou. Le général Vaval y fut envoyé provisoirement ; ensuite le Sénat promut Francisque au grade de général pour commander cet arrondissement, et Bergerac Trichet à celui de colonel de la 18e.

Bazile fut ainsi paralysé. Le courageux Férou se porta sur la place d'armes, où il fit arrêter ce colonel et les autres officiers qu'on consigna au bureau de l'arrondissement; puis, sous prétexte de les conduire aux Cayes, on les exécuta en différens lieux.

Nous devons déplorer encore ces crimes révolutionnaires qui furent commis plusieurs jours après la mort de Dessalines : en retenant ces hommes en prison quelque temps, ils eussent pu se soumettre franchement au nouvel ordre de choses. Mais les révolutions, en général, ne savent pas apprécier le dévouement aux gouvernemens qu'elles renversent; elles redoutent toujours une réaction dans l'opinion, et alors, les hommes de quelque valeur personnelle leur paraissent presque toujours des victimes qu'elles doivent sacrifier.

Le chef provisoire du gouvernement avait fait porter au Port-au-Prince, par son aide de camp Saint-George et par Bertrand Lemoine, peseur de la douane du Cap, l'acte d'adhésion des autorités de cette ville, représentant tout le Nord, et ses réponses à Gérin et à Pétion, en date du 23 octobre.

Le 26, il expédia auprès d'eux l'adjudant-général Blanchet jeune, qui se trouvait alors au Cap, porteur de nouvelles dépêches, par lesquelles il les invitait à faire retourner à leurs garnisons respectives les troupes réunies au Port-au-Prince, pour maintenir l'ordre, afin de faciliter la formation de l'assemblée des notables qui devait travailler à la nouvelle constitution, se réservant encore de désigner le lieu de sa réunion. Il leur recommanda d'envoyer auprès de lui les officiers de l'état-major de Dessalines. Ceux de l'Artibonite et du Nord s'empressèrent de partir, avec quelques-uns de l'Ouest, parmi lesquels étaient Léger, Souverain Brun (frère de Boyer), Borno Déléard, etc. Enfin, il témoigna le désir de voir l'adjudant-général Papalier qui se rendit aussi au Cap où il resta peu de jours [1].

Il ne tarda pas à envoyer l'ordre de faire partir également, pour aller auprès de lui, l'administrateur Ogé qui avait vu avec deuil la mort de Dessalines, et les colonels Frontis, de la 11e, et Apollon, de la 12e demi-brigades, dont la répulsion pour prendre part à l'insurrection avait été cause que Pétion dut les écarter de ces corps, en les remplaçant provisoirement par les chefs de bataillon Métellus et Mentor, qui en devinrent les colonels.

Enfin, vers la mi-novembre, Christophe ordonna encore à Pétion de lui envoyer Bédouet, qui revint du Cap peu de jours après [2].

---

[1] Nous parlons ainsi de Papalier, d'après M. Madiou qui paraît avoir lu une lettre de Christophe à ce sujet. Cependant, on prétend, d'autre part, que Papalier serait allé au Cap avec la députation présidée par Bonnet, et qu'il en serait revenu en même temps ; tandis que M. Madiou dit encore, t. 3, p. 354 : « Papalier, qui avait été mandé au Cap par Christophe, revint au Port-au-« Prince peu de jours après la publication de la circulaire concernant les as-« semblées électorales. Christophe avait produit sur lui une bonne impression ; « il exprima qu'il le croyait animé des meilleures intentions. Son langage « déplut à Gérin et à Pétion, et lui valut de leur part des reproches qui lui « furent adressés en particulier. » — Nous osons douter de cette tradition, quand nous savons l'intimité qui existait entre Papalier et Boyer, l'amitié qu'avait Pétion pour le premier comme pour le second. Nous savons aussi que Papalier eut des envieux, sinon des ennemis ; il était un homme distingué par ses lumières et sous tous les rapports : ses envieux, aux Cayes surtout, ne lui surent aucun gré de la protection qu'il accorda à Inginac. Ce fut ce motif qui porta Pétion à l'engager à rester au Port-au-Prince. Dans le Sud, on ne voulut pas le nommer membre de l'assemblée constituante, tant les passions politiques savent peu gré aux hommes qui montrent de la modération, de la générosité dans ces sortes de crises. Nous avons lu une lettre à ce sujet, signée d'officiers supérieurs et de citoyens des Cayes, en réponse à une autre que leur avait adressée Gérin, en date du 23 octobre.

[2] Dans ses Mémoires de 1843, B. Inginac prétend que Christophe le manda

On verra dans le livre suivant, les motifs de cet appel au Cap, de tous ces officiers qui n'agréaient pas aux révolutionnaires du Sud et de l'Ouest, parce qu'ils étaient opposés à la révolution.

aussi, en lui faisant dire que bientôt il serait vengé des outrages qu'il avait reçus dans le Sud; mais qu'il refuse d'aller au Cap.

RÉSUMÉ DE LA PREMIÈRE ÉPOQUE.

Les Indigènes noirs et mulâtres de la colonie de Saint-Domingue, après leur succès contre l'armée que la France y avait envoyée, qui les rendit maîtres de l'ancienne partie française, n'avaient qu'une seule mesure à prendre pour conserver la liberté qu'on avait tenté de leur ravir : c'était de proclamer l'indépendance et la souveraineté de l'île entière, à laquelle ils restituèrent son primitif d'Haïti pour en former un seul Etat ; car, dans leur pensée, l'ancienne colonie de l'Espagne, cédée à la France, ne pouvait en être distraite. La sûreté politique leur commandait de ne reconnaître à cette dernière puissance aucun droit sur le territoire de l'île, de conquérir la partie encore occupée par ses troupes. Déjà un grand nombre de ses habitans avaient fait leur soumission au chef des indigènes ; l'origine africaine de la plupart d'entre eux ajoutait encore à la convenance du projet de conquête.

Le 1er janvier 1804, l'Indépendance d'Haïti fut proclamée à la face du monde par le général en chef de l'armée, entouré de ses généraux, au nom du peuple qui s'érigeait en puissance politique au milieu des Antilles. Ils avaient guidé les efforts de leurs concitoyens ; ils devenaient leurs seuls représentans dans l'actualité, agissant dans leurs intérêts.

Les généraux, considérés dès lors comme des conseillers d'Etat nécessaires au chef du pays, lui déférèrent de nouveau la dictature dont ils l'avaient investi durant la guerre, sous la réserve, admise par lui-même, de l'assister dans son gouvernement et son administration ; ils lui déléguèrent tous les pouvoirs que comporte une telle institution, et même le droit de choisir et de désigner son successeur, sous le titre de gouverneur général. Toutes ces résolutions obtinrent l'assentiment du peuple, confiant en ses chefs.

Malheureusement pour la nouvelle société, les crimes affreux commis sur les indigènes pendant l'occupation de l'armée française, exercèrent leur influence sur les idées et les sentimens du gouverneur général et sur quelques-uns des généraux et une portion du peuple haïtien. Ce fut le motif de la proscription prononcée contre les Français, colons ou autres, restés dans l'ancienne colonie. Hommes, femmes et enfans subirent ces représailles sanglantes. Néanmoins, le gouverneur général ordonna des exceptions en faveur des individus dont l'industrie, l'état ou la profession parurent utiles au pays, comme en faveur des Polonais faits prisonniers dans la guerre, et des anciens Allemands qui habitaient l'île depuis longtemps : eux tous devinrent Haïtiens, citoyens de l'État et propriétaires de biens-fonds ou habiles à l'être.

Comme des conséquences naturelles de la proscription portée contre les Français, un acte juste et politique facilita la rentrée dans le pays de tous les indigènes que les événemens antérieurs en avaient éloignés, et un autre prononça la confiscation des propriétés des colons au profît du domaine public. Enfin, les hommes de la race blanche, quelle que fût leur nation, moins ceux admis comme Haïtiens, furent exclus de la nouvelle société et déclarés inhabiles à posséder des biens-fonds en Haïti. Les préventions nées des faits précédens, la sécurité de l'État commandèrent ces mesures extrêmes.

L'organisation du pays commença alors sous les tristes auspices de la violence. Le régime militaire, le système agricole de Toussaint Louverture reparurent. L'administration des finances, qu'il avait organisée convenablement, confiée à un homme privé de lumières, se ressentit de son incapacité, au grand préjudice de la chose publique : l'immoralité, la corruption fut placée à ses côtés pour suppléer à son insuffisance ; elle ne pouvait qu'influer sur la conduite des agents comptables. L'administration de la justice par des tribunaux, celle des communes par des notables, disparurent sous l'autorité des chefs militaires investis de leurs attributions. Cependant, dans cet état de choses, le dictateur manifesta une velléité de donner au pays une constitution et des lois organiques ; mais elle n'eut pas de suite alors.

En même temps que tout se rattachait aux nécessités de l'état de guerre subsistant, par la construction de nombreuses forteresses sur la cime des hautes montagnes de l'intérieur, boulevard de l'Indépendance, une mesure fut prise à l'égard de toutes les propriétés afin de garantir au domaine public l'intégralité des siennes ; et les propriétaires furent soumis à un examen de leurs titres, à une vérification de leurs droits pour être envoyés en possession de leurs biens et en jouir. Cette mesure, bonne par l'intention qui la dicta, juste dans son principe, mais appliquée par des fonctionnaires ignorans et corrompus, fut cause par la suite de violences déplorables envers de légitimes propriétaires, qui se virent dépossédés des biens dont ils avaient joui sous tous les gouvernemens antérieurs. Le germe d'une terrible catastrophe se trouva, non dans cette mesure même, mais dans l'abus que fit le chef du gouvernement, dans son pouvoir d'examen et de vérification du droit qui forme essentiellement la base de l'ordre social.

Les relations du commerce rétablies entre le nouvel État et les puissances étrangères, dont les navires fréquentaient les ports, amenèrent de la part de la Grande-Bretagne et des États-Unis une quasi-reconnaissance de son indépendance, par l'envoi d'agents auprès du gouverneur général, dans le but d'assurer ces relations sur un pied convenable. Ces deux puissances n'avaient d'ailleurs qu'à admettre le fait réel, et n'étaient point fondées à discuter le droit du peuple haïtien à être indépendant. Il s'ensuivit des rapports avantageux au pays comme aux étrangers ; mais ceux-ci ayant dérogé à quelques lois de police auxquelles ils étaient assujétis, et commis des fraudes, par la facilité qu'ils trouvèrent dans la corruption de bien des fonctionnaires préposés pour la perception des droits fiscaux, il en résulta des mesures acerbes, inintelligentes, de la part du gouvernement envers le commerce, des injustices, et enfin un crime monstrueux sur la personne de l'un des étrangers.

Le général français, qui commandait dans l'Est d'Haïti, ayant fait occuper divers points pour établir des frontières entre cette partie et le reste de l'île, le gouverneur général proclama un acte impolitique dans lequel il menaçait les habitans de toute sa faveur. L'effet de cet acte fut de les attacher forcément à l'administration qui les protégeait, même ceux qui avaient spontanément fait leur soumission.

Dans ces entrefaites, on apprit à Haïti l'élévation du Premier Consul à la dignité impériale, et la restauration de la monarchie en France. Le gouverneur général, qui avait plutôt pris ce titre qu'il ne lui fut donné par ses compagnons d'armes, comprit alors qu'il n'était pas en rapport avec sa position de chef d'un État indépendant; il se résolut à prendre aussi le titre d'Empereur d'Haïti, afin de mieux prouver à la France que l'indépendance de son ancienne colonie était une mesure irrévocable à son égard. Toutefois, il se refusa constamment à créer une noblesse, malgré les conseils de son entourage et les vives instances qu'on lui fit. C'est que, dans sa pensée, ce nouveau titre n'était qu'un moyen de plus, de fixer l'étranger sur la situation de son pays qu'il avait arraché au joug européen; c'est qu'il considérait la dignité impériale, en lui, comme la première magistrature de l'État.

Aux éloges que l'histoire doit décerner à sa mémoire en cette circonstance, elle a à regretter néanmoins d'être forcée d'ajouter un blâme, pour les procédés inconvenans dont il usa envers ses compagnons d'armes : conseillers d'État, ils devaient être consultés sur l'opportunité de ce changement de titre, ils devaient délibérer entre eux pour le lui conférer. En s'abstenant de ces formes, en leur ordonnant de signer un document à cet effet, il les rendit secrètement mécontens. En déclarant, en outre, que dans le choix de son successeur il n'aurait point égard à leur ancienneté militaire, il provoqua imprudemment l'hostilité de H. Christophe qui, parmi les anciens généraux, avait le plus de prétention à lui succéder : aussi, ce dernier commença-t-il aussitôt à ourdir des intrigues dans le but de l'abattre violemment.

Peu après son avénement, il fut lui-même provoqué par un infâme arrêté du général français dans l'Est du pays, qui autorisait ses troupes et les habitans à capturer les jeunes Haïtiens, pour en faire des esclaves ou les déporter à l'étranger. En décrétant ce nouveau trafic de chair humaine, ce général devait exciter la colère de l'Empereur d'Haïti. Une campagne contre cette partie du pays fut aussitôt résolue et ouverte : le succès le plus facile fut obtenu jusque sous les murs de Santo-Domingo. Mais là, une résistance énergique, désespérée, fut opposée à une confiance trop grande dans l'armée d'invasion ; elle était dépourvue d'artillerie, elle ne put enlever la place qui, en ce moment, reçut de la France des secours inespérés. Il fallut renoncer à cette entreprise, parce que tout présageait une invasion française dans la partie occidentale.

Désappointé par ces incidens, l'empereur fit retomber le poids de sa colère sur les malheureux habitans. Il ordonna de détruire leurs villes, leurs moindres hameaux, par le feu ; de ravager leurs plantations, de capturer hommes, femmes, vieillards et enfans qu'on pouvait atteindre, ainsi que les animaux de toute espèce, pour les traîner à la suite de son armée dévastatrice. Ces fureurs inhumaines, et par conséquent impolitiques, aliénèrent pour longtemps la sympathie des indigènes de cette partie, au grand préjudice de la nationalité haïtienne : car, on recueille toujours la haine, là où l'on a semé la violence.

Avant cette infructueuse campagne, deux agents secrets du gouvernement français étaient arrivés dans la partie occidentale, avec la mission de pousser les Haïtiens à la haine les uns contre les autres, dans le but de faciliter la restauration de l'autorité métropolitaine. Ce moyen, qui avait réussi une fois, devait échouer devant la clairvoyance des esprits, en présence de l'animosité des cœurs, détachés pour toujours de la France. Découvert dans ces ténébreuses menées, l'un de ces agents périt, avec justice, victime de ce rôle odieux. L'autre, pour le malheur du fondateur de l'indépendance, déjà connu de lui, sut capter sa bienveillance, devint officier de son état-major, le poussa bientôt à des mesures violentes qui lui aliénèrent ses concitoyens : son sort était de périr avec l'empereur.

En ce temps-là, arrivèrent aussi, de France, divers anciens officiers de Rigaud. Cette coïncidence contribua à faire naître des préventions dans l'esprit égaré de l'empereur, contre les hommes de l'ancien parti politique de ce révolutionnaire, contre la généralité de la population de son département natal.

Ce fut dans de telles circonstances, que l'empereur, conseillé par son entourage, léger, inconséquent, dépravé, octroya une constitution qui organisa l'autorité impériale d'une manière monstrueuse, en ne laissant point assez de garanties à la nation, et principalement aux généraux et autres officiers de l'armée. Et cependant, il eut encore la malencontreuse audace de faire apposer leurs noms à cet acte, comme s'il avait été leur ouvrage ! C'était méconnaître ce que le bon sens conseille à la prudence la plus vulgaire.

Des lois organiques suivirent la constitution. Un code pénal militaire, d'une sévérité extrême, renforça le régime, déjà trop dur, observé par l'armée. Une loi sur l'organisation des conseils spéciaux tendait à la désorganisation de la discipline qu'elle voulait maintenir, en créant un système de délations des inférieurs contre leurs supérieurs. Deux autres sur les enfans naturels et le divorce n'étaient propres qu'à perpétuer les vicieuses mœurs coloniales, érigées en principe politique par les anciens dominateurs du pays. Enfin, une dernière sur l'organisation judiciaire créa des tribunaux, en attribuant à l'empereur, dans son tribunal suprême, l'autorité de celui de cassation : l'organisation promise de ce tribunal suprême n'ayant pas été décrétée, il s'ensuivit que l'empereur absorbait à lui seul l'administration de la justice ; et si son entourage y concourait, c'était encore pis ; car l'immoralité et la dépravation des principaux acteurs n'offraient aucune garantie aux citoyens.

La division du territoire en circonscriptions militaires, prévue par la constitution, eut lieu ; et alors H. Christophe devint le général en chef de l'armée, ce qui lui donnait plus d'influence pour trainer contre l'empereur.

Dans cet état de choses, ce dernier vint à suspecter la fidélité d'une foule d'individus, notamment parmi les généraux de l'armée. Le soldat ne recevait ni paye, ni ration, ni habillement, et il était soumis à un service actif. Le cultivateur des campagnes, condamné à des travaux pénibles, y était contraint par la verge et le bâton. L'habitant des villes n'était pas à l'abri de ces instrumens de supplice. Le mécontentement devint général, mais il se concentra dans tous les cœurs : ce qui est encore plus dangereux pour le pouvoir que lorsqu'il est expansif. Les gens sensés voyaient avec deuil l'instruction publique, non pas négligée, mais abandonnée, — le fusil, le sabre, la baïonnette, paraissant devoir suffire à tout ; ils voyaient la religion sans aucun empire sur les âmes, l'empereur ayant osé créer, instituer des prêtres catholiques avec des chantres de paroisses ; ils voyaient les mœurs de plus en plus relâchées, par l'influence du scandale public que donnait l'empereur avec des courtisanes, décorées du nom de maîtresses, d'amies de Sa Majesté; et cela, sans respect pour son auguste et vertueuse épouse! Enfin, ils voyaient le trésor public, fournissant libéralement les deniers de l'État à ces courtisanes, tandis que l'armée était privée de tout. La révolution était dans tous les esprits, dans tous les cœurs !

Les choses en étaient déjà à ce point, quand l'empereur convoqua tous les généraux à la capitale de l'empire pour solenniser avec lui le second anniversaire de l'indépendance nationale. C'est à cette réunion consacrée à la joie, à la fraternité militaire qui l'unissait à ses lieutenans, qu'il conçut la coupable pensée d'immoler à ses injustes préventions deux des plus méritans, Pétion et Geffrard qui l'avaient tant aidé dans son œuvre glorieuse, par leur dévouement : il les suspectait de vouloir favoriser le retour de Rigaud dans le pays, pour en faire un chef supérieur. Détourné dans ce projet barbare par H. Christophe, dont la vie n'était pas plus en sécurité, celui-ci exploita cette circonstance au profit de son ambition, en en donnant avis à ses frères d'armes. Il en résulta une conjuration entre eux pour abattre le dictateur. Geffrard se chargea de la mettre à exécution dans le Sud, où les esprits étaient plus faciles à prédisposer à cet attentat, l'empereur devant s'y rendre sous peu de temps. Mais la mort prématurée de ce général, influent et énergique, vint faire évanouir cette conjuration.

Cependant, il avait déjà communiqué sa résolution à des officiers secondaires, en leur faisant connaître son concert avec le général en chef de l'armée : ils restèrent dépositaires fidèles de son secret et de ses vues.

Satisfait de l'œuvre de la destinée, l'empereur se dirigea bientôt vers la ville du Sud, foyer de la conspiration avortée. Mais là, il en ralluma le feu presque éteint, — par son mépris pour la mémoire de celui qui avait guidé toute cette population inflammable, dans la soumission à son autorité, dans la conquête de l'indépendance, — par des mesures vexatoires, — par des violences envers les propriétaires, dont beaucoup furent dépossédés de leurs biens.

La haine pour lui était à son comble : elle réveilla tous les vieux souvenirs du régime de fer de Toussaint Louverture dont il avait été l'exécuteur impitoyable. A peine était-il de retour à la ville impériale, qu'une explosion eut lieu parmi les propriétaires dépossédés : leur révolte entraîna celle des officiers imbus des idées de Geffrard, celle des troupes et des populations ; et tous, en insurrection pour résister à l'oppression, proclamèrent H. Christophe, chef du gouvernement. Ils déférèrent le commandement supérieur de leurs forces au général Gérin, ministre de la guerre et de la marine, qui se trouvait accidentellement dans le département.

Acceptant cette mission périlleuse par un entraînement irrésistible, Gérin exécuta une marche audacieuse dans l'Ouest, en espérant le concours de Pétion dont les antécédens étaient pour lui une garantie.

Ce concours ne lui fit pas défaut. Pétion entraîna dans sa défection plusieurs généraux renommés, et avec eux les troupes sous leurs ordres ; les populations qui souffraient du régime impérial, applaudirent à leur mâle résolution et les accompagnèrent de leurs vœux. Le Port-au-Prince, ville importante par sa situation, fut occupée sans retard par l'armée insurrectionnelle.

Dessalines, le valeureux Empereur d'Haïti, qui ignorait toutes ces défections successives, — parce que les chefs qui deviennent tyrans n'ont plus d'amis, — partit de sa capitale, vint se jeter au milieu de ceux que ses torts avaient rendus ses ennemis : il reçut la mort, sous les coups de ces vaillans soldats qu'il avait trop négligés. Des individus qui l'avaient trop soutenu dans ses actes despotiques, qui lui avaient incessamment conseillé le mal, périrent avec lui dans ces momens de violente exaltation.

Les révolutionnaires s'empressèrent de proclamer H. Christophe, chef provisoire du gouvernement, à la condition de travailler à une constitution et à des lois qui assureraient au peuple, la jouissance de tous ses droits.

H. Christophe adhéra à la révolution, en acceptant la haute position où il fut placé.

Ainsi se termina la carrière du fondateur de l'indépendance d'Haïti. C'est qu'après avoir accompli cette mission glorieuse, il méconnut trop ses nouveaux devoirs envers son pays. La nature l'avait créé pour conquérir, et non pour gouverner. Trois années n'étaient pas encore écoulées, que déjà, lui et sept autres signataires de l'acte qui donna l'existence politique à un jeune peuple, avaient disparu de ce sol qu'ils fécondèrent de leur sang. Et que de sang haïtien y fut encore versé, par suite de la fin regrettable de Jean-Jacques Dessalines !

C'est le propre des révolutions, d'engendrer des guerres civiles entre ceux qui les conduisent. Nous verrons ce triste résultat dans l'époque suivante.

TABLE DES MATIÈRES

CONTENUES DANS CE VOLUME.

PÉRIODE HAÏTIENNE.

PREMIÈRE ÉPOQUE.

LIVRE PREMIER.

CHAPITRE PREMIER.

Après l'évacuation du Cap.—Dessalines se rend aux Gonaïves.—Il y convoque les généraux pour proclamer l'indépendance du pays, qui reprend son nom primitif d'HAITI. —Particularités relatives à la rédaction des actes. — Cérémonie militaire.—Proclamation du Général en chef au peuple d'Haïti : il prête, avec les officiers généraux, l'armée et le peuple, le serment de renoncer à la France. — Acte constatant la déclaration de l'Indépendance d'Haïti, le 1er janvier 1804.—Acte des généraux conférant la dictature à Dessalines, sous le titre de *Gouverneur général*, avec le droit de choisir son successeur au pouvoir. — Réflexions à ce sujet. — L'armée et le peuple sanctionnent partout les actes précités et y applaudissent. — Conséquences de ces actes. — Examen des opinions et de la conduite de Boisrond Tonnerre, rédacteur des actes. — Dissidence manifestée parmi les officiers généraux sur le projet du massacre des Français. — Le gouverneur général décrète le costume des officiers généraux, la résiliation des baux à ferme des habitations, et favorise la rentrée dans le pays des indigènes expatriés. — Les généraux retournent à leurs commandemens. — Le régime militaire est restauré, l'administration des finances rétablie. — Le siége du gouvernement est fixé à Marchand, dans l'Artibonite. — Réflexions à ce sujet. . . . 13

CHAPITRE II.

Dessalines se rend dans l'Ouest et le Sud.—Règlement du 7 février, sur le service militaire et l'administration des finances. — Trois citoyens des Cayes reçoivent l'ordre de préparer un projet de constitution et de lois organiques. — Décret du 22 février, ordonnant de livrer au glaive de la justice, les personnes convaincues ou soupçonnées d'avoir pris part aux massacres et aux assassinats ordonnés par Leclerc et Rochambeau. — Exceptions portées dans ces actes de vengeance. — Le gouverneur général en personne les fait exécuter dans le Sud, l'Ouest, l'Artibonite et le Nord, où il se rend. — Il accorde *des lettres de naturalité*, comme *Haïtiens*, aux blancs exceptés du massacre. — Acte du 1er avril relatif aux Français qui, naturalisés à l'étranger, voudraient entrer en Haïti. — Lettre du gouverneur général aux généraux, relative à une adresse des colons en faveur de Rochambeau. — Le massacre des femmes et enfans des Français est ordonné et exécuté. — Proclamation du 28 avril aux habitans d'Haïti, sur les représailles exercées contre les Français, et portant *exclusion* de tout blanc de la société haïtienne, les individus naturalisés exceptés. — Réflexions sur cet acte. 51

CHAPITRE III.

Le général Nugent, gouverneur de la Jamaïque, ouvre des négociations avec Dessalines sur les bases des conventions prises avec Toussaint Louverture, en lui envoyant des indigènes prisonniers. — Projet de convention non accepté par Nugent : reconnaissance tacite de l'indépendance d'Haïti, par la Grande-Bretagne. — L'amiral Duckworth notifie l'intention de capturer les navires haïtiens qui seront rencontrés hors des eaux de l'île. — Dessalines n'y souscrit point et promet de respecter les possessions britanniques. — Il envoie à la Jamaïque, 160 Polonais, pour être acheminés en Europe. — Nugent les renvoie à Haïti. — Régime administratif. — Quelques faits du général Ferrand. — Proclamation aux habitans de *la partie espagnole*. — Les Français s'emparent de Saint-Yague où se porte le général Toussaint Brave qui ne l'occupe pas. — Les Français y retournent et s'établissent dans le Cibao. — Nouvelle parvenue à Haïti, de l'élévation du Premier Consul à la dignité impériale. — Dessalines se décide aussi à prendre le titre d'*Empereur d'Haïti*. — Actes à ce sujet et réflexions y relatives. 78

CHAPITRE IV.

Un envoyé des États-Unis vient offrir des approvisionnemens de guerre et assurer les relations commerciales de ce pays avec Haïti. — Lettre de l'amiral Duckworth à Dessalines. — Sa réponse et ses dispositions envers les Anglais. — Ordonnances sur la vente des marchandises importées et sur l'évasion des Haïtiens allant à l'étranger. — Ordonnance sur le recensement de la population des villes et bourgs, afin d'en expulser les cultivateurs des campagnes. — Régime établi à leur égard, et réflexions à ce sujet. — Cartes de sûreté. — Ordonnance sur l'affermage des biens domaniaux. — Convocation des généraux et des fonctionnaires publics à Marchand, pour solenniser l'anniversaire de la proclamation de l'indépendance nationale. — Ce que fait le général H. Christophe à cette occasion. — Arrêté provocateur du général Ferrand, ordonnant la capture des Haïtiens pour être faits *esclaves*, ou *vendus et déportés* du pays. — L'empereur se décide à marcher contre la partie de l'Est d'Haïti. — Mission de subversion envoyée à Haïti par le gouvernement français, dans la personne de Ducoudray et d'Étienne Mentor. — Examen de cette conduite. — Arrestation et exécution de Ducoudray. — E. Mentor arrive et dévoile sa mission à l'empereur qui le place dans son

TABLE DES MATIÈRES.

état-major. — Arrivée de plusieurs anciens officiers de Rigaud. — L'empereur se transporte dans l'Ouest. — Il veut faire fusiller David-Troy, le dégrade et le place soldat dans la 4ᵉ demi-brigade. — Le général Yayou est placé commandant de l'arrondissement de Léogane. — La campagne de l'Est est ouverte le 16 février. — L'armée haïtienne assiège Santo-Domingo. — Avis donné à l'empereur sur des escadres françaises. — Des troupes françaises débarquent à Santo-Domingo. — Le siège en est levé. — Sort fait aux habitans de l'Est faits prisonniers. — Réflexions à ce sujet. — Adresse de l'empereur au peuple, à son retour à Marchand-Laville. — Les Français réoccupent les points abandonnés par les Haïtiens. — A. Franco de Médina à Saint-Yague. 107

CHAPITRE V.

Constitution de l'Empire d'Haïti. — Examen des principales dispositions de cet acte. — Code pénal militaire. — Loi sur les enfans nés hors mariage. — Loi sur l'organisation des conseils spéciaux militaires. — Loi sur le divorce. — Loi sur le mode de constater l'état civil des citoyens. — Loi sur l'organisation judiciaire civile. — Décret fixant les émolumens alloués aux officiers militaires et civils et aux soldats. — Arrêté du ministre des finances sur la nouvelle vérification des titres de propriété. — Décret sur la distribution du territoire en six divisions militaires. — Décret sur la nomination du général en chef de l'armée, sur l'organisation des ministères des finances et de la guerre, et celles des divisions militaires. — Décret relatif à la consignation et au cautionnement des bâtimens de commerce étrangers arrivant dans les ports de l'empire. — Décret portant tarif des droits curiaux, des frais judiciaires et divers autres droits et frais. — Décret établissant un tour de rôle pour la consignation des bâtimens de commerce aux négocians, suivant le numéro de leurs patentes. — Fête à *Dessalines*, à l'occasion de la proclamation de la constitution. — Installation des tribunaux, et fête du général H. Christophe au Cap. — Fête de l'empereur dans la même ville. 144

CHAPITRE VI.

Considérations générales sur les institutions, les actes, le régime et la situation de l'Empire. — Faits relatifs à plusieurs individus, par suite de la mission de Ducoudray et de Mentor. — Conseils donnés par ce dernier à l'Empereur. — Révocation de fonctionnaires. — Soupçons de l'Empereur contre le général Geffrard. — Mécontentement de ce dernier. — Vues et conduite du général en chef H. Christophe. — Son influence dans le Nord. — Il envoie Bruno Blanchet auprès de Geffrard et de Pétion. — Leurs dispositions envers l'Empereur. — Retour de B. Blanchet au Cap. — Mauvaises dispositions de l'Empereur envers H. Christophe. — Avis que lui donne A. Dupuy. — Promotions de Guillaume Lafleur, Vaval et Dartiguenave au grade de général de brigade. — G. Lafleur est chargé de faire des remontrances à Geffrard sur son administration. — Voyage de l'empereur au Port-au-Prince. — Il témoigne à Pétion son désir de l'unir en mariage à sa fille Célimène. — Refus de Pétion et ses motifs. — Désappointement de l'empereur et son irritation. — Paroles qu'il prononce au Port-au-Prince. — Il retourne à Marchand et apprend la faiblesse de sa fille envers Chancy. — Conseils que lui donnent Saget et Mentor. — Arrestation et emprisonnement de Chancy au Port-au-

Prince. — Il se donne la mort. — Pétion fait procéder à ses funérailles. — Despotisme du colonel Germain Frère. — Mort du général Gabart à Saint-Marc. 183

CHAPITRE VII.

Actes despotiques de Germain Frère. — Sa conduite envers Pétion. — Conduite de Pétion. — Convocation des généraux à Marchand, pour la fête de l'indépendance. — Révolte de Germain Picot aux Platons et sa répression par Geffrard. — Geffrard se rend ensuite à Marchand. — Conseil secret tenu par Dessalines pour faire tuer Geffrard et Pétion. — Examen de ses motifs — Boisrond Tonnerre. — Conseils donnés à Dessalines par H. Christophe. — Il fait avertir Geffrard et Pétion. — Ils concertent tous trois *la mort* de Dessalines. — Examen de cette conjuration. — Décret sur le chargement des navires en café, sucre et coton. — Réclamation de J. Lewis contre l'administration. — Belle conduite de Pétion à cette occasion. — Divers faits de Dessalines, expliquant les contrastes de son caractère. — Ses paroles à Miranda, général espagnol. — Décret sur l'organisation de la marine, etc. — Mort de J.-L. François à l'Anse-à-Veau. — Faits relatifs à Borgella. — Geffrard prépare la conspiration contre Dessalines. — Décret sur les guildives. — Mort de Geffrard aux Cayes. — Paroles et faits de Dessalines à cette occasion. 217

CHAPITRE VIII.

Meurtre de Noblet et de Pujol. — Explosion de la salle d'artifice du Port-au-Prince et ses causes. — Dessalines vient dans l'Ouest. — Plan perfide attribué à Boisrond Tonnerre, Mentor et Borno Déléard, à son égard. — Faits relatifs à T. Thuat ; son assassinat et spoliation de sa fortune. — Nouvelle vérification des titres de propriété à Jacmel. — Dessalines va dans le Sud. — Il fait brûler les bois de campêche sur tout le littoral. — Il confie provisoirement l'arrondissement de Jérémie à Bazile. — Il arrive aux Cayes. — Le général Moreau lui dénonce une conspiration concertée entre Geffrard et H. Christophe. — Les papiers de Geffrard sont livrés à A. Dupuy qui n'y trouve aucune trace de ce projet. — Assertions de B. Inginac à ce sujet, réfutées. — Conduite de Dessalines aux Cayes. — Il fait démolir plusieurs guildives. — Il mande Inginac aux Cayes. — Conciliabule entre B. Tonnerre, Mentor et B. Déléard, établissant des indices de conspiration de leur part. — Inginac arrive aux Cayes. — Dessalines lui ordonne de vérifier les comptes de l'administration et les titres de propriété. — Ce qu'il fait relativement à ces deux objets. — Examen de ce qui a rapport aux titres de propriété. — Décret du 1er septembre y relatif. — Décret du 2 septembre sur les douanes, etc. — Dessalines quitte les Cayes : ordre qu'il donne en partant. — Ses paroles à Lamarre, au Petit-Goave. — Il élève Germain Frère au généralat. — Il ordonne d'incorporer les jeunes gens dans la 1re demi-brigade. — Nouvelle vérification des titres de propriété. — Il retourne à Marchand. — Meurtre de Dalégrand. — Mort de Poutu, en duel. 256

CHAPITRE IX.

Situation des choses aux Cayes après le départ de Dessalines. — Vraie cause de l'insurrection du Port-Salut. — Arrestation du général Moreau, le 8 octobre, par les habitans sous la direction du juge de paix Messeroux. — Effet qu'elle produit aux Cayes. — L'insurrection se propage dans la campagne. — Papalier envoie le colonel Wagnac pour délivrer Moreau ; il prend parti avec les insurgés. — Perplexité et agitation des esprits aux Cayes. — Le colonel Francisque adhère à l'insurrection et décide Bourdet, Papalier et les autres officiers à s'y rallier. — Il part pour l'Anse-à-Veau. — Wagnac vient aux portes des Cayes à la tête des insurgés. — Les chefs de la ville vont s'entendre avec lui et ils y rentrent tous ensemble. — Wagnac, chef de l'insurrection parle aux troupes et proclame H. Christophe, chef du gouvernement. — Le général G. Lafleur arrive aux Cayes et y est constitué prisonnier. — Messeroux transfère Moreau au camp Gérard. — Il est appelé aux Cayes et s'y fait emprisonner par ses extravagances. — A la nouvelle de l'insurrection, Gérin écrit à Dessalines, de l'Anse-à-Veau, qu'il va la réprimer. — Francisque y entraîne la 15e et la 16e et va auprès de Gérin. — Gérin se décide pour l'insurrection. — Examen de ses motifs. — Les chefs des Cayes lui défèrent le commandement de tout le Sud. — Son plan militaire et politique pour faire réussir l'insurrection. — Il écrit à H. Christophe. — Les chefs des Cayes lui écrivent aussi. — Gérin marche sur l'Ouest avec les troupes de l'Anse-à-Veau. — Opposition du colonel Lamarre au Petit-Goave. — Une lettre de Borgella le rallie à l'insurrection. — Entretien de Gérin avec le général Yayou. — Gérin entre au Petit-Goave. — Pétion écrit à Dessalines et part à la tête des troupes du Port-au-Prince. — A Léogane, il entraîne Magloire Ambroise à l'insurrection. — Il rencontre Yayou et l'y entraîne aussi. — Il entre au Petit-Goave et s'entend avec Gérin. — Les troupes du Sud et de l'Ouest marchent sur le Port-au-Prince, où elles arrivent le 16 octobre. — Les chefs des Cayes décident la mort de Moreau et de G. Lafleur : ils sont exécutés. — Les matelots assassinent Aoua, chef de division navale. — Réflexions sur les excès révolutionnaires. 29

CHAPITRE X.

Dessalines part de Marchand pour venir au Port-au-Prince. — Il informe H. Christophe de l'insurrection. — Meurtre de Delpech, près de Saint-Marc. — A l'Arcahaie, Dessalines se fait précéder par les compagnies d'élite de la 3e demi-brigade. — Défection de cette troupe au Port-au-Prince. — Une députation de cultivateurs vient demander aux généraux la mort de Dessalines et de Germain Frère. — Dessalines arrive au Pont-Rouge où il est tué. — Dévouement héroïque de Charlotin Marcadieu. — Excès blâmables commis sur le cadavre de Dessalines. — Réflexions à ce sujet. — Conduite d'Étienne Mentor, en ce moment. — Honneurs funèbres rendus à Charlotin Marcadieu. — Meurtre de Germain Frère. — Acte de *Résistance à l'Oppression*, où H. Christophe est proclamé *chef provisoire* du gouvernement. — Gérin veut marcher sur l'Artibonite et le Nord. Pétion se refuse à cette mesure et obtient l'assentiment du conseil des officiers. — Origine de la mésintelligence entre Gérin et Pétion. — Ils écrivent à H. Christophe et lui adressent les actes publics. — Lettre de Pétion à Madame Dessalines. — H. Christophe apprend la mort de Dessalines et écrit à Pétion pour avoir des renseignemens à ce sujet. — Il mande auprès de lui les généraux Romain et Dartiguenave, et les envoie tendre une embuscade à Capois qui est mandé aussi et mis à mort. — Mesures qu'il prend dans le Nord et l'Artibonite. — Sa lettre à Madame Dessalines. — Les dépêches de Gérin et de Pétion lui parviennent. — Il mande à Milot, les fonctionnaires du Cap, représentant le

Nord, qui adhèrent à la révolution et le reconnaissent pour chef du gouvernement.— Il répond à Gérin et à Pétion et leur envoie l'acte d'adhésion.—Bonnet est envoyé en députation auprès de lui.—Arrestation et meurtre d'Étienne Mentor et de B. Tonnerre. —Examen des causes de ces faits.—Meurtre de Bazile et d'autres, à Jérémie.—H. Christophe envoie Blanchet jeune porter des dépêches au Port-au-Prince, qui ordonnent le renvoi des troupes dans leurs cantonnemens, et mandent au Cap, Papalier et les aides de camp de Dessalines.—D'autres officiers y sont ensuite mandés.—Résumé de la première Époque. 332

FIN DE LA TABLE DES MATIERES.

PÉRIODE HAÏTIENNE.

DEUXIÈME ÉPOQUE.

LIVRE DEUXIÈME.

AVIS AU LECTEUR.

Les matières contenues dans le premier livre de la Période Haïtienne, n'ayant pas suffi pour former un bon volume, et celles qui composent le second livre étant excessives pour un volume ordinaire, l'auteur s'est vu contraint de placer ici quatre chapitres du second. Du reste, cette disposition a l'avantage de présenter au lecteur, les premiers événemens qui ont suivi immédiatement la mort de l'Empereur Dessalines : par là, il saisira de suite les causes de la guerre civile qui en a été le résultat, et qui a divisé Haïti en deux États pendant quatorze années consécutives.

CHAPITRE I.

Situation d'Haïti après la mort de Dessalines : prétentions élevées par toutes les classes de citoyens. — Conduite des généraux H. Christophe, Gérin et Pétion, et réflexions à ce sujet. — Imputations contre Pétion et Gérin, réfutées par les faits. — Mission de Bonnet au Cap : examen de ce que lui dit Christophe. — Retour de Bonnet au Port-au-Prince. — Attitude prise par Pétion. — Proclamation de Christophe au peuple et à l'armée. — Ses insinuations à Yayou, à propos d'une cabale contre lui dans l'arrondissement de Léogane. — Punitions subies par Lamarre et Quique ; Dieudonné se suicide. — Pétion rétablit l'ordre et l'autorité de Yayou à Léogane. — Lettre de Christophe aux généraux, pour la formation de l'assemblée constituante et sa réunion au Port-au-Prince. — Christophe fait communiquer à Pétion ses vues sur l'autorité à attribuer au chef de l'Etat dans la constitution. — Réponse de Pétion. — Origine de leurs divisions. — Dissimulation de Christophe et ses projets. — Il publie un acte pour rassurer le commerce étranger dans ses relations avec Haïti. — Il invite Pétion à contraindre les soldats déserteurs à rejoindre leurs corps. — Pétion élude cet ordre. — Mécontentement de Christophe. — Il envoie Dartiguenave en mission dans le Sud pour y recevoir des plaintes et conférer des commandemens, en invitant Pétion à l'aider de ses conseils. — Pétion persuade Dartiguenave de ne pas s'y rendre, et écrit ses motifs à Christophe. — Dartiguenave lui écrit aussi et attend de nouveaux ordres au Port-au-Prince. — Irritation de Christophe ; il rappelle Dartiguenave au Cap, et écrit une lettre arrogante à Pétion. — Fière réplique de Pétion expliquant ses motifs et ceux qu'il a eus pour ne pas repousser du Port-au-Prince un bataillon de la 20° qui s'y est réfugié, en lançant des menaces à Christophe. — La guerre civile devient imminente.

Devenue veuve du Héros qui avait proclamé son indépendance politique, Haïti se trouva, immédiatement après la révolution sanglante qui abrégea ses jours, dans une de ces situations critiques communes à toutes les nations qui revendiquent leurs droits par la violence. Si les hommes étaient moins imparfaits qu'ils ne le sont de leur nature, les chefs du gouvernement comme les peuples, pourraient profiter de ces expériences qui se reproduisent en vain dans tous les temps pour leur servir de leçon : les chefs de gouvernement surtout, parce que, le plus souvent, il dépend d'eux seuls d'éviter à leur pays ces terribles catastrophes qui remuent l'ordre social jusque dans ses fondemens.[1]

Celle qui renversa le gouvernement de Dessalines, bien que dirigée par des généraux influens et exécutée par l'armée sous leurs ordres, présentait néanmoins un danger éminent par l'ambition qui allait se développer dans son sein. Ce n'est pas sans péril pour *l'autorité*, si nécessaire aux sociétés humaines, que l'on soulève la force publique contre un chef qui l'exerce. Sitôt qu'il est abattu, les acteurs secondaires veulent obtenir le prix de leur concours dans ce résultat ; les individus les plus obscurs manifestent aussi leurs prétentions à recevoir une part quelconque dans les dépouilles du pouvoir renversé. La désorganisation s'introduit ainsi dans tous les rangs de la société ; et les chefs qui ont dirigé l'entreprise se trouvent souvent aux abois, ne pouvant satisfaire à toutes ces exigences. Heureux ceux dont la capacité, le caractère et les antécédens suffisent pour se maintenir dans leur position ! Car, en général, ils sont bien vite débordés.

---

[1] M. Thiers a dit avec raison : « Tous les gouvernemens périssent par l'excès « de leur principe. » Celui de Dessalines s'était fondé sur *la violence* ; il périt pour avoir poussé trop loin son système contraire au bonheur de son pays.

M. de Lamartine a dit avec non moins de raison : « Les gouvernemens doi- « vent se constituer en révolution permanente, pour satisfaire aux besoins de « la société. » En effet, c'est en négligeant d'y satisfaire ou en les méconnaissant, qu'ils poussent les peuples à l'insurrection.

La *Résistance à l'Oppression*, manifeste de la révolution, contenait un paragraphe relatif à chaque classe opprimée sous le régime impérial: chacune éleva immédiatement ses prétentions à être gouvernée différemment.

Le militaire, dont on avait plaint le sort sous une discipline sévère et une subordination absolue, voulut s'en affranchir sans mesure; il sentait qu'il était fort et que ses chefs avaient besoin de lui.

Le cultivateur, que la verge et le bâton contraignaient au travail, avait certainement raison de ne vouloir plus être mené par de tels moyens; il prit en haine ses gérans, ses conducteurs, les officiers inspecteurs de culture ou de gendarmerie qui, tous, lui faisaient administrer de dures corrections. Des fêtes et des réjouissances avaient lieu dans les villes par la mort *du tyran*; il se relâcha de ses travaux de culture pour danser et se réjouir aussi dans les campagnes.

L'habitant des villes voulut jouir d'une liberté illimitée, presque sans police.

Le propriétaire, dépossédé injustement, rentra en possession de son bien, sans autre autorité que sa volonté personnelle. Même les individus qui avaient réclamé des biens sans titres valables, crièrent contre l'injustice *du tyran* et de ses fonctionnaires; ils prétendirent à occuper ces biens.

Le commerçant, qui avait souffert des vexations dans son industrie, aspira à n'avoir désormais aucune entrave, aucune restriction légale dans sa liberté d'action.

Telle était la situation des choses et des esprits, au lendemain de la révolution du 17 octobre. Dans un tel conflit de prétentions diverses, d'intérêts privés à ménager, surtout dans les localités où avait éclaté l'insurrection, et où elle avait triomphé, il fallait beaucoup de prudence de la part des chefs révolutionnaires, pour empêcher le bouleversement total de la société.

Dans le Sud particulièrement, les esprits étaient dans un état d'exaltation extraordinaire ; et lorsque H. Christophe invita Gérin et Pétion de renvoyer les troupes à leurs cantonnemens respectifs, il en était temps pour y rétablir l'ordre : les chefs étant tous venus au Port-au-Prince, on profita de leur absence pour s'agiter en tous sens.

Dans l'Ouest, l'exaltation fut moindre, sans doute, mais elle existait également.

Dans l'Artibonite, où les populations sont presque aussi remuantes que dans le Sud, il y eut alors aussi plus d'agitation que dans le Nord, où se trouvait le chef provisoire du gouvernement.

En présence de ces difficultés, quel était, pour la société en général, pour chaque classe en particulier, le meilleur système à adopter, afin de ramener la tranquillité matérielle et le calme dans les esprits ? Fallait-il user de contrainte, de moyens coërcitifs sur une large échelle ? Ou bien, fallait-il user de l'influence de la raison, de la douceur, de la modération, donner en quelque sorte un langage aux antécédens des hommes appelés à opérer cette œuvre sociale ? C'est dans une telle mission qu'on doit reconnaître le véritable homme d'Etat, chargé de pourvoir au salut public.

Oh ! nous entendons déjà *ces grands politiques*, qui ne savent qu'employer *la force, le pouvoir du sabre*; nous les entendons qui nous répondent : « La contrainte, « les moyens coërcitifs, voilà ce dont il fallait user en « cette circonstance. »

Nous ne nions pas l'efficacité de tels moyens ; mais nous leur demandons seulement, ce qu'eussent gagné toutes ces classes, qui avaient applaudi à la révolution, qui espéraient en elle, à se voir traquer de nouveau ? Et puis, avec quels agents de la force publique on aurait opéré ainsi ? Avec l'armée, sans doute ; alors, il eût fallu rétablir à son préjudice toute la sévérité du code pénal militaire qu'on venait de condamner. Autant eût valu qu'elle fût restée sous le despotisme impérial, si le système du gouvernement ne devait pas changer : de même pour le malheureux cultivateur, le commerçant, l'habitant des villes, le propriétaire évincé.

Toutefois, les deux modes indiqués ci-dessus ont été mis en usage, par trois des chefs les plus influens.

Dans le Nord et l'Artibonite, où les troupes n'avaient pas pris part à la levée de boucliers, où les populations avaient toujours été contenues par le despotisme, H. Christophe réussit *par la contrainte* ; il ramena le calme... par la terreur qu'il inspirait à ces esprits habitués au joug. Et encore lui fallut-il payer, rationner, habiller les troupes, tenir un langage en particulier où il blâmait la mort de Dessalines, tandis que ses actes publics louaient cet événement, décriaient son administration. Néanmoins, dans l'Artibonite, où il n'atteignait pas immédiatement les troupes, les soldats étaient plus portés à user de leur liberté. C'est ainsi qu'on vit revenir au Port-au-Prince, *de leur propre mouvement*, tous les jeunes gens de cette ville qui avaient été incorporés dans la 4e demi-brigade, à l'entrée de l'armée indigène, en 1803 [1]. Comme militaires, s'ils manquaient à leur devoir en désertant leurs

---

[1] En ne citant que les principaux d'entre eux, nous désignerons Coutilien et Rancy Coustard, Saladin, Souffrant, Bouzy, F. Thévenin, Constant Domingue,

drapeaux, — comme *citoyens*, regagner leurs foyers, rejoindre leurs familles, était pour eux une nécessité. Eloignés de leur lieu natal, ils savaient que H. Christophe devenant chef du gouvernement, ils ne feraient que changer de maître. Avaient-ils tort ou raison de penser ainsi? Les phrases qui suivent répondent à cette question :

« Il faudra *toute la cruelle énergie* de Christophe pour
« la contenir (l'Artibonite) et l'isoler de l'esprit révolu-
« tionnaire [1]. » — « Vous ordonnerez de suite la convo-
« cation d'un conseil spécial militaire *pour juger ce délit*,
« et *vous ferez fusiller* ce grenadier à la tête du 1ᵉʳ batail-
« lon, *après le jugement* qui aura été rendu. [2] » — « Au
« milieu de tant de difficultés, de tant de tentatives de
« révolte (de la part des troupes), Christophe faisait sen-
« tir son autorité, et maintenait, *à force de rigueurs*, les
« populations qui rongeaient leur frein. [3] »

Dans le Sud, Gérin eut aussi à lutter contre les populations et les troupes. La *Résistance à l'Oppression* avait dit :
« Oui, nous avons rompu nos fers. Soldats, vous serez *payés*,
« *habillés*; cultivateurs, vous serez *protégés*; propriétaires,
« vous serez maintenus dans la possession de vos biens.
« Une constitution sage va bientôt fixer les droits et les
« devoirs de tous. » Les troupes voulaient donc être payées *régulièrement*, sans s'inquiéter de savoir si le trésor public avait des fonds. A l'Anse-à-Veau, la 15ᵉ demi-brigade se mutina à ce sujet, ses officiers en tête. Gérin fit arrêter les principaux de ces derniers, parmi lesquels se

---

Horace, Morisseaux, J. Tréméré, Pernier, Sannon et Petit Blain, M. Cébron, M. Constant, Bellevue Dusseaux, Lapointe Aubas, G. Lorquet, etc.

[1] Hist. d'Haïti, t. 3, p. 332.
[2] Ibid. p. 353. Autant eût valu dire à Romain de fusiller ce grenadier *avant* le jugement.
[3] Ibid., p. 360.

trouvait le lieutenant Solages[1] ; il les livra à un conseil spécial présidé par Borgella, qui remplissait les fonctions de chef d'état-major de l'armée du Sud. Il prétendait obtenir le même résultat que Christophe, à l'égard du grenadier du Nord ; mais Borgella porta le conseil *à les acquitter*, et Gérin n'en devint que *plus fort* avec cette vaillante troupe, pour maintenir l'ordre. Car, la résistance courageuse et intelligente de son chef d'état-major lui avait fait comprendre que, dans ces circonstances, une extrême rigueur, même fondée *sur la loi*, serait plus funeste que profitable à son autorité et à la chose publique.

Dans l'Ouest, au Port-au-Prince, les 11ᵉ et 12ᵉ demi-brigades se mutinèrent aussi *pour avoir reçu* une paye de deux gourdes et demie par soldat, en prétendant qu'on devait leur donner cinq gourdes, comme à la mort de Dessalines. En vain le général Yayou fut-il aux casernes pour les faire rentrer dans le devoir : il fut hué. Pétion s'y rendit, et à son aspect les soldats poussèrent le cri enthousiaste de : *Vive le général Pétion !* « Mes camara« des, leur dit-il, si vous n'avez reçu que deux gourdes et
« demie, c'est d'après les ordres du général en chef Chris« tophe, *auquel vous devez une obéissance absolue* ; mais,
« d'une autre part, soyez convaincus que ma voix se fera
« toujours entendre, toutes les fois qu'il s'agira de défen« dre *vos droits*. » Il sortit des casernes, au milieu des
« acclamations des troupes [2]. »

En produisant ces divers faits, nous mettons le lecteur à même d'apprécier les difficultés qui s'offraient au pou-

---

[1] Solages, devenu général de brigade, le même qui commandait l'avant-garde de l'armée du Sud, et qui accueillit Pétion vers le Tapion ; l'un des plus braves, des plus dignes officiers de la République d'Haïti.

[2] Hist. d'Haïti, t. 3, p. 349.

voir des chefs révolutionnaires ; car Christophe en était un, et le principal, puisqu'il avait suggéré l'entreprise et qu'il en recueillait les avantages.

Entre ces trois généraux, lequel fut *le plus conséquent aux principes posés comme base de la révolution de 1806*; lequel employa le meilleur moyen, non-seulement pour le rétablissement *de l'ordre*, mais aussi pour le maintien *de la liberté* du peuple haïtien? Qui d'entre eux rappela mieux les militaires mutinés à l'observation *de leur devoir*, en maintenant le respect dû à *l'autorité*?

Si Christophe l'imposa par la force, par la terreur, c'est qu'il agissait sur des esprits toujours asservis au joug d'un despotisme brutal. En inaugurant ainsi l'exercice de son pouvoir, il fut *contraint* lui-même de pousser son système de gouvernement jusqu'à ses dernières limites, et l'on sait d'avance quel fut son sort en définitive. Mais *la liberté*, régna-t-elle avec lui? Ne pouvait-il pas opérer autrement qu'il ne fit? Oui, sans doute, s'il avait au fond du cœur cette bienveillance qui recommande un chef à l'amour de ses concitoyens, et non cette cruauté qui le fait haïr, en toute justice.

Si Gérin réussit dans le Sud, il ne dut peut-être son succès qu'à la sagesse d'un officier dévoué au bonheur de ses frères, désireux de lui faciliter sa tâche : en lui résistant, il le rappela à l'observation des principes de la révolution ; car il s'en était écarté, en méconnaissant encore l'esprit des populations sur lesquelles il agissait. Néanmoins, on aperçoit tout d'abord pourquoi Gérin ne conserva aucune influence réelle dans le Sud : son despotisme y était trop connu pour en obtenir.

Pétion réussit également, dans l'Ouest, à calmer les esprits agités par la fougue révolutionnaire. Employa-t-il d'autres moyens que ceux de la persuasion, de la modération? Ces acclamations chaleureuses des troupes qui l'accueillirent à son arrivée dans les casernes, qui le saluèrent lorsqu'il en sortit, ne parlent-elles pas assez éloquemment, pour prouver l'influence de la raison sur l'esprit des hommes, et ce que peuvent aussi d'honorables antécédens sur leurs cœurs? Mollissait-il en présence de cette mutinerie soldatesque, quand il disait à ces troupes, que la solde qu'elles avaient reçue était ordonnée ainsi par le chef du gouvernement; qu'elles lui devaient *une obéissance absolue?* Mais en même temps, en leur parlant *de leurs droits* dont il leur promettait d'être toujours le défenseur, pour mieux calmer cette effervescence passagère, était-ce un moyen indigne de l'autorité dont il était revêtu? Le soldat haïtien n'avait-il pas *des droits* comme tous les autres citoyens du pays? Qui venait tout récemment de faire triompher la liberté sur la tyrannie, les droits du peuple contre les injustices violentes du gouvernement renversé, n'étaient-ce pas les soldats de l'armée?

Christophe pouvait méconnaître ces services rendus à la patrie, parce que ses procédés tendaient à reconstituer la tyrannie de Dessalines. Gérin a pu les oublier un instant, parce qu'il procédait aussi par despotisme. Mais Pétion ne pouvait que se les rappeler sans cesse, parce que son but, en concourant à abattre Dessalines, n'était pas seulement de soustraire sa tête aux licteurs d'un tel dictateur; mais de fonder réellement la liberté et l'égalité dans son pays. Aussi, son cercueil fut-il arrosé des larmes du peuple à ses funérailles, tandis que Christophe et Gérin ne reçurent pas même les honneurs funèbres.

Cependant, après avoir cité les faits relatifs à Christophe et à Pétion, et que nous trouvons dans l'Histoire d'Haïti, voyons comment son auteur parle de la disposition des soldats de l'Artibonite et du Nord, dans ces moments, d'après les traditions orales.

« La désertion continuait toujours dans les troupes de « l'Artibonite ; les soldats abandonnaient leurs drapeaux « et se rendaient au Port-au-Prince. *Les autorités* de cette « ville qui, *par des agents secrets, s'efforçaient de répan-* « *dre le trouble* dans le Nord et l'Artibonite, *favorisaient* « *ces désertions*....... Du Sud et de l'Ouest *il n'y avait* « *aucune désertion* dans le Nord et l'Artibonite, parce « que *la licence* que Pétion et Gérin *toléraient*, rendait « le peuple et le soldat contents.[1] »

Voilà sans doute une accusation bien formulée, et contre les autorités du Port-au-Prince, et contre Pétion et Gérin. Gérin *tolérait la licence !* C'est une grave erreur de l'auteur que nous citons, sur ce caractère despotique qu'une femme seule put dompter dans un moment suprême.[2] Nous passerions condamnation encore à l'égard de Pétion et des autorités qui étaient sous ses ordres, si nous ne lisions pas, immédiatement après cette accusation, l'explication *des causes* de cette désertion :

« En abandonnant le Nord et l'Artibonite, *on fuyait les* « *rigueurs* de Christophe dont le caractère (farouche) ne « souffrait aucune indiscipline. »

S'il débuta par des rigueurs dans l'exercice de son autorité, au lieu d'user de modération comme fit Pétion, pour calmer l'effervescence des esprits, la désertion des soldats s'explique par cette différence même, et il n'est pas juste

---

[1] Hist. d'Haïti, t. 3, p. 355.
[2] Le fait relatif aux officiers de la 15e prouve que Gérin ne pouvait tolérer quoi que ce soit de contraire à la subordination.

d'accuser les autorités du Port-au-Prince d'avoir répandu le trouble dans le Nord et l'Artibonite, ni Pétion et Gérin d'avoir toléré la licence.

En retraçant une autre époque (en 1799), nous avons fait ressortir aussi l'injustice des accusations de Roume contre Rigaud, à propos de désertions semblables, de l'Ouest, — comprenant l'Artibonite, — pour passer dans le Sud [1]. Aujourd'hui, c'est Pétion que nous sommes forcés de défendre contre *la tradition orale ;* car les autorités du Port-au-Prince ne pouvaient rien faire sans son agrément. Au reste, il s'est défendu lui-même de ces accusations injustes, et nous citerons bientôt une lettre de lui à ce sujet. C'est aussi du manque *de sincérité* à l'égard de Christophe, que nous croyons devoir le défendre : cette imputation a été déjà repoussée, à l'occasion de la mission de Bonnet ; la voici reproduite :

« *Les émissaires* (agents secrets !) que Christophe
« avait envoyés au Port-au-Prince, *aussitôt après* la nou-
« velle de la chute de Dessalines, revinrent dans le Nord.
« Ils annoncèrent au général en chef..... combien les
« généraux du Sud et de l'Ouest étaient *peu sincères* à
« son égard [2]. »

Si le rapport de tels *espions* peut être admis comme *preuve,* nous l'admettons volontiers.

« Quoiqu'il y eût *beaucoup de mécontens* dans le Nord
« et l'Artibonite, les habitans de ces deux provinces de-
« meurèrent prêts à obéir à Christophe. La seconde divi-
« sion de l'Ouest et le Sud, *bien que* Christophe eût été
« proclamé chef provisoire du gouvernement, ne re-
« connaissaient que l'autorité de Pétion et de Gérin *qui*

---

[1] Voyez pages 39 et 40 du tome 4 de cet ouvrage.
[2] Hist. d'Haïti, t. 3, p. 347.

« *agissaient sans sincérité* à l'égard du général en chef,
« dont ils redoutaient l'humeur despotique et cruelle.
« Dans cet état de choses, *la guerre civile* devait ne pas
« tarder à éclater[1]. »

D'où il faudrait *conclure* que Pétion et Gérin, *par manque de sincérité* envers Christophe, furent *les auteurs* de cette guerre civile. Cependant, nous trouvons également écrit ce qui est vrai, — que Pétion s'opposa à la marche inconvenante que voulait faire Gérin, pour enlever les trésors de Marchand, en donnant ces motifs :
« Il exposa que *la guerre civile éclaterait*, si les troupes
« de l'Artibonite s'opposaient au déplacement de cette
« somme ; que Christophe, proclamé chef de l'État, *avait*
« *seul le droit de donner les ordres relatifs aux finan-*
« *ces*[2]. » C'est encore cette histoire qui nous dit que Pétion apaisa la mutinerie des 11me et 12me demi-brigades, en leur faisant comprendre qu'elles devaient *une obéissance absolue* à Christophe.

Si c'est ainsi qu'on méconnaît *l'autorité* d'un chef, qu'on agit *sans sincérité* à son égard, qu'on fait éclater *la guerre civile*, alors nous avouons que nous ne pouvons comprendre les faits historiques, ni les apprécier. Peut-être enfin, trouverons-nous d'autres faits qui nous expliqueront *les vraies causes* de la désastreuse guerre civile qui survint peu après. En attendant, parlons de la mission de Bonnet au Cap et de ce qui s'ensuivit.

En y arrivant, cet officier général fut bien accueilli par les autorités et la population de cette ville, parce que l'adhésion formelle qui venait d'avoir lieu, de la part de

[1] Ibid., p. 349.
[2] Ibid., p. 332.

Christophe, à la révolution opérée au Port-au-Prince, leur permettait de manifester les sentimens qui les animaient. Au fond de leurs cœurs, les citoyens éclairés du Nord, comme ceux de l'Artibonite, étaient satisfaits de la fin du régime tyrannique de Dessalines, tout en concevant la crainte qu'il ne fût pire sous le gouvernement de Christophe. De son côté, Bonnet racontait à tous, avec enthousiasme, les circonstances des événemens survenus dans le Sud et l'Ouest, et disait franchement quelles étaient les espérances des populations de ces localités dans la nouvelle constitution, pour organiser assez justement le pouvoir du chef de l'État, afin de ne plus être exposé aux mêmes excès qu'avait offerts celui de Dessalines, et quelle était la volonté des chefs révolutionnaires de parvenir à ce résultat. Il disait la vérité; car on n'avait pas renversé Dessalines uniquement pour abattre un homme, mais bien pour détruire les vicieuses institutions qui avaient organisé une dictature épouvantable. Mais, dit l'Histoire d'Haïti, « *des espions* de Christophe recueil-« laient toutes ses paroles et se hâtaient de les rapporter « à l'autorité [1]. » Christophe, il faut l'avouer, montrait ainsi beaucoup *de sincérité* dans ses rapports avec ceux qui venaient de le proclamer chef du gouvernement.

Il se trouvait en ce moment à la citadelle Henry [2], où Bonnet dut se porter pour lui annoncer l'objet de sa mission. Si cette mission avait pour but de rendre à son autorité un hommage plus éclatant que celui renfermé dans les lettres de Gérin et de Pétion, et de pressentir ses dispositions intimes, Bonnet dut être éclairé à ce dernier égard; car, lui ayant dit dans quel but il venait auprès

---

[1] Tome 3, p. 356.
[2] Cette forteresse était déjà désignée sous ce nom.

de lui, « Christophe qui avait à ses côtés plusieurs offi-
« ciers, le prit *à l'écart* et lui demanda aussitôt ce que
« l'on avait fait de *Mentor*. Bonnet lui répondit qu'il l'a-
« vait laissé au Port-au-Prince, sain et sauf. — *Je suis*
« *fâché*, répliqua Christophe, *qu'on l'ait épargné; on*
« *eût dû l'exécuter ou le déporter*. Eh bien ! je ne serai
« pas du reste plus méchant que vous [1]. » Ainsi, il sanc-
tionnait d'avance le meurtre de Mentor !

Sur son invitation, Bonnet retourna au Cap où il allait
se rendre lui-même. Cet officier y fut entouré *des espions*
que le général Richard, commandant de cette ville, envoyait chez lui pour épier ses moindres paroles et celles
des nombreux visiteurs qui y affluaient [2].

C'est alors que *les émissaires*, envoyés au Port-au-
Prince, revinrent auprès de Christophe. Sur leur rapport
— « Christophe comprit que l'on ne s'était servi de son
« nom que pour donner de la consistance à l'insurrection.
« Il *se défia davantage* de Pétion, de Gérin et des autres
« officiers de l'Ouest et du Sud. *Il ne songea plus qu'à*
« *déjouer leur projet...* [3] »

Comme cette tradition peut égarer et faire la partie
belle à H. Christophe, pour arriver enfin à la guerre civile ! Plus avant, pages 287 et 288, M. Madiou a prouvé
(à notre pleine satisfaction), par des raisonnemens judicieux, qu'il y eut *conspiration* entre Christophe et Geffrard pour abattre Dessalines ; que cette trame devait recevoir son exécution aux Cayes, par Geffrard, s'il ne fût
pas mort ; mais ce général aurait-il pu, *seul*, accomplir
ce dessein ? N'était-il pas obligé d'y faire entrer d'autres

---

[1] Hist. d'Haïti. t. 3, p. 346.
[2] Ibid.
[3] Ibid., t. 3, p. 347.

officiers secondaires ? Si les chefs des Cayes proclamèrent aussitôt Christophe, chef du gouvernement, c'est une preuve démonstrative qu'ils étaient *complices* de Geffrard, qu'ils restèrent *fidèles* à sa pensée, à son *accord* avec le général en chef. Comment donc celui-ci, sur le rapport *de ses espions*, pouvait-il « comprendre qu'on ne s'était « servi *de son nom* que pour donner de la consistance à « l'insurrection ? »

M. Madiou affirme encore (p. 317), qu'il était informé *d'avance*, dans les premiers jours d'octobre, qu'une insurrection allait éclater contre Dessalines, dans l'arrondissement des Cayes. Si cet avis lui a été donné, il n'a pu le recevoir que *des officiers* qui ont dirigé cette insurrection et qui l'ont proclamé. Ils étaient donc *conséquens* avec eux-mêmes, avec le but de cette entreprise; ils ne se servaient donc pas *du nom* de Christophe par hypocrisie !

Et quel pouvait être encore *le projet à déjouer*, de la part de ces officiers, de Gérin et de Pétion, lorsqu'eux tous avaient fait ce que désirait, ce qu'avait provoqué le général en chef, dès 1805?—Était-ce le projet de donner au pays une nouvelle *constitution* plus conforme aux droits du peuple? Mais il avait adhéré à ce plan indispensable ! — Était-ce le projet de *l'assassiner* ? Mais Pétion et Gérin ne s'occupaient que des moyens de rétablir l'ordre dans l'Ouest et le Sud ; ils avaient obéi à ses ordres, en renvoyant *les troupes* à leurs cantonnemens respectifs !—Serait-ce le meurtre de Mentor et de Boisrond Tonnerre, qu'il apprit par ses émissaires, qui lui aurait fait craindre pour sa propre vie ? Mais il venait de témoigner à Bonnet, combien il aurait été satisfait de la mort de Mentor !

Cependant, revenu au Cap, Christophe réunit dans son

palais les autorités et les principaux citoyens : Bonnet s'y trouva aussi. Dans cette réunion, quelles paroles prononça-t-il, en prenant *une attitude sombre?* « L'insurrection « du Sud et de l'Ouest, dit-il,.... est le résultat *de l'am-* « *bition.* On en veut *aux hommes éclairés,* car on a assas- « siné Boisrond Tonnerre : on en veut *aux noirs,* car on « a assassiné Mentor. Vous ne m'aviez pas parlé de ces « crimes, général Bonnet ! » Mais Bonnet eut le noble courage de lui rappeler ce qu'il lui avait dit à la citadelle, à l'égard de Mentor. « Cette réponse déconcerta Chris- « tophe qui ne s'y attendait nullement. Il se leva et se « retira dans un autre appartement. »

Nous passons sous silence les propos qu'il y tint à plusieurs officiers; mais le lendemain, il manda Bonnet au palais et lui dit dans un entretien particulier : « *On a bien* « *fait d'avoir sacrifié Mentor;* c'était un grand ambitieux. « Mais *je suis forcé* de condamner ce fait en présence de « *ces brigands* qui m'entourent : si, par mes paroles, je « ne les contenais pas, *ils se livreraient à toutes sortes* « *d'excès et tenteraient de m'assassiner.* Hier, je n'ai en- « tendu blâmer, ni vous ni Pétion.[1] »

Il résulte clairement de toutes ces scènes machiavéliques, que Christophe était plus préoccupé de déjouer *les projets* qu'il redoutait *dans le Nord,* qu'il n'avait de crainte par rapport à Pétion et Gérin, et aux officiers du Sud. Et si l'auteur dont nous discutons les appréciations, n'a pas accusé Christophe, textuellement, de manquer *de sincérité,* d'être *d'une mauvaise foi insigne,* du moins nous le remercions d'avoir fourni assez de preuves de cette *perfidie* qui caractérisait ce cruel, pour nous mettre

---

[1] Hist. d'Haïti, t. 3, p. 348.

à même de la faire ressortir. Si l'on veut apprécier davantage ce vice infâme en Christophe, qu'on lise encore la même page de l'Histoire d'Haïti, pour apprendre quelles *embûches* furent tendues à Bonnet, *par ses ordres*, pour le faire assassiner, au moment où cet officier retournait par terre au Port-au-Prince.

Il avait eu pour mission, avons-nous dit, non-seulement de rendre hommage à l'autorité reconnue en Christophe ; mais de lui déclarer avec fermeté, de le dire partout, que l'Ouest et le Sud *voulaient* que le pays eût une constitution et des lois qui pussent garantir à la nation entière, toutes les libertés publiques, tous les droits de l'homme en société, afin *de pressentir les idées* de Christophe à cet égard. Oui, *de pressentir ses idées* ; et ce n'était pas manquer *de sincérité* envers lui. On peut être *très-sincère* dans une situation politique, quoiqu'on ne veuille pas être *un niais*. Or, Pétion, devenu l'âme de la révolution, connaissait parfaitement Christophe, mieux peut-être que celui-ci ne le connaissait lui-même ; et c'aurait été de sa part une *simplicité*, que d'avoir une foi aveugle en ses idées, en ses sentimens à l'égard *des institutions* qu'il fallait donner au pays.

Bonnet avait bien rempli sa mission ; le rapport qu'il fit à Pétion ne put le fixer cependant à l'égard de la chose principale ; ce n'est qu'après, qu'il sut quelles étaient *les prétentions* de Christophe. Mais ce que Bonnet rapporta de sa duplicité, prouva qu'il était toujours le même homme, aux tendances despotiques, incapable de se corriger, prêt à renouveler les scènes de fureur de 1799 où il avait joué un si fameux rôle. Pétion prit alors *l'attitude qui convenait à une telle situation* : il épiait les actes de Christophe.

Après le départ de Bonnet du Cap, le chef provisoire du gouvernement sentit, de son côté, la nécessité de parler au peuple et à l'armée : il le fit dans l'acte suivant, daté du 2 novembre :

L'événement qui vient de vous rendre à un sort plus digne de vos sacrifices et de vos travaux, qui, en détruisant *l'arbitraire dont vous aviez à vous plaindre*, vous prépare un avenir heureux, doit être le nœud indissoluble de notre union et le rempart de notre félicité. C'est n'avoir rien fait que de détruire *une mauvaise administration* [1], sans lui en substituer une meilleure et sans se garder des désordres de l'anarchie trop faciles à se glisser dans la transition politique d'un régime à un autre. Souvenez-vous que le gouvernement qui va désormais *garantir vos droits* et assurer le prix de vos privations, demande de vous l'obéissance, le maintien exact de l'ordre et de l'union, le respect de vos chefs, l'observation de la discipline militaire et l'exécution des lois. Voilà les conditions sans lesquelles il lui est impossible de faire un pas dans la carrière qui vient de lui être ouverte.

Vous, militaires de tous grades, qui, depuis quatre ans, n'avez cessé de soutenir, sous des chefs distingués, l'honneur du drapeau d'Haïti, voudriez-vous perdre en un jour, et votre réputation et la récompense qui vous est destinée ? voudriez-vous renverser sur vos têtes, l'édifice de notre indépendance et de notre liberté, et nous exposer, par sa chute, à l'ironie des nations ? Avez-vous oublié les préceptes de cette discipline qui a fait distinguer, même par nos ennemis, votre mérite et votre bravoure ? Souvenez-vous que le soldat n'est pas digne de ce nom, lorsqu'il s'écarte du sentier de ses devoirs. Souvenez-vous que la sûreté de l'État, celle de vos familles, des citoyens et des propriétés, dépendent de votre obéissance à vos chefs. Le gouvernement a les yeux ouverts sur vous ; il sait quelles ont été vos privations ; il s'occupe à chaque instant de pourvoir, d'avance, aux moyens d'assurer votre équipement, votre paie et

[1] Ce mot d'*administration* pouvait s'entendre dans le sens de *gouvernement* ; mais c'était dans son sens propre qu'on l'employait ici, afin de réserver jésuitiquement la question du gouvernement, à résoudre par la nouvelle constitution.

votre existence. Ne détruisez donc pas les soins qu'il consacre à assurer votre sort.

Vous, cultivateurs et habitans, dont les bras laborieux soutiennent les bases du gouvernement, votre bonheur est dans vos travaux, votre richesse est le produit de votre culture; sans l'ordre le plus exact, sans une tranquillité parfaite, vous perdrez tout le fruit de vos sueurs. Votre bonheur et celui de votre famille occupent le gouvernement; il ne cesse de travailler pour vous donner des règlemens dont la sagesse va vous garantir la jouissance du produit de votre travail et assurer l'aisance dans le sein de vos familles. La régularité de votre conduite est essentiellement nécessaire pour assurer les effets de la bienfaisante sollicitude du gouvernement à votre égard.

Militaires de toutes armes, habitans de tous états, pénétrez-vous bien de la nécessité d'une rigoureuse obéissance aux lois. S'il est au milieu de vous *des agitateurs*, des stipendiés de nos ennemis, *des traîtres* qui chercheraient à détruire vos principes, sachez les connaître; mettez le gouvernement à même de détruire les pernicieux effets de leurs perfides *insinuations*; confiez sans détour à vos chefs, avec la franchise du véritable Haïtien, *leurs suggestions astucieuses*. Gardez dans vos âmes l'amour de votre patrie, celui de l'ordre; imprimez-y, en caractères ineffaçables, que le gouvernement veut le maintien de la plus parfaite union, et le sacrifice de toute haine, ambition, de tout esprit de parti, et n'a d'autre but que le salut de l'Etat.

Dans ses généralités, cette adresse ou proclamation ne contenait que des conseils salutaires en cette circonstance : car, après une révolution, l'autorité qui succède à celle qui a été renversée, sent le besoin du rétablissement de l'ordre pour pouvoir gouverner. Mais le dernier paragraphe avait pour but de combattre l'impression produite sur les esprits, par le langage tenu à tous par Bonnet, qui parlait incessamment, durant son séjour au Cap, de *liberté*, d'*égalité*, de *constitution* : c'étaient là *de perfides insinuations, d'astucieuses suggestions*.

« Tout en publiant de telles pièces par lesquelles il
« prêchait la discipline la plus sévère, Christophe *s'effor-
« çait de répandre la division* parmi les officiers géné-
« raux de l'Ouest et du Sud, pour qu'il pût *les écraser*
« avec plus de facilité¹. »

Alors, il contraignait ces généraux à se prémunir contre sa perfidie, son manque de sincérité ; et si la guerre civile survint à la suite de ces manœuvres coupables, on ne peut leur reprocher d'en avoir été *les auteurs*.

Christophe profita, en effet, de quelques troubles arrivés dans l'arrondissement de Léogane, pour adresser une lettre au général Yayou, par laquelle il lui suggérait *des craintes* à l'égard des hommes de l'Ouest et du Sud « qui, disait-il, n'aimaient pas les gens du Nord. » Cette lettre fit d'abord une impression favorable sur l'esprit de Yayou, bien qu'il pût se ressouvenir de ses anciennes querelles avec Christophe, et que ce fût par les exigences de celui-ci que Dessalines l'avait retiré de la Grande-Rivière pour le placer à Léogane. Il finit par envoyer cette lettre à Pétion, d'après les conseils d'Inginac et de plusieurs autres citoyens de Léogane, et Pétion put ainsi découvrir *les intrigues* du chef provisoire du gouvernement². Il exerçait trop d'influence sur l'esprit de Yayou, pour ne pas le persuader de se méfier de Christophe ; et cette précieuse *pièce à conviction* servit à diriger sa propre conduite sur celle du chef qu'il avait proclamé avec ses compagnons d'armes.

¹ Hist. d'Haïti, t. 3, p. 351.
² Inginac était resté à Léogane, son lieu natal, en revenant dans l'Ouest avec Papalier. Il s'y occupait, au sein de sa famille, d'un petit commerce de détail pour gagner honorablement son existence. On voit que, par ses conseils à Yayou, il désirait le bonheur de son pays. Sous ce rapport, nous aurons à le louer souvent.

Dans l'arrondissement de Léogane, une cabale s'était organisée contre Yayou : l'esprit de localité, joint à l'ambition, voulait l'exclure de cet arrondissement, parce qu'en emprisonnant Germain Frère, Pétion lui avait donné le commandement provisoire de celui du Port-au-Prince. On prétendait qu'il devait conserver ce dernier seul. Le colonel Dieudonné, natif de Léogane et aide de camp de Pétion, était le chef principal de cette cabale, dans le but de remplacer Yayou dans sa ville natale. Il commandait la place du Port-au-Prince sous ses ordres, dès le jour de l'entrée de l'armée en cette ville ; il le jalousait et supportait difficilement la subordination qu'il lui devait ; car il est vrai de dire que Yayou avait une certaine brutalité dans l'exercice de son autorité. Dieudonné, par ce motif et par ambition, voulait s'y soustraire et devenir commandant de l'arrondissement de Léogane. Parent ou ami de Lamarre, il l'entraîna dans cette cabale, ainsi que le chef de bataillon Quique. D'un autre côté, l'adjudant-général Marion, qui était à Léogane, ne vivait pas en très-bonne intelligence avec Yayou, bien qu'il ne participât point à la cabale. Des propos furent rapportés à Yayou et le portèrent à se méfier de beaucoup de citoyens : on le persuada que Lamarre et Quique en voulaient à ses jours; il les manda à Léogane, et ils refusèrent d'y venir. L'agitation fut à son comble dans tout l'arrondissement.

Cependant, après ce refus, et pour mieux narguer Yayou, Lamarre passa à Léogane pour aller au Port-au-Prince : il fut chez lui, l'injuria et le menaça de son poignard, en présence de la garde qui était au bureau de l'arrondissement : de là il poursuivit sa route. La nouvelle de cette scène de grossière insubordination envers Yayou parvint de suite, fort dénaturée, au Petit-Goave ; car on prétendit qu'il avait fait arrêter Lamarre. Aussitôt, Quique se disposa à marcher sur Léogane à la tête de la 24e demi-brigade pour le délivrer. Il revint sur sa détermination, en apprenant le contraire ; mais il avait manifesté contre son chef une disposition militaire hostile.

Yayou devait nécessairement se plaindre à Pétion de la conduite tenue par Lamarre, en lui dénonçant ce colonel, Quique, Dieudonné et tous autres ; car il fallait qu'il fût respecté par ses subordonnés. Marion lui fit savoir aussi le danger de cette situation tendue.

Pétion donna l'ordre d'arrestation de Lamarre qui fut livré au jugement d'un conseil spécial ; et il fut condamné à deux ans de prison, conformément au code pénal militaire : il perdit ainsi le commandement de la 24e demi-brigade.[1]

Après cet acte de justice rendu à Yayou, Pétion se rendit à Léogane, emmenant Dieudonné avec lui afin de vérifier les faits sur les lieux. Là, il se convainquit que ce dernier était l'auteur de ces agitations, et le fit mettre en prison ; il ordonna d'arrêter Quique, pour les faire juger ensemble. Mécontent de cette décision, et dominé par l'orgueil ou par la crainte d'être condamné, Dieudonné se fit sauter la cervelle dans la prison.[2]

Après avoir rétabli l'ordre et renforcé ainsi l'autorité de Yayou, Pétion quitta Léogane et amena Marion avec

---

[1] M. Madiou dit que Lamarre fut condamné à 4 ans de prison et à être *dégradé* : aucun article du code pénal n'était applicable à une telle peine. Ce fut Caneaux qui défendit Lamarre au conseil ; mais *les faits* parlaient contre la défense. Caneaux, on le sait, était un intime ami de Pétion.

[2] Je relate ces événemens comme je les ai entendu raconter. Il est certain que Dieudonné commandait la place du Port-au-Prince ; voyez son titre dans la *Résistance à l'Oppression*. Il ne pouvait donc pas se trouver à Léogane, sans y être mené par Pétion.

lui au Port-au-Prince. Quique y étant arrivé, fut livré à un conseil spécial qui le jugea et le condamna *à mort*: il fut exécuté. Ses dispositions militaires contre Yayou l'avaient perdu, et il faut que le conseil ait jugé ainsi; car Pétion n'était pas un chef à ordonner une sentence de mort à des juges.[1]

Cette malheureuse affaire le navra de douleur, parce qu'il estimait en Lamarre, un officier plein de mérites à tous égards, il aimait Dieudonné qui était son aide de camp: la preuve, c'est qu'il lui avait confié le commandement de la place du Port-au-Prince, le 16 octobre. Il considérait Quique comme un officier de valeur. Mais en présence *de l'anarchie* qui voulait se faire jour dans l'armée, destinée à la réprimer, il fallait ces exemples de fermeté *légale*, pour contenir les agitateurs. Évidemment, ces trois officiers avaient fort mal agi, chacun respectivement, envers le général Yayou, leur supérieur. Mollir devant cette cabale qui voulait l'expulser de Léogane, ç'aurait été encore légitimer les insinuations perfides de Christophe, consignées dans sa lettre à ce général.

Il nous semble que, par ces faits et celui relatif à la mutinerie des 11e et 12e demi-brigades, Pétion prouva *qu'il ne tolérait pas la licence* des militaires, dans l'acception de ce mot comme *insubordination*, ainsi qu'on l'en accusait à cette époque. Ce sont *les chefs* qui s'en plaignaient, par rapport aux soldats ; mais ils voulaient avoir *le privilége* de s'y livrer à leur aise, comme firent ces trois officiers supérieurs envers le général Yayou. Bientôt nous expliquerons les motifs de sa conduite envers les militaires déserteurs qui se réfugièrent au Port-au-Prince.

[1] Quique fut remplacé par le chef de bataillon Bigot.

Il nous faut encore le défendre d'une autre accusation non fondée, que nous trouvons ainsi rédigée :

« Christophe avait fait dire à Pétion, par son aide de
« camp Doria qu'il avait expédié auprès de lui, qu'il avait
« eu tort *de casser* plusieurs officiers supérieurs dûment
« brevetés, sans les avoir fait *juger* par un conseil spécial ;
« qu'il aurait dû ramener ces militaires dans les bonnes
« voies, *par la douceur*, afin qu'ils pussent être utiles un
« jour à leur pays ; que *la justice* du gouvernement vou-
« lait *tout oublier* pour ne voir dans les militaires et les
« citoyens, que les enfans d'une même famille. *En effet*,
« ajoute l'auteur de l'Histoire d'Haïti, un brevet d'officier
« délivré par un chef d'État à un militaire, devient la
« propriété de celui-ci, et ne peut lui être enlevé que par
« un jugement portant dégradation. [1] »

Nous nous réunissons à la doctrine de cet auteur, puisque nous l'avons professée déjà maintes fois dans le cours de notre ouvrage. Mais, lorsqu'on écrit l'histoire, on doit s'assurer de l'exactitude d'une assertion produite par un personnage contre un autre, afin de mettre le public qui vous lit à même de juger l'accusé, et c'est ce qui n'est pas dans ce passage.

Le même auteur affirme que Lamarre fut *condamné à être dégradé*..... par *jugement* d'une commission militaire, et non par Pétion. Cependant, en lisant le passage que nous venons de transcrire, on dirait que Christophe était fondé à reprocher à Pétion un abus de pouvoir à cet égard. Était-il encore fondé à parler *de la douceur*, comme moyen de ramener les militaires dans les bonnes voies, après tant *de rigueurs* signalées de sa part ?

---

[1] Hist. d'Haïti, t. 3, p. 355.

Nous insistons sur la nécessité de produire les faits de notre histoire nationale, avec impartialité envers tous nos devanciers ; mais aussi avec un esprit investigateur, pour faire apprécier leur conduite et nos propres jugemens à leur égard, parce que nos œuvres historiques ne sont encore que de *vrais essais*, et que ce serait exposer la jeunesse de notre pays à s'égarer dans la voie qu'elle doit suivre.

Venons au fait. Si Lamarre fut réellement *dégradé*, il reste prouvé que Pétion n'usait pas *de l'arbitraire* dont Christophe l'accusait, que *la loi militaire* était son guide. Mais il est vrai que Pétion avait *écarté* de leurs *commandemens, révoqué* de leurs *fonctions* militaires, et non *cassé, dégradé*, plusieurs officiers supérieurs, — les colonels Frontis et Apollon, les chefs de bataillon Bédouet et Michel Tendant, peut-être d'autres encore, tels que le colonel Thomas Jean, de la 3ᵉ, — parce qu'ils n'avaient point *adhéré* à l'insurrection contre Dessalines, à la révolution opérée par sa mort. On les aurait laissés à la tête de leurs corps respectifs avec de semblables dispositions !

Ils s'honoraient, sans doute, en restant *fidèles* à la personne de Dessalines ou à son pouvoir, si telles étaient *leurs convictions*. Mais il est *une loi suprême* pour toute révolution qui s'accomplit, et elle est forcée de la subir pour obtenir et garantir son succès : — c'est d'écarter de leurs positions tous fonctionnaires qui n'adhèrent pas franchement à un tel mouvement politique.[2] Ce qu'on

---

[1] « *Si j'ai opéré le changement de certains officiers*, c'était pour éloigner des hommes dangereux dont les projets visaient à la désunion, et qui avaient perdu la confiance du soldat à notre prise d'armes ; j'ai laissé agir *les lois* pour la punition de quelques autres qui s'étaient rendus coupables. » — Extrait de l'écrit publié par Pétion, le 17 janvier 1807.

[2] En Europe, nous avons assisté à une révolution, et nous avons pu observer des faits semblables : d'où nous concluons que c'est une loi suprême pour

est fondé à attendre d'elle, c'est *de ne pas persécuter* ceux qui ont été fidèles au gouvernement déchu, en remplissant leur devoir envers lui ; c'est de ne pas leur imputer à crimes, *les opinions* qui les ont guidés en voulant le soutenir. Les officiers que nous venons de citer ont-ils été persécutés ? Bédouet, qui fut *le seul* emprisonné, n'a-t-il pas été sauvé par Pétion ?[1] Que devint Capois dont Christophe redoutait *l'opposition* dans cette crise ? Que fit-il de Cangé et de Dartiguenave, deux autres vaillans généraux de notre armée ?

En attendant, disons ce qu'il fit de bien. Par sa lettre du 23 octobre à Gérin, il avait promis de désigner *le temps, le lieu* où une assemblée composée de citoyens notables et éclairés devrait se réunir, et *la quantité* de membres qui la composeraient, pour faire une constitution *régénératrice*. Le 3 novembre, il adressa une circulaire aux généraux Romain et Toussaint Brave, pour les deux divisions du Nord ; Vernet et Pétion, pour celles de l'Ouest ; Gérin et Férou, pour celles du Sud, afin de fixer le mode d'élection et les autres conditions nécessaires à la formation de cette assemblée ; la voici :

« Étant instant de travailler à la formation d'une cons-
« titution ; voulant, autant qu'il est en mon pouvoir, ac-
« célérer la conclusion de cette œuvre nécessaire ; et at-
« tendu que le plus sûr moyen d'y parvenir est de réunir
« les plus sages de nos concitoyens et les plus éclairés sur
« leurs droits, pour, *d'après les vœux du peuple*, conve-
« nir d'un pacte qui établisse les devoirs de toutes les

---

toutes. M. Madiou en a vu une à Haïti, en 1843 : elle procéda de la même manière.

[1] Bédouet, Michel Tendant ne furent-ils pas employés ensuite par Pétion ? Thomas Jean, excellent citoyen, ne devint-il pas commandant de la place du Port-au-Prince ?

« branches du gouvernement ainsi que les obligations des
« Haïtiens, je vous invite à donner des ordres *dans cha-
« que paroisse* de la division que vous commandez, pour
« faire assembler, le 20 du présent mois, *tous les habi-
« tans* de chacune de ces paroisses à l'effet d'élire, dans
« chacune, *un citoyen* connu par sa moralité et son amour
« du bien public, pour la représenter et travailler à notre
« constitution. Ces citoyens se réuniront le 30 de ce
« mois dans la ville du *Port-au-Prince* pour faire, *d'après
« les vœux de leurs commettans, une constitution* ; et je
« n'ai pas besoin de vous recommander *d'aider* de vos
« lumières *le choix* du peuple, *en lui indiquant* au besoin
« *les personnes* qui, à votre connaissance, sont dignes de
« la confiance publique, et pouvant, par leur discerne-
« ment, concourir à la perfection de cet important ouvrage.

« Vous voudrez bien leur faire observer, que *la non-
« résidence* dans la paroisse, n'est pas une qualité *exclu-
« sive de l'élection : tout citoyen d'Haïti a droit à la
« nomination*, partout où il sera reconnu digne.

« Lorsque les divers envoyés des paroisses seront ar-
« rivés dans le lieu qui leur est désigné, ils n'auront pas
« besoin d'autre lettre de convocation que les procès-ver-
« baux de leurs paroisses respectives, pour procéder de
« suite, après que la légalité en sera reconnue, à termi-
« ner le plutôt possible leur travail.

« *Aidez de votre influence et de vos sages conseils*,
« autant qu'il sera en votre pouvoir, *l'assemblée de nos
« concitoyens*, afin qu'avec la nouvelle année nous puis-
« sions, s'il est possible, offrir au peuple *l'étrenne pré-
« cieuse* de la nouvelle constitution. »

En l'absence de toutes dispositions légales antérieures,
on ne pouvait pas *mieux faire* pour parvenir à la forma-

tion d'une assemblée délibérante. Celle qui eut lieu sous Toussaint Louverture avait été choisie à deux degrés de suffrages, — celui des administrations municipales, nommant des députés, qui, réunis aux chefs-lieux de départemens, choisirent eux-mêmes dix autres membres pour toute la colonie. Celle qui allait se former ne serait qu'à un suffrage, *tout populaire*, directement par les paroisses, par conséquent dans le sens d'une large *démocratie*, tandis que l'assemblée centrale de 1801 était restreinte, *aristocratique*. Autant le gouvernement d'alors put exercer *de l'influence* sur ses délibérations, son œuvre, autant il était présumable que la nouvelle allait être *indépendante* du gouvernement provisoire d'Haïti. C'était tout naturel, dans l'une comme dans l'autre circonstance : en 1801, le gouvernement *donnait* une constitution ; en 1806, le peuple la *demandait* et devait la faire.

On voit que Christophe désigna *le Port-au-Prince* comme siège de l'assemblée. Telle n'était pas sa pensée primitive, assure-t-on ; il voulait la réunir au Cap. Mais, dans ses communications avec Pétion par l'intermédiaire de ses envoyés, il lui aura fait dire son désir à cet égard, pour le consulter ou sonder ses dispositions. Alors Pétion lui aura fait des observations : 1° sur ce que le Port-au-Prince, étant la ville la plus centrale du pays, devait être préféré au Cap, par rapport aux députés de toutes les localités : convenance que Toussaint Louverture lui-même avait reconnue ; 2° sur ce qu'il l'engageait à éviter *la faute* que commit l'ex-gouverneur, en transférant l'assemblée centrale de 1801 au Cap où il se trouvait, ce qui le fit accuser de l'avoir influencée ; faute que commit à son tour l'ex-empereur, en faisant faire la constitution de 1805 à Marchand, par ses secrétaires, au nom des généraux de l'armée, ce qui était encore plus mal, et ce qui rendrait l'armée et les citoyens très-méfiants, si l'assemblée se réunissait au Cap ; 3° enfin, que cette armée et ces citoyens l'ayant proclamé chef provisoire du gouvernement jusqu'à la nouvelle constitution, l'acte de *Résistance à l'Oppression* n'entendait pas que *d'autre que lui* le fût définitivement ; que l'assemblée n'aurait que le pouvoir de désigner sous quel *titre* ou *qualification* il exercerait l'autorité gouvernementale, tout en ayant celui d'adopter *les institutions* que voudrait le pays par l'organe de ses mandataires.

Ce serait donc après ces observations judicieuses, qui suivirent sa lettre du 26 octobre, que Christophe se sera décidé à désigner le Port-au-Prince, comme siège de l'assemblée [1]. Ils étaient encore, l'un et l'autre, dans *la lune de miel* de la révolution ; et Christophe, en cédant, put espérer à son tour que Pétion userait de toute son influence sur les députés réunis, afin de donner une organisation vigoureuse à l'autorité du chef du gouvernement, parce qu'un militaire éclairé, comme il l'était, devait en sentir la nécessité.

Mais Bonnet revint du Cap, presque en même temps que la circulaire fut adressée aux généraux pour la convocation des électeurs. Le compte qu'il rendit à Pétion, de l'apostrophe qu'il reçut par rapport à la mort de Mentor et de Boisrond Tonnerre, ne dut pas le rassurer sur les intentions de Christophe ; peu de jours après survint la lettre de ce dernier à Yayou, en date du 10 novembre,

---

[1] Il semble même, d'après l'écrit publié par Pétion le 17 janvier 1807, qu'il aura conseillé à Christophe de convoquer « des représentants de toutes les « communes, ou paroisses, » pour faire la constitution : d'où un pour chaque paroisse. Cette lettre du 26 octobre, où il était question de l'assemblée, fut apportée par Blanchet jeune. Hist. d'Haïti, t. 3, p. 345.

qui ajouta à ses réflexions. Alors commença réellement entre eux, *une méfiance réciproque.* Christophe l'avait *provoquée* en Pétion, par ses paroles à Bonnet, par sa lettre à Yayou. A son tour, il en conçut contre Pétion, parce qu'*après sa circulaire*, ayant envoyé un officier auprès de lui pour lui dire d'user de son influence sur l'assemblée, relativement *à son autorité*, cet officier lui rapporta une réponse de Pétion qui dut lui déplaire extrêmement. Lisons ce qu'en dit ce dernier lui-même dans l'écrit justificatif de sa conduite, en date du 17 janvier 1807 :

« Mais il était bien éloigné de ces sentimens (pour
« avoir une constitution qui rendrait le peuple aussi libre
« que possible), puisqu'il envoya auprès de moi un offi-
« cier de confiance pour me faire part *de l'autorité* qu'il
« voudrait s'attribuer par la constitution, laquelle ne nous
« aurait laissé que le choix *de changer de fers ;* car elle
« eût été *égale* à celle de Dessalines. Ma réponse positive
« *ne dut pas le satisfaire* ; car je déclarai à son envoyé,
« — que s'il se présentait un homme *assez audacieux*
« pour aborder une pareille question, *je monterais à la*
« *tribune pour le combattre ;* que *le peuple* voulait la liberté, *et que je le seconderais de tous mes efforts* [1]. »

C'était une bombe que le célèbre artilleur jetait ainsi dans la redoutable citadelle Henry, nous en convenons ; mais lorsqu'on en lance de semblables *au nom du peuple souverain*, on est *justifié* aux yeux de la postérité ; car on n'avait pas abattu un tyran pour reconstituer la tyrannie.

Cependant, Christophe dissimula en ce moment : il

---

[1] Ce n'est pas Dartiguenave, comme le dit M. Madiou, mais un autre officier qui fut spécialement chargé de communiquer ces vues à Pétion. Voyez l'écrit justificatif de Pétion, publié le 17 janvier 1807.

avait émis *sa circulaire*, il ne pouvait pas la rétracter. Pour user de sa propre influence sur l'assemblée, il eût fallu venir s'installer au Port-au-Prince durant ses travaux. Il était le chef du gouvernement, il avait droit de le faire. Mais *le Pont-Rouge* ne pouvait plus être traversé qu'à la tête d'une armée : en amener une, c'aurait été déceler ses desseins, après qu'il eût invité Gérin et Pétion de renvoyer les troupes du Sud et de l'Ouest à leurs cantonnemens, pour faciliter l'œuvre constitutionnelle dans le calme de la méditation ; il fallait qu'il fût conséquent avec lui-même. Restait un moyen à employer pour parvenir à ses fins, c'est celui dont il usa. Chaque paroisse envoyant un député à l'assemblée, il y en aurait 33 pour les deux divisions du Nord et la 1re de l'Ouest, contre 23 pour la 2e division de l'Ouest et les deux du Sud : en influençant le choix des électeurs, comme il le recommanda d'ailleurs à tous les généraux, il se persuadait d'avoir *la majorité des voix* dans l'assemblée et d'y faire passer la constitution telle qu'il le désirait. Elle fut *préparée* de suite par Rouanez jeune, qui rédigeait tous ses actes.

Arrêtons-nous un instant à ce plan parfaitement combiné, et parlons d'autres faits avant de dire comment il fut déjoué.

Les derniers procédés de Dessalines envers le commerce étranger, joints à l'assassinat de Thomas Thuat, avaient porté un tel préjudice aux relations du pays, que Christophe sentit la nécessité, en sa qualité de chef du gouvernement, de rassurer les étrangers sur ce qu'ils avaient à attendre désormais en venant à Haïti. Le 24 novembre, il publia une proclamation fort bien conçue et rédigée dans ce but. On y remarque ces passages :

« Si un système défavorable aux progrès du commerce

« l'a jusqu'à ce jour empêché de réussir parmi nous, cette
« influence désastreuse cessera bientôt.... N'importe
« sous quel pavillon vous vous montrerez, le gouverne-
« ment s'engage à veiller attentivement à votre sûreté
« personnelle et à vos intérêts. Les taxes seront propor-
« tionnées aux difficultés que vous pourrez éprouver en
« gagnant nos ports,... Le gouvernement a ordonné *déjà*
« la suppression des consignations exclusives, de la taxe
« sur le prix des marchandises, des priviléges accordés
« pour la vente du café, et de la défense de prendre des
« cargaisons de sucre, etc. Chacun sera libre de vendre
« et d'acheter, aux conditions qu'il croira les plus avan-
« tageuses. Les anciens règlemens, *enfantés par l'igno-*
« *rance*, ne mettront plus d'obstacles à vos spéculations.
« Vous ne serez plus forcés d'accorder votre confiance à
« des individus qui vous étaient étrangers, et qui n'en-
« tendaient pas même les intérêts de leur pays. Vos mar-
« chandises demeureront entre les mains de vos amis et
« de vos facteurs particuliers, et le gouvernement s'en-
« gage à leur accorder toute la protection qu'ils pourront
« désirer. *Les horreurs* qui n'ont que trop longtemps
« signalé le commencement *d'un règne tyrannique*, ne
« se renouvelleront plus *à l'avenir....* »

En rassurant les étrangers pour leurs personnes et leurs intérêts, Christophe ajoutait là une belle page à l'acte de *Résistance à l'Oppression*. Il leur désigna le Cap, le Fort-Dauphin (Fort-Liberté), le Port-de-Paix, les Gonaïves, Saint-Marc, le Port-au-Prince, Jacmel, les Cayes et Jérémie, comme ports ouverts à leur commerce.

Déjà, Christophe avait expédié auprès de Pétion, l'adjudant-général Borno Déléard, à l'effet de le porter à contraindre les militaires de l'Artibonite, qui avaient déserté dans l'Ouest, à rejoindre leurs corps. Dans ce nombre, se trouvaient le lieutenant Boucher, chef de la musique de la 4º demi-brigade, plusieurs autres musiciens de ce corps et des ouvriers de l'arsenal de Marchand, tous *blancs franco-haïtiens*; ils avaient suivi les jeunes gens du Port-au-Prince, pour chercher comme eux dans cette ville, un abri contre les rigueurs ordonnées par le chef du gouvernement et exécutées par le général Martial Besse (notre ancienne connaissance de 1794, nommé commandant de Jacmel par Sonthonax), dont la brutalité allait toujours au-delà même de ce qu'exigeaient ses chefs.¹

On conçoit quel devait être l'embarras de Pétion, en présence des pères et mères de famille du Port-au-Prince qui réclamaient de lui, de ne pas éloigner de nouveau de leur sein ces fils chéris qui leur avaient été enlevés depuis trois ans, qui pouvaient également servir leur patrie dans les troupes de cette ville : parmi eux se trouvait ce brave Coutilien Coustard qui était destiné à s'immortaliser bientôt par un acte de dévouement héroïque. Le vieux Jérôme Coustard, l'un de nos premiers révolutionnaires de 1791, intercédant pour avoir son fils auprès de lui, Pétion pouvait-il être sourd à sa démarche paternelle ? Lui qui avait sauvé des colons du massacre de 1804, pouvait-il user de contrainte envers Boucher et les autres musiciens, et ces ouvriers *blancs*, débris de l'armée française, qui venaient se placer sous l'égide de son humanité ? Non, il ne le pouvait pas ! Pour juger de sa conduite en cette circonstance, comme en bien d'autres cas, il

---

¹ Voyez tome 2 de cet ouvrage, page 249, comment il s'entendait à faire une *barbe nationale* et *des corrections martiales* aux individus placés sous ses ordres.

faut se pénétrer du caractère de cet homme, de ses sentimens de bienveillance envers tous ses semblables. *Il éluda* l'exécution de l'ordre que Christophe lui fit donner.

Dans ces momens-là, tout le 3e bataillon de la 20e demi-brigade déserta du Mirebalais et arriva au Port-au-Prince : nouvel embarras pour Pétion. Ce bataillon avait reçu l'ordre du général J.-P. Daut, d'aller relever un autre de la 10e, qui était en garnison à Las Caobas. Daut s'était aperçu de quelques désertions partielles dans cette troupe, il voulut l'éloigner pour ce motif ; et il y en avait aussi dans la 10e.

Pour comprendre la cause de ces désertions, indépendamment des rigueurs exercées par ordre de Christophe, il faut savoir que, sous Toussaint Louverture, la 10e tenait garnison au Port-au-Prince et à la Croix-des-Bouquets ; et que, sous Dessalines, pendant quelque temps, il en fut de même pour le 3e bataillon de la 20e : de là vint que ces deux corps reçurent dans leurs rangs beaucoup de jeunes gens du Port-au-Prince et de la plaine qui entoure la Croix-des-Bouquets. Ces militaires, apprenant la désertion de ceux de la 4e, les imitèrent et se rendirent au foyer paternel, au lieu de leur naissance.

Dans l'armée haïtienne, qui n'est pas organisée en tous points comme celles des autres pays, ce sera toujours une considération à garder par un gouvernement intelligent : *le soldat* de cette armée est attaché à ses habitudes d'enfance, de jeunesse ; il aime à voir souvent *le toit de chaume* qui abrite sa famille des intempéries du temps, à recevoir les soins de ses parens.

Tant pis pour Christophe qui n'avait pas un cœur assez bienveillant pour comprendre ces affections de la nature, et qui voulait reconstituer le despotisme antérieur ! Mais Pétion qui les comprenait, qui avait des entrailles pour les pères, les mères et leurs enfans ; qui pensait à faire d'abord, *un citoyen* de chaque *soldat* de son pays, afin d'en finir avec les procédés et les horreurs du despotisme [1] : Pétion ne contraignit pas plus les soldats déserteurs de la 10e et de la 20e à retourner au Mirebalais, qu'il ne l'avait fait à l'égard des jeunes gens de familles du Port-au-Prince, déserteurs de Marchand. A ses yeux, *un cultivateur* de la plaine du Cul-de-Sac était *l'égal* de Jérôme Coustard, et avait autant *de droits* à voir son fils auprès de lui et de sa femme.

Voilà les motifs de sa conduite envers tous ces déserteurs. Qui osera le désapprouver ?

Christophe l'a osé cependant. Ces faits occasionnèrent entre lui et Pétion une correspondance virulente de son côté, modérée et habile du côté de Pétion. Il y joignit des reproches amers, relativement à une mission qu'il envoyait remplir dans le Sud par le général Dartiguenave, et que Pétion paralysa, *avec raison*.

Cette mission avait pour but *apparent* — « d'y prêcher « l'ordre, la tranquillité, *la subordination et l'obéissance* « au chef du gouvernement ; *de recevoir toutes les plain-* « *tes qui pourraient lui être faites* ; de prendre à tâche de « calmer les esprits et de les disposer à l'oubli de toute « haine et de toute animosité de parti ; de ne travailler « qu'à maintenir l'union, la fraternité, la bonne foi, qui

---

[1] C'est par ce motif que Pétion ne voulut point avoir *des casernes* pour les troupes : sa pensée fut d'en faire *des milices organisées*, une véritable *garde nationale soldée*, soumise cependant à un régime exceptionnel, mais qui pût comprendre les institutions républicaines qu'il fonda et s'y attacher par leur douceur.

« pouvaient seules préserver le pays des horreurs de l'a-
« narchie et de sa ruine totale, auprès des généraux, des
« chefs de corps, des soldats, des habitans et des cultiva-
« teurs..... [1] »

Le but *réel* de cette mission était d'opérer dans le Sud, encore dans une agitation fiévreuse qui occupait tous les instans de Gérin, ce que Christophe avait tenté auprès de Yayou, — non que Dartiguenave l'eût fait sciemment, mais ce qui serait résulté s'il y était allé pour recevoir *toutes les plaintes*: car Dartiguenave, homme de bien et citoyen du Sud, n'aurait pas voulu bouleverser ce département où il avait toutes ses affections de famille, tous ses amis. Qui pouvait ne pas *se plaindre* de Gérin, parmi les soldats, etc., etc., lorsque chaque individu nourrissait des prétentions exorbitantes, qu'il avait peine à contenir, ne possédant pas le tact de Pétion ?

Dartiguenave avait en outre *le pouvoir* de conférer *des commandemens*, de faire tous les changemens qu'il jugerait nécessaires dans les fortifications ; et « *le ministre* « Gérin *s'adjoindrait* à lui dans sa mission et *l'aiderait* « *de ses conseils*. [2] » C'était *l'annulation* de Gérin, l'anéantissement de son autorité dans le Sud, que voulait le chef provisoire du gouvernement ; car conçoit-on qu'*un ministre, un général de division*, à qui l'armée et la population avaient déféré de leur propre mouvement, le commandement supérieur pour les guider contre la tyrannie, fût réduit au rôle passif de simple *conseiller d'un général de brigade*, dans un temps d'effervescence politique ?

Mais Pétion était là, qui veillait dans cette fameuse ville du Port-au-Prince, pour la conservation de l'autorité

[1] Hist. d'Haïti, t. 3, p. 357.
 Ibid.

de son collègue, — comme il avait été au Haut-du-Cap, à Breda, illustrés à plus d'un titre, pour veiller à la conservation des jours de Clervaux, de ce même H. Christophe, et de ses compagnons d'armes de la 13e et de la 10e [1].

En envoyant Dartiguenave dans le Sud, Christophe avait écrit une lettre à Pétion, en date du 30 novembre, où il lui disait : « Le général Dartiguenave est porteur de « mes ordres, *il est chargé de vous les communiquer ;* « *je vous invite à l'assister de vos bons conseils.* » C'était renouveler ce qu'il lui avait déjà dit dans sa lettre du 25 octobre — « qu'il avait la persuasion que Pétion concour-« rait, en son particulier, à l'aider de ses lumières lors-« que le bien public l'exigerait. »

Ce cas était arrivé. Après avoir pris communication des instructions de Dartiguenave, Pétion lui fit comprendre facilement que ce serait mettre le feu aux quatre coins du Sud dont la population était si agitée ; et que le général Gérin avait plus de droits à la considération et aux égards de Christophe, que celui-ci ne lui en montrait en faisant faire une telle mission. Mais, laissons-le parler lui-même à Christophe :

Port-au-Prince, le 10 décembre 1806.

Le général de division Pétion, commandant la 2me division de l'Ouest, et membre de l'assemblée constituante,

Au général en chef Henry Christophe, chef provisoire du gouvernement.

J'ai reçu, mon général, la lettre que vous m'avez écrite et que le général Dartiguenave était chargé de me remettre. Ce général m'a

---

[1] « De retour à Saint-Domingue avec l'expédition des Français, aussitôt que « j'en ai pénétré *le but*, je suis sorti du Cap ; et, *en entraînant avec moi le*

fait part de la mission dont vous l'avez chargé pour le Sud, et m'a communiqué, *d'après vos ordres, les instructions* dont il est porteur. Comme, par votre lettre, vous m'invitez *à l'aider de mes conseils* relativement à cette mission, j'ai pensé qu'il était de mon devoir de lui faire connaître tout le mauvais effet que produirait dans ce moment sa présence dans cette partie : *lui-même en est convenu et s'est décidé à vous faire part de nos réflexions, et d'attendre ici vos ordres.*

D'après la confiance que vous me témoignez, je dois, mon général, vous dire la vérité, et je suis trop ami de mon pays pour ne pas vous éclairer sur une démarche qui pourrait en troubler le repos.

Le général Gérin est *le premier* qui s'est mis à la tête de la révolution qui nous a délivré de la tyrannie ; il n'a pas balancé à faire le sacrifice *de sa famille*, exposée à la férocité de Dessalines, *pour défendre la cause du peuple*. Ce général, depuis le commencement de la révolution (en 1791) n'a cessé de combattre *pour la liberté* dont on pourrait dire qu'il est *le martyr* ; dans ce moment même, il se donne tous les mouvemens possibles pour maintenir l'ordre et la tranquillité. En voyant arriver le général Dartiguenave, chargé d'une mission particulière et revêtu du pouvoir *de conférer des commandemens*, il regardera nécessairement cette démarche comme une marque certaine *du peu de confiance* que vous avez en lui, et comme un dessein formé *d'avilir son autorité* aux yeux de ces mêmes hommes qui se sont volontairement rangés sous son commandement. Les officiers qui ont concouru avec ce général au renversement du tyran, croiraient voir un désaveu de leur conduite, et la crainte des suites pourrait les réduire au désespoir. Il est de mon devoir de ne pas vous laisser ignorer que *l'effervescence* n'est pas encore tout-à-fait apaisée dans cette partie ; tous les esprits sont tendus vers la constitution ; c'est le baume qui seul peut guérir toutes les plaies que l'inquiétude fait naître. N'est-il pas prudent, mon général, que nous attendions ce moment si désiré ? Je vous prie *de réfléchir* vous-même sur les conséquences qui pourraient en dériver. Si une démarche, *quoique innocente*, était susceptible d'interprétation, le moindre des résultats serait de faire perdre au gouverne-

« général Christophe, je puis me considérer comme *le conservateur de ses*
« *jours.* » — Extrait de l'écrit publié par Pétion, le 17 janvier 1807.

ment *la confiance du peuple*; alors l'harmonie serait détruite, la défiance renaîtrait, et le progrès du bien serait retardé dans sa marche. Pesez, dans votre sagesse, mon général, toutes les raisons que je viens de vous déduire, et je suis persuadé que vous les approuverez. *Votre propre gloire exige impérieusement que vous fassiez le bonheur de vos concitoyens, et vous manqueriez ce but qui doit vous immortaliser.*

J'ai l'honneur de vous saluer respectueusement.

Signé : PÉTION.

Si cette lettre ne manquait pas d'habileté, elle disait néanmoins des choses sérieuses à Christophe, des vérités dont il devait se pénétrer pour bien gouverner le pays, des conseils utiles, enfin, pour faire *le bonheur du peuple*; car, en définitive, c'était là la chose essentielle. Et en quoi consiste donc la véritable *habileté*, sinon à découvrir les moyens de réussir dans une œuvre aussi glorieuse? Des intrigans astucieux peuvent souvent réussir dans leurs desseins, en employant des supercheries; mais leurs succès sont toujours entachés des vues de leur personnalité, de leur égoïsme : ils auront été *adroits*, ils ne seront jamais considérés *habiles*, par les hommes qui ont le sens moral.

Il est évident que Pétion désirait éviter un conflit entre Gérin et Dartiguenave, et même entre cet officier du Sud et ses autres camarades. D'après la connaissance qu'il avait du caractère de chacun, de celui de Gérin en particulier, de la situation de ce département, il pouvait craindre que Dartiguenave, en voulant user des pouvoirs extraordinaires qu'il avait reçus, aurait été victime de son zèle dans ces momens de sérieuse agitation, que sa présence eût encore augmentée [1]. Pensant ainsi, indépen-

---

[1] « Quand Dartiguenave arriva au Port-au-Prince porteur de telles instruc-
« tions, *il fut accueilli avec indignation*. Comme représentant du chef du

damment de ce qu'il voyait quel était *le but réel* de Christophe, ne devait-il pas faire usage des conseils que celui-ci lui avait recommandé de donner à son envoyé ?

Pétion pouvait-il, devait-il laisser *annuler* l'autorité de Gérin, lorsque celui-ci la tenait de la même source d'où était sortie celle de Christophe ? Si ce général-ministre ne s'était pas mis à la tête de l'insurrection du Sud, eût-elle réussi contre Dessalines, et Christophe aurait-il été chef du gouvernement ? La défection de Pétion lui-même n'avait-elle pas assuré ce résultat ? Et ce serait après l'avoir proclamé, qu'ils auraient consenti *à s'effacer* devant lui ? Il faut se pénétrer de ces précédens et de la situation des choses, pour juger de la conduite de Pétion. Elle fut *habile*, nous en convenons ; mais elle était également ferme et fondée sur *le droit* qu'ils avaient, Gérin et Pétion, *à la considération et au respect* de Christophe.

« gouvernement, il ne pouvait que *contrarier* Pétion et Gérin qui *exerçaient*
« *véritablement la souveraineté* dans l'Ouest et le Sud. » — Hist. d'Haïti, t. 3, p. 358.

On a pu être *indigné* contre Christophe, mais non pas contre Dartiguenave. M. Madiou a donc oublié que cet officier était un compagnon de Pétion dans le Sud ? N'a-t-il pas lu le 1er paragraphe de la lettre de Pétion qui dit à Christophe, que Dartiguenave est *convenu* du mauvais effet que produirait sa mission dans le Sud ; qu'il lui écrivait aussi pour lui faire part *de leurs réflexions ?* Dartiguenave fut donc *persuadé, convaincu.*

Et puis, quelle est donc cette *souveraineté* que Pétion et Gérin exerçaient ? Commandans de l'Ouest et du Sud, ils ne devaient pas employer leur *autorité* à maintenir ou rétablir l'ordre dans ces départemens ? Si la mission de Dartiguenave n'était propre qu'à agiter davantage le Sud, Pétion dut faire part à Christophe de sa conviction à cet égard, et espérer qu'il comprendrait cela. Chef *provisoire* du gouvernement, Christophe lui-même était-il un souverain ? *Le Peuple* seul l'était !

M. Madiou n'a-t-il pas assisté *à une révolution*, en 1843, où ce principe était dans toute sa force, et durant laquelle *les généraux* de l'armée durent néanmoins exercer leur autorité pour le maintien de l'ordre ? Exerçaient-ils *la souveraineté ?*

Puisqu'il l'oubliait si vîte, il fallait le lui rappeler ; et Pétion le fit avec *sagacité, fermeté et franchise* tout à la fois, en mettant sous ses yeux les plus sérieuses réflexions.

Mais Christophe ne lui tint pas compte de tout ce qu'il lui disait par sa lettre, parce qu'il se croyait un tel *droit* à la succession impériale de Dessalines, qu'il lui semblait que tous ces hommes qui l'avaient reconnu comme chef du gouvernement, n'avaient rempli que leur *devoir* et devaient maintenant courber devant son autorité. Il rappela Dartiguenave au Cap, mais pour le faire assassiner, parce qu'il n'avait pas passé outre les conseils de Pétion. Il répondit à la lettre de ce dernier par celle qui suit :

Au quartier-général du fort Henry, le 19 décembre 1806, an 3e de l'indépendance.

Henry Christophe, général en chef de l'armée d'Haïti,

A. S. E. le général de division Pétion, commandant la 2e division de l'Ouest.

Je viens, général, de recevoir vos deux lettres du 9 et du 10 du présent, celle du 9 sans signature.

La première m'apprend que le 3e bataillon de la 20e demi-brigade, en garnison au Mirebalais, a quitté sans ordre son poste pour se rendre au Port-au-Prince, où vous l'avez fait caserner dans la crainte qu'il ne se fût répandu dans les bois, si vous l'eussiez renvoyé à son poste.

Il est *étonnant*, Monsieur le général, que, connaissant la conséquence de la démarche de ce bataillon, vous ne lui ayez pas prescrit *sur le champ* de retourner à son poste, au risque de le voir se répandre dans les bois. Vous n'ignorez pas que l'exemple qu'il vient de donner ne peut que produire les plus funestes effets, et l'on aurait trouvé bien promptement le moyen *de le faire sortir du bois* où il se serait réfugié. Je ne puis donc que *m'étonner* que ce bataillon soit jusqu'à ce moment au Port-au-Prince, *dans vos casernes*.

Votre seconde lettre, relativement à la mission du général Dartiguenave que j'ai envoyé dans le Sud, *m'étonne aussi*. Je ne pouvais m'attendre, Monsieur le général, qu'un officier envoyé par le gouvernement, pût éprouver aucune difficulté à remplir la mission qui lui était confiée, ni faire perdre au gouvernement la confiance du peuple, faire naître la défiance, détruire l'harmonie, et retarder les progrès du bien. Je désirerais savoir, et c'est ce dont vous ne m'avez pas instruit, comment la mission du général Dartiguenave peut paraître au général Gérin, un dessein formé d'avilir son autorité aux yeux de ces hommes qui se sont *volontairement rangés* sous son commandement.

Le général Gérin, en se mettant le premier à la tête de ceux qui ont contribué au renversement du gouvernement précédent, *pouvait-il prétendre à la propriété des divisions du Sud?* Espérait-il que ce serait *le prix de ses services?*

Le général Gérin, d'après ce qu'il m'a écrit, est bien loin de penser comme vous me le donnez à entendre, il se plaint à moi des intrigues qu'ont employées les factieux pour troubler l'ordre, des peines qu'il a eues pour réprimer l'ambition des places et la cupidité dans les deux divisions du Sud. Et plût à Dieu qu'il pût y parvenir! Je désire de tout mon cœur qu'il déjoue *ces gens à partis* qui poursuivent *les grades et la fortune*, et contre lesquels ce général est obligé d'employer des voies de rigueur pour les réprimer.

Je ne puis m'empêcher de vous avouer que *je découvre* de plus en plus, Monsieur le général, *le fil de toutes les trames, de toutes les menées* qui ont lieu dans l'Ouest et le Sud. Je n'ai jamais su tergiverser, j'aime qu'on me parle ouvertement, et qu'on s'explique catégoriquement; si vous n'avez pas toujours *réfléchi* en m'écrivant vos lettres, je n'ai jamais manqué de le faire en les recevant.

Les esprits sont tendus, dites-vous, vers la constitution. Je l'attends aussi avec la plus grande impatience; j'espère qu'elle ne sera pas uniquement consacrée *à favoriser les intrigans*, et à leur donner les moyens d'alimenter leurs passions. Le bonheur de nos concitoyens sera toujours le but de toutes mes mesures, et ma gloire la plus chère; mais je ne ferai jamais consister cette gloire *à favoriser les factieux* et à contribuer à leurs desseins.

J'ai l'honneur de vous saluer.

Signé : Henry Christophe.

Il suffirait de cette lettre pour faire connaître le caractère de Christophe. On y voit prédominer cet orgueil hautain qui le distingua dans tout le cours de sa carrière, et qui le porta à la terminer avec une résolution qui ne manqua pas de dignité. On y reconnaît cette présomption dans les moyens que donnent *la force et la terreur*, et l'on comprend pourquoi il fut un tyran d'une impitoyable cruauté. Il y laisse percer cette prétention qu'il avait constamment nourrie, de succéder au pouvoir *intégral* de Dessalines, et dont son impatiente ambition devança l'époque, par ses communications confidentielles à Geffrard et à Pétion. Selon lui, ce dernier avait tort de penser qu'il dût avoir des égards, et pour Gérin et pour l'armée et les populations du Sud qui l'avaient placé à leur tête ; Gérin lui-même ne devait espérer d'y continuer son haut commandement que par *son bon plaisir !* C'étaient bien là, des idées dignes du futur *Roi* qui régna souverainement sur le Nord et l'Artibonite. Mais dans les autres départemens d'Haïti, il y avait aussi *un souverain* dont l'autorité devait l'emporter à la fin sur la sienne. Ecoutons son langage par l'un de ses plus fermes soutiens, de ses plus nobles organes :

Port-au-Prince, le 24 décembre 1806.

Le général de division Pétion, commandant la 2me division de l'Ouest, et membre de l'assemblée constituante,

Au général en chef Henry Christophe, chef provisoire du gouvernement.

J'ai reçu, général, votre lettre du 19 courant, à laquelle je vais répondre.

A l'égard de ce que vous me dites relativement au 3me bataillon de la 20me demi-brigade, j'avais senti aussi toute la conséquence de sa démarche ; mais je n'ai pas pensé que dans les circonstances où nous sommes, *la sévérité* fût le seul remède auquel il fallut recourir ; et je suis loin de croire qu'elle aurait produit l'effet que vous présumiez. Dans le passage d'un gouvernement à un autre, si l'on peut s'opposer à ce que *les lois* soient entièrement suspendues, il est difficile d'empêcher qu'elles ne perdent une partie de leur force et de leur énergie.

Quant à la mission du général Dartiguenave dans le Sud, je n'ai fait que me conformer à votre lettre dont il était porteur et par laquelle vous m'invitiez à l'aider de mes conseils ; et si je me suis permis de vous faire quelques observations, ce n'est que parce que vous m'avez autorisé à cela *par plusieurs* de vos lettres, entre autres celle du 23 octobre où vous vous expliquez ainsi : « Personne mieux que « vous, mon cher camarade, ne connaît mes principes et mon dé- « sintéressement pour toute espèce d'emploi ; il m'a fallu un aussi « puissant motif pour me déterminer à accepter ce fardeau énorme, « avec la persuasion que j'ai, que vous concourrez en votre parti- « culier à m'aider de vos lumières, lorsque le bien public l'exi- « gera. »

Connaissant les principes du général Gérin, je suis persuadé, général, qu'il ne regarde pas plus les deux divisions du Sud *comme sa propriété*, que je ne regarde celle de l'Ouest comme *la mienne*. *Je pense même qu'aucun autre fonctionnaire ne peut avoir une semblable idée.* Le prix *des services* du général Gérin, comme le prix des miens, *est la gloire d'avoir reconquis la liberté de notre pays. Si nous avions de l'ambition*, après la journée du 17 octobre, *nous étions les maîtres d'y donner un libre cours*, tandis que notre démarche, au contraire, a prouvé quel était *notre désintéressement*. Le grade de général de division que j'occupe en ce moment suffit à mon ambition, et je serai toujours prêt à m'en démettre, lorsque le bien public l'exigera. J'ai prouvé plus d'une fois que je n'ai jamais connu ni l'intrigue ni l'ambition ; *la voix publique* ne laisse aucun doute à cet égard. C'est pourquoi j'eusse désiré que vous m'eussiez fait connaître *quels sont ceux* qui tiennent le fil des trames que *vous dites* qui s'ourdissent dans l'Ouest et dans le Sud ; car j'aime aussi que l'on me parle ouvertement et que l'on s'exprime *catégoriquement* : alors, je pourrais y répondre.

L'accusation que vous me faites, *de ne pas réfléchir* sur les lettres que je vous écris, m'a fait *beaucoup réfléchir* sur la vôtre et sur votre dernière proclamation, et j'y ai vu un acte peu propre à ramener les esprits vers un même but. Je crois devoir vous dire que j'ai l'habitude aussi *de réfléchir sur mes actions* ; et dans toutes, je prends pour guide, *l'opinion publique et l'intérêt de mon pays.*

Enfin, citoyen général, la constitution va paraître ; et je suis comme vous d'avis qu'elle ne sera point consacrée uniquement *à favoriser les intrigans,* ni à leur donner les moyens d'alimenter leurs passions. *Le peuple,* en abattant *le tyran* à la journée à jamais mémorable du 17 octobre, n'a pas fait la guerre *pour tuer un homme,* mais bien *pour détruire la tyrannie et pour changer la forme d'un gouvernement qui ne pouvait lui convenir en rien,* et établir sa souveraineté. C'est au moment que *cet acte de sa volonté suprême* devra recevoir son exécution, qu'on connaitra *les ambitieux et les intrigans.* Pour moi, je suis prêt à déposer *à ses pieds* les pouvoirs que je reconnais *ne tenir que de lui,* et à soumettre ma volonté particulière à la volonté générale. C'est alors que *le peuple* distinguera ses vrais amis d'avec les ambitieux : *malheur à ces derniers!*..... S'il n'a pas craint d'abattre la tête de Dessalines, *pourra-t-il trembler devant des intrigans et des ambitieux subalternes?*

J'ai l'honneur de vous saluer.

Signé : Pétion.

Si Christophe fit preuve d'arrogance dans sa lettre, Pétion sut l'en relever par un bien digne langage dans les divers paragraphes de la sienne.

Dans les deux premiers, il se justifie pleinement d'avoir toléré la présence au Port-au-Prince du bataillon de la 20°, par cette profonde observation de l'homme d'Etat relative aux conséquences naturelles de toute révolution, et d'avoir conseillé Dartiguenave de surseoir à sa mission, par la confiance même que Christophe semblait mettre en lui, en l'invitant à l'aider de ses lumières. Dans les 3° et 4° paragraphes où il montre tant de modestie et de fierté en même temps, comme il se sent *fort* de cette *voix publique* à laquelle il fait allusion, de cette *opinion générale* avec laquelle il est en accord parfait ! Dans le dernier en-

core, comme il paraît convaincu *de la Souveraineté et de la Majesté du peuple, de la légitimité de ses droits, de l'obligation* où sont *les chefs* d'y rendre hommage ! Quelle menace faite à l'ambition de Christophe, dans ces mots :
« Malheur à ces derniers !... S'il n'a pas craint d'abat-
« tre la tête de Dessalines, pourra-t-il trembler devant
« des intrigans et des ambitieux subalternes ? »

Après ces deux lettres, de Christophe et de Pétion, on voit poindre à l'horizon le nuage lugubre d'où sortira le fléau d'une nouvelle guerre civile entre les infortunés enfans d'Haïti, et qui commença huit jours après la lettre de Pétion. Au 24 décembre où il l'écrivit, la tempête s'amoncelait déjà ; car Pétion y parle d'une proclamation qu'il appelait *la dernière*, tandis que *le même jour*, une autre, bien plus virulente, émanait de Christophe.

Dans le chapitre suivant, nous allons dire les motifs de ces deux proclamations, parler enfin de la formation de l'assemblée constituante, et revenir sur quelques faits qui ont besoin d'être expliqués.

CHAPITRE II.

Formation de l'assemblée constituante. — Pétion s'y fait élire pour instituer la République. — Aveu que lui fait Roumage aîné, député du Cap, au sujet de la constitution préparée par ordre de Christophe. — Pétion fait faire *de fausses élections* dans l'Ouest et le Sud, pour avoir la majorité et déjouer ce projet. — Examen de ce procédé. — Rapports confidentiels de J. Hugonin et F. Ferrier à Christophe. — Sa proclamation du 18 décembre. — Examen de cet acte par lequel il se prépare à la guerre civile. — L'assemblée constituante ouvre ses séances le 18 décembre. — Elle forme un comité de constitution présidé par Pétion. — Limitation extrême des attributions du pouvoir exécutif. — J. Hugonin en informe Christophe. — Sa proclamation du 24 décembre qui déclare Pétion et d'autres *en état de révolte*. — Le 27, le comité présente un rapport et un projet de constitution à l'assemblée, qui le vote à la majorité. — Examen du rapport du comité. — Analyse de la constitution. — Protestation contre elle, signée par 25 députés du Nord et de l'Artibonite. — Joie publique au Port-au-Prince. — Christophe est élu *Président d'Haïti*. — Election de 24 sénateurs. — Christophe en marche contre le Port-au-Prince. — Il fait assassiner les généraux Dartiguenave et Cangé, et plusieurs autres officiers. — Le général Bazelais vient annoncer sa marche à Pétion. — Mesures que prend Pétion. — Il sort du Port-au-Prince contre l'ennemi. — La majorité des sénateurs constitue et organise le Sénat, qui se déclare en permanence et prend quelques mesures.

En recevant la circulaire de Christophe, du 3 novembre, relative à la formation de l'assemblée qui devait donner une constitution au pays, Pétion, Gérin et Férou s'y étaient conformés loyalement, comme leurs collègues dans l'Artibonite et le Nord. Ils reconnurent tous, de même que Christophe, « la nécessité d'aider de leurs

« lumières le choix du peuple, en indiquant les person-
« nes qui étaient dignes de sa confiance et qui pouvaient
« mieux concourir à cette œuvre. » Dans l'état des choses, c'était, de leur part, un acte de patriotisme : ils avaient guidé les efforts de la nation pour la conquête de l'indépendance, ils pouvaient, ils devaient diriger les élections. Les lumières n'étaient pas assez avancées dans le pays.

Elles eurent donc lieu dans toutes les paroisses reconnues comme telles, dans le sens de ce principe posé dans la circulaire : — « Que *la non-résidence* dans la
« paroisse n'était pas une qualité *exclusive* de l'élection,
« tout citoyen d'Haïti ayant droit à la nomination par-
« tout où il en serait jugé digne. »

Si Christophe et les généraux du Nord et de l'Artibonite firent nommer les hommes qui leur parurent aptes à remplir cette mission, Pétion, Gérin et Férou firent nommer également ceux qui présentaient la même aptitude, dans l'Ouest et dans le Sud. Pétion et Gérin firent plus ; ils se firent élire membres de l'assemblée. Férou, se mourant déjà, ne pouvait y songer.

Pourquoi cette précaution, de la part de Pétion surtout ? Parce qu'il connaissait Christophe à fond, que sa lettre à Yayou et la mission de Bonnet au Cap l'avaient encore éclairé sur ses sentimens intimes. Il voulait donc faire partie de l'assemblée, pour y présenter ses opinions politiques, faire constituer le pays en *République*, organiser le gouvernement de manière à ne pas voir se reproduire l'autocratie de Dessalines. C'est ce qui explique sa réponse à l'officier de confiance que Christophe envoya auprès de lui, — qu'il monterait à la tribune pour repousser une semblable proposition.

Gérin ne désirait certainement pas le renouvellement

de la tyrannie de Dessalines ; mais par ses idées politiques, il n'était pas aussi *républicain* que Pétion ; il eût voulu une forme de gouvernement en rapport avec son caractère despotique. Soit qu'il craignît de se trouver en dissidence avec Pétion et avec les autres membres de l'Ouest et du Sud dont il connaissait les opinions, soit plutôt que les agitations incessantes du Sud le retinrent dans ce département, toujours est-il qu'il ne se présenta pas à l'assemblée constituante ; et ce fut heureux [1].

Pétion devait nécessairement y primer, ayant le concours d'hommes tels que les deux Blanchet, Théodat Trichet, Bonnet, Lys, Boyer, Daumec, David-Troy, etc., certainement plus capables de manier la parole que la plupart des députés du Nord et de l'Artibonite. Tel était son espoir, en restant dans la *légalité*, en laissant à chacun la faculté de manifester ses opinions politiques, mais en comptant en même temps sur l'influence *des idées*, pour voter une constitution conforme aux siennes.

Mais, les députés du Nord et de l'Artibonite étant successivement arrivés au Port-au-Prince dès le 30 novembre, conformément à la circulaire de Christophe, et tous les députés du Sud ne l'étant pas encore, à cause des difficultés nées des agitations, Pétion vit le nombre des pre-

---

[1] Le général Bonnet m'a dit, que lorsque Gérin vint au Port-au-Prince au secours de cette ville attaquée par Christophe, étant au sénat après cela, Gérin fit à ses collègues, notamment à Bonnet, le reproche d'avoir constitué le pays en *République*. Ses idées à cet égard étaient d'ériger un État sous le nom de *Caciquat*, et de donner au chef du gouvernement une autorité analogue à celle des *Caciques* aborigènes d'Haïti. Il eût voulu aussi *un privilège en faveur des enfans des signataires* de l'acte d'indépendance. Bonnet soutenant qu'il eût été inconvenant de rappeler les formes primitives d'un peuple qui n'existait plus depuis des siècles, et la nécessité de l'*égalité* entre tous les citoyens, Gérin se fâcha, en disant : « Mais diable ! *le fils* du général Gérin « ne peut pas être *l'égal* d'un premier venu ! » Voilà de ces idées qui l'empêchèrent d'exercer aucune influence, qui faisaient rire de lui.

miers, en même temps que Roumage aîné, député du Cap et directeur des domaines, lui fit une confidence importante. Déjà, au Cap même, Roumage avait averti Bonnet, que Christophe allait faire tendre une embuscade au Camp-Coq, entre Limbé et Plaisance, pour le faire assassiner avec les autres membres de la députation : ce qui avait nécessité le prompt départ de Bonnet du Cap [1].

Roumage fit donc savoir à Pétion, que la constitution que voulait Christophe, *était toute faite ;* qu'elle avait été rédigée par Rouanez jeune d'après ses ordres ; que tous les députés du Nord et de l'Artibonite avaient reçu *l'injonction* de la proposer et de la voter : ce qui eût été facile, puisqu'ils seraient en majorité dans l'assemblée. Roumage se dévoua ainsi à une mort honorable [2].

Il fut tout aussi facile à Pétion de s'assurer, par d'autres députés, de la véracité d'une information qui importait tant à la nation. L'estime générale dont il jouissait dans toutes les parties du pays, l'accueil bienveillant et distingué qu'il avait fait à ces concitoyens du Nord et de l'Artibonite, lui firent obtenir cet aveu. Il était évident que sa réponse à l'officier, transmise à Christophe, avait motivé cette adroite manœuvre de sa part. Pour arriver à ses fins, le chef provisoire du gouvernement n'avait pas reculé devant *la violation* de la liberté du vote ; et cependant, il allait garder *un semblant de légalité* dans l'œuvre constitutionnelle. Dans une telle occurence, fallait-il laisser à Christophe la faculté de miner les libertés publiques, au profit du hideux despotisme qu'il développa dans la suite ? Pétion était trop bon *ingénieur politique,*

---

[1] Hist. d'Haïti, t. 3. p. 348.
[2] Roumage aîné avait adopté aussi les principes de la constitution de 1806. Il mourut par ces deux motifs.

pour ne pas établir une contre-mine au profit du peuple souverain.

C'est alors qu'il fit commencer la rédaction de la constitution de 1806, dont les bases étaient arrêtées dans son esprit comme dans celui de ses collaborateurs intimes. Mais cela ne suffisait pas : il restait toujours *une majorité* parmi les députés, *obligée, contrainte* de voter la constitution de Christophe, *sous peine d'assassinat.* Pour l'emporter dans l'assemblée, il fallut recourir à un *surcroît* de députés pour l'Ouest et le Sud. Pétion dépêcha immédiatement Lys et David-Troy auprès de Gérin et de Férou, afin de leur communiquer l'information qu'il avait reçue, et de leur prouver l'impérieuse nécessité d'en faire élire par les moindres bourgades du Sud, où il y en avait tant, *non classées* comme paroisses [1]. L'Ouest en fournit quelques-uns aussi, provenant de l'arrondissement de Jacmel. Voilà comment et pourquoi il y eut *majorité* du côté de l'Ouest et du Sud, il y eut *retard* dans les travaux de l'assemblée constituante.

On dira, sans doute, que Pétion manquait *de sincérité* en agissant ainsi ; qu'*il violait* lui-même *la légalité*, la convention à laquelle il souscrivit, et qu'il paraît même avoir proposée, de nommer un seul député *par paroisse*.

Nous répondons à cela, qu'il ne pouvait être *un niais politique ;* que Christophe lui ayant d'abord fait connaître son intention d'avoir une autorité exorbitante, ayant ensuite rusé pour se la faire donner avec *l'apparence de la légalité*, et employé son pouvoir provisoire

---

[1] On ne nomma pas deux députés par paroisse, comme l'a dit M. Madiou ; mais un dans chacune de ces bourgades qui n'étaient point reconnues comme paroisses. Il eût été par trop absurde de venir présenter *deux élections par paroisse,* lorsque chacune devait fournir un seul député.

pour *intimider* les députés, Pétion eût mérité la risée de la postérité, s'il se fût arrêté à un tel scrupule de conscience en présence des procédés du chef provisoire du gouvernement ; car il s'agissait moins de l'enjeu de sa personne en cette circonstance, que de la garantie individuelle de chaque citoyen, *des droits* du peuple entier, aux prises avec *les prétentions* d'un despote ingrat. Il ne pouvait user d'aucun autre moyen que de celui-là pour déjouer le plan de Christophe, et il fit *fort bien* de l'employer.

Mais, dira-t-on encore, une telle conduite de sa part devait inévitablement amener *la guerre civile*.

Eh bien ! oui, *la guerre civile*, préférable, pour les populations de l'Ouest et du Sud, au joug ignominieux d'un barbare qu'elles avaient honoré de leurs suffrages. Et quel était donc *le droit* de H. Christophe, d'imposer sa volonté personnelle à tous ces hommes qui l'avaient proclamé chef du gouvernement? Si Rigaud avait pu, avait dû *résister* à celle de Toussaint Louverture, — à plus forte raison Pétion devait-il *résister* à celle de Christophe, comme il avait dû concourir *à abattre* Dessalines.

La guerre civile? Mais, pour l'expérience du peuple haïtien, elle allait mettre en parallèle — *l'arbitraire* et la loi, — *la violence* et la modération, — *la cruauté* et l'humanité, jusqu'à ce qu'il plût à Dieu d'assurer le triomphe de l'Occident sur le Nord, de la civilisation sur la barbarie. Les nations peuvent-elles toujours éviter de pareilles calamités ? Le plus souvent, c'est *dans le sang* qu'elles se régénèrent. Honte à ceux dont l'ambition ou l'injustice sont cause qu'il en soit versé ! Honneur à ceux dont l'énergie accepte un défi semblable ! L'indépendance d'Haïti ne fut-elle pas le résultat définitif *de l'injustice* de la France, attisant le feu des discordes civiles pour ramener l'Esclavage sur ce sol qu'elle avait si généreusement légué à la Liberté? Eh bien ! le triomphe des principes qui régissent les hommes dans la société civile, devait résulter aussi *de l'ambition* de Christophe, qui avait provoqué la destruction de la tyrannie, et qui voulait la reconstituer. C'est en vain que *le despotisme* espère étouffer toujours *les idées*; il en jaillit *de chaque goutte de sang* qu'il fait verser injustement : elles éclairent les peuples sur leurs droits imprescriptibles.

Dartiguenave était arrivé au Port-au-Prince dans les premiers jours de décembre, porteur de la lettre de Christophe à Pétion, du 30 novembre. Ce fut le 10 décembre que ce dernier y répondit, pour faire ses observations sur l'inopportunité de la mission que ce général allait remplir dans le Sud. Les affidés de Christophe, parmi les députés du Nord, Juste Hugonin et Félix Ferrier, ne purent ignorer le délai mis par Pétion à l'exécution de cette mission, non plus que le consentement donné par Dartiguenave à attendre de nouveaux ordres : ils écrivirent à leur maître, et envenimèrent cette situation. Probablement, ils l'informèrent aussi de l'envoi de Lys et de David-Troy dans le Sud, sans savoir peut-être le but de leur mission. C'est ce qui explique le passage de la lettre de Christophe à Pétion, du 19 décembre, relatif *aux trames et aux menées* qui avaient lieu, disait-il, dans l'Ouest et le Sud. Mais cette lettre n'était que le résultat aussi d'une proclamation qu'il avait publiée la veille, le 18 décembre, où on lisait ce paragraphe :

« D'après *les agitations* qui viennent de se manifester
« dans les brigades de plusieurs divisions, il n'est plus

« permis de douter que *les agents secrets de quelques*
« *ambitieux* n'aient été *envoyés* pour soulever les trou-
« pes contre *l'autorité légitime*, et les porter *à refuser*
« *la solde régulière* que j'ai établie d'après l'état de nos
« ressources. Quel moment ont-ils choisi pour l'exécu-
« tion de leurs indignes projets? Celui où l'assemblée
« d'Haïti que j'ai convoquée doit commencer le travail
« de la constitution. Il est aisé de s'apercevoir quel est
« le but *de ces ennemis de notre pays;* tandis qu'*ils re-*
« *tardent*, d'un côté, l'arrivée des députés du Sud, pour
« avoir le temps *d'intriguer et de se préparer le terrain,*
« *leurs émissaires* se répandent parmi les troupes des
« brigades de la 1ʳᵉ *division* de l'Ouest, pour les engager
« à la désertion. C'est ainsi que l'on a persuadé *aux mu-*
« *siciens* de la 4ᵉ demi-brigade de quitter leurs drapeaux,
« et qu'on a souffert que le 3ᵉ bataillon de la 20ᵉ demi-bri-
« gade ait abandonné sa garnison du Mirebalais, malgré les
« ordres formels de ses officiers. On s'est servi de quelques
« autres déserteurs, partis précédemment, qu'on a ren-
« voyés de leurs corps, pour tâcher *de gagner* leurs camara-
« des, et *souffler* parmi eux l'insurrection et la révolte, etc. »

M. Madiou dit aussi : « Pendant que Dartiguenave se
« trouvait dans l'impossibilité de remplir la mission que
« le chef du gouvernement lui avait confiée, par l'oppo-
« sition qu'il rencontrait en Pétion, *les émissaires de*
« *l'Ouest et du Sud*, répandus *dans le Nord, y semaient*
« TOUJOURS *la discorde et l'insubordination*. Le caractère
« de Christophe *s'aigrissait* de plus en plus, *sa défiance*
« était au comble, à l'égard des révolutionnaires du Sud et
« de l'Ouest... Le Sud était devenu pour lui *un chaos*
« dans lequel *ses idées* ne pouvaient plus pénétrer... ¹ »

---

¹ Hist. d'Haïti, t. 3, p. 359. — Fort heureusement pour le Sud ! car ses idées

Il est évident que cet auteur n'a fait que reproduire les plaintes de Christophe, consignées dans sa proclamation, à la seule différence que celui-ci fait entendre assez clairement que c'est de Pétion qu'il parle, et de quelques autres citoyens alors au Port-au-Prince, et qu'il désigne comme des *ambitieux et des ennemis du pays*, qui, selon lui, ont envoyé *des émissaires dans l'Artibonite* (et non dans *le Nord* : ambitieux qu'il a nommés dans sa proclamation du 24 décembre); tandis que M. Madiou parle d'*émissaires du Sud* qui auraient aussi concouru à cette œuvre déloyale. Le Sud, agité dans son propre sein, devenu *un chaos indébrouillable*, même pour Christophe, aurait songé à envoyer des émissaires dans le Nord pour y semer la discorde et l'insubordination ! S'il y avait quelqu'un, dans ce département, qui eût pu concevoir une telle idée, ç'aurait été Gérin ; mais a-t-il été cité parmi les autres *ambitieux ?* Nous produirons bientôt cette proclamation du 24 décembre, et voyez d'ailleurs que, dans sa lettre du 19, Christophe en fait l'éloge [1].

Mais disons : quelle foi la postérité, qui juge les hom-

n'avaient pas le cachet d'une Providence bienfaisante, comme celle qui débrouilla le chaos du monde.

[1] Ce qui n'est qu'*allégations* de la part de Christophe, intéressé à accuser ses adversaires, deviendrait *faits avérés* dans l'Histoire d'Haïti. Elle dit encore que Férou mourut *en décembre*, il n'est mort que le 16 janvier 1807 ; qu'avant sa mort, il avait nommé Bergerac Trichet *adjudant-général*. Le 25 janvier, le Sénat qualifia cet officier de *chef de bataillon*, en l'élevant au grade de *colonel* : donc Férou n'avait pas fait ce qui fut rapporté à Christophe et qui contribua à l'aigrir, à accroître sa défiance. (T. 3, p. 359.) Il eut tort de donner sa confiance seulement à des espions, à des flatteurs.

Si nous ne *critiquons* pas nos traditions populaires, auxquelles il nous faut souvent recourir pour notre histoire nationale ; si nous ne faisons pas la part de l'exagération et des passions qui se produisent dans les documens, nous nous exposerons à fausser le jugement de nos lecteurs. C'est par ce motif que j'ai critiqué les notes d'Inginac, malgré toute l'estime que j'ai eue pour lui. La vérité avant tout !

mes, peut-elle avoir dans ces accusations de Christophe contre ses adversaires? Se voyant *déjoué* dans ses projets ; ne voulant pas reconnaître que ses rigueurs despotiques étaient la seule cause des désertions des soldats ; que les troupes refusaient la solde ordonnée par lui, parce que tout d'abord on leur avait donné une paye supérieure ; que leur mutinerie, leur insubordination, n'étaient que le résultat de la révolution qui les avait exaltées : il se plaisait à rejeter ses propres torts sur Pétion et d'autres. Est-ce que Pétion n'avait pas persuadé les 11° et 12° demi-brigades de recevoir *la solde régulière* ordonnée par lui, en leur rappelant qu'elles lui devaient *une obéissance absolue?* Ayant agi ainsi à l'égard de deux corps qu'il était de son intérêt de ménager, il ne pouvait envoyer *des agents secrets* pour en soulever d'autres par ce motif. Nous avons assez établi les causes de la désertion des jeunes gens de la 4°, de ses musiciens et du bataillon de la 20°, pour ne pas revenir ici sur ces incidens.

Ce fut donc après avoir lancé sa proclamation du 18 décembre, que le 19 il écrivit sa lettre arrogante à Pétion. Quelque ton de supériorité qu'il y prît, on reconnaît que, se voyant *déjoué*, il se préparait *à la guerre* ; car il ne pouvait espérer que Pétion eût souffert patiemment de telles paroles, après l'avoir signalé dans sa proclamation par un langage aussi malveillant ; il connaissait son caractère résolu, malgré sa modération habituelle.

Enfin, le 18 décembre, les députés réguliers et irréguliers se réunirent à l'église du Port-au-Prince et ouvrirent les séances de l'assemblée constituante. La première eut lieu sous la présidence de César Thélémaque, doyen d'âge et député du Cap. La vérification des pouvoirs constata 74 élections ou membres. La plupart des députés du Nord et de l'Artibonite prirent la résolution, entre eux et sans doute par les instructions venues du Cap, *de protester* contre la tenue de l'assemblée, sa formation et l'œuvre qu'elle allait faire : ils manifestèrent cependant leurs observations à cet égard ; mais la majorité les rejeta. Elle ne pouvait les admettre, en raison des nécessités qui l'avaient créée [1].

On voulut continuer César Thélémaque dans la présidence définitive ; mais il déclina cet honneur qui fut alors déféré à l'adjudant-général Blanchet jeune : Montbrun, du Sud, Almanjor fils, du Nord, furent élus secrétaires.

Chacun savait, au Port-au-Prince, que la *République d'Haïti* serait proclamée, comme la seule institution jugée propre à assurer les droits de tous les citoyens. Bruno Blanchet aîné et Théodat Trichet en avaient jeté les bases déjà, d'accord avec Pétion, Bonnet, Lys, David-Troy, Daumec, Boyer et quelques autres. J. Hugonin et F. Ferrier avisaient Christophe incessamment des moindres particularités parvenues à leur connaissance ; ces renseignemens plus ou moins vrais, dictés par la bassesse, ne pouvaient qu'exciter son humeur cruelle : il se faisait une si haute idée *de son autorité légitime !*

Comme dans toute assemblée nombreuse, un comité de constitution fut formé, à l'effet de présenter un projet que les députés auraient à examiner et à discuter en assemblée générale : il fut composé de Pétion, César Thélé-

[1] On a dit cependant, que l'idée *de la protestation* ne vint qu'après le commencement de la guerre civile, qu'elle fut rédigée au Cap : nous l'admettons comme antérieure à la guerre, par cela que Christophe était informé des élections irrégulières et qu'il dut donner ses instructions en conséquence.

maque, Théodat Trichet, Magloire Ambroise, Bruno Blanchet, David-Troy, Manigat, Bonnet et Lys. Bruno Blanchet fut le rédacteur de son rapport à l'assemblée.

Pendant que le comité préparait son travail, la lettre de Christophe à Pétion, du 19 décembre, lui parvint avec la proclamation du 18. On conçoit quelle influence elles durent exercer sur la *limitation* des attributions du pouvoir exécutif dans ce projet. Pétion fut surtout celui qui porta, soit le comité, soit l'assemblée elle-même à les restreindre [1].

Le 24 décembre, le projet de constitution touchait à son achèvement, quand il expédia sa fière réplique à Christophe. Mais le même jour, Christophe lançait aussi sa proclamation qui le signalait comme *un révolté*. C'est que, dès le 22, J. Hugonin lui avait écrit que, par la constitution qu'on préparait, *il n'aurait pas plus de pouvoir qu'un caporal*. Lisons cette proclamation :

« Pétion, Bonnet, Boyer, les deux frères Blanchet,
« Daumec, Lys, Caneaux et quelques autres de leurs infâ-
« mes complices, viennent de lever le masque; ils ont mis
« au jour leurs projets. *Ils sont en pleine révolte contre
« l'autorité*; ils veulent établir une constitution qui mettra
« *le pouvoir* entre leurs mains, et livrera *les finances et
« les places* à leurs dispositions. Le général en chef vient
« de donner l'ordre de la marche pour soutenir *vos droits*
« et pour maintenir *votre liberté* que l'on veut vous ravir.
« Ces *scélérats*, une fois parvenus à leurs fins, ne vous
« laisseront pas seulement *la faculté de vous plaindre*.

« Il faut marcher, notre devoir nous oblige de main-

---

[1] Cela est constaté dans un document du Sénat, en juillet 1808, ayant pour titre : *Remontrances au Président d'Haïti*. « Il doit vous en souvenir, vous « les avez vous-même *restreintes* par vos observations judicieuses. »

« tenir l'ordre et l'exécution des lois. Que tous les maux
« qu'ils ont préparés retombent sur leurs têtes coupables !
« Votre général ne veut pas transiger *avec les ennemis*
« *de la liberté* ; il ne veut point tergiverser avec eux.

« Il attend de vous, militaires de tous grades, de rem-
« plir votre devoir comme vous l'avez toujours fait; il
« compte sur tous les chefs et officiers des corps, et sur
« leur attention au service. Les *factieux* ont levé l'éten-
« dard de la révolte, *il est juste* qu'ils payent de leur for-
« tune, leurs complots funestes. *Le pillage de tous les*
« *lieux où les rebelles seront trouvés, vous est abandonné*
« *sans restriction.* Marchez, et la victoire va couronner la
« justice de notre cause. »

Cette proclamation, qu'on n'aurait qu'à tourner contre Christophe lui-même, pour peindre d'avance le tableau de son gouvernement, n'était pas faite pour être portée à la connaissance de Pétion et de ses collaborateurs à l'assemblée constituante ; aussi ne la surent-ils *qu'après* les événemens accomplis par la marche de l'armée du Nord et de l'Artibonite. S'il y avait réellement *des émissaires, des agents secrets* de l'Ouest et du Sud, répandus dans les lieux soumis immédiatement à Christophe, *un seul* d'entre eux au moins eût pu s'empresser d'apporter cet acte au Port-au-Prince : de tels agents sont ordinairement des hommes dévoués, et il fallait vraiment un dévouement à toute épreuve de leur part, pour qu'ils s'exposassent à aller semer la discorde et l'insubordination. La proclamation même du 18 décembre ne parvint à Pétion, que parce que Christophe la lui adressa, ainsi qu'aux députés du Nord [1].

---

[1] Hist. d'Haïti, t. 3, p. 360.

Enfin, le 27 décembre, le projet de constitution fut prêt et présenté à l'assemblée constituante. Pétion, et non Bonnet, comme le dit M. Madiou [1], donna lecture *du rapport* du comité dont il était le président [2]. Bonnet aura sans doute lu le projet de constitution. Voici le rapport :

> Pour rendre une révolution utile, il faut, après s'être fait justice d'un tyran, frapper encore sur la tyrannie et lui ôter tous moyens de se reproduire. Tel a été le vœu ainsi que l'objet du peuple, en vous nommant pour lui donner une constitution.
>
> Chargés par vous, citoyens, de recueillir les principes et les institutions les plus propres à fonder et à assurer la liberté et le bonheur de nos concitoyens, nous venons vous présenter le résultat de notre travail.
>
> C'est une vérité incontestable, que le meilleur système de gouvernement est celui qui, étant le mieux adapté au caractère et aux mœurs du peuple pour qui il est fait, doit lui procurer la plus grande somme de bonheur. Mais il est également évident et certain, qu'il est des principes communs à toute bonne constitution. Le plus essentiel de ces principes est la séparation des pouvoirs, puisque leur concentration dans les mêmes mains est ce qui constitue et définit le despotisme.
>
> Nous vous proposons donc, citoyens, d'établir un Sénat dont les membres seront élus, pour cette fois, par l'assemblée constituante, et seront pris, à l'avenir, parmi *les fonctionnaires publics* que le peuple aura désignés. Ainsi le Sénat sera composé *de militaires* qui se seront signalés par des services rendus à la patrie, et *de citoyens* qui, par leurs talens et leurs vertus, auront mérité la confiance publique.
>
> Voyez quels avantages doivent résulter de cette institution. Nos lois ne seront plus l'expression du caprice et de la volonté d'un in-

---

[1] Ibid., p. 366.

[2] *Remontrances au Président d'Haïti* : « Il nous suffira de citer ici ce paragraphe du beau rapport de la constitution *qui fut lu* à la tribune, le 27 décembre 1806, par Alexandre Pétion. » — Remontrances écrites par Daumec : ce document existe dans les archives du Sénat. Voyez aussi *Voyage dans le Nord d'Haïti*, page 35. M. H. Dumesle l'affirme comme le document du Sénat.

dividu toujours porté, par ses passions, à séparer son intérêt particulier de l'intérêt général ; elles seront l'ouvrage d'hommes intègres et éclairés ; elles seront soumises à un examen sévère et à une discussion publique. Ceux qui les auront dictées comme sénateurs, seront forcés d'y obéir comme citoyens. Le peuple n'aura plus à craindre que l'impôt pèse sur lui au-delà de ce qu'exigent les besoins de l'Etat, parce qu'il aura dans ses représentans des défenseurs d'autant plus intéressés à le garantir à cet égard, que le poids porterait sur eux et leur famille.

C'est par la séparation des pouvoirs, citoyens, que les Américains sont devenus nombreux et florissans dans une progression tellement rapide, que les annales d'aucun peuple n'offrent un pareil exemple.

La séparation des pouvoirs a jeté sur l'Angleterre un éclat que n'ont pu ternir les défauts de son gouvernement.

Nous avons cru devoir vous proposer de composer le Sénat de vingt-quatre membres. Ce corps ne doit pas être trop nombreux, l'expédition des affaires en souffrirait : il doit l'être suffisamment pour que les lois se trouvent conformes, autant que possible, au désir et à la volonté du peuple.

La nomination aux emplois et aux fonctions de l'Etat, que nous avons avons attribuée *au Sénat*, sera toujours un des articles les plus essentiels dans toute constitution. C'est vouloir pervertir l'esprit public, c'est vouloir préparer l'esclavage de ses concitoyens, que de reconnaître *au pouvoir exécutif* cette importante attribution. Les fonctionnaires publics ne doivent point se considérer comme les créatures d'un individu ; tout doit au contraire leur rappeler qu'ils sont les agents et les délégués du peuple ou de ses représentans. Ainsi donc, en bonne théorie, et dans la pratique de tout gouvernement bien ordonné, *le droit* de nommer les fonctionnaires publics appartient essentiellement *à la puissance législative*.

Vous n'avez pas oublié ce que produisit sous Dessalines, cette prérogative de nommer aux places qui fut une de ses usurpations.

L'ambition et la cupidité s'emparèrent de tous les cœurs ; des hommes irréprochables jusqu'alors, consentirent, pour obtenir ou conserver un emploi, à se faire les suppôts et les agents de la tyrannie : d'autres devinrent, à la volonté du tyran, les instrumens de sa férocité.

Tous les chefs, il est vrai, ne ressemblent point à Dessalines ; mais en législation, on compte sur les principes et jamais sur les hommes.

Celui qui est chargé de faire des lois pour son pays écarte de lui toute passion, ainsi que toutes affections particulières ; le saint amour de la patrie remplit son cœur tout entier ; le moment présent n'est point tout pour lui ; son âme s'élance dans l'avenir ; il s'associe aux générations qui doivent lui survivre ; il veut que les lois politiques et civiles soient en harmonie avec les lois de la nature, parce qu'il se regarde comme l'organe et le ministre de cette Providence divine qui a créé l'homme pour qu'il fût heureux dans tous les temps.

D'ailleurs, citoyens, si nous déléguions au chef du gouvernement une portion seulement du pouvoir législatif, au lieu de travailler pour la liberté, nous établirions le despotisme. L'expérience ne prouve-t-elle pas que le pouvoir législatif tend sans cesse au relâchement, tandis que le pouvoir exécutif acquiert sans cesse une plus grande intensité de force ?

Nous vous proposons, citoyens, qu'aucune somme ne sorte du trésor public sans la signature du secrétaire d'Etat qui, placé auprès du Sénat, sera toujours prêt à lui rendre compte de ses opérations. Il est juste que le peuple, dont les contributions forment les revenus de l'Etat, soit instruit de l'emploi qui en a été fait. S'il en était autrement, si, comme dans les monarchies, le trésor public devenait le trésor d'un individu, la corruption s'introduirait jusque dans le Sénat. Les hommes étant partout les mêmes, ayons la modestie de croire que nous ne serons pas plus incorruptibles dans notre République, qu'ils ne le sont ailleurs.

Dans la situation où nous nous trouvons avec les autres gouvernemens, il est important de reconnaître au Sénat le droit d'entretenir les relations extérieures et de conduire les négociations. Nous devons rechercher la bienveillance et cultiver l'amitié de tous les gouvernemens ; en leur payant les égards et le respect qui leur sont dus, nous aurons droit d'espérer de leur part, un retour de procédés nobles et généreux.

En nous occupant du pouvoir exécutif, nous avons pensé que le titre modeste de *Président* était celui qui convenait le plus au premier magistrat de la République. Nous vous proposons qu'il soit élu pour quatre ans, et qu'il puisse être indéfiniment réélu. Nous vous proposons aussi qu'il ait le commandement de l'armée et qu'il nomme les commissaires près les tribunaux.

Ces pouvoirs et ces attributions qui excèdent ceux que possédait le Directoire exécutif de France, rendent extrêmement importante la carrière qu'il va parcourir. Déjà, nous entendons la voix du peuple qui lui crie :

« Nos représentans vous ont élu à la première magistrature de « l'Etat; ils ont voulu que vous en fussiez le premier citoyen. Hon- « neurs, dignités, fortune, ils ont tout accumulé sur votre tête. Si « vous le méritez, vous serez toute votre vie environné de l'éclat du « commandement; mais, contribuez à nous rendre heureux ! Rap- « pelez-vous qu'il vient un moment où toutes les illusions des hommes « se dissipent, et que lorsque vous serez arrivé à ce terme auquel la « nature vous appelle, comme tout autre, vous ne trouverez alors de « réel et de consolant que le témoignage d'une conscience irrépro- « chable, ainsi que le souvenir des services rendus à la patrie. »

Dans l'article qui traite de la justice civile, vous trouverez des dispositions qui garantissent vos propriétés; et dans l'article qui traite de la justice criminelle, vous trouverez des dispositions qui respirent l'humanité.

En reconnaissant à tout citoyen, le droit d'émettre et de publier ses pensées sur les matières de gouvernement, nous faisons de la liberté de la presse, le palladium de la liberté publique.

Gouvernés par de tels principes, obéissant à une constitution qui sera la boussole qui nous empêchera de nous égarer dans la route que nous avons à suivre, que nous manquera-t-il pour être heureux ? Rien, citoyens, si nous savons user des bienfaits de cette Providence divine qui nous a protégés dans toutes nos entreprises, et qui, en nous plaçant au centre de cet archipel, sous un ciel heureux, sur une terre de merveilleuse fertilité, semble nous avoir destinés à être le peuple le plus fortuné de l'univers.

Ce rapport, écrit dans un si beau langage, lu par l'homme qui inspirait une si grande confiance en ses sentimens, qui exerçait tant d'influence sur ses concitoyens par ses antécédens respectables, ne pouvait qu'entraîner *la majorité* des membres de l'assemblée, à accepter le projet de constitution préparé par le comité; aussi fut-il voté dans la même séance du 27 décembre. La *République d'Haïti* fut ainsi constituée. Il n'y eut pas seulement que les députés de l'Ouest et du Sud qui acceptèrent cette forme de gouvernement et sa constitution : des députés de l'Artibonite et du Nord y adhérèrent *par conviction*, parce qu'ils avaient, comme les autres, abhorré le despotisme brutal de Dessalines et qu'ils redoutaient encore plus celui de Christophe [1]. Même parmi ceux qui signèrent *la protestation* du même jour, il s'en trouva plusieurs qui ne le firent que pour couvrir leurs familles restées sous le pouvoir de Christophe, que pour leur épargner des persécutions.

Cependant, il faut le dire, le rapport, en établissant que la séparation des pouvoirs politiques était une disposition essentielle dans toute bonne constitution, en citant l'exemple des bons effets qu'elle a produits aux Etats-Unis et en Angleterre, ne les concentrait pas moins dans les mains du Sénat. Il faisait le contraire de ce qui existe en Angleterre et même dans la république américaine, en ce qui concerne la nomination aux emplois et aux fonctions de l'Etat, les relations extérieures et les négociations à suivre. Ce ne sont pas là des attributions compétentes *au pouvoir législatif*, mais bien celles naturelles *au pouvoir exécutif*. Responsable envers la nation ou ses représentans, l'exécutif doit avoir le choix des agents qui l'aident dans l'exercice de son autorité ; il en répond pour eux, ils sont responsables eux-mêmes envers lui ; il ne faut pas qu'il puisse s'établir une lutte entre eux et lui, et c'est ce qui arriverait infailliblement si ces agents tenaient leur nomination du pouvoir législatif. Celui-ci fait les lois, en contrôle l'exécution par l'exécutif et les fonctionnaires qu'il nomme.

[1] La République française avait paru si belle, si glorieuse à tous ces hommes, qu'il n'est pas étonnant qu'ils préférèrent cette forme de gouvernement : ils avaient tous servi sous cette République.

Mais, ce n'est pas que le rédacteur du rapport, que ses collègues avec lui, ignorassent ces choses ; ils avaient assez de science politique pour ne pas faire ainsi une confusion des pouvoirs. Ils établirent ces principes erronés, *sciemment*, si l'on peut s'exprimer de cette sorte, afin de couvrir la nécessité où l'on se trouvait de brider l'autorité de Christophe, s'il acceptait *la présidence* qu'on allait lui déférer. Il avait assez décelé ses intentions, pour qu'on prît ces précautions. Leur pensée étant de nommer *sénateurs* presque tous les généraux qui avaient dirigé la révolution du 17 octobre, et la plupart des hommes qui prenaient une part active au vote de la constitution, il est clair que le Sénat allait *diriger* effectivement les affaires publiques, en nommant les moindres officiers de l'armée et tous les fonctionnaires et employés.

D'après la tournure qu'avaient prise les choses, il n'y aurait eu aucune garantie pour leurs personnes, s'ils se fussent tenus *aux vrais principes* de toute bonne constitution ; mais il ne fallait pas plus reculer devant cette exigence de la situation, qu'on n'avait reculé devant l'impérieuse nécessité de *fausser* les élections de l'Ouest et du Sud. *Se conserver* pour le pays était un devoir, une obligation sacrée : sinon, il fût retombé tout entier sous la puissance d'une tyrannie exécrable. L'Ouest et le Sud n'ont échappé au sort de l'Artibonite et du Nord qu'à cette condition ; et lorsque le temps marqué par la Providence est arrivé pour la délivrance de ces deux derniers départemens, ils ont pu jouir aussi des heureux effets de cette politique intelligente et patriotique.

Les bonnes intentions des membres du comité de constitution et de ceux de l'assemblée qui la votèrent avec eux, le résultat définitif qu'ils ont obtenu, doivent donc *les absoudre* de leur conduite en 1806 : la postérité ne peut pas juger autrement, nous le disons avec une ferme conviction. N'eussent-ils pas même obtenu ce succès, qu'elle devrait encore approuver leur résolution ; car la violation des principes qui a pour but de favoriser *le crime*, doit seule encourir son blâme, le succès, dans ce cas, ne suffisant pas pour absoudre.

Au fait, l'assemblée constituante délégua *la dictature* au Sénat pour sauver la liberté ; et l'on sait bien que la nature de ce pouvoir extraordinaire est essentiellement *conservatrice*, quoiqu'il suspende le cours des lois et l'exercice des autres pouvoirs réguliers. Il faut distinguer entre *la dictature*, et *le despotisme, la tyrannie*.

La constitution du 27 décembre était basée en grande partie sur celle de France qui créa le Directoire exécutif ; on voit même citer ce gouvernement dans le rapport du comité. Les deux chambres législatives ne furent pas instituées, comme en France, parce qu'on voulait mieux concentrer *le pouvoir dictatorial* dans le Sénat : la situation du pays ne le comportait pas d'ailleurs.

Le premier des treize titres dont elle se composait, contient des *dispositions générales*, où sont énoncés les principes fondamentaux qui doivent régir la société civile, et quelques-uns pour servir de règles à Haïti. Ainsi :

« Art. 1er. Il ne peut exister d'esclaves sur le territoire
« de la République : l'esclavage y est à jamais aboli.

« 2. La République d'Haïti ne formera jamais aucune
« entreprise dans les vues de faire des conquêtes, ni de
« troubler la paix et le régime intérieur des îles étran-
« gères.

« 27. Aucun blanc, quelle que soit sa nation, ne pourra
« mettre le pied sur ce territoire à titre de maître ou de
« propriétaire.

« 28. Sont reconnus Haïtiens, les blancs qui font par-
« tie de l'armée, ceux qui exercent des fonctions civiles,
« et ceux qui sont *admis* dans la République à la publi-
« cation de la présente constitution. »

Au fond, ces dispositions étaient semblables à celles consignées dans la constitution impériale de 1805. Celle-ci disait de plus, à l'égard *des blancs*, — *qu'aucun d'eux ne pourrait, à l'avenir, acquérir aucune propriété en Haïti*. Cette suppression, dans l'article 27, paraît avoir été déterminée pour *réserver la question*, en cas que des puissances étrangères reconnussent formellement l'indépendance d'Haïti et entrassent avec elle en relations internationales ; et alors, on eût peut-être fait des concessions à leurs nationaux, sous le rapport *de la propriété*.

Nous le disons ainsi, parce qu'il paraît que dans le sein du comité, Bonnet aura proposé *d'exclure les Français seuls* de la jouissance des droits civils et politiques, et que Pétion combattit sa motion [1]. Il n'était pas rationnel, en effet, qu'on fît des concessions à cet égard aux autres blancs, *avant* que les gouvernemens étrangers se prononçassent sur l'état politique d'Haïti : la rédaction de 1806 laissait la porte ouverte à une modification. Mais, en 1816, lors de la révision de la constitution, *aucun des* gouvernemens étrangers n'ayant agi comme on était *en droit* de l'espérer de leur part, Pétion fit consacrer *l'exclusion des blancs* d'une manière encore plus formelle

---

[1] Hist. d'Haïti, t. 3, p. 366.

qu'en 1805. Par l'art. 28 de 1806, le mot *admis* n'était applicable qu'à ceux qui, n'étant ni militaires ni fonctionnaires, avaient obtenu cependant de Dessalines des lettres de naturalité. Cette rédaction elliptique s'y rapportait; elle entendait *admis comme Haïtiens*, en vertu de ces lettres.

Le second titre de la constitution renouvela la disposition par laquelle l'île entière d'Haïti était considérée comme formant *un seul Etat*, en y comprenant les petites îles adjacentes. Le territoire de la partie occidentale fut divisé en quatre départemens, comme sous l'empire de la constitution de 1801, avec faculté, pour le Sénat, de désigner les autres départemens dans l'Est, quand le moment de la réunion serait arrivé[1]. Les départemens furent subdivisés en arrondissemens et paroisses.

Le troisième titre fut consacré à fixer *l'état politique des citoyens*, et les cas où il se perd ou est suspendu.

Le quatrième, *sur la religion et les mœurs*, reconnut la religion catholique apostolique et romaine comme celle *de l'Etat*, à cause de sa profession par tous les Haïtiens; mais tout autre culte pouvait s'y établir en se conformant aux lois. Le *mariage* fut déclaré une institution civile et religieuse, tendant à la pureté des mœurs, et devant être *protégée* dans la personne des époux qui en pratiqueraient les vertus. La loi devait fixer le sort, les droits des enfans nés hors mariage, de manière à encourager et cimenter les liens de famille. Nous examinerons plus tard celle qui fut rendue à ce sujet en 1813.

Dans le cinquième titre, *le pouvoir législatif* fut défini

---

[1] Le département appelé *Louverture* en 1801, prit le nom de l'*Artibonite* : les limites des quatre départemens restèrent les mêmes que celles fixées par la loi du 13 juillet 1801.

et ses attributions fixées. Un Sénat de 24 membres les exerçait. On y remarque le droit de déclarer la guerre, de former et entretenir l'armée, de faire des lois et règlemens sur la manière de l'organiser et de la gouverner, de pourvoir à la sûreté publique et de repousser les invasions, d'entretenir les relations extérieures, de faire tous les traités de paix, d'alliance et de commerce, de nommer tous les fonctionnaires civils et militaires, excepté les commissaires près les tribunaux, de disposer, pour le maintien du respect qui lui est dû, *des forces* qui sont, de son consentement, dans le département où il tient ses séances, de défendre au pouvoir exécutif d'y faire passer ou séjourner aucun corps de troupes, s'il n'a pas préalablement obtenu du Sénat une autorisation expresse à ce sujet.

Les premiers sénateurs devaient être nommés par l'assemblée constituante, en trois séries, pour trois, six et neuf ans; mais à l'avenir, ils seraient nommés pour neuf ans, par le Sénat existant et sur des listes de candidats pris parmi *les fonctionnaires*, ou ceux qui l'auraient été, et présentées par les colléges électoraux des départemens [1]. Pour être sénateur, il fallait être âgé de 30 ans.

Le siége du Sénat fut fixé au Port-au-Prince, comme le lieu le plus central : ce qui emportait nécessairement la résidence du chef du pouvoir exécutif dans la même ville. Le Sénat pouvait s'ajourner en laissant un comité permanent, chargé seulement de recevoir les paquets qui lui seraient adressés et de le convoquer, en cas d'affaires pressantes, etc., etc.

---

[1] Les fonctions publiques devenaient ainsi un stage politique pour parvenir au Sénat : les simples citoyens n'en pouvaient être membres, à moins qu'ils n'eussent déjà rempli une fonction civile ou militaire.

Le titre sixième fixait seulement la formule de *la promulgation des lois* et autres actes du Sénat, par le chef du pouvoir exécutif.

Le septième concernait *le pouvoir exécutif* : il était délégué à un *magistrat* qui prenait le titre de *Président d'Haïti*. L'assemblée constituante nommait ce chef, mais à l'avenir ce serait le Sénat. Le président était élu pour quatre années et pouvait être réélu indéfiniment, en raison de sa bonne administration. Il prêtait serment « de remplir fidèlement l'office de Président d'Haïti et de « maintenir de tout son pouvoir la constitution. » Mais si, dans le délai de 15 jours, à compter du jour de son élection, il ne l'avait pas fait, il était censé avoir refusé ; et alors on procéderait à une nouvelle élection. Tout autre président que celui que l'assemblée constituante allait élire, serait pris à l'avenir parmi les citoyens qui auraient été ou seraient membres du Sénat ou secrétaires d'Etat. En cas de vacance, ces derniers rempliraient provisoirement l'office du Président d'Haïti.

Il devait pourvoir, d'après la loi, à la sûreté extérieure et intérieure de la République : loi rendue par le Sénat qui devait y pourvoir d'abord. Le président pouvait faire des proclamations, conformément aux lois et pour leur exécution. Il avait le commandement de la force armée de terre et de mer. S'il était informé qu'il se tramât quelque conspiration contre la sûreté extérieure ou intérieure de l'Etat, il avait le droit de décerner des mandats d'arrêt contre ceux qui en seraient prévenus ; mais il était obligé de les renvoyer, dans le délai de deux jours, pardevant le magistrat chargé de poursuivre. Il devait dénoncer au Sénat tous les abus qui parviendraient à sa connaissance ; il lui donnait, par écrit, tous les renseignemens que le

Sénat lui demanderait; il pouvait inviter le Sénat, par écrit, à prendre un objet en considération, lui proposer des mesures, mais non des projets rédigés en forme de lois. Il était sujet à être *mandé* pardevant le Sénat, « en « cas de flagrant délit d'un crime, ou pour faits de trahi- « son, de dilapidations, de manœuvres pour renverser la « constitution, et d'attentat contre la sûreté intérieure « de la République. » Il recevait, enfin, une indemnité annuelle de 24 mille gourdes ou piastres.

Un caractère comme celui de H. Christophe ne pouvait accepter la présidence, avec un pouvoir aussi limité. Il y avait trop d'orgueil en lui, trop de désir d'acquérir la domination par une éclatante position, *un trône* enfin, pour être un modeste président. Obligé encore d'abandonner le Cap pour venir résider au Port-au-Prince, sans pouvoir y amener les troupes du Nord, de se trouver placé au milieu de celles qui venaient d'abattre Dessalines, près du Sénat tout-puissant, il y eût été à la merci de ses adversaires.

Mais à qui et à quoi imputer cette situation? *A lui-même* qui ne sut jamais réfréner ses passions, qui montra toutes ses prétentions exorbitantes dès la mort de Dessalines, qui n'employa que *des rigueurs* au lieu *de la modération.*; — *à ses antécédens despotiques* dont il réveilla le souvenir, par la crainte qu'il fit naître dès qu'il fut nommé chef provisoire du gouvernement.

La guerre civile était donc la seule ressource d'un esprit aussi impérieux; car il ne pouvait dominer sur l'Ouest et le Sud.

Le huitième titre de la constitution détermina les principes de l'organisation judiciaire, pour distribuer la justice civile et criminelle aux citoyens; — le neuvième fut pour définir les devoirs de la force armée et sa composition ; — le dixième, pour établir la protection et l'encouragement dus à l'agriculture et au commerce, sources de richesses pour les Etats ; — le onzième, pour instituer un ou plusieurs secrétaires d'Etat dont les attributions seraient fixées par le Sénat ; — le douzième, pour prévoir la révision de la constitution, afin d'en réformer les erreurs ; — le treizième et dernier, enfin, pour régler la mise en activité de cet acte.

Parmi les 74 membres élus à la constituante, Gérin seul fit défaut étant retenu dans le Sud ; un autre du Nord, nommé Boucanier, quoique présent, ne signa pas la constitution, mais la protestation : 72 signatures furent donc apposées sur cet acte. Régulièrement, les deux divisions du Sud et la 2ᵉ de l'Ouest auraient dû fournir 23 députés ; elles en envoyèrent 41, parce qu'il y avait 3 bourgades dans l'Ouest et 15 dans le Sud, qui n'étaient point *des paroisses* [1]. La 1ʳᵉ division de l'Ouest et les deux du Nord en envoyèrent 33, tous élus par autant de paroisses, mais désignés par les autorités comme ceux de l'Ouest et du Sud.

D'après la réserve faite par les députés de l'Artibonite et du Nord, 25 signèrent la protestation qui suit, 8 d'entre eux s'en étant abstenus :

Aujourd'hui vingt-sept du mois de décembre mil huit cent six, an III de l'indépendance d'Haïti ;

Nous, députés soussignés des deux divisions du Nord et de la première de l'Ouest à l'assemblée constituante, pour former l'acte con-

---

[1] Dans l'Ouest, — Marigot, Saletrou, Côtes-de-fer ; dans le Sud, — Saint-Michel, Anse-d'Eynaud, Abricots, Corail, Pestel, Petite-Rivière de Dalmarie, Irois, Petit-Trou des Roseaux, Trou-Bonbon, Anse-du-Clerc, Anglais, Chardounières, Port-à-Piment, Baradères et Petite-Rivière de Nippes.

stitutionnel, nous nous sommes rendus au Port-au-Prince, lieu indiqué pour cette opération.

Dès le trente du mois dernier, nous aurions commencé ce travail; le général Pétion, commandant la division, nous objecta que les députés du Sud n'étaient pas encore arrivés, que nous ne pouvions pas faire la constitution sans la participation de ceux de toutes les paroisses de l'île. Pour prouver à nos compatriotes le désir que nous avions de tout sacrifier au bonheur de notre pays, nous eûmes la patience d'attendre jusqu'au 18 de ce mois, jour auquel on nous prévint pour commencer. Ce n'est pas cependant que nous manquassions de témoigner tous les jours notre impatience au général Pétion, qui *remettait* l'ouverture de l'assemblée de lundi en lundi, *et refusait même* d'indiquer le lieu où les séances devaient se tenir.

Le jour enfin arrivé, quel fut *notre étonnement*, après la vérification des pouvoirs, de trouver 74 mandataires, au lieu de 56 que nous devions être! Dès lors, considérant cette assemblée comme *illégale*, nous en fîmes l'observation, qui fut *rejetée* par la majorité absolue qu'eurent les députés des divisions du Sud et de la deuxième de l'Ouest. Nous fûmes convaincus qu'il nous serait inutile d'émettre aucun vœu *tendant au bien* de notre pays; nous nous réservâmes le droit *de protester* contre tout ce qui se ferait dans l'assemblée, et de ne faire connaître notre protestation que lorsque nous serions *en lieu de sûreté*.

En conséquence, *nous protestons contre notre signature apposée sur l'acte soi-disant constitutionnel* de ce jour, *fruit de l'intrigue et de la malveillance*, et contre tout ce qui s'ensuivra, jusqu'à la dissolution de l'assemblée, comme étant *illégale*, et contre tout principe de justice et d'équité.

Fait *au palais* du Port-au-Prince, les jour, mois et an que ci-dessus.

Signé : Juste Hugonin, Lagroue, Aug. Dupui, J. Isaac, H. Datty, Galbois, Déparloir, J. Simon, Roumage aîné, Baubert, Bonniot, C. Leconte, Pétigny fils, Boucanier, Bertrand Lemoine, Almanjor fils, Thimoté Aubert, Lamothe-Aigron, Bataille, C. Thélémaque, J. L. Larose, Pélage Varein, F. Ferrier, J. L. Dégrieux, L. Dessalines.

Cette pièce, rédigée à l'insu de l'assemblée constituante,

fut expédiée de suite à Christophe, par Juste Hugonin et F. Ferrier. Elle ne fut connue au Port-au-Prince qu'après le commencement de la guerre, par la publication qu'en ordonna Christophe, pour prouver l'*illégalité* de la composition de l'assemblée et de son œuvre [1].

Si la majorité de l'assemblée constituante accepta franchement et avec enthousiasme la constitution préparée par son comité, la population du Port-au-Prince accueillit l'institution de la République avec joie : dans toutes les rues, elle criait : *Vive la République !*

Le lendemain, 28 décembre, l'assemblée se réunit pour procéder à l'élection du *Président d'Haïti* et des 24 sénateurs. Malgré *les faits* qu'elle connaissait déjà de Christophe, mais *ignorant* l'existence de sa proclamation du 24, elle se sentait *liée* par l'acte de *Résistance à l'Oppression* qui l'avait proclamé « chef provisoire du gou-
« vernement, en attendant que la constitution, en lui
« conférant *définitivement* ce titre auguste, en ait dési-
« gné la qualification. » Il fallait être *conséquent* avec

---

[1] Parmi ses 25 signataires, 6 restèrent au Port-au-Prince, malgré *la faculté* qu'eurent les 33 députés du Nord et de l'Artibonite de se retirer dans leurs foyers : ce sont C. Thélémaque, Larose, P. Varein, Bataille, Lamothe-Aigron et F. Ferrier ; mais ce dernier *s'évada* environ un an après, criblé de dettes [1]. 8 autres, qui n'avaient pas signé la protestation, y restèrent aussi : ce sont Simon, Barlatier, Basquiat, Saget, Rollin, Neptune, Lamontagne et Manigat. Sur les 19 qui se retirèrent, 2 prirent parti en faveur de la République, au Port-de-Paix : ce sont Thimoté Aubert et H. Datty. Roumage aîné périt pour s'y être montré favorable. Ainsi donc, sur 33 députés, il n'y en eut que 17 qui adhérèrent au système de Christophe. Ces chiffres disent assez que, malgré l'irrégularité des élections, les sentimens de la plupart des représentans du Nord et de l'Artibonite étaient favorables à la République.

[1] F. Ferrier, devenu *sénateur*, fit le commerce au Port-au-Prince ; il y contracta des dettes, et fut à Jacmel où il s'embarqua sur un navire des Etats-Unis ; de là il se rendit au Cap. Il n'avait accepté le sénatorat que pour continuer à être *l'espion* de Christophe : le 21 avril 1808, il donna sa démission au moment où il allait se sauver.

cet acte, publié au nom de l'armée et du peuple. Sur 68 députés réunis, 53 votèrent en faveur de Christophe, 14 pour le général Romain, et 1 pour Pétion. En conséquence, Henry Christophe fut proclamé *Président d'Haïti.*

A ce sujet, M. Madiou dit : « Les députés du Sud et de
« la 2e division de l'Ouest, *certains* que Christophe n'eût
« pas accepté la constitution telle qu'elle avait été faite et
« eût pris les armes contre elle, s'étaient la plupart *en-*
« *tendus* pour voter en sa faveur, afin que l'occasion de
« le mettre *hors la loi* se présentât.[1] »

Cette assertion est hasardée, car ils firent ce à quoi *ils étaient obligés* par l'acte que nous venons de citer ; et d'autant plus, que la lettre du 19 décembre écrite par Christophe à Pétion, disait « qu'il attendait la constitu« tion avec impatience. » De ce qu'il fut mis ensuite *hors la loi*, il ne faut pas en conclure qu'on agissait *d'avance* dans ce dessein ; cette mesure ne fut prise que le 27 janvier, après que le Sénat eût eu connaissance d'une proclamation de Christophe, en date du 14 du même mois [2].

En lisant les actes avec attention et en les conférant entre eux, on doit nécessairement mieux apprécier la conduite tenue par les constituans de 1806. Selon nous, ils n'ont pas eu cette mauvaise foi qui leur serait imputée, si on la jugeait à ce point de vue. Comment pouvaient-ils être *certains* des dispositions de Christophe ? D'un autre côté, nous croyons avoir prouvé que la limitation extrême des attributions du pouvoir exécutif, la délégation de la dictature au Sénat, n'ont été que le résultat de cette mé-

---

[1] Hist. d'Haïti, t. 3, p. 372.
[2] Voyez l'arrêté du Sénat, n° 58, p. 204, dans le *Recueil des Actes* publié par M. Linstant.

fiance naturelle à toute révolution, des prétentions exagérées du chef provisoire du gouvernement, et de la crainte qu'il inspira en réveillant le souvenir de ses antécédens sanguinaires [1].

L'assemblée élut ensuite *sénateurs*, pour 3 ans, — Daumec, Daguilh, Simon, F. Ferrier, Bonnet, Théodat Trichet, Manigat et Yayou : les sept premiers furent pris dans son sein ; — pour 6 ans, C. Thélémaque, Barlatier, Depas Médina, Magloire Ambroise, Thimoté Aubert, Blanchet jeune, pris dans son sein, et le général Magny et Charéron, administrateur à Saint-Marc ; — pour 9 ans, Pétion, Gérin, Lys, David-Troy, Fresnel, Lamothe-Aigron, pris dans son sein, et les généraux Paul Romain et Toussaint Brave.

Ainsi, sur 24 élus, 19 sortaient du nombre des membres de l'assemblée constituante ; mais chacun des 4 départemens érigés par la constitution en fournit 6. Les sénateurs étant les représentans de la nation entière (art. 61), rien n'était plus juste et plus conforme à l'esprit de la constitution. Elle disposait aussi (art. 199) que la constituante, après ces élections, se formerait en *assemblée législative*, jusqu'à la constitution du Sénat par la présence de la majorité de ses membres.

Quoiqu'il y en eût 18 présens au Port-au-Prince, on attendait que les autres fussent informés de leur élection pour le constituer ; et l'assemblée législative se disposait à célébrer l'anniversaire prochain de l'indépendance d'Haïti, afin d'offrir au peuple le spectacle intéressant

[1] J'aime trop la vérité, pour ne pas dire ici que cette opinion de M. Madiou, que je conteste, était partagée par mon propre frère C. Ardouin, et que je l'ai constamment contredit à ce sujet. C'est qu'en respectant les opinions des personnes que j'aime et que j'estime, je ne crois pas devoir leur sacrifier les miennes.

d'une *assemblée nationale* venant renouveler le serment prêté le 1ᵉʳ janvier 1804, par les généraux de l'armée réunis aux Gonaïves. Mais ce beau rêve, cette flatteuse illusion devait être remplacée par une journée sanglante.

En effet, Christophe n'avait pas émis en vain sa proclamation du 24 décembre. A l'occasion de la mutinerie des troupes de l'Artibonite par rapport à la solde, il avait fait venir la 4ᵉ demi-brigade à la citadelle Henry, pour la punir : résolu à marcher contre le Port-au-Prince, il harangua ce corps à Milot où il le fit descendre, afin d'aller maintenant *venger* la mort de Dessalines. Parmi ses officiers, le colonel Jean-Louis Longueval et le capitaine de grenadiers Savary étaient deux mulâtres renommés depuis longtemps pour leurs cruautés ; ils se mirent à l'unisson des projets qui animaient le barbare qui avait provoqué le renversement de Dessalines, et ils entraînèrent ce corps dans le même esprit [1].

L'ordre fut envoyé aux généraux Vernet, Martial Besse, Magny, et au colonel Pierre Toussaint, de préparer les autres troupes de l'Artibonite à la marche. Christophe quitta le Cap avec celles du Nord, le général Romain et d'autres officiers supérieurs, et se porta à Marchand, où il fit arrêter Dartiguenave et Cangé, qui furent bientôt *assassinés* par ses ordres. S'il avait à reprocher à Dartiguenave d'avoir écouté les conseils de Pétion, qu'avait-il à reprocher à Cangé ? Ce général n'avait d'autres torts à

---

[1] « C'est pour mieux s'assurer du succès de cet horrible attentat (contre la « constitution), qu'il a retiré des carrières de Laferrière, les *Savary*, etc., « etc., etc., dont les noms *trop fameux par leurs crimes*, lui faisaient goûter « les plaisirs avant-coureurs de sa vengeance.... » Extrait de l'écrit publié par Pétion, le 17 janvier 1807.

ses yeux que d'être un brave, originaire de l'Ouest et ancien officier sous Rigaud, comme Dartiguenave. Il fit encore arrêter à Marchand plusieurs autres officiers *dont il soupçonnait la fidélité*[1] : c'est dire qu'ils furent *assassinés* comme ces deux généraux.

Toussaint Louverture revivait tout entier en Christophe !

De Marchand, ce cruel se rendit à Saint-Marc où ses troupes réunies formaient une armée de douze mille hommes. Il la fit défiler pour se porter contre le Port-au-Prince : le 30 décembre, elle entra à l'Arcahaie où des arrestations eurent lieu par ordre de son chef[2].

Il avait pris de telles mesures pour cacher la marche de ces troupes, afin de surprendre l'assemblée constituante au milieu de son œuvre, que pas un seul individu ne vint en donner la nouvelle. Mais, depuis la mort de Dessalines, le général Bazelais se tenait ou au bourg de l'Arcahaie, ou sur une habitation voisine ; étant avisé de cet événement, il monta à cheval immédiatement et se rendit d'un trait auprès de Pétion à qui il transmit cette information. L'ancien chef de bataillon de la Légion de l'Ouest comprit en cette circonstance, ce que Pétion lui-même avait compris à Léogane, en 1799, — qu'il devait se rallier à ceux qui voulaient sincèrement le bonheur de leur pays, la liberté de leurs concitoyens.

Il suffisait du rapport de Bazelais, officier général ca-

---

[1] Hist. d'Haïti, t. 3, p. 373.

[2] Je dis ainsi d'après des notes que je tiens du colonel Cerisier, alors capitaine et aide de camp de Pétion. M. Madiou fait arriver Christophe à l'Arcahaie, dans la nuit du 27 au 28 décembre, avec ses troupes ; cela ne paraît pas probable. Venant pour *surprendre* le Port-au-Prince, il ne serait pas resté 4 jours dans ce bourg sans avancer, de crainte qu'on n'y fût averti. C'est plutôt dans la nuit du 30 au 31 qu'il y sera arrivé. Le 31, il se sera mis en marche pour arriver le 1er janvier 1807 à Sibert.

pable d'apprécier sainement les choses, pour que Pétion reconnût le danger dont le Port-au-Prince était menacé, et qu'il prît les mesures nécessaires dans l'actualité. C'est *alors* qu'il expédia Théodat Trichet et Daumec auprès de Gérin, à l'Anse-à-Veau, pour lui dire de venir au secours de cette ville avec les troupes du Sud ; qu'il envoya l'ordre aussi à Yayou d'y venir avec celles de l'arrondissement de Léogane ; et à Jacmel, de faire marcher de suite les 22e et 23e demi-brigades.

Au Port-au-Prince, se trouvaient un bataillon d'artillerie commandé par Caneaux, les 6 compagnies d'élite de la 3e sous les ordres de Gédéon, la 11e sous ceux de Métellus, la 12e sous ceux de Mentor, le bataillon de la 20e commandé par Louis Lerebours, et un escadron de dragons par Bastien. Mais les troupes n'y étaient plus rigoureusement casernées depuis le 17 octobre : le soldat avait la faculté d'aller dans les campagnes voir sa famille ; et sans l'approche du 1er de l'an qui le rappelait en ville, ces troupes auraient été encore moins réunies qu'elles ne le furent.

Pétion donna les ordres nécessaires pour se préparer à sortir de la ville et aller au-devant de l'ennemi qui avançait ; mais il avait fallu qu'il attendît l'arrivée du général Yayou avec ses troupes ; car la garnison était très-faible. Ce général entra au Port-au-Prince dans l'après-midi du 31, et Pétion en sortit avec lui, en y laissant l'artillerie, la 12e et 2 bataillons de la 24e. Il n'était guère possible de mettre plus de célérité à ces préparatifs [1].

Cependant, nous lisons dans l'Histoire d'Haïti, t. 3, p. 374 :

---

[1] Bazelais était arrivé le 30 décembre : 21 heures après, Pétion sortait avec les troupes.

« Les citoyens du Port-au-Prince furent profondément
« émus de cette nouvelle. Beaucoup de familles effrayées
« partirent pour le Sud, soit par terre, soit par mer[1].
« Cependant, Pétion demeurait *dans l'inaction*, ne
« croyant pas que Christophe fût si près de la capitale....
« Enfin, *l'incrédulité* de Pétion fut vaincue par le géné-
« ral Bonnet qui s'était longuement entretenu avec
« Bazelais, et qui venait d'apprendre par un canot sor-
« tant de l'Arcahaie, que Christophe occupait ce bourg.
« Pétion se résolut *enfin* à marcher à la rencontre de
« l'ennemi, ne perdant pas l'espoir de vaincre, quoiqu'il
« n'eût alors sous ses ordres, que 3 mille hommes. Il fit
« aussitôt battre la générale, releva le courage des ci-
« toyens, *dépêcha de nouveau* des courriers auprès des
« généraux du Sud, les invitant à atteindre, le plus tôt
« possible, le Port-au-Prince, à la tête des troupes sous
« leurs ordres. »

Mais à la page 372, il avait été déjà dit : « Mais comme
« Pétion *appréhendait un coup d'Etat* de la part de Chris-
« tophe, il avait envoyé dans le Sud (avant le 28 décem-
« bre) Théodat Trichet et Daumec, avec mission d'aver-
« tir Gérin qu'il eût à se tenir *prêt* à monter au Port-
« au-Prince à la tête de ses troupes. »

S'il avait *appréhendé* un tel acte de la part de Christophe, avant le 28, Bazelais venant lui apprendre sa marche avec des troupes, c'était bien là le cas de reconnaître
que *le coup d'Etat* allait s'exécuter ; et alors, il n'aurait
pas pu être *si incrédule* sur une chose qu'il aurait *prévue*. Bonnet a pu *lui confirmer* le rapport de Bazelais,
par celui des hommes venus dans le canot ; mais Pétion

---

[1] C'est une erreur : cette débâcle n'eut lieu que le 1ᵉʳ janvier 1807, pendant la bataille de Sibert.

ne pouvait pas *douter* de ce que lui avait déjà dit ce général, dont il connaissait assez le courage pour ne pas admettre qu'il se fût alarmé sans raison. L'avis qu'il vint lui donner de la marche de Christophe, ajoutait au contraire à cette qualité militaire que possédait Bazelais, parce que ce fut de sa part un acte de dévouement patriotique bien rare dans les crises civiles.

L'approche de Christophe en ennemi contre le Port-au-Prince obligea les sénateurs élus *à constituer* le Sénat dans la journée du 31 décembre. Ce corps procéda à son organisation en élisant César Thélémaque, président, Depas Médina et Daguilh, secrétaires. Ses membres prêtèrent le serment « d'être fidèles à la constitution, et de la « maintenir et de faire exécuter de tout leur pouvoir les « lois de la République, *au péril de leur vie.* »

Le Sénat se déclara *en permanence;* il écrivit à l'assemblée législative pour l'aviser de son organisation et qu'elle eût *à se dissoudre,* au terme de la constitution [1].

Il donna le même avis au général Pétion, en l'invitant à lui communiquer les dispositions militaires qu'il faisait dans l'attente de l'ennemi. A l'instant où le Sénat prenait cette résolution, il reçut de ce général une lettre par laquelle ce dernier venait au devant de ses vœux, en l'informant de l'arrivée de Christophe au bourg de l'Arcahaie et des mesures qu'il avait prises dans le but de s'opposer à son agression.

Pétion ayant déféré le commandement de sa division militaire au général Magloire Ambroise, pour marcher

---

[1] Le procès-verbal de cette séance est signé de Gérin, de Th. Trichet et de Daumec : comme ils étaient tous trois absens du Port-au-Prince, le 31 décembre, on doit considérer leurs signatures comme une adhésion donnée aux mesures prises par les autres sénateurs.

lui-même contre l'ennemi, le Sénat écrivit à ce dernier en l'invitant à faire acheter toutes les farines qui étaient dans la ville, pour servir à l'approvisionnement des troupes. Il écrivit aussi au général Yayou de se presser de venir avec les troupes de son arrondissement.[1]

L'une et l'autre autorité, politique et militaire, faisaient donc en ce moment de suprême résolution, ce que commandaient leurs devoirs envers la jeune République d'Haïti. Elles se confiaient en la Providence pour décider de son sort, et la Providence justifia leur espoir !

---

[1] Yayou arriva avec la 21e, la 24e et un escadron de dragons sous les ordres de Baude.

La 21e était sous les ordres de Sanglaou, son colonel ; la 24e n'avait point de colonel depuis la condamnation de Lamarre : ce qui indique que Pétion réservait ce commandement pour ce brave, après quelques mois de punition. Lamarre était trop distingué parmi les officiers de cette époque, pour que Pétion n'eût pas cette arrière-pensée à son égard. Clermont, son frère, Démaratte et Bigot commandaient les trois bataillons de ce corps.

Depuis la mort de Dieudonné, Lys commandait la place du Port-au-Prince et provisoirement l'arrondissement, quand Yayou était à Léogane.

CHAPITRE III.

Vraie cause de la guerre civile entre H. Christophe et A. Pétion, personnifiant l'un et l'autre des systèmes politiques opposés. — Bataille de Sibert où Pétion est défait : danger qu'il court. — Dévouement de Coutilien Coustard qui est cause de son salut et qui périt. — Pétion s'embarque sur un canot du littoral. — Le général Yayou rallie l'armée républicaine pour défendre le Port-au-Prince. — Fuite des familles de cette ville. — Le Sénat transporte son siége à Léogane, et donne l'ordre au général Magloire Ambroise d'évacuer la ville, dans la pensée que Pétion est mort ou prisonnier. — Magloire enjoint au colonel Lys d'exécuter cet ordre en le transmettant à Yayou. — Lys le laisse ignorer et aide Yayou à défendre la ville. — Lamarre s'échappe de la prison et va contribuer à la défense. — La 24e demi-brigade le replace à sa tête : il se réhabilite sur le champ de bataille. — Sa réconciliation avec Yayou. — Les assauts de l'ennemi sont repoussés sur tous les points. — Le chef de bataillon Frédéric se distingue au fort National. — Pétion, débarqué au Carrefour, rentre au Port-au-Prince aux acclamations des troupes et des citoyens. — Il fait recueillir les blessés de l'ennemi pour les soigner. — Arrivée des troupes de Jacmel, et de celles du Sud sous les ordres de Gérin. — Les sénateurs reviennent au Port-au-Prince. — Nouveaux assauts de l'ennemi toujours repoussés. — Le 8 janvier, Christophe retourne à l'Artibonite, après avoir fait incendier le Cul-de-Sac. — Une insurrection contre la République éclate dans la Grande-Anse. — Goman en est le chef reconnu. — Examen de la situation. — Opinion de Gérin sur les mesures à prendre. — Opinion de Pétion. — Ils ne s'accordent pas. — Réfutation des motifs personnels attribués à Pétion. — Ils vont au Boucassin avec l'armée et rentrent ensuite au Port-au-Prince.

Après le récit des faits et la mention des actes qui eurent lieu à partir du 17 octobre 1806, il est impossible qu'un lecteur éclairé et de bonne foi n'ait pas saisi *la vraie cause* de la guerre civile qui éclata entre les Haïtiens, dans la journée du 1er janvier 1807.

En effet, on a dû voir — d'un côté, de légitimes aspirations à la jouissance de tous les droits de l'homme en société ; — de l'autre, d'injustes prétentions à la domination, au pouvoir absolu, guidé par le seul caprice de l'individu.

Voilà la cause *unique* de cette guerre. Ce fut la lutte de la Liberté contre le Despotisme, de la Démocratie contre l'Autocratie, des idées progressives contre les idées stationnaires, rétrogrades.

Si Pétion personnifiait le système politique qui avait pour but de garantir au peuple la jouissance de ses droits, — Christophe était le représentant du système absolument contraire : on le comprendra encore mieux en comparant leur gouvernement, leur administration, leur conduite respective. Après l'énergique attentat contre Dessalines, Pétion voulait substituer des institutions libérales à celles qui avaient régi le pays depuis la déclaration de l'indépendance. Christophe ne voulait qu'une simple substitution de personne au pouvoir.

Dans cette opposition de vues, dans cet antagonisme d'idées purement politiques, on ne peut pas apercevoir la moindre pensée *de couleur ni de caste*, comme cela a été si souvent répété, peut-être par l'ignorance des faits. En proposant à Geffrard et à Pétion de se défaire de Dessalines, Christophe n'était pas mu, certainement, par une telle pensée : alors, pourquoi voudrait-on la reconnaître, de leur part, dans l'acquiescement à ce projet ? En proclamant Christophe chef du gouvernement, les complices de Geffrard, aux Cayes, Gérin et Pétion lui-même ont tous agi de manière à prouver le contraire de ce qu'on leur a imputé. Si l'on persistait dans cette interprétation banale, ce serait vouloir classer les hommes, par rapport à leurs opinions, à raison de leur couleur. Les opinions politiques surtout dérivent de l'éducation qu'on reçoit, du milieu où l'on vit, des habitudes que l'on a contractées. Cependant, dans les pays où il y a réellement *des castes distinctes*, on trouve des hommes de caste nobiliaire, plus libéraux par leurs opinions que d'autres nés dans la caste populaire ; mais ce sont des exceptions.

Le caractère personnel de Christophe était despotique, son éducation politique s'était faite dans le Nord où *l'absolutisme* avait toujours eu son empire : de là ses idées, ses opinions, ses prétentions à la Royauté qu'il finit par établir.

Le caractère personnel de Pétion était libéral, modéré, conciliant ; il avait fait son éducation politique dans l'Ouest où *le républicanisme* s'était implanté : de là ses idées, ses opinions, sa ferme volonté d'instituer la République qu'il fonda, d'accord en cela avec les idées régnantes dans le Sud.

Cette opposition de systèmes politiques entre ces deux généraux, expliquant parfaitement *la vraie cause* de la guerre civile, entrons maintenant dans le narré des faits [1].

---

[1] C'est avec satisfaction que j'ai vu M. Madiou arriver enfin à la même conclusion que moi ; il dit à la page 386 de son 3e volume :

« Aussitôt après la chute de l'empereur, le Nord et l'Artibonite voulurent « faire dominer *leurs principes monarchiques* ; l'Ouest et le Sud, au con-« traire, proclamèrent *les institutions démocratiques* les plus larges. Comme « *les partis* étaient de forces égales, on en vint à une rupture. Quoique « Toussaint et Rigaud ne fussent plus sur le champ de bataille, *leurs principes* « entrèrent en lutte : *aristocratie*, d'une part, personnifiée en Christophe ; « *démocratie*, d'autre part, personnifiée en Pétion. »

Donc, nos deux guerres civiles furent des luttes *de principes politiques opposés*, et non pas *des guerres de couleur ni de caste*.

Les forces sous les ordres de Pétion s'élevaient au plus à 3 mille hommes. Dans cette petite armée se trouvaient les généraux Bazelais, Yayou et Lamothe Aigron ; les adjudans-généraux Bonnet, Blanchet jeune, Papalier et d'autres officiers supérieurs et subalternes, outre ceux qui commandaient les divers corps de troupes. A 10 heures du soir, on était rendu sur l'habitation Sibert, située à environ 3 lieues du Port-au-Prince, dans le canton de la plaine du Cul-de-Sac, appelé les Varreux.

Cette habitation est placée à l'ouest de la grande route qui va à l'Arcahaie, celle de Montléard étant à l'est de cette route, toutes deux établies entre la Grande-Rivière de la plaine et le cours d'eau des Orangers. Au-delà, en allant à l'Arcahaie, on trouve la rivière du Boucan-Brou qui coule dans un terrain marécageux dépendant du canton de la Saline, appelé ainsi par la nature des lieux. Un pont en maçonnerie est placé sur la rivière du Boucan-Brou et sur la grande route. Plus loin se trouvent les Sources-Puantes qui recèlent du soufre dans leurs eaux ; celles-ci se jettent dans la mer, à travers un terrain rocailleux. Là vient passer la grande route, tout près du rivage ; mais à droite, en sortant de l'Arcahaie, il y a un chemin qui traverse plusieurs habitations, Bernadon, Lerebours, etc., situées près de la mer au nord ou à l'ouest de Sibert, et qui arrive à celle-ci en passant le cours d'eau des Orangers, dans un endroit appelé le Batardeau de Sibert, où il y avait un pont.

Connaissant toutes ces localités, Pétion voulut faire prendre position par ses troupes, à Sibert et Montléard, en les plaçant à cheval sur la grande route, afin de voir arriver sur leur front celles venant avec Christophe. Mais des officiers supérieurs émirent l'opinion qu'il était préférable d'atteindre les Sources-Puantes, où la route est resserrée, et il céda à leur désir¹.

L'avant-garde atteignait à peine le pont de Boucan-Brou, au milieu des salines, quand elle cria : *Qui vive!* C'étaient des soldats de la 7ᵉ demi-brigade qu'elle avait aperçus ; ils venaient d'eux-mêmes se ranger dans l'armée de la République, comme fit ce brave corps tout entier en 1812, sous les murs du Port-au-Prince. Pétion les fit venir auprès de lui, au centre des troupes en marche : les accueillant avec cette bienveillance qui le caractérisait, il les interrogea et apprit d'eux que l'armée de Christophe venait et avait eu ordre de marcher toute la nuit, pour mieux surprendre le Port-au-Prince. Sur leurs renseignemens, il jugea qu'elle pouvait être forte d'environ 12,000 hommes². Il ordonna alors de faire rétrograder ses troupes pour les placer à Sibert et Montléard, ainsi qu'il l'avait d'abord voulu : il eût été imprudent de continuer plus avant, puisqu'on aurait pu rencontrer l'ennemi sans pouvoir se déployer. En ce moment, il expédia le chef d'escadron Boyer, son premier aide de camp, et Chervain, commissaire des guerres, pour faire venir du Port-au-Prince des pièces de campagne³. N'en ayant pas amené avec ses troupes, quoique artilleur, il faut supposer qu'il présumait que Christophe venait avec une armée moins forte, ou que l'état des routes, défoncées par les grandes pluies de cette année, lui en avait fait rejeter l'idée.

Il était 11 heures, quand l'armée républicaine prit position. La 11ᵉ était rangée en bataille sur l'habitation Si-

---

¹ Note de Cerisier.
² oyez son écrit justificatif, du 17 janvier 1807, p. 3.
³ Note de Cerisier.

bert, faisant face à la grande route; la 21e sur la butte du moulin; la 3e à Montléard, et le bataillon de la 20e à la gauche de la 21e, gardant le passage du Batardeau contre toute troupe qui viendrait par le chemin dont il a été parlé et qui part des Sources-Puantes : le bataillon de la 24e était placé entre la 11e et la 21e, et la cavalerie au milieu de la grande route. Les officiers généraux se tenaient dans la cour de Sibert [1].

De son côté, Christophe était parti du Boucassin, le 31, avec toutes ses forces, espérant surprendre le Port-au-Prince sans défense; car il était bien renseigné sur le peu de troupes qu'il y avait, Pétion et Gérin ayant obéi à ses ordres et renvoyé à leurs cantonnemens respectifs, celles qui n'en formaient pas la garnison habituelle. Les demi-brigades venaient dans l'ordre de leurs numéros, la 4e en tête : elle avait été prédisposée *à la vengeance*, et le féroce Savary, capitaine de grenadiers, marchait dans ce but, de même que son colonel J.-L. Longueval.

Arrivés aux Sources-Puantes, la 8e demi-brigade sous les ordres de Larose et les deux bataillons de la 20e restés aux Verrettes, passèrent par le chemin à droite de la grande route, pour traverser les habitations Bernadon, Lerebours, etc., et parvenir à Sibert par le Batardeau. Les autres corps suivirent la grande route.

Le 1er janvier, au jour, les troupes de la République voyaient venir celles de Christophe par cette route : celles-ci s'arrêtèrent à demi-portée de fusil de la 11e.

En ce moment, Pétion et les autres officiers supérieurs étaient à cheval derrière les rangs de ce corps placé en

---

[1] Note de Cerisier.

ligne de bataille. Le colonel Métellus interpella les militaires de la 4e, en leur demandant où ils allaient. Le colonel Guerrier, qui commandait l'avant-garde ennemie (la 7e suivant immédiatement la 4e), lui répondit qu'ils allaient au Port-au-Prince. Alors Pétion, d'une voix accentuée, lui demanda dans quelle intention ils entraient ainsi sur le territoire de sa division militaire? Guerrier lui dit que le chef du gouvernement leur avait donné l'ordre d'entrer au Port-au-Prince. Pétion tenait un de ses pistolets à la main ; il répliqua à son interlocuteur : « Si vous avancez, « je ferai feu sur vous. — Si vous tirez, nous vous riposterons, répondit Guerrier.[1] »

Haranguant alors la vaillante 11e, Pétion dit : « Soldats, « pourriez-vous supporter le joug d'un nouveau tyran? « Vive la liberté ! » Électrisés par ces paroles et animés encore par les valeureux Yayou, Métellus, Confident, Adam, etc.,[2] ils répondent: « Vive la liberté ! Vive le gé-« néral Pétion ! » associant ainsi l'idée de leurs droits à l'existence de l'homme qui les soutenait. A ce dernier cri, Pétion leur dit : « Eh bien ! Feu ! » en tirant *le premier* de son pistolet. Une décharge générale eut lieu sur toute la ligne de ce corps ; elle fit chanceler la 4e. Savary fut la première victime tombée dans ses rangs : *le crime reçut enfin sa juste punition !*[3]

---

[1] Note de Cerisier.

[2] La 11. avait encore une foule de braves officiers, Sachnou Ferté Boutonnais, Versailles, Spady, Aquerre, Doisan, Gardel, Lamitié, Coudé, etc.

[3] Je relate tous les faits ci-dessus ainsi que je les ai entendu raconter dans ma jeunesse, et d'après les notes du colonel Cerisier. L'Histoire d'Haïti (t. 3, 376) en fait une autre relation d'après des traditions différentes. Elle prête des paroles injurieuses pour Pétion, aux officiers et grenadiers de la 4e, sur l'interpellation que leur adressa le colonel Métellus et l'injonction que leur avait faite le général Yayou de rétrograder. Tout cela a pu avoir lieu dans ce moment d'animation de part et d'autre. Mais on ne peut admettre que Pétion ait

Arrêtons-nous là un instant, car nous entendons chuchoter. « Mais, se dit-on, Pétion fut donc *le premier* qui « commença la guerre civile, par son coup de pistolet ? »

A ceux qui tiennent ce langage, nous répondons: « Qu'avait-il de mieux à faire en ce moment? La guerre « civile venait audacieusement se présenter en face de « lui; il l'aborda avec sa mâle résolution! Avait-il été « irrésolu à Léogane, quand il fallut qu'il se joignît à « Rigaud? Avait-il été irrésolu au Haut-du-Cap, quand il « était nécessaire de commencer la guerre de l'indépen- « dance? Avait-il été irrésolu, quand il dut se joindre à « Gérin pour abattre Dessalines? Le 1er janvier 1807, il « fit encore ce que la Liberté attendait de lui! »

Reprenons notre récit.

Au feu de la 11e, la 4e, se remettant d'abord, avait répondu assez bien; mais elle dut céder sous cette grêle de balles qui continua à tomber sur elle. En ce moment, Christophe, qui se tenait sur le pont du Boucan-Brou, ordonna au brave colonel Guerrier de l'appuyer avec la 7e qu'il commandait; et la 11e, à son tour, finit par sentir la supériorité des deux corps qui lui étaient opposés.

Apercevant cela, Pétion fit donner la 3e dont le vaillant colonel s'impatientait de n'avoir encore brûlé au-

---

entendu ces paroles injurieuses, sans prononcer autre chose que *l'ordre de commencer le feu*. J'admets encore moins ce qui suit :

« Ces paroles commençaient à *ébranler* les soldats de la 11e.... Pétion or-« donna de commencer le feu. *Mais la* 11e *hésitait à tirer, ne sachant où* « *était la patrie*; cependant, subissant l'ascendant de Métellus, son colo-« nel, etc. »

La 11e *hésitait* ! A ses yeux, *la patrie* était du côté de Pétion : le brave Métellus et ses officiers lui en traçaient si bien l'exemple ! M. Madiou n'a pu connaître le dévouement de ces vaillans soldats pour Pétion. J'en appelle à ceux qui, comme moi, ont été à même de le savoir au Port-au-Prince.

cune amorce¹. Gédéon s'avança avec une telle impétuosité, que l'héroïque 4ᵉ fut forcée de se jeter en désordre sur la 7ᵉ qui, elle aussi, quoique guidée par Guerrier, replia en arrière. Ce mouvement s'étendit jusqu'au pont où était Christophe. Il l'abandonna, et fit avancer sa cavalerie, commandée par Barthélemy Mirault et Etienne Albert, afin de protéger la retraite de ses troupes qui n'avaient pu se déployer dans ces lieux pour entrer toutes en ligne.

Gédéon poursuivait fougueusement les fuyards, lorsqu'un mouvement sur la gauche vint décider de la victoire en faveur de Christophe. C'était Larose qui, arrivé au pont du Batardeau, le trouva sans défense. Louis Lerebours, a-t-on dit pour son excuse, s'était retiré de cette position en croyant la bataille gagnée par la fuite de la 4ᵉ et de la 7ᵉ ². Attaqué avec vigueur par la 8ᵉ, appuyée par les deux autres bataillons de la 20ᵉ restés dans l'Artibonite, le 3ᵉ bataillon républicain replia sur la 21ᵉ. Le colonel Sanglaou ne sut pas soutenir ce bataillon : au contraire, ces troupes se mirent à fuir, tombant sur la 11ᵉ et le bataillon de la 24ᵉ qui furent entraînés dans leur déroute ³.

Pétion fit rappeler Gédéon dont les soldats cédaient

---

1 Dans les rangs de ce corps se trouvaient Nazère, Thélémaque, Valembrun, Victor Poil, Moizeau, Guilloux, Bertrand Jean, Laville, Cotis, Pantaléon, Laruine Leroux, tous officiers éprouvés. Coutilien Coustard et presque tous ses compagnons de la 4ᵉ y avaient été incorporés.

² A cette époque, on soupçonna Louis Lerebours d'avoir trahi la République, un officier ne devant pas abandonner ainsi le poste qui lui a été confié. Cette marche de Larose sur le Batardeau semblerait donner créance à ces soupçons; mais il faut alors supposer que L. Lerebours avait envoyé cet avis dans la nuit même, et aussitôt qu'il fut placé en cet endroit.

³ Pendant longtemps, la 21ᵉ fut l'objet des sarcasmes des soldats des autres corps du Port-au-Prince, à cause de cette conduite : chaque fois qu'elle y venait en garnison, des coups de sabre s'échangeaient entre ces militaires.

déjà au choc des dragons de l'Artibonite et du Nord. En vain il ordonna de leur opposer Bastien et Baude avec leurs escadrons; cette cavalerie, qui devait protéger sa retraite, participa à la déroute de l'infanterie. Yayou lui-même avait fait d'inutiles efforts pour contenir les républicains et rétablir le combat. En un instant, généraux, officiers et soldats se trouvaient contraints de fuir dans la grande route, devant la cavalerie ennemie.

Christophe put alors arriver à Sibert, suivi des corps du Nord sous les ordres du général Romain. On a dit qu'au moment où il voyait fuir la 4e et la 7e, chassées par Gédéon, il avait pris la giberne et le fusil d'un grenadier, en descendant de son cheval, sans doute pour inspirer de la confiance aux soldats. Si le fait est vrai, il l'honore.

Pendant la déroute des républicains, se jetant les uns sur les autres, Pétion, monté sur un pauvre cheval, peu cavalier d'ailleurs, ne put aller aussi vite que les autres officiers supérieurs qui réussirent bientôt à gagner le Port-au-Prince. Son chapeau galonné, surmonté d'un panache rouge selon le costume décrété le 2 janvier 1804, attirait l'attention de la cavalerie ennemie; les officiers criaient: « *Prenez ce général!* »

En ce moment, Pétion était entouré de David-Troy, Bédouet, Bouzy, Covin et Coutilien Coustard. Au cri poussé par l'ennemi, Coutilien vit, comme ses compagnons, le danger qui menaçait son général : il se dit sans doute : « La République va périr avec lui ! » Le cœur de ce brave jeune homme n'éprouva plus qu'un sentiment : ce fut de se dévouer généreusement au salut de l'un et de l'autre. Dans ce noble but, il s'approcha de Pétion, jeta son propre chapeau et lui enleva le sien dont il se coiffa, en s'éloignant de ce groupe pour se mêler dans la foule des autres fuyards.

Ayant ainsi donné le change aux cavaliers ennemis, ceux-ci ne s'acharnèrent plus que contre lui : ils le poursuivirent, tandis qu'il s'efforçait de leur échapper.

Son action, d'un héroïsme si magnanime, ne pouvait irriter Pétion dont l'âme était accessible à tous les sentimens généreux. En cet instant, ses autres compagnons, résolus à périr avec lui, virent cependant une chance de salut : ils l'engagèrent à entrer dans le bois qui bordait la route, afin d'atteindre l'embarcadère de l'habitation Truitier, dans l'espoir d'y trouver un canot qui les porterait en ville. Ils abandonnèrent leurs chevaux ; et, comme eux, Pétion tira ses pistolets de ses fontes. Un militaire, nommé Roch, les suivit [1].

Examinons cette partie de la narration de l'Histoire d'Haïti, t. 3, p. 378.

« Pétion, portant un chapeau galonné et poursuivi
« par la cavalerie ennemie, se voyait sur le point d'être
« fait prisonnier ; *il voulut se donner la mort* ; mais
« Meyronnet, son neveu et son aide de camp, qui mar-
« chait à ses côtés, *avait enlevé ses pistolets de ses fon-*
« *tes* et pressait son cheval par le fouet. »

Ce serait un singulier rôle que cette tradition ferait jouer là à Pétion. D'abord, il n'est pas vrai qu'il voulut se donner la mort ; s'il avait eu ce dessein, ce désespoir, il

---

[1] Je relate ces faits d'après Bouzy qui me les raconta. Ce Roch devint officier dans la 10ᵉ où passa Bouzy en qualité de capitaine adjudant-major, sous les ordres de Bédouet devenu colonel de ce régiment. Covin, ancien cavalier de la Légion de l'Ouest et de l'escorte de Pétion, était devenu cavalier dans les guides de Toussaint Louverture. Sous Dessalines, il était adjudant-major du 2ᵉ escadron de dragons de l'Ouest sous les ordres de Bastien ; dans la déroute, il resta auprès de Pétion.

l'eût exécuté avec un de ses pistolets avant qu'on s'en fût aperçu. Il n'est pas vrai non plus que Méroné les lui ait enlevés de ses fontes : il n'aurait pas pu le faire pendant qu'ils étaient tous au galop sur la route ; il n'aurait pas voulu désarmer son oncle dans un moment semblable; et il faut d'ailleurs n'avoir aucune idée du caractère de Pétion pour admettre cette tradition, et croire que Méroné eût osé tenter une telle chose.

Le fait *vrai*, est que Méroné et Antoine Pierroux, neveux de Pétion, étaient auprès de lui jusqu'au passage de la Grande-Rivière. Arrivés là, Antoine continua à courir sur la route et parvint en ville ; et Méroné pénétra dans une pièce de cannes sur le bord de la route, lorsque la confusion fut trop grande parmi les fuyards. Un cultivateur, qu'il découvrit sur cette habitation, le conduisit en ville par des chemins détournés [1].

Ce qui a donné lieu à dire que Pétion voulait se donner la mort, c'est qu'en pénétrant dans le bois, en marchant pour aller à l'embarcadère, tenant ses pistolets dans ses mains et son sabre au côté, il fit quelques réflexions amères sur l'ambition insatiable de Christophe, qui jetait le pays dans une guerre civile dont on ne pouvait prévoir la fin. A ces paroles, David-Troy, alarmé, et croyant que Pétion eût voulu mettre un terme à ses jours, lui dit : « Général, laissez-moi porter vos pisto-
« lets. » Pétion, le comprenant, lui répondit : « Vous
« me croyez donc disposé à me tuer ? Rassurez-vous.
« Devons-nous abandonner la République ? Si nous ne
« trouvons pas un canot à l'embarcadère, je vous con-
« duirai au Port-au-Prince par le rivage ; car je connais

---

[1] Relation d'après des renseignemens fournis par Antoine Pierroux.

« tout ce littoral, pour y avoir souvent chassé dans ma
« jeunesse. ¹ »

Ils arrivèrent à l'embarcadère au moment où un canot venait d'en sortir ; il était encore à peu de distance. Ils le hêlèrent pour revenir les prendre ; mais le patron ne voulait pas retourner, dans la crainte que ce ne fût l'ennemi. Une femme noire se trouvait à bord ; elle reconnut Bédouet qui s'époumonait en criant : « Revenez ; « c'est le général Pétion ! » Bédouet, impatient du refus du patron, marchait sur le rivage, et ce fut ce qui le fit reconnaître par cette femme. A l'arrivée des Français, étant chef d'un bataillon de la 10ᵉ demi-brigade en garnison à Santo-Domingo, il y avait reçu une blessure à la jambe qui le faisait boîter. Cette femme communiqua sa confiance, son assurance au patron qui revint alors à l'embarcadère. Pétion monta sur le canot, avec David-Troy, Bédouet, Bouzy, Covin et le militaire Roch. Quand ils arrivèrent au large, ils virent toutes les embarcations et les navires qui sortaient de la rade du Port-au-Prince. Cela semblait être une évacuation de la ville : il était donc prudent de ne pas s'y rendre directement. Bédouet conseilla à Pétion d'aller débarquer à l'habitation Truitier de Vaucresson, près du Carrefour, qu'il tenait de ferme et où ils trouveraient tous des chevaux. Le patron dirigea son canot à cette fin ².

Quant à Coutilien Coustard, poursuivi par la cavalerie ennemie, lorsqu'il parvint au pont de l'habitation Blanchard, près de Drouillard, son cheval s'abattit. Il y fut tué

---

¹ Relation d'après Bouzy. Voyez l'excellent livre de M. Saint-Rémy, intitulé *Pétion et Haïti*, t. 1ᵉʳ, pages 34 et 35, pour ces habitudes de chasse.

² Inutile de dire que ce patron et cette femme devinrent l'objet de la sollicitude de Pétion. Toujours une femme dans les moments solennels !

à coups de sabre : ces dragons le reconnurent alors ; il avait servi si longtemps dans l'Artibonite ! Plusieurs des officiers qui avaient été ses amis regrettèrent ce valeureux jeune homme de 28 ans. Son dévouement, marqué au coin d'un patriotisme si intelligent, méritait ces regrets, comme celui de Charlotin Marcadieu en avait obtenu au Port-au-Prince [1].

Entre ces deux officiers, on ne sait lequel louer et admirer le plus. En secourant Dessalines, fondateur de l'Indépendance, Charlotin s'exposa au danger imminent de perdre la vie. En prenant le chapeau de Pétion, fondateur de la République, Coutilien ne s'exposa pas moins à succomber immédiatement, bien qu'il y eût pour lui quelque chance d'échapper à l'ennemi. Chacun avait la conscience *d'un devoir sacré* à remplir. CHARLOTIN mourut, pour être resté fidèle à un chef qu'il aimait et dont la carrière était finie : il y eut courage, résignation sublime de sa part. COUTILIEN mourut, en se montrant également attaché à la République, lorsqu'il sauva le général qu'il estimait et qui en était l'espoir : il y eut courage, dévouement héroïque de sa part. On ne peut dire que ce dernier montra *plus de patriotisme* que son devancier ; car l'un et l'autre servirent leur patrie, en offrant l'exemple de vertus militaires aussi rares.

Pétion le comprit ainsi, en honorant de sa présence les funérailles de ces deux Héros. Le peuple et l'armée pen-

---

[1] Le cadavre mutilé de Coutilien fut trouvé là, après la retraite de Christophe dans le Nord : il fut apporté en ville où Pétion lui fit faire des funérailles dignes de sa belle action. On lisait encore récemment sur la pierre de sa trop modeste tombe, ces mots : « Philippe Marc Jérôme COUTILIEN.... né « le 10 novembre 1778, mort le 1er janvier 1807.... son civisme.... immortel « liser.... vaillance. » Le temps n'a pas respecté cette épitaphe ; mais son nom et son action peuvent-ils être oubliés ?

sèrent de même, car ils furent sensibles à leur mort. La Nation haïtienne doit donc à leur mémoire, l'érection *de deux colonnes* dans le cimetière où sont leurs restes, afin d'éterniser le souvenir de leurs belles actions.

La cavalerie ennemie n'avait pas dépassé le pont de Blanchard où périt Coutilien. Heureux du trophée que ses dragons avaient recueilli, Barthélemy Mirault s'empressa d'apporter à Christophe le chapeau galonné de Pétion, en lui disant : « Général en chef, voici l'étrenne « que je vous offre. » Christophe, joyeux et triomphant, était alors près de l'habitation Duvivier avec ses troupes. Il n'y avait qu'à les faire avancer contre le Port-au-Prince pour l'enlever de vive force, puisqu'il dut apprendre par les prisonniers, qu'il venait de battre toute la garnison de cette ville.

C'est à cet instant que, suivant l'Histoire d'Haïti, « l'ad-« judant-général Papalier, reconnaissant l'impossibilité « de fuir, se tenait *immobile* le long de la route ; il fut « fait prisonnier et conduit à Christophe. Celui-ci l'ac-« cueillit avec distinction et lui promit de l'employer au-« près de sa personne. [1] »

Mais, une autre tradition rapporte que, dans la déroute, le cheval de Papalier s'étant abattu dans un bourbier, il allait pénétrer dans les bois environnans, lorsqu'il fut fait prisonnier. Amené à Christophe, il l'accueillit effectivement et l'employa auprès de lui..... pour le faire *assassiner* plus tard.[2]

---

[1] Hist. d'Haïti, t. 3, p. 278.
[2] A cette époque, les ennemis de Papalier accréditèrent le bruit, qu'il avait volontairement passé auprès de Christophe, comme s'il n'était pas possible qu'il fût fait prisonnier. Je ne puis croire à ces calomnies, après avoir si long-

Yayou, Bonnet, Blanchet jeune, Bazelais, etc., avaient fait tous leurs efforts pour rallier les républicains dans la déroute. Yayou surtout se multiplia dans ce but patriotique. La plupart des militaires, blessés ou non, parvinrent en ville par les habitations du voisinage.

Ce n'est qu'au bruit de la bataille, que le général Magloire fit sortir la 12e demi-brigade avec des pièces de campagne, pour aller au secours de l'armée. Yayou fit rentrer ce corps dont une partie occupa le fort Saint-Joseph avec la 24e : il fit placer le long de la ligne du Bel-Air tous les fuyards à mesure qu'ils arrivaient, tous les hommes valides de la ville accourus pour sa défense. Il fut secondé par Lys, Caneaux, Bonnet et Blanchet jeune, ce dernier se tenant au fort Saint-Joseph. Yayou était commandant de l'arrondissement du Port-au-Prince.

Dans ces momens d'alarme, les familles de la ville évacuèrent en foule par la route de Léogane, presque toutes à pied avec leurs enfans, emportant ce qu'elles avaient de plus précieux, comme dans un jour d'incendie. D'autres s'embarquèrent sur les navires dans le port, sur les plus petits canots. Quand l'assaut fut donné ensuite, on vit même quelques hommes épouvantés disputer aux femmes et aux enfans cet asile flottant ; il y en eut qui, à leur honte, pénétrèrent dans la mer, *à cheval*, pour atteindre les embarcations. Et sur la route de Léogane, que d'autres se rallièrent aussi *à la troupe*.... féminine !

Ceux des membres de l'assemblée constituante, devenue législative, qui n'étaient pas encore partis, comme firent d'autres dès le 31 décembre, à l'organisation du Sénat, s'empressèrent de se mettre en route en apprenant

vent entendu Boyer exprimer des regrets sur son sort à la bataille de Sibert et sur son assassinat par Christophe.

que le général Pétion avait été, ou tué ou fait prisonnier dans la bataille ; car on était incertain de son sort, plusieurs heures s'étant écoulées sans qu'il eût paru.

Cette nouvelle désastreuse occasionna une vraie panique parmi eux, et même parmi les sénateurs de la classe civile qui n'avaient pas en ce moment le concours de leurs collègues militaires, pour les encourager, les engager à se conduire en véritables *pères conscrits* : il y en avait une dizaine. Considérant la République frappée au cœur, par la mort supposée de Pétion, ils arrêtèrent entre eux, qui formaient la majorité du Sénat, de transporter son siége à Léogane, en vertu de l'article 69 de la constitution. Ils écrivirent en conséquence au général Magloire Ambroise, de faire ses dispositions militaires à cet effet, et eux-mêmes se mirent en route.[1] Plusieurs *des protestans* contre la constitution profitèrent de ce moment pour s'évader par mer.

Magloire transmit cette décision au colonel Lys, en lui enjoignant d'y obéir et d'aller porter le même ordre au général Yayou et aux autres officiers supérieurs. Ensuite, il se rendit de sa personne au poste Léogane, barrière d'entrée au sud du Port-au-Prince, pour y attendre les troupes et les citoyens, et défiler avec eux.

Lys arriva auprès de Yayou, qu'il trouva sur la ligne du Bel-Air, au moment où les troupes du Nord donnaient l'assaut, là et au fort Saint-Joseph. Yayou montrait tant de valeur, en encourageant les militaires et les citoyens à défendre la ville, ceux-ci étaient si animés et si pleins

---

[1] La veille, le Sénat s'était déclaré *en permanence* : il fallait persister dans cette résolution, pour tracer l'exemple aux militaires. En mars 1812, il évita la faute commise le 1er janvier 1807, en restant à son poste. Les corps politiques sont tenus à montrer autant de courage et de fermeté que l'armée.

d'espoir, qu'au lieu de communiquer l'ordre d'évacuation, Lys se joignit à ce brave général en le secondant de sa propre vaillance. En vain l'ennemi s'opiniâtrait à renouveler ses attaques, il fut toujours repoussé sur toute la ligne du Bel-Air, à partir du fort Saint-Joseph.

Là, le bouillant Lamarre vint, de la prison, prendre part au succès des républicains, non parce qu'il fut mis en liberté avec les autres prisonniers, mais pour s'être mis lui-même en liberté. Dès la bataille de Sibert, il ne se possédait pas dans cette prison ; au moment où eut lieu l'attaque de la ville, il appela le concierge, sous prétexte de lui communiquer un avis; celui-ci ayant ouvert la porte pour lui parler, Lamarre le saisit au corps et le lança dans l'une des chambres, puis sortit en courant ; la garde le laissa passer, et tous les autres prisonniers l'imitèrent. Lamarre ne s'arrêta qu'au fort Saint-Joseph où était la 24e : ce brave corps le replaça à sa tête, et il fit de suite une sortie contre l'ennemi jusqu'au Pont-Rouge. Yayou ne put résister au plaisir de se réconcilier avec lui ; appréciant sa valeur, il fut à lui, l'embrassa et lui déclara qu'il oubliait le passé : il trouva réciprocité de sentimens en Lamarre.

Ces faits honorent l'un et l'autre : c'est surtout en présence de l'ennemi, que des militaires doivent abjurer mutuellement tout ressentiment. La Patrie à défendre devient alors si belle, si respectable, qu'il ne leur est pas permis d'en conserver.

Pendant que l'ennemi s'acharnait contre la ligne du Bel-Air, une de ses colonnes était guidée par Apollon, naguère colonel de la 12e demi-brigade, que Christophe avait mandé au Cap avec Frontis ; elle se dirigeait contre le fort National pour enlever cette position qui domine la ville. Jusque-là le fort n'était pas gardé, tant il y avait peu de troupes à opposer à l'ennemi sur la ligne où il donnait ses assauts. Mais Yayou qui veillait à tout, détacha promptement le brave Frédéric avec son seul bataillon de la 12e pour occuper ce point et le défendre. Cet officier gravit au pas de course la montée qui y conduit; et avant même de pénétrer dans le fort, il fit un feu plongeant sur la colonne ennemie, qui en arrêta la marche un instant; mais il dut ensuite déployer la plus grande valeur, avec son bataillon, pour repousser l'assaut donné au fort.

Les troupes de Christophe furent ainsi refoulées sur tous les points. Le désastre de Sibert était réparé peu d'heures après, en grande partie par le courage des officiers, la bravoure des soldats qui l'avaient subi : preuve évidente que ce ne furent pas ces qualités militaires qui leur firent défaut, mais la faute commise par le commandant Louis Lerebours, et la surprise qu'éprouva le colonel Sanglaou et la 21e, de l'attaque inopinée de Larose; car la 21e, ralliée sur la ligne du Bel-Air, contribua efficacement à sa défense.

L'ennemi était déjà battu, quand un citoyen de l'habitation Truitier arriva à toute bride au Port-au-Prince, et remit au général Yayou un billet de Bédouet, écrit au crayon; il lui annonçait l'heureuse arrivée de Pétion qui allait se rendre en ville, en lui disant de sa part de tenir ferme dans sa glorieuse défense. Cette nouvelle inattendue, annoncée par le courrier sur toute la route du Carrefour au Port-au-Prince, encombrée de femmes et d'enfans, au général Magloire qui était au poste Léogane, et par toute la ville, raffermit les cœurs en les réjouissant;

elle se communiqua avec la rapidité de l'éclair parmi les braves défenseurs de la République. Chacun sentait qu'elle ne pouvait plus périr, puisque la Providence avait sauvé son fondateur.

Quelques instants après, il arrivait au grand galop, entouré de ses compagnons, moins Bédouet qu'il avait expédié de suite pour donner l'ordre aux colonels des 22e et 23e demi-brigades, sortant de Jacmel, d'arriver à marche forcée au secours de la ville [1].

Ce fut au cri de : *Vive le général Pétion!* mille fois répété, que le divisionnaire illustre fut reçu dans sa ville natale, envahie par le tumulte des armes. S'il éprouva une satisfaction indicible du courage qu'avaient montré ses compagnons d'armes en la défendant si glorieusement contre le despotisme, en ne désespérant pas de la jeune République, il eut cependant le cœur affligé par l'aspect qu'offrait cette cité : les rues étaient presque désertes, les maisons ouvertes et abandonnées par leurs habitans. Déjà, après avoir d'abord repoussé l'ennemi et non auparavant, comme le dit l'Histoire d'Haïti [2], des soldats se mêlaient à des pillards qui en profitaient pour prendre ce qui était à leur convenance ou à celle de leurs familles.

Parcourant les lignes de la place et semant des éloges chaleureux à ces militaires, Pétion les autorisa à continuer de faire leur butin, mais à condition de le porter aux postes, afin d'être toujours prêts à repousser l'ennemi.

---

[1] Agé alors d'environ 10 ans, je me trouvais sur la route de Léogane, à côté de ma mère qui fuyait comme toutes les femmes. J'ai vu Pétion escorté de ses compagnons, se rendant en ville. Les femmes lui criaient : « Courage, général, Dieu est avec vous! Il vous conservera pour nous et nos enfans. » Et lui, répondant à ces témoignages d'une sympathie confiante en la Providence, les remerciait de leurs vœux, en leur assurant que bientôt elles pourraient revenir dans leurs foyers.

[2] Hist. d'Haïti, t. 3, p. 379.

Il disait à Yayou, le héros de cette journée, qu'il embrassa et félicita pour sa belle conduite, et qui s'excusait de n'avoir pu empêcher le pillage : « Mon cher général, « vous n'auriez pas pu vous y opposer; laissons-les faire, « mais exigeons d'eux qu'ils restent à leurs postes; pour « recueillir ce butin, leurs femmes viendront leur appor- « ter de la nourriture. Au fait, les habitans de la ville « perdront peu de chose et seront heureux de retrouver « leurs demeures bien défendues par ces braves sol- « dats [1]. »

Et les habitans applaudirent ensuite à cette intelligente décision de Pétion; ils se pénétrèrent de sa pensée conservatrice, au milieu d'un désordre inévitable; ils l'en remercièrent.

Néanmoins, on ne peut que déplorer la fâcheuse nécessité qu'il subit en cette circonstance, et regretter en même temps d'être forcé à mentionner ce fait, après l'éloge justement mérité par les troupes qui défendirent cette ville. Les militaires qui participèrent à ce pillage auraient dû se rappeler que le butin qu'ils faisaient ainsi, se composait d'objets appartenant à leurs concitoyens, et que leur devoir, au contraire, était de réprimer le désordre commis par les premiers pillards étrangers à leurs corps. Mais on conçoit qu'il y avait pour eux une double tentation dans cet exemple tracé et dans toutes ces maisons ouvertes et abandonnées. La discipline du régime despotique précédent avait déjà éprouvé une grande réaction.

[1] Qu'on n'oublie pas que Pétion avait 3 mille hommes au plus en ce moment pour défendre une ville d'un développement aussi vaste, contre une armée de 12 mille hommes. Et pour pouvoir entraîner ceux-ci dans sa coupable entreprise, Christophe ne leur avait-il pas promis *le pillage* des habitans du Port-au-Prince, par sa proclamation du 24 décembre ?

Dans cet ordre d'idées, empruntons une citation à l'Histoire d'Haïti, que nous réfutons souvent, mais dont nous reconnaissons sincèrement le haut mérite aux yeux de notre patrie commune :

« Le général Pétion apprit que la plupart des blessés ennemis, demeurés le long des fossés, étaient sacrifiés par les soldats républicains. Il enjoignit aux commandans de tous les postes de les faire enlever et de les faire transporter à l'hôpital. Cet ordre ne fut nulle part exécuté... (par la faute des officiers). Comme *l'anarchie était profonde dans la place, qui n'était défendue que par l'élan des troupes et des citoyens*, Pétion fut obligé de promettre *quatre piastres* pour chaque prisonnier qu'on lui amènerait.... Le gouvernement sauva ainsi un grand nombre de prisonniers qui, plus tard, servirent la cause de la République avec le plus grand dévouement [1]. »

Ne contestons pas ce qu'il y a d'exagéré dans ces traditions ; car les soldats de la République se montrèrent toujours, durant cette guerre civile de 14 années, beaucoup plus généreux envers leurs camarades de l'Artibonite et du Nord, que ceux-ci envers eux. Mais voyons et admirons seulement la grandeur d'âme de Pétion, qui intéressa ses soldats à recueillir leurs malheureux frères, victimes d'une ambition inexorable, pour les faire soigner. C'est qu'à ses yeux, tous avaient droit à sa sollicitude ; c'est qu'il n'accepta pas la guerre civile pour satisfaire à d'autre ambition, qu'à celle de servir utilement son pays, en humanisant les cœurs, en excitant en eux de nobles sentimens par son exemple.

[1] Hist. d'Haïti, t. 3, p. 381.

Avertis qu'il avait échappé au danger, et qu'il était rentré au Port-au-Prince, les sénateurs y revinrent; mais le Sénat ne tint aucune séance pendant ces jours de combats.

Les deux demi-brigades de Jacmel n'avaient pas tardé à y arriver, et le général Gérin s'y rendit bientôt, en toute hâte, avec les 15e et 16e; les 13e et 17e vinrent ensuite. Sa présence avec ces troupes permit de garnir le pourtour de la place : celles du Sud occupèrent la ligne de l'est[1]. La 12e tout entière monta au fort National : celui de Saint-Joseph fut confié principalement à la 3e; les autres corps furent placés sur la ligne du Bel-Air.

Pendant plusieurs jours après le 1er janvier, Christophe fit renouveler des assauts contre la ville; ils furent toujours repoussés. Il n'y avait pas le même élan dans ses troupes que dans celles de la République : ces dernières avaient l'avantage d'être placées derrière des remparts, car les autres firent preuve de bravoure.

Le 7, Christophe ordonna un assaut général sur toutes les lignes de la place. Le combat commença de bonne heure, et dura jusqu'à 9 heures du matin. Mais sur tous les points, l'ennemi fut battu complètement. Au fort National, attaqué vivement par des forces que dirigeait le général J.-P. Daut, les soldats de la République ne se contentèrent pas de repousser l'ennemi avec vigueur; ils criaient à chaque instant, à la manière créole : « *Charivari pour eux ! Ce sont des lâches !* » Et ces malheureux soldats ennemis, dignes d'un meilleur sort, irrités par ces cris, revenaient incessamment à la charge sans obtenir aucun succès.

---

[1] En visitant ses postes dans une nuit, le colonel Ternier, de la 22e, fut tué par une sentinelle de son corps qui ne le reconnut pas. Ce courageux officier fut alors remplacé par David-Troy.

Convaincu de l'inutilité de ses efforts pour enlever le Port-au-Prince, Christophe, non moins irrité que ses soldats, se décida à retourner *dans ses Etats*. Mais il se vengea *sur les propriétés*, en faisant incendier la plupart des usines et les champs de cannes de la plaine du Cul-de-Sac, afin de pouvoir dire comme Dessalines, à son retour de la campagne contre Santo-Domingo : « Il est « une vérité bien constante : point de campagnes, point « de cités..... considération puissante, qui ajoute aux « autres fruits que nous avons recueillis de cette expé- « dition. »

Tandis que la République sortait avec succès de l'audacieuse entreprise de Christophe contre elle, une révolte inattendue éclatait à une extrémité opposée, pour durer presque autant que cette guerre civile, et arriver à un terme qui devint le précurseur de la fin de celle-ci. Nous voulons parler de ce qui a été appelé depuis, *l'insurrection de la Grande-Anse*.

Ici encore, nous allons nous trouver en désaccord avec l'Histoire d'Haïti, qui cite les personnes dont son auteur a tenu les renseignemens qu'il a publiés.

Selon elles, cet événement, désastreux pour le département du Sud surtout, aurait été une combinaison perverse de Bergerac Trichet, l'un de ses courageux citoyens, qui mérita de l'estime publique dans la guerre de l'Indépendance. Il y aurait été déterminé, et aurait entraîné Thomas Durocher dans son projet, par son ambition jalouse, et froissée de ce que Pétion et Gérin se proposaient de confier au colonel Francisque, le commandement de la Grande-Anse. Thomas Durocher, autre citoyen du Sud, aux sentimens humains envers *des colons*, aurait consenti à être l'instrument de cette perfidie, pour faire couler le sang de ses propres compatriotes. Ils auraient organisé la révolte dans les vues, l'un et l'autre, de servir la cause de Christophe ; et finalement, Bergevac devait fuir à l'étranger, en emportant *des sommes assez importantes*, et laissant Thomas, chef de la Grande-Anse [1].

Cette accusation portée contre eux repose sur diverses erreurs, sinon sur la malveillance. D'abord, il n'est pas vrai que Bergerac eût pris le commandement de la 18e à la mort de Bazile, puisque la lettre de Férou, du 22 octobre, au chef de bataillon Henry, citée plus avant, prouve le contraire ; mais il assistait ce général, malade, dans celui de l'arrondissement. Ce dernier ne mourut que le 16 janvier, huit jours après la naissance de l'insurrection. C'est le général Vaval qui fut d'abord envoyé pour le remplacer ; mais avant son arrivée à Jérémie, Bergerac, encore simple chef de bataillon, dut avoir le commandement supérieur. A ce grade, il ne pouvait avoir la prétention de commander cet arrondissement. Les militaires *de cette époque* ne prétendaient pas devenir *d'emblée, général de brigade* ou de *division*, parce qu'ils auraient pris *la plus mince part* à un mouvement révolutionnaire ; ils voulaient tous gagner leurs grades, ou *sur le champ de bataille* ou *par de longs services*. Bergerac ne pouvait donc pas être *mécontent*, en apprenant par son frère Théodat, l'intention qu'avaient Pétion et Géria d'envoyer à Jérémie, Francisque, vieux colonel, pour commander l'arrondis-

---

[1] M. Madiou déclare tenir ces renseignemens de Michel Merlet aîné et de plusieurs autres vieillards de Jérémie. Nous ne pouvons reproduire tous les faits relatés dans les pages 383 et 384 de son 3e volume, à la charge de Bergerac Trichet et de Thomas Durocher : peut-être suffit-il de l'intention prêtée au premier, *de fuir à l'étranger*, pour démontrer l'injustice de ces imputations.

sement, — *mécontent*, au point de concevoir l'idée de trahir la République pour servir la cause de Christophe, en organisant une révolte dans la Grande-Anse.

Lorsque Gérin fut appelé par Pétion au secours du Port-au-Prince, il envoya l'ordre à Bergerac de venir avec la 18ᵉ, afin d'avoir un brave officier de plus pour la défense de cette ville. De tous les corps du Sud, la 19ᵉ seule, échelonnée dans l'arrondissement de Tiburon, ne fut point mandée. La 18ᵉ était arrivée seulement à l'habitation Bézin, entre Miragoane et l'Anse-à-Veau, quand Férou fit rappeler ce corps à Jérémie à cause de l'affaire qui y eut lieu et qui inaugura l'insurrection dans la Grande-Anse. Cette insurrection se fit par GOMAN personnellement, et voici comment :

Chef du 2ᵉ bataillon de la 19ᵉ, en garnison à l'Anse-d'Eynaud, et prétendant qu'on négligeait de l'habiller et de le solder, sachant d'ailleurs que la 18ᵉ était en route pour le Port-au-Prince, il partit de son poste avec tout ce bataillon pour venir à Jérémie réclamer, disait-il, solde et habillement. On fut bientôt informé en cette ville de sa marche sans ordre supérieur ; cela parut étrange et fit suspecter en Goman de mauvais desseins, parce qu'on connaissait tous les mauvais antécédens de ce singulier personnage, de ce *Congo* (il était Africain) qui avait toujours été *marron* dans les bois durant l'ancien régime colonial, du temps de Toussaint Louverture et des Français, et qui était d'un caractère indocile, luttant incessamment avec ses chefs. Goman, enfin, était loin d'être « *un offi-* « *cier distingué* par son courage et ses longs services, « etc., » ainsi que le dit M. Madiou ; mais il était entreprenant, par ses habitudes farouches contractées dans les bois. On conçut donc des craintes à Jérémie ; on s'arma pour s'opposer à l'entrée de Goman et de son bataillon, on mena une pièce de campagne là où ils devaient arriver. Lorsqu'ils parurent, ils furent étonnés et mécontens de cette attitude ; et se voyant refuser l'entrée de la ville, Goman se mit en fureur et tenta d'y pénétrer de vive force. Il fut mitraillé avec sa troupe, chargé par la garde nationale à cheval, repoussé à coups de fusil, non sans avoir riposté.

Battu, il se jeta dans les mornes environnans avec son bataillon, *drapeau déployé*, en appelant les cultivateurs aux armes. Parmi eux, il s'en trouvait beaucoup qui étaient déjà *mécontens* du meurtre de Bazile et des autres victimes qui périrent avec lui, et d'anciens *instrumens des colons* dans la Grande-Anse, des hommes énergiques, tels que Jason Domingon, César Novelet, Saint-Louis Boteaux, Say Désormeaux, J.-B. Lagarde, etc. Tous saisirent cette occasion de se rebeller, et reconnurent Goman pour le chef de l'insurrection, avec l'espoir d'aller piller Jérémie et les bourgs de la côte [1].

Voilà la vraie cause de cette insurrection, qui devint formidable, parce qu'une foule de circonstances concoururent à son extension, à sa durée : elles seront successivement mentionnées. Christophe lui donna bientôt une organisation et une direction selon ses vues et ses senti-

---

[1] M. Madiou prétend que « Goman fit *de vains efforts* pour entraîner son « bataillon dans la révolte : » c'est une erreur. Pendant la campagne de 1819 qui y mit fin, on surprit Goman dans une de ses retraites ; en se sauvant, il laissa tous ses effets et ses papiers ; *le drapeau* du 2ᵉ bataillon de la 19ᵉ était parmi ses effets. *Je l'ai vu* ; je faisais cette campagne en qualité de secrétaire du général Borgella. Je fus chargé d'examiner ses papiers, où se trouvaient toute sa correspondance avec Christophe et son journal de campagne depuis janvier 1807 ; les causes de sa révolte n'y étaient pas mentionnées. J'en parle d'après des notes biographiques que Bruno Picdeper m'a fournies sur Goman. Tous ces papiers que j'ai lus furent envoyés au président Boyer.

mens, en envoyant à Goman le brevet de *général de brigade*, en lui faisant dire par ses émissaires qu'il fallait *venger* la mort de Dessalines que *les mulâtres* avaient tué, parce qu'ils ne voulaient pas *obéir aux noirs*. Il réveilla ainsi tous les vieux levains de discorde que *les colons* avaient fait fermenter dans la Grande-Anse.

Bergerac Trichet et Thomas Durocher combattirent contre les insurgés, comme tous les autres officiers. Ils ne furent pas *les auteurs* de cette insurrection ; mais d'autres faits subséquens seront produits à leur charge, et ce sont ces faits qui auront probablement motivé l'imputation que nous réfutons.

Presque toutes les familles du Port-au-Prince s'empressèrent d'y retourner après la retraite de Christophe. Ceux des députés du Nord et de l'Artibonite, qui n'avaient pas voulu fuir le 1er janvier, exposant leur séparation des leurs par la guerre, eurent la faculté de partir et de se rendre dans leurs foyers. Rien n'était plus juste, la République n'ayant pas été fondée pour opprimer les hommes, mais bien pour qu'ils jouissent de leur entière liberté.

Cette faculté qu'ils réclamèrent fit naître en même temps de graves questions, qu'il fallait résoudre au plus grand avantage de la République naissante.

Le militaire avait rempli son devoir avec honneur, en résistant à l'invasion, en repoussant l'ennemi du siége de la représentation nationale. Le rôle de l'homme d'Etat commençait maintenant ; il avait à remplir aussi son devoir envers la patrie. Le premier n'avait eu qu'à dégaîner le sabre, qu'à bien diriger son fusil et sa pièce de canon, qu'à développer du courage sur le champ de bataille. Le second avait à concevoir des idées judicieuses, à les mûrir, à les combiner avec la situation des choses, pour pouvoir produire un heureux résultat. Entre l'œuvre *de la force* et celle *de l'intelligence*, laquelle est la plus difficile ?

Ce n'est pas tout que de se faire *historien* d'une époque, que de relater des faits ; il faut aussi se reporter, par la pensée, à cette époque même, pour apprécier la cause de ces faits, et juger la conduite des acteurs, surtout lorsqu'on est réduit à se guider sur des traditions orales plus ou moins exactes.

Quelle était la situation, au lendemain de la retraite de Christophe ?

Une constitution avait été proclamée pour tout le pays ; en vertu de cet acte et des événemens précédens, le chef du gouvernement avait été nommé, et la représentation nationale installée. Mais ce chef venait d'agir à force ouverte contre l'acte qui l'appelait au pouvoir ; peu avait fallu qu'il ne l'anéantît, qu'il n'étouffât la République à sa naissance. Il disposait donc de grandes forces ; il avait donc sous ses ordres des populations et une armée obéissantes, et d'autant plus à ménager, qu'elles étaient mues par des idées et des principes contraires à l'ordre de choses établi par la constitution.[1] La représentation nationale existait intacte ; elle pouvait fonctionner ; mais le gouvernement était *suspendu* par la guerre. Devait-elle, à son tour, employer *la force* pour *imposer* la constitution à cette armée et à ces populations d'un esprit hostile aux

---

[1] M. Madiou a reconnu cet état de choses à la page 386 de son 3e volume ; il a admis l'hostilité des principes régnant dans le Nord et l'Artibonite, contre ceux établis par la constitution de 1806. Christophe n'était pas le seul qui pensait ainsi : au contraire, il s'était identifié avec l'esprit de ces localités et c'était tout naturel.

institutions qui avaient été créées, qu'on voulait fonder sur la conviction, avant d'avoir avisé aux moyens *de réorganiser* le gouvernement ?

Encore une considération. Notre devancier a représenté le Port-au-Prince dans un état « d'anarchie pro-
« fonde, n'étant défendu que par l'élan des troupes et
« des citoyens. » Le pouvoir des généraux dirigeans, de Pétion surtout, était donc à peu près *nul*, même pendant la défense où chacun sent la nécessité d'obéir à une volonté unique pour mieux résister. Ce devait être pire, après le danger. Ensuite, nous venons de voir éclater une insurrection à l'extrémité de la République, dans un département dégarni de troupes qui, seules, sont aptes à en étouffer de semblables. Ces troupes du Sud et tous leurs chefs les plus capables étaient alors au Port-au-Prince. Fallait-il les porter contre l'Artibonite et le Nord pour en entreprendre *la conquête*, ou bien était-il plus sage de les renvoyer dans le Sud pour s'opposer à l'irruption de l'insurrection ?

Ce sont autant de questions qu'il faut examiner et résoudre, pour bien juger la conduite des hommes appelés, par leur position, à donner une direction aux affaires.

Dans le Sénat, il s'en trouvait de fort capables par leur instruction, pour rédiger des lois ou tous autres actes, pour délibérer sur les décisions à prendre dans l'actualité. Mais on a vu à quelle résolution s'étaient arrêtés ceux-là, après la bataille de Sibert, alors qu'on croyait Pétion mort ou prisonnier. Les sénateurs militaires étaient donc ceux qui devaient influer sur les déterminations convenables dans la situation.

Entre eux, deux généraux dominaient par leur grade, par leur ancienneté, par leurs fonctions militaires, — **Pétion** et Gérin. L'un n'avait aucune autorité sur l'autre ; tous deux sénateurs et commandans de départemens, ils étaient parfaitement égaux. La seule autorité à exercer par l'un ou l'autre, devait résulter de la *justesse* de vues, de *l'appréciation politique* de la situation ; car la conduite de la guerre était subordonnée à la direction politique. Ils pouvaient s'entendre néanmoins, délibérer entre eux et convenir des meilleures mesures à prendre, entraîner leurs autres collègues militaires et ceux de la classe civile, à adopter ce qu'ils auraient jugé utile dans la circonstance. Mais on les a vus déjà divisés d'opinions le lendemain du 17 octobre : il n'est donc pas étonnant qu'après la retraite de Christophe, ils aient été encore d'opinions contraires sur ce qu'il y avait à faire. C'était au Sénat à approuver celles qui lui paraîtraient les plus judicieuses, en raison des circonstances.

Cela posé, voyons et examinons les opinions de Gérin et de Pétion, afin de pouvoir porter un jugement impartial à leur égard.

Il est certain, d'après toutes les traditions (rien n'ayant été écrit), que Gérin voulait marcher avec toute l'armée à la poursuite de Christophe, pour s'emparer, disait-il, de Saint-Marc, puis de Marchand, des Gonaïves, avec l'espoir de s'emparer même du Cap et de tout le Nord, d'anéantir ce fameux ennemi. Il ne doutait d'aucun succès dans cette vaste entreprise ; les troupes de l'Artibonite et du Nord qu'on venait de repousser il est vrai, mais qu'on n'avait pas défaites, devaient être vaincues ou mettraient bas les armes ; les généraux de ces départemens feraient défection ou se soumettraient de force ; les populations elles-mêmes accourraient au-devant de l'armée républicaine envahissant leurs territoires, sans éprouver la moindre répugnance. Tous enfin, moins Christophe, renonceraient comme par enchantement à leurs idées, à leurs principes *d'absolutisme* plutôt que *monarchiques*, en voyant seulement *des exemplaires* de la constitution au bout des baïonnettes. Et pendant cette marche triomphale, il était probable, sans doute, que Goman et son monde des montagnes de la Grande-Anse, revenus à de meilleurs sentimens, rentreraient dans le devoir.

Voilà à quoi tendaient les opinions de Gérin dans la situation des choses.

Quant à Pétion, un peu moins confiant dans un si beau résultat, il pensait d'abord à une chose essentielle dans tout pays, et surtout dans les circonstances du moment: *la réorganisation* du gouvernement pour donner une direction unique à la chose publique. Il désirait faire cesser cet état provisoire, sans chef réel, sans direction des finances, autre chose essentielle dans la guerre. Il pensait aussi qu'il était utile de satisfaire la juste ambition de tous les militaires qui avaient pris part à la révolution; car tous avaient des grades provisoires ou seulement désignés. Pour faire la guerre utilement, il faut organiser son armée, en déterminant la position de chaque officier : l'organisation des départemens, des arrondissemens, de la plupart des communes ou paroisses était à faire selon la constitution [1]. Ensuite, il connaissait trop bien *l'esprit* de l'Artibonite et du Nord, pour croire aussi facile que le jugeait son collègue, l'occupation de Saint-Marc, de Marchand, des Gonaïves, du Cap et de tout le Nord, à moins

---

[1] En ce moment-là, Gérin n'avait encore le commandement du Sud et de son armée, qu'en vertu de la prise d'armes des Cayes ; Pétion n'avait celui de l'Ouest et de son armée, que par la tradition impériale.

d'admettre la soumission *volontaire* des troupes et des populations. Dans le cas contraire, où il faudrait vaincre l'ennemi et conquérir son territoire, l'armée républicaine eût-elle suffi ? Christophe était-il donc un adversaire à dédaigner ainsi ? Et le Sud, n'avait-il pas besoin déjà d'être défendu contre l'insurrection de la Grande-Anse, qui pouvait se propager dans ce département livré naguère à l'agitation ?

Voilà quelle était la pensée de Pétion, considérant la situation dans son ensemble.

On avait vu Dessalines, dictateur unique, qui ne respirait que la guerre, à la tête de plus de 20 mille hommes au Cap en décembre 1803, pouvant pénétrer facilement dans la partie de l'Est et arriver à Santo-Domingo ; on l'avait vu *surseoir* à tout projet de conquête, non à cause de la soumission du Cibao, mais parce qu'il avait reconnu la nécessité de proclamer d'abord l'indépendance du pays et de l'organiser, avant de rien entreprendre ; et on aurait voulu entreprendre une marche contre l'Artibonite et le Nord, sans organisation préalable ? Gérin, aux idées extravagantes, pouvait concevoir une telle pensée ; mais Pétion, aux idées sages et prudentes, devait penser autrement.

Cependant, voyons quelle *interprétation* a été donnée à la conduite de Pétion dans ces circonstances, quels motifs on lui a attribués.

Christophe venait de se retirer, en passant à l'Arcahaie et à Saint-Marc ; il s'était arrêté à Marchand avec le gros de son armée.

« De son côté, Pétion ne sortit du Port-au-Prince que
« plusieurs jours après la levée du siége. C'eût été *une*
« *faute grave*, s'il n'avait pas, *à dessein*, laissé à Chris-

« tophe le temps *de fortifier* Saint-Marc *où il eût pu en-*
« *trer en même temps que lui, en le talonnant*. Mais,
« *ignorant les véritables projets des révolutionnaires du*
« *Sud, et de Gérin particulièrement, dont il redoutait*
« *l'ambition, il hésitait* à s'éloigner du Port-au-Prince,
« et surtout à se dégarnir d'une partie des troupes qui
« avaient sa confiance, en occupant Saint-Marc... mais
« il mettra dans ses opérations toutes sortes *de lenteurs...*
« Pétion, après avoir *confié* au général Gérin *l'armée*
« campée à Labarre, se rendit à Drouet... et revint au
« quartier-général... On apprit en même temps, *avec*
« *certitude*, que la ville de Saint-Marc *était dégarnie de*
« *troupes. Gérin conseilla en vain* à Pétion *d'aller s'en*
« *emparer et de porter ensuite* son quartier-général *à*
« *Marchand*. Pétion, *voulant lui enlever l'occasion d'ac-*
« *quérir de l'influence sur les troupes de l'Ouest*, n'ac-
« cueillit pas ses conseils. — Christophe *était encore à*
« *Marchand*. Comme *il croyait* que Pétion *l'eût poursuivi*
« *à outrance*, il n'était demeuré que peu de jours à
« Saint-Marc... Mais quand il apprit que l'armée de la
« République *paraissait hésiter* à pénétrer dans le Nord,
« *il envoya des troupes* à Saint-Marc, et ordonna aux
« généraux Romain, Daut Brave et Magny, de marcher
« contre Pétion, à la tête des 1re, 2me, 6e, 9e et 14e demi-
« brigades...[1] »

Tous les reproches faits à Pétion dans ce passage étaient répétés à satiété à l'époque; ils lui étaient adressés par

---

[1] Hist. d'Haïti, t. 3, p. 388 et 389. Il envoya ces troupes, en apprenant que Pétion et Gérin étaient au Boucassin. En supposant Saint-Marc sans troupes, de Marchand il en aurait pu y arriver pour le défendre, plus promptement que celles venant du Port-au-Prince; et ces corps et ces généraux sont arrivés jusqu'à l'Arcahaie !

l'opposition à la tête de laquelle était Gérin : dans notre jeunesse, nous les avons entendus encore. Comme on ne pouvait comprendre Pétion, on lui supposait des vues *personnelles*. Que M. Madiou veuille bien souffrir quelques observations de notre part, à l'adresse *des traditions*.

D'abord, comment a-t-on pu croire que *le dessein secret* de Pétion était de laisser à Christophe, l'ennemi commun, le temps de *fortifier* Saint-Marc ? Et de ce qu'on avait repoussé les assauts donnés au Port-au-Prince, il était donc dit que les troupes de l'Artibonite et du Nord étaient *sans valeur* ? A Sibert, dans ces assauts, n'en avaient-elles pas montré ? Et Pétion pouvait entrer à Saint-Marc *en même temps* que Christophe ! Pourquoi celui-ci n'était-il pas entré au Port-au-Prince, *en talonnant, en sabrant* les troupes républicaines vaincues à Sibert ? Soyons justes envers tous, et ne méprisons ni Christophe lui-même, toujours plein de courage, ni ses troupes malheureusement égarées par lui.

Ensuite, Pétion *ignorait les projets* des révolutionnaires du Sud ! Quels projets pouvaient-ils avoir, sinon de vaincre Christophe ? ce qu'ils croyaient très-facile, contrairement à l'opinion de Pétion, mais, peut-être, d'accord en cela avec celle de Gérin. Pétion *redoutait l'ambition* de ce dernier ; *il hésita* à cause de cela à sortir du Port-au-Prince ; il mit *des lenteurs* dans ses opérations, très-propres *à mécontenter* son émule ; et arrivé à Labarre, quartier-général, *il lui confia* le commandement de *toute l'armée*, moins quelques bataillons, pour se rendre à Drouet ! Pétion était donc d'une *simplicité* bien grande pour agir de la sorte envers un général dont l'ambition l'effrayait. Quelle *certitude* pouvait-on avoir que Saint-Marc fût dégarni de troupes, lorsque Pétion avait, *à dessein*, laissé à Christophe le temps *de fortifier* cette ville, lorsqu'on voit ensuite ce dernier y envoyer des troupes de Marchand, à dix lieues de distance? Mais Gérin, sur cet avis, conseille en vain d'aller s'en emparer; ce n'est pas tout, de porter ensuite son quartier-général à Marchand. Et Christophe qui s'y trouvait avec des généraux tels que Romain, Daut, Magny, Martial Besse, Christophe aurait *laissé faire*? Il se serait *enfui* probablement.

Sans être *militaire*, on peut se permettre un raisonnement sous ce rapport, en jetant seulement les yeux sur la carte d'Haïti.

Supposons Pétion et Gérin en possession de Saint-Marc avec toute l'armée de la République, *bien faible* alors; le Port-au-Prince se serait trouvé dégarni de troupes. Christophe étant à Marchand avec le gros de son armée *plus forte*, n'aurait-il pas pu, par une marche vive et hardie, la porter par la route des Verrettes et les montagnes de l'Arcahaie, venir déboucher dans la plaine du Cul-de-Sac et s'emparer à son tour du Port-au-Prince? Entre les deux villes, laquelle était la plus importante pour la République?

Remarquons encore que l'insurrection du Port-de-Paix n'avait pas encore éclaté, que celle de la Grande-Anse commençait ses ravages, et que Christophe était toujours *le général en chef* de l'armée haïtienne, *chef provisoire* du gouvernement, et de plus *le Président d'Haïti* nommé par l'assemblée constituante : ce qui lui donnait une belle position aux yeux des populations dans le Nord, dans l'Artibonite, même *dans l'Ouest*, malgré sa marche contre le Port-au-Prince.

Il suffit peut-être de ces réflexions pour reconnaître

que la conduite de la guerre était subordonnée à l'organisation politique de la République, à laquelle il fallait pourvoir d'abord.

Les motifs de Pétion, pour ne pas suivre les conseils de Gérin, étaient qu'il voulait enlever à ce dernier l'occasion d'acquérir *de l'influence* sur les troupes de l'Ouest ! Il n'en avait même pas sur celles du Sud ; elles lui obéissaient par devoir militaire, mais non pas à raison de cet ascendant qu'un chef exerce sur des troupes, et qu'on appelle *de l'influence*. Ou le commandement *supérieur* attribué à Pétion dans le passage cité, était le résultat de la haute influence qu'il exerçait, ou nous ne comprenons rien ; car, *alors*, il n'était pas le chef de Gérin. Le fait est qu'ils agirent ensemble, comme collègues, en leurs qualités de général et de sénateur : seulement, ils ne furent pas d'accord sur les mesures à prendre.

Par cette raison, après avoir échangé des coups de fusil avec les troupes envoyées par Christophe, l'armée revint au Port-au-Prince.

« Pétion rentra au Port-au-Prince, et le quartier de
« l'Arcahaie, généralement dévoué à la République, se
« trouva *abandonné*. Le général Gérin *blâma sévèrement*
« la conduite qu'il avait tenue dans cette campagne, lui
« reprocha *ouvertement* de ne s'être pas *emparé* de Saint-
« Marc et de n'avoir pas marché *sur le Cap*, les popula-
« tions étant, de toutes parts, *favorables* à la République.
« Il était d'autant plus *indigné* contre Pétion, que ce
« général venait *de s'attacher* deux officiers influens
« du Sud, en exhortant le Sénat à nommer Francisque
« général de brigade, et Borgella, colonel. — Pétion,
« *pour se justifier*, disait que Christophe *se perdrait tôt*
« *ou tard* par sa férocité, et qu'il était inutile, par consé-

« quent, *de verser du sang*, en portant la guerre dans
« le Nord. — Gérin répliquait que Christophe, avant de
« succomber, se baignerait dans le sang des populations,
« et qu'on devait ne pas laisser échapper l'occasion favo-
« rable *de l'abattre d'un seul coup*. Les officiers du Sud
« se montraient *convaincus* que Pétion *sacrifiait l'intérêt*
« *général* à des vues ultérieures *d'ambition person-*
« *nelle* [1]. »

Nous répétons ici, que nous eussions reproduit nous-
même toutes ces accusations lancées contre Pétion, à
cette époque, si elles n'étaient pas dans l'Histoire d'Haïti.

S'il abandonna *l'Arcahaie*, c'est qu'il n'y a guère dans
cette commune de points militaires par rapport au Port-
au-Prince, c'est qu'il y avait des choses plus essentielles
à faire dans cette ville : plus tard, *le Boucassin*, plus dé-
fendable, plus rapproché, fut pendant longtemps occupé par Gérin lui-même, d'après l'ordre de Pétion, devenu chef du gouvernement. Les reproches de Gérin
n'étaient que le résultat de ses idées, de ses conceptions
gigantesques, chevaleresques, qui ne lui faisaient douter
de rien.

Et comment se pouvait-il que les populations du Nord
et de l'Artibonite fussent *favorables* à la République,
lorsque la nouvelle guerre civile ravivait l'ancienne antipathie entre elles et celles de l'Ouest et du Sud, qui exista
dans la première guerre entre Toussaint Louverture et
Rigaud ; lorsque Christophe l'excitait par toutes sortes
de ruses, en prétendant alors *qu'il vengeait* la mort de
Dessalines, si aimé dans l'Artibonite, si respecté dans le
Nord ? Gérin surtout qui avait été à la tête du mouvement

---

[1] Hist. d'Haïti, t. 3, p. 389 et 390.

dans le Sud, était le plus exécré dans ces départemens ; mais il était presque toujours dans les illusions qui font croire que *la force* est le plus puissant moyen.

Il était *indigné* contre Pétion, à raison de la promotion de Francisque et de Borgella, deux officiers aussi méritans! Mais alors il décelait des sentimens peu dignes de lui-même. Ne fut-ce pas Francisque qui fit prendre aux Cayes un caractère décisif à l'insurrection du Port-Salut, qui contribua à entraîner Gérin à prendre la direction du mouvement? Ne fut-ce pas Borgella qui, par sa lettre à Lamarre, lui ouvrit la route et les portes du Petit-Goave? — Francisque avait été l'un des braves capitaines de la 13e, lorsque Pétion prit les armes contre les Français au Haut-du-Cap : de là son attachement à son ancien chef, et puis, Férou venait de mourir, il fallait un officier général de cette trempe à Jérémie; il fut nommé pour ce commandement [1].

Borgella était un ancien légionnaire de l'Ouest, comme Pétion, à Léogane. On a vu la conduite de Pétion à son égard et celui de David-Troy, lorsque Bauvais les fit incarcérer; on a vu que Pétion le jugea digne de la plus dangereuse confidence, pour porter ses avis à Geffrard : de là la sympathie existante entre eux. On la vit mieux encore en 1812, époque si honorable pour l'un et l'autre. Borgella fut nommé colonel de la 15e en remplacement de Francisque, parce que ce corps était du cantonnement d'Aquin où il était commandant de place, et qu'il venait récemment de sauver plusieurs de ses officiers dans le jugement du conseil spécial ; ce qui lui donnait sur eux et

---

[1] A la page 382, t. 3, de l'Hist. d'Haïti, il est dit que Pétion *et Gérin* se proposaient de confier cet arrondissement à Francisque. Pourquoi donc Gérin fut-il fâché de sa nomination ?

leur corps une influence dictée par l'estime, justifiée d'ailleurs par toute sa conduite antérieure.

Quels étaient ensuite ces officiers du Sud qui pensaient que Pétion sacrifiait *l'intérêt général* à ses vues *d'ambition personnelle ?* Ce n'étaient pas, certainement, Wagnac, Vaval, Brûny Leblanc et Véret, aussi méritans que Francisque et Borgella ; car ils furent tous attachés à Pétion, en qui ils reconnaissaient plus de qualités qu'en Gérin.

Dans le chapitre suivant, nous examinerons le dernier reproche fait par Gérin à Pétion, — de ne pas vouloir abattre Christophe *d'un seul coup* ; — et nous essayerons aussi d'expliquer le système politique du fondateur de la République, par rapport à son ennemi.

CHAPITRE IV.

Divers actes du Sénat procédant à l'organisation de l'administration publique, — appelant à la prestation de serment des sénateurs élus pour le Nord et l'Artibonite, — se justifiant à propos de la guerre civile, imputée à Christophe seul, — le mettant ensuite *hors la loi*, en accordant amnistie aux troupes et aux populations qu'il a égarées. — Nouvelle campagne à l'Arcahaie et retour de l'armée au Port-au-Prince. — Examen des reproches adressés à Pétion à ce sujet. — Sa lettre au Sénat, demandant le recrutement de l'armée et arrêté pris à cet effet. — Ses vues politiques pour ne pas faire une guerre active à Christophe. — Départ du général Francisque et du colonel Borgella avec la 15e demi-brigade, pour Jérémie — Arrêtés du Sénat sur les formalités à remplir par les propriétaires dépossédés de leurs biens sous Dessalines, — sur les administrateurs des finances, — sur le costume de ses membres, — sur les emplois à accorder aux députés du Nord et de l'Artibonite restés au Port-au-Prince. — Lettre de Pétion au Sénat, lui demandant la réforme du code pénal militaire de 1805, et arrêté sur les amendemens portés à ce code et à la loi sur les conseils spéciaux. — Communications qu'il fait au Sénat de lettres reçues du général français Ferrand et de l'étranger. — Actes de Christophe : il fait des promotions dans son armée, ordonne le meurtre du général Larose après qu'il eut ravagé l'Arcahaie par ses ordres. — Il fait faire une constitution, en date du 17 février ; principales dispositions de cet acte qui crée *l'État d'Haïti* dans le Nord et l'Artibonite et le nomme *président et généralissime des forces de terre et de mer*, en instituant un conseil d'État législatif. — Loi rendue par ce corps sur la division du territoire de l'île d'Haïti. — Proclamation qui met *hors la loi*, Pétion, Gérin et leurs complices.

Le retour de l'armée au Port-au-Prince permit au Sénat de fonctionner ; car plusieurs de ses membres s'y trouvaient.

Son premier acte, tant il sentait la nécessité d'une *organisation* quelconque dans la situation provisoire où l'on était, fut un arrêté rendu le 18 janvier, par lequel il nomma Pétion commandant du département de l'Ouest, et Gérin commandant de celui du Sud. Au terme de la constitution, les limites de ces départemens étaient les mêmes que celles assignées par l'assemblée centrale de 1801. Celui de l'Ouest s'étendait donc jusqu'à la rive gauche de l'Artibonite, enclavant ainsi les communes de Saint-Marc, des Verrettes, du Mirebalais et Las Caobas, toutes soumises aux ordres de Christophe. Le Sénat décida que le général Pétion « se mettrait, sous le plus « bref délai, *en possession* des limites de l'Ouest : » ce qui équivalait à un ordre de marcher contre l'ennemi, pour le repousser, *s'il était possible*, de toutes ces communes.

Le 19, un autre arrêté nomma Bruno Blanchet aîné, secrétaire d'État de la République, parce qu'il était urgent, disait cet acte, *d'organiser* le service et de *centraliser* les opérations de l'administration, — en général s'entend, — et non pas seulement des finances ; car le secrétaire d'État devait cumuler toutes les anciennes attributions de l'intendant du régime colonial, jusqu'à ce qu'on en créât d'autres ; et en attendant la nomination d'un autre Président d'Haïti, il allait en remplir les fonctions.

Le 21, vu l'état de guerre, un nouvel arrêté chargea les généraux commandant les départemens, de maintenir l'ordre dans les villes et les campagnes, et de veiller à ce qu'aucun malveillant ne s'y introduisît pour troubler le repos public.

On aperçoit dans ces actes l'influence des idées de Pétion : comme lui, le Sénat pensa qu'il fallait organiser, rétablir l'ordre *chez soi*, avant de se livrer aux entreprises aventureuses de la guerre sur un territoire devenu ennemi.

Le même jour, il arrêta qu'une somme de mille gourdes serait tenue à la disposition de ceux des députés du Nord à l'assemblée constituante qui étaient restés au Port-au-Prince.

Le 23, Gérin présenta à ce corps un compte-rendu de sa mission dans le Sud, depuis la mort de Dessalines, en présentant les divers officiers qu'il avait promus provisoirement à des grades, pour en recevoir la confirmation. Le peu d'ordre qu'il y avait dans les archives du Sénat, dans ces premiers momens, a empêché que cette pièce ne fût conservée : peut-être aussi ne fit-il que la lire. Deux jours après, le Sénat rendit un arrêté à ce sujet pour *organiser* l'armée du Sud, dit cet acte. Pétion avait conféré aussi des grades provisoires, pour être *confirmés* par Christophe, disaient ses lettres de service : il paraîtrait qu'ils le furent avant la guerre, puisqu'on ne trouve pas d'acte du Sénat à cet égard.[1]

On peut remarquer que, dans l'arrêté du 25 janvier, cinq officiers supérieurs étaient en dehors des promotions faites par Gérin ; ce furent : Blanchet jeune, nommé général de brigade pour être en activité de service dans le département du Sud, sous ses ordres ; Francisque, général de brigade pour commander l'arrondissement de la Grande-Anse ; Wagnac, général de brigade pour commander celui des Cayes ; les trois, à prendre gran au 25 janvier. Vaval fut nommé à son grade de général, commandant de l'arrondissement d'Aquin, et Bruny Le-

---

[1] Parmi ces officiers promus à des grades supérieurs, étaient Gédéon, Métellus, Mentor, Boyer, Lys, etc.

blanc à son grade de colonel, commandant de celui de l'Anse-à-Veau. 35 autres officiers furent confirmés dans leurs grades, et Borgella promu à celui de colonel de la 15e demi-brigade.[1] Parmi ces 35, Faubert, Segrettier, Bergerac Trichet, Véret, Morancy, Racolier, Boisrond Laurent, Bois-Quenez, Prou, Lhérisson, Lévêque, Momus, étaient les plus remarquables.

Le même jour, 25 janvier, le Sénat arrêta que, jusqu'à ce qu'il nommât un secrétaire d'État *de la guerre*, les généraux de division commandant les départemens feraient faire par les administrateurs de finances, toutes les acquisitions des objets de guerre nécessaires aux besoins de l'armée. Le secrétaire d'État Blanchet régulariserait les délégations de payement, et ces généraux seraient tenus de rendre compte de l'emploi des objets achetés, à celui qui serait ultérieurement nommé pour la guerre, ou au Sénat même, en cas qu'il n'en nommât point.

Déjà, par un arrêté dont on ne trouve la mention que dans un procès-verbal, il avait invité les généraux Romain, Toussaint Brave et Magny, et Charéron, élus sénateurs, à venir au Port-au-Prince pour prêter leur serment. Ce n'était qu'une pure formalité, car il n'était pas présumable qu'ils se rendraient à cette invitation. Il sentit ensuite la convenance d'une adresse au peuple et à l'armée, pour expliquer la cause de la guerre civile; le 24 janvier, elle fut publiée. On y remarque ces passages :

« Le général Christophe qui, pendant le règne de Des-

---

[1] Gérin avait voulu nommer Borgella, adjudant-général de l'armée du Sud, au lieu de Véret; mais il refusa, me dit-il, pour ne pas servir dans *l'état-major*, ayant toujours remarqué que les troupes ont peu d'estime pour les officiers de ce corps, qui est cependant fort utile dans toute armée. De plus, il lui aurait fallu servir toujours à côté de Gérin dont les allures ne lui convenaient pas : ce fut peut-être ce qui fâcha ce dernier.

« salines, ne parlait que de modération *et invitait, par
« ses envoyés, les chefs de l'Ouest et du Sud* à opérer un
« changement dans le gouvernement, se persuada qu'il
« pouvait se mettre à sa place..... Le général Christophe
« voulait en outre (de la nomination aux emplois, etc.)
« *la manutention des deniers publics; un pouvoir à vie
« et le droit de nommer son successeur*....... Peuple
« d'Haïti, le général Christophe atteste le ciel qu'il n'en
« veut point *aux couleurs*; s'il n'en conservait point le
« préjugé dans son cœur, oserait-il en parler? Des cou-
« leurs! depuis longtemps il n'en existe point dans
« l'Ouest ni dans le Sud; on n'y connaît que *des frères
« et de vrais Haïtiens*..... Le Sénat ne veut point pour-
« tant voir encore de coupables dans la troupe du Nord
« qu'on a égarée; *une amnistie* lui est offerte; nous ne
« voulons pas *verser le sang* de nos frères. Le général
« Christophe même n'a qu'à se soumettre à la constitu-
« tion, et il éprouvera *l'indulgence* d'une nation géné-
« reuse; mais s'il persiste dans sa rebellion, peuple, ral-
« liez-vous à la constitution. »

C'était encore une formalité politique; car Christophe, traité de *rebelle* et de *révolté*, chargé de toutes les accusations qu'il avait encourues, ne se serait pas soumis à ses ennemis. On voit affirmer encore que ce fut à sa suggestion, que Geffrard et Pétion conçurent le projet d'abattre Dessalines, et ce qu'a prétendu Pétion, sur la communication qu'il lui fit faire relativement à l'autorité qu'il désirait avoir par la constitution.

En parlant *de couleurs*, Christophe voulait surtout détourner l'attention publique de la vraie cause de la guerre civile; car son despotisme réclamait cette sottise de l'ignorance pour régner. Ce sont ces absurdités, imitées du langage hypocrite de Toussaint Louverture, qui ont fait croire et répéter que cette guerre ne fut qu'une opposition *entre noirs et mulâtres*, une lutte *de couleurs et de castes*. Des *étrangers*, imbus des principes du système colonial qui tend toujours à diviser ces deux branches de la race noire, *intéressés* par conséquent à les voir admis en Haïti pour *l'énerver* et empêcher son développement, se seraient bien gardés de ne pas accréditer cette erreur. Des *Haïtiens* même l'ont accueillie sans réflexion, lorsqu'ils devraient se pénétrer des causes réelles des luttes antérieures de leur pays, pour ne pas devenir les instrumens ou les victimes de cette politique toute coloniale.

Cette adresse du Sénat fut signée par 20 membres présens au Port-au-Prince, y compris Thimoté qui ne tarda pas à partir pour se rendre au Port-de-Paix, son domicile, afin d'y exciter une insurrection contre Christophe. Pétion s'entendit avec lui à ce sujet, pour réveiller dans toute la péninsule du Nord les anciens principes que Lubin Golard y avait semés, en 1799, en faveur du parti de Rigaud ; et il fut convenu qu'aussitôt son départ, le Sénat le déclarerait *déchu*, par sa fuite apparente, et le remplacerait.

Le 27 janvier, trois jours après la publication de cette adresse, le Sénat se vit dans la nécessité d'agir dans *le vrai* de la situation des choses. Une proclamation de Christophe, en date du 14, était parvenue au Port-au-Prince ; elle essayait de fomenter la division parmi les républicains. Le Sénat publia un arrêté qui le mit *hors la loi*, en invitant tous les citoyens à lui courir sus, après l'avoir *destitué* de toutes fonctions civiles et militaires : il déclara les citoyens, en général, dégagés de toute obéissance envers lui, en offrant *amnistie* à tous ceux qui se rangeraient sous les bannières de la République, et promettant aux généraux, aux officiers et aux fonctionnaires publics de leur conserver leurs grades et positions.

Par suite de l'arrêté du 18, l'armée se mit en marche, le 29, contre le territoire de l'Ouest en possession de Christophe. Agissant dans ce département, Pétion en eut naturellement le commandement supérieur ; et disons la vérité, parce que le Sénat lui reconnaissait plus d'aptitude, à raison de son influence sur les troupes. L'armée, composée de celles de l'Ouest et du Sud, fut divisée en deux colonnes : la première, commandée par le général Yayou, la seconde, par le général Gérin. Elle se porta au Boucassin, où Yayou enleva sur l'ennemi le monticule qu'il occupait sur l'habitation Sabourin. Larose, qui était à l'Arcahaie et qui s'était avancé contre les républicains, se retira par les montagnes avec ses troupes. A Labarre, habitation de la plaine des Vases au-delà du bourg, se trouvait un poste occupé par un bataillon de la 8e ; Pétion s'y porta, le surprit et le fit prisonnier : traités avec douceur, ces braves soldats consentirent à servir la République. Il en fut de même de ceux de la 3e qui se trouvaient au bourg de l'Arcahaie et qui furent forcés de mettre bas les armes.

Pétion y établit son quartier-général et envoya les généraux Yayou et Francisque à la tête des 13e, 15e, 22e et 24e demi-brigades, commandées par Bourdet, Borgella, David-Troy et Lamarre, quatre colonels aussi braves que leurs chefs, pour chasser l'ennemi du canton de Mont-Roui : ils allèrent jusqu'à l'habitation Délugé, à 5 ou 6 lieues de Saint-Marc, après avoir repoussé deux bataillons de la

7ᵉ et de la 14ᵉ. Là, les colonels opinèrent pour marcher sur Saint-Marc ; mais Yayou, qui était le chef supérieur, s'y opposa, sans doute par les instructions de Pétion. Au contraire, il revint avec ces quatre corps à l'Arcahaie, ou à l'habitation Poix-la-générale qui touche à ce bourg[1]. Pétion essaya de gagner Larose au parti républicain ; mais ce farouche brû a, *sans la lire*, l'adresse du Sénat qu'il lui avait envoyée[2]. Il méconnaissait son intérêt, comme en 1802.

Lisons nous-même ce que dit M. Madiou, à propos de cette campagne. Il a porté la force des 6 demi-brigades de l'Ouest à 6 mille hommes, et celle des 4 demi-brigades du Sud à 2500. Nous ignorons s'il a trouvé des documens officiels pour constater ces chiffres élevés aussi positivement, ou si c'est par la tradition orale toujours suspecte d'exagération en pareil cas.

« Ces dix mille cinq cents hommes (lisez 8500), *au-
« dacieusement* commandés, *eussent pu* ne s'arrêter
« qu'aux Gonaïves... Mais, apprenant (au Mont-Roui)
« que le général Pierre Toussaint, officier *d'une audace
« prodigieuse*, le tournait par les montagnes, Francisque
« rétrograda jusqu'à l'Arcahaie[3]. »

Pierre Toussaint était chargé de la défense de Saint-Marc. Si, en apprenant la présence des républicains au Mont-Roui, à 6 lieues de cette ville, il la quitta pour les tourner par les montagnes, c'est une preuve qu'il y laissait encore assez de troupes pour la défendre, au moyen de ses fortifications. Et comment admettre alors qu'il eût

---

[1] Note de Borgella. — M. Madiou ne parle que de Francisque, mais Yayou y était.
[2] Hist. d'Haïti, t. 3, p. 395.
[3] *Ibid.* p. 394 et 395.

été si facile de ne s'arrêter qu'aux Gonaïves, lorsqu'il fallait d'abord enlever Saint-Marc de vive force? Ordinairement, on ne fait pas de pareilles conquêtes sur le terrain, comme on écrit une phrase sur le papier.

« L'armée demeurait dans l'inaction (à l'Arcahaie) ;
« cependant, pleine d'ardeur, elle demandait à marcher
« contre Saint-Marc. Le général Pierre Toussaint
« qui commandait en cette ville dont la garnison s'éle-
« vait à peine à 3000 hommes, *n'eût pu résister à l'im-*
« *pétuosité* de plus de 8000 hommes. Les généraux étaient
« d'opinion qu'on allât en faire le siège. Mais Pétion,
« général en chef de l'armée, *ne voulait pas* s'éloigner
« davantage du Port-au-Prince, avant qu'on eût nommé
« un Président d'Haïti. Enfin, vers *le milieu* de février,
« *sans avoir consulté* ses généraux, *profitant* de la nou-
« velle qui lui était parvenue, *que la révolte se développait*
« *de plus en plus* dans la Grande-Anse, il ordonna l'é-
« vacuation de l'Arcahaie. Il n'y laissa *pas même* une
« garnison. L'armée rentra au Port-au-Prince, après
« avoir fait une campagne *sans résultat.* [1] »

Cette campagne avait été ordonnée par le Sénat, pour que Pétion prît possession *des limites* de son département de l'Ouest [2]. Pour obtenir *ce résultat*, il lui aurait fallu *conquérir*, avec 8500 hommes (en supposant ce chiffre exact), Saint-Marc, les Verrettes, le Mirebalais, Las Caobas et toute la rive gauche de l'Artibonite correspondante à ces communes, à moins qu'il n'eût voulu

---

[1] Hist. d'Haïti, t, 3, p. 395.
[2] « Sur la proposition d'un membre, dit le procès-verbal du 18 janvier, le
« Sénat arrête que le général Pétion *se mettra en possession des limites* du dé-
« partement qu'il commande, *sous le plus bref délai possible.* »
Il est à présumer que cette motion fut faite par un sénateur de la *classe civile*, qui jugeait la chose aussi facile que de faire sa motion.

aller guerroyer aussi contre les Français dans l'Est, pour leur enlever Las Matas, Saint-Jean, Neyba, etc., compris dans les limites de l'Ouest.

Mais, arrêtons-nous seulement à Saint-Marc. N'avait-il pas vu tout récemment environ 5000 hommes défendre le Port-au-Prince, d'un développement plus considérable que cette ville, contre une armée 4 fois plus forte qui venait *de les battre* à Sibert? Il lui était donc permis de croire, en opposition à ses généraux et ses soldats, que Pierre Toussaint, ayant aussi 5000 hommes sous ses ordres, *eût pu résister* à ses 8500, et d'autant mieux, qu'il était *un officier d'une audace prodigieuse*. Pétion était-il d'ailleurs dans l'obligation de consulter *ses généraux*, pour savoir ce qu'il était plus raisonnable de faire dans la circonstance? Un général n'obtient pas le commandement en chef d'une armée, s'il est reconnu tellement incapable de la diriger, qu'il lui faille recourir aux conseils de ses subordonnés.

Mais les motifs de Pétion, en agissant ainsi, en ne voulant pas s'éloigner du Port-au-Prince, étaient de voir nommer un nouveau *Président d'Haïti*, puisqu'on venait de déclarer la déchéance de Christophe. Il est sous-entendu qu'*il aspirait* à cette charge, et que ses motifs furent tout *personnels*.

Eh bien! admettons cela. Si l'on n'envisage que *son ancienneté militaire*, on reconnaîtra qu'il avait plus de droits que Gérin, à y être appelé. Il devint général de brigade en novembre 1802, général de division en janvier 1803, en même temps que Christophe. — Gérin ne fut promu général de brigade qu'en juillet 1803, général de division en juillet 1805. Mais, si l'on examine *ses qualités et ses antécédens*, en les comparant à ceux de son compétiteur, on lui trouvera encore plus de droits à cette première magistrature de la République.

Ensuite, dès 1802, Pétion n'était-il pas devenu *le chef* du parti politique qu'avait dirigé Rigaud après Pinchinat ? N'est-ce pas à ce titre qu'il *s'allia* avec Dessalines, qu'il *entraîna* Christophe et Clervaux, qu'il *persuada* Geffrard de seconder Dessalines dans la guerre de l'indépendance ? Le rôle de Gérin, alors, n'était-il pas tout-à-fait secondaire ?

De là *les justes prétentions* que Pétion était autorisé à nourrir dans son noble cœur, pour devenir *Président d'Haïti* après la déchéance de Christophe. Mais, avait-il besoin de s'en préoccuper, lorsque l'opinion publique le désignait déjà ?

Cependant, il avait un autre motif pour revenir au Port-au-Prince avec l'armée. La *révolte* de la Grande-Anse se développait de plus en plus ; *il profita* de cette nouvelle pour évacuer l'Arcahaie.

Eût-il donc mieux fait d'aller donner *des assauts* à Saint-Marc, que de retourner pour mettre le Sénat en mesure d'envoyer secourir les familles du Sud, que menaçait cette révolte de pillards sanguinaires ?

D'autres causes contribuèrent à son retour au Port-au-Prince avec l'armée : voyons-les dans la lettre suivante qu'il adressa au Sénat :

« Port-au-Prince, le 13 février 1807.

Le général de division Pétion, sénateur, aux membres du Sénat.

Citoyens collègues, — Il me semble, dans les circonstances présentes, qu'il serait plus que jamais convenable que le Sénat prît une résolution tendante à faire *une levée de jeunes gens*, pour *compléter* les différentes demi-brigades de la division sous mes ordres. *Deux mille hommes*, selon moi, suffiraient pour cette opération. — Privé, par mon état *de maladie*, de la faculté de pouvoir me rendre dans votre sein pour faire cette proposition, j'ai cru devoir vous l'adresser ici, vous priant de vouloir la prendre en considération.

Agréez, citoyens, l'assurance de mes sentimens affectueux,

Signé : PÉTION. [1]

Et le même jour, *vu l'urgence*, le Sénat rendit un arrêté qui ordonna une levée de 4000 hommes, au lieu de 2000, tant dans l'Ouest que dans le Sud, attendu que les corps du Sud avaient autant besoin de se compléter.

Si Pétion et le Sénat reconnurent cette nécessité, nous sommes porté dès lors à douter de l'exactitude du chiffre de 8500 hommes impatients de prendre Saint-Marc et de ne s'arrêter qu'aux Gonaïves. Si *la maladie* de ce général, commandant en chef, l'empêcha *d'aller au Sénat*, nous comprenons encore mieux qu'il ne put entreprendre *la conquête* des communes de l'Ouest qui étaient sous le pouvoir de Christophe ; car ce n'était pas au général du Sud à le faire pour lui ; ce dernier avait un autre devoir urgent à remplir en ce moment-là : c'était d'aller préserver son département de l'irruption d'une révolte qui s'organisa si bien, qu'elle dura treize années entières.

On a dit que Gérin reprocha à Pétion « de ne pas vouloir saisir l'occasion favorable d'abattre Christophe d'un seul coup. »

Ne prenons pas avantage des faits que nous venons

---

[1] Voyez cette lettre dans le *Recueil des actes* publié par M. Linstant, tome 1er, page 208. La maladie de Pétion était si réelle, qu'il ne put assister, le 9 mars suivant, à la séance du Sénat où il fut élu Président d'Haïti, et que le lendemain il dut s'y présenter avec *des béquilles* pour prêter son serment.

de relater, pour faire juger de l'injustice, nous pourrions même dire du ridicule de ce reproche de Gérin ; car il est vrai qu'il le fit. Examinons la situation où la guerre civile plaça le pays, afin de bien apprécier les idées et les vues de ces deux généraux, influens sur les destinées de la jeune République d'Haïti.

Les deux anciens partis politiques qui étaient entrés en lutte en 1799, — ceux de Toussaint Louverture et de Rigaud, — qui avaient opéré leur réconciliation, leur fusion, en 1802, pour rendre le pays indépendant de la France, ces deux partis se relevaient debout avec leurs principes opposés, dans leurs personnifications nouvelles, — CHRISTOPHE et PÉTION.

Le résultat désastreux de la première guerre civile avait fait passer toute l'ancienne colonie sous le niveau d'un despotisme sanguinaire ; peu après survint le régime non moins atroce de 1802 et 1803 ; celui-ci fut remplacé par une administration dictatoriale tellement injuste et vexatoire, qu'il fallut en venir à briser son joug dans le sang. En 1807, la nouvelle guerre civile éclata, parce que Christophe voulait la reconstituer et que Pétion, revenant aux idées et aux principes de Rigaud, son ancien chef, voulait enfin leur réalisation sur ce sol si déplorablement ensanglanté.

Certainement, s'il avait été *possible* d'abattre Christophe *d'un seul coup*, Pétion eût dû le faire, dans l'intérêt même des populations qu'il égarait, comme l'avait fait son ancien chef, Toussaint Louverture ; mais il y avait une très-grande différence entre *exprimer* un tel désir, un tel vœu, et *l'accomplir*. Revenir sur les considérations qui appuient cette assertion, serait, de notre part, un manque de confiance dans la sagacité du lecteur.

Dans une telle situation, que fallait-il entreprendre pour faire *prévaloir*, aux yeux des populations, *les avantages* du système républicain sur celui qui allait être régularisé, qui était déjà établi dans le Nord et l'Artibonite? La guerre était-elle le meilleur moyen de persuasion et de conviction sur les esprits? Elle entraîne toujours des violences qui soulèvent l'indignation de ceux qu'on attaque ; leur amour-propre s'en irrite, et ils résistent : s'ils sont vaincus, ils restent *subjugués*, mais non pas *soumis* par une obéissance raisonnée. Vienne une circonstance imprévue, et ils détruisent en un jour tout le fruit obtenu par la conquête. Exemple : — en 1802, que fit le Sud subjugué en 1800? La guerre, la conquête l'avaient-elles *convaincu* que le système politique de Toussaint Louverture était meilleur que celui de Rigaud?

Gérin voulait une guerre active, une invasion subite dans les départemens soumis à Christophe, prétendant que partout les troupes et les populations mettraient bas les armes, accourraient au-devant de l'armée républicaine, parce qu'elles étaient *favorables* à la République. Mais *les faits* prouvaient le contraire : *les troupes* venaient d'attaquer le Port-au-Prince, de résister dans la commune de l'Arcahaie ; elles étaient donc obéissantes aux ordres de Christophe et de ses généraux? Elles avaient d'ailleurs, comme leurs adversaires, leur amour-propre *de militaires*, leur réputation à conserver ; il est donc plus que probable qu'elles eussent fait une résistance acharnée. *Les populations* avaient été surexcitées par des moyens captieux, qui leur représentaient Dessalines comme victime d'une odieuse *trahison* de la part de ses anciens ennemis de la première guerre civile. Toutes les passions de cette époque antérieure reparaissaient sur la scène politique. Enfin, Gérin voyait, en

1807, une situation *identique* à celle de 1799, et il n'était pas *le seul*, il faut le dire pour son *excuse*; bien d'autres membres du Sénat et la plupart des militaires pensaient comme lui. Ils faisaient tous à Pétion, quant à la conduite de la guerre, les mêmes reproches qu'on avait adressés à Rigaud : reproches que nous avons nous-même accueillis contre celui-ci. Mais ils confondaient deux situations entièrement *différentes*, selon nous.

En 1799, le pays était une colonie dépendante; le gouvernement de la métropole était *le supérieur* de Rigaud et de Toussaint Louverture, qui, tous deux, étaient dans la nécessité de lui complaire. Or, ce gouvernement favorisait le système de Toussaint et ce chef lui-même, parce qu'il convenait mieux à ses vues, sinon de restauration de l'esclavage, du moins d'une certaine réaction contre la liberté générale. Et lorsque son agent, brouillé avec Toussaint, chassé par lui, dégagea Rigaud de toute obéissance envers ce général en chef de l'armée, que la guerre civile survint entre eux, aux grands applaudissemens des colons, à la satisfaction non équivoque du gouvernement de la métropole, — *pour se justifier* aux yeux de ce dernier, Rigaud *devait tout tenter, tout faire pour rester vainqueur, en conquérant par la guerre* le territoire soumis à son adversaire. La politique européenne lui eût *pardonné* son succès, s'il avait pu l'obtenir, *momentanément* du moins, et pour agir ensuite *contre lui*, de même qu'on le fit envers Toussaint. Cependant, supposons Rigaud resté vainqueur sur le champ de bataille, *la liberté* se fût consolidée, *la terreur* n'aurait pas régné pour désaffectionner les populations au point qu'elles virent *avec joie* paraître la flotte et l'armée françaises. C'était ce résultat prévu ou entrevu qui *légitimait* les reproches faits à Rigaud.

Mais dans la situation de 1807, c'était autre chose. Le pays était déjà indépendant depuis trois ans. Quel était, quel pouvait être *le supérieur* de Christophe et de Pétion, que l'un et l'autre devaient chercher à satisfaire? *Le Peuple haïtien*, cette jeune nation qui avait proclamé ses droits avec son indépendance. C'était là *le souverain* qui était appelé à juger, à décider entre eux et leurs systèmes politiques différant comme la nuit et le jour.

Christophe voulait rester dans les ornières du passé: il avait, pour son système, l'avantage d'agir sur l'esprit conforme des populations soumises à ses ordres, et encore, il les remuait par des mensonges qu'elles ne pouvaient pas réfuter, par des passions qu'elles avaient déjà éprouvées et qu'il ravivait.

Pétion, au contraire, voulait les éclairer sur leurs vrais intérêts, comme celles soumises à ses ordres, ou plutôt aux lois de la République. Ses moyens étaient la persuasion pour les cœurs, la conviction pour les esprits, en conformité même du système républicain qui ne peut, qui ne doit pas être fondé sur la violence.

Dès lors, n'aperçoit-on pas *une opposition de procédés* entre ces deux rivaux, nécessaire pour parvenir à leurs fins?

Christophe devait vouloir *la guerre*, qui est un état de violences en tous genres, pour subordonner hommes et choses à sa volonté orgueilleuse.

Pétion devait *s'abstenir* de la guerre autant que possible, pour éviter les violences et faire comprendre la volonté de la loi qui garantit la sûreté des hommes et des choses. Nous disons *autant que possible,* car en acceptant la guerre civile à Sibert, en tirant le premier son coup de pistolet, il subissait une nécessité du moment pour obtenir cette garantie. On le vit ensuite porter la guerre dans le sein du Nord ; mais ce fut quand des portions de la population eurent fait d'elles-mêmes *acte de résistance* à l'oppression qu'elles enduraient, et pour essayer de les secourir et de les aider.

Cela ne dérogeait pas à ses vues, à son système général. Il disait qu'il était inutile *de verser du sang*, parce que Christophe se perdrait *tôt ou tard* par sa férocité : nous répétons ici ce qui a été dit et ce qui est vrai. Inutile de tirer avantage des événemens de 1820 qui justifièrent les prévisions de ce génie politique : parlons comme il parlait en 1807.

Gérin répliquait que Christophe, avant de succomber, se baignerait dans le sang des populations.

C'est par là qu'il prouverait *sa férocité* ; mais s'il avait été possible de l'abattre, on eût dû le faire, nous le répétons. C'était là *la question*, et nous ne voyons pas dans l'état des choses, qu'elle fût très-facile à résoudre.

En attendant, Pétion pensait, dans sa seconde campagne à l'Arcahaie, qu'au lieu de la poursuivre pour s'engager dans une lutte qui pouvait être plus ou moins longue sur le territoire ennemi, il valait mieux retourner au Port-au-Prince, afin de compléter l'organisation de la République par celle de son gouvernement. Cette pensée si importante coïncidant avec sa maladie et la nouvelle du progrès de la révolte dans la Grande-Anse, rien ne devait l'arrêter.

Ses vues politiques, enfin, consistaient : — à faire procéder à la nomination d'un Président de la République en remplacement de Christophe, pour obtenir *l'unité d'action* dans ses affaires ; — à ce que le Sénat rendît les principales lois nécessaires à l'administration du pays, selon *l'esprit* de la constitution, afin que tous les citoyens de l'Ouest et du Sud, sans distinction, pussent jouir, après dix-huit années de révolutions et de despotisme, *de tous leurs droits*, et comprissent l'immense différence existante entre *le passé et le présent;* — à mettre en pratique *la justice* envers tous, *la modération* dans les procédés et *l'humanité* dans les actes du chef de l'État et de ses subordonnés, pour attacher les cœurs à la République, convaincre les esprits *de l'excellence* de ce régime, *de la préférence* à lui accorder sur le régime opposé; — à obtenir, par ce moyen, des résultats si heureux pour l'Ouest et le Sud, que l'Artibonite et le Nord, par la comparaison de leur malheureux sort, reconnussent à leur tour l'excellence du régime républicain et brisassent le joug sous lequel ils allaient gémir, afin de se réunir aux deux premiers départemens et de reconstituer *l'unité haïtienne,* sans effusion de sang. Cet immense résultat qu'il espérait obtenir, qu'il annonçait à tous, devait mettre la République en mesure de résister aux Français établis dans l'Est d'Haïti, et même amener à la fin *l'unité politique* par *l'unité territoriale.* Il n'en doutait pas, il le disait journellement pour fermer la bouche à ses détracteurs.

Voilà tout le système de Pétion et ses préoccupations incessantes. Voilà comment il comprenait ce pouvoir auquel *il aspirait*, et que le pays fut *heureux* de voir confier à sa sagesse, parce qu'il justifia son attente, en prouvant encore aux peuples civilisés, que les hommes de la race noire sont capables aussi de se gouverner régulièrement et de respecter les droits des autres. **Il était *ambitieux*, sans doute; mais son ambition, qui obtint de tels résultats, fut-elle nuisible ou profitable à son pays?**

Parmi ses contemporains, ses collaborateurs dans l'œuvre républicaine, même ses meilleurs amis, peu le comprirent au début de cette carrière glorieuse dans laquelle il entrait. Mais lorsque le temps fut arrivé pour faire triompher sa pensée politique, alors qu'il dormait déjà dans sa tombe vénérée, ils reconnurent la profondeur de ce génie qu'anima la bienfaisance ; ils lui rendirent justice.

Excusons-les, excusons surtout ce brave et infortuné Gérin, qu'une déplorable fatalité entraîna dans l'abîme [1].

---

[1] A son retour du Cap, à la fin de 1820, le général Borgella me dit : « Quand nous blâmions Pétion de ne pas vouloir faire une guerre continue à Christophe, nous ne comprenions ni sa sagesse ni l'esprit de l'Artibonite et du Nord. Aujourd'hui, après avoir parcouru ces deux départemens, et vu les forces dont ils disposent et qui sont désormais ralliées à la République, je rends justice à sa mémoire. Pétion voyait mieux qu'aucun de nous, et nous pouvons dire qu'il fut un grand politique. »

Et que ne pensa pas Borgella, quand, une année après, il allait concourir à effectuer *l'unité territoriale* à Santo-Domingo !

A côté du jugement porté par ce général, mettons les appréciations de Charles Mackensie, consul général de la Grande-Bretagne, envoyé en 1826 à Haïti, principalement pour recueillir des renseignemens sur ses progrès et les conséquences de l'abolition de l'esclavage dans ce pays.

« Le grand objet de la vie de Pétion, dit-il, paraît avoir été *la consolidation* de la République et le renversement de l'autorité rivale du Nord. Les matériaux avec lesquels il a opéré, rendirent excessivement *difficile* l'accomplissement de sa tâche. Il était *le chef d'une caste très petite en nombre, conséquemment il n'osait pas agir avec la vigueur de son opposant* Il fallait s'attacher *les noirs*, et pour accomplir cet important succès, il était réduit à des mesures de temporisation : *la nécessité paraît l'avoir forcé* à adopter un système *d'opposition* à celui de Christophe... »

Voilà un specimen de tous les jugemens portés par *les étrangers* sur le gouvernement politique de Pétion, et que *des Haïtiens* ont aveuglément adoptés. Toujours ce détestable système colonial égarant les esprits les plus éclairés !

Il est à présumer que, si Pétion eût été *un blanc*, ces étrangers n'auraient vu dans sa politique que des actes *de haute intelligence, de générosité* ; — *un noir*, des actes *de justice* envers ses semblables. Mais, comme il était *un mulâtre*, il n'y eut de sa part *qu'un calcul basé sur le chiffre inférieur de sa caste* !

Les noirs n'étaient donc pas ses concitoyens, ses frères ! Il n'était donc pas tenu par *devoir*, de faire ce qui pouvait les rendre heureux ! Mulâtre, il ne pouvait donc pas être *intelligent, généreux, juste, bienveillant* envers tous les

Immédiatement après la mort de Férou, le général Vaval avait été chargé de commander provisoirement l'arrondissement de la Grande-Anse. Francisque étant nommé à ce poste, partit du Port-au-Prince le 14 février, pour s'y rendre par terre, en même temps que la 15e demi-brigade, sous les ordres de Borgella, allait par mer. Ce corps débarqua au Corail, et entra de suite en campagne.

Quelques jours avant d'avoir décrété la levée d'hommes pour compléter l'armée, le Sénat avait rendu deux arrêtés. L'un portait résiliation *des baux à ferme* des habitations qui étaient exploitées pour le compte de Dessalines, en exceptant de cette disposition celles qui l'étaient au profit de sa vertueuse épouse : c'était un nouvel hommage rendu à ses qualités personnelles. L'autre avait pour but de prescrire les formalités à remplir par les propriétaires *dépossédés* de leurs biens sous le régime impérial, pour rentrer en possession de ces biens. Cette question vitale de la propriété ayant été la cause déterminante de la révolution du 17 octobre, il est bon de connaître les principes adoptés à cet égard par le Sénat, le 9 février.

Le Sénat, considérant que s'il est juste de remettre en possession de leurs biens ceux qui en ont été dépossédés arbitrairement, il est également juste de rendre à l'État les biens dont certaines personnes se sont emparées, *sans aucun titre* ; après avoir déclaré l'urgence, décrète ce qui suit :

1. Toutes personnes dépossédées de leurs biens, et dont les titres de propriété ont été perdus, ou incendiés dans les événemens qui se sont succédé dans cette île, pourront y suppléer de la manière suivante :

2. Elles se présenteront par-devant le tribunal de paix de leur

---

Haïtiens ! Et parmi eux, quels sont *ceux* qui « rendirent excessivement *difficile* « l'accomplissement de sa tâche ? » Gérin, Rigaud, Blanchet aîné, etc., etc., étaient-ils *des noirs* ? Qu'on attende le volume suivant pour en juger.

commune, à l'effet de procéder à une enquête, pour constater la validité de leurs prétentions.

3. Le juge de paix ou l'un de ses assesseurs se transportera sur les lieux, et s'assurera des habitans voisins, ou, à défaut, de trois notables de la commune, si la personne réclamante est légitime propriétaire du bien réclamé, et si elle en a joui sans interruption.

4. Il s'assurera aussi si le réclamant est propriétaire *par droit d'héritage ou par acquisition*, et en fera mention dans le procès-verbal qui sera dressé à ce sujet.

5. Ledit procès-verbal sera présenté au préposé d'administration du lieu, qui sera tenu d'y mettre *son avis* et de l'adresser, sous le plus bref délai, au secrétaire d'État, qui, vu la vacance de la présidence, *prononcera définitivement* la mise en possession, *s'il y a lieu*.

6. Lorsqu'un propriétaire sera réintégré sur ses biens, le bail à ferme est résilié de droit.

7. Toutes personnes convaincues de s'être fait mettre en possession de divers biens, *par de fausses attestations, des ventes simulées, testamens* dont les testateurs *sont existans* en pays étranger, *actes contrefaits* dont les minutes des notaires, compulsées, n'offrent aucun dépôt, ou *par d'autres moyens illégaux*, seront *dépossédées* desdits biens, lesquels seront réunis au domaine et affermés au profit de la République.

8. Les préposés d'administration, les juges de paix et leurs assesseurs, sont *responsables* envers l'État *des abus* qui pourraient se glisser dans leurs recherches; et *les faux attestans* seront poursuivis par les tribunaux, et punis suivant toute la rigueur des lois.

9. Les administrateurs et leurs préposés seront tenus, *sous peine de destitution*, de faire connaître au secrétaire d'État tout ce qui parviendrait à leur connaissance relativement aux personnes qui, *sans aucun droit*, se sont fait mettre en possession des biens des absens. Tous les citoyens sont invités, au nom du bien public, à les dénoncer.

10. Le secrétaire d'Etat pourra demander la représentation *des titres de propriété* dont les droits du possesseur paraîtront *douteux*, **pour être statué définitivement.**

11. L'article 19 de l'arrêté du 7 février 1804, *continuera* d'avoir son plein et entier effet.

12. Les juges de paix recevront, pour leurs vacations, une gourde en ville, et quatre gourdes par jour pour la campagne.

Ainsi, le Sénat conciliait le droit de propriété des particuliers avec celui du domaine public. La constatation de ce droit était confiée au magistrat de la justice de paix ; mais les agents du fisc devaient veiller sur les abus, et le plus haut fonctionnaire de l'État prononçait en dernier lieu. Les fraudeurs de ces droits étaient punis par les tribunaux ; fonctionnaires et citoyens étaient appelés à les désigner à l'autorité. Les sages dispositions prises en premier lieu par Dessalines, pour conserver les droits de l'État, furent maintenues avec raison ; mais on évita de laisser *à l'arbitraire* la faculté d'en abuser.

Le 19 février, le Sénat rendit un autre arrêté par lequel il s'autorisa à réprimer les fraudes des administrateurs. La corruption du régime impérial redressait la tête pour continuer les mêmes abus. — Le 21, il fit une loi pour fixer le costume de ses membres. — Le même jour, il arrêta que ceux des députés du Nord et de l'Artibonite, à l'assemblée constituante, restés au Port-au-Prince, seraient appelés aux fonctions publiques vacantes et recevraient, en attendant, une indemnité pour subvenir à leurs besoins. La justice dicta cette mesure.

Pétion, à qui ses contemporains reprochaient de tolérer *la licence et l'anarchie*, méditait en ce moment, quoique malade, sur les moyens d'établir l'ordre ; mais il voulait que ce fût *par des lois humaines*, et non par le pouvoir arbitraire *du sabre et de la baïonnette*. Ne pouvant se rendre au milieu de ses collègues, il leur adressa la lettre suivante :

Port-au-Prince, le 17 février 1807.

LE général de division Pétion, sénateur, aux membres du Sénat.

Il se commet chaque jour, citoyens collègues, *des délits militaires* que le bien public exige de dénoncer à un tribunal qui, d'après la loi, devait être établi pour en connaître et prononcer ce que de droit. Ces délits, souvent restent la plupart *impunis*, attendu le défaut de règlement établi pour cet objet essentiel, et *surtout* parce que celui fait sous le dernier gouvernement *est si atroce*, qu'on ne saurait s'y conformer, dans différens cas, *sans s'exposer à prononcer contre sa propre conscience.*

Je crois, en conséquence, *devoir vous proposer*, par cette lettre, de vouloir bien vous occuper de l'établissement d'un code *où les peines seront proportionnées aux délits*, vous priant, en raison *de l'urgence* d'une pareille loi, de prendre ma proposition, aussitôt que possible, en considération. Signé : PÉTION.

Voilà un homme qui suivait la carrière militaire depuis l'âge de 21 ans, et qui était parvenu au plus haut grade dans l'armée ; il avait un pouvoir, une autorité presque illimitée, par la rigoureuse discipline imposée à cette armée d'après le code pénal de 1805 : songeait-il à conserver cette domination absolue sur ses compagnons d'armes ? Non. Mais, s'élevant à la hauteur du législateur humain qui veut fonder des institutions durables, que ses semblables puissent accueillir comme protection de leurs droits, que la société puisse envisager comme garantie de l'ordre qui lui est si nécessaire ; sachant que *le juge répugne à appliquer des lois trop sévères*, et que le plus sain principe en jurisprudence consiste à proportionner la punition au délit : le voilà, cet homme, qui provoque de ses collaborateurs à la fondation de la République, des adoucissemens à une législation *atroce*, comme il l'appelle justement, afin *de s'assurer* de la répression des délits. Voilà l'une des causes de l'influence qu'il exerça sur son pays et qui le fit paraître digne de parvenir au pouvoir.

Dix jours après sa lettre, le Sénat rendit un arrêté, sur la proposition d'un comité tiré de son sein et composé de Yayou, Lys et Daumec, par lequel il obviait aux inconvéniens signalés par Pétion. Le rapport de ce comité, rédigé par Daumec, est un modèle de raisonnement pour faire apprécier la nécessité de cette réforme salutaire. Pressé par les circonstances, ainsi qu'il le disait, le comité ne put que présenter un amendement au code pénal militaire de 1805 et à la loi sur les conseils spéciaux : son projet fut adopté par le Sénat.

Les 28 cas où la peine *de mort* était applicable dans ce code, furent réduits à 8 : — « L'espionnage, la trahi-
« son, l'assassinat et meurtre quelconque, l'incendie, la
« révolte à main armée, le viol, lorsqu'il aurait occasionné
« la mort de la personne violée, et contre le subor-
« donné qui aurait porté la main sur son supérieur. »
Tous les vingt autres cas furent punissables de 3, 4 et 5 années de gêne, pour être, les condamnés, livrés aux travaux publics.

« Art. 8. Le Sénat abolit pour toujours *la peine des*
« *verges;* elle est remplacée par six mois de détention.
« Il abolit également *le genre de mort à la baïonnette :*
« ceux qui l'ordonneront, exécuteront, seront pour-
« suivis et punis comme *assassins.* »

Les conseils spéciaux furent remplacés par des commissions militaires *permanentes* pendant la durée de la guerre civile, elles connaissaient de tous les délits criminels, *militaires et autres.* C'était une pressante nécessité du moment, pour arrêter promptement les actes désordonnés ; mais du moins la permanence de ces tribunaux les assimilait aux tribunaux civils, — les juges militaires, une fois nommés, n'étant pas changés pour chaque affaire comme le sont les conseils spéciaux. Quelque temps après, les tribunaux civils reprirent leurs attributions pour juger les délits *non militaires*, en vertu de la loi organique de 1808.

Des conseils de révision, composés aussi de militaires, furent institués pour réformer les jugemens rendus par les commissions permanentes, lorsqu'il y aurait lieu. Les généraux commandans de départemens furent chargés de les former, de même que les commissions permanentes; mais « les juges ne pouvaient être influencés par aucune « autorité. »

Cet arrêté fait honneur à la mémoire de Daumec, son rédacteur, plus versé dans la science du droit que ses deux collègues. Ces trois membres du Sénat méritèrent de l'humanité, en proposant à ce corps d'abolir la peine des verges et la mort à la baïonnette ; et le Sénat républicain honora son pays en les proscrivant.

Dans l'intervalle de la proposition faite par Pétion au Sénat pour réformer le code pénal militaire, et de l'émission de cet arrêté, il envoya à ce corps, le 24 février, un paquet que le général français Ferrand venait de lui adresser de Santo-Domingo. Nous n'avons pas vu ce document dans les archives du Sénat, si mal tenues à cette époque ; mais par sa lettre qui l'accompagnait, Pétion disait à ce corps « qu'il verrait, comme lui, que *les pro-* « *positions* que lui faisait Ferrand, *ne méritaient que* « *le plus profond mépris.* » Il est probable que ce général lui offrait des secours contre Christophe, et l'engageait à se soumettre à la France, dans l'intérêt *des mulâtres,* menacés selon lui, par cette guerre. Ferrand devait voir avec plaisir, néanmoins, cette nouvelle guerre civile entre les Haïtiens, ne pouvant présumer que de cette lutte sortirait la réunion des populations de l'Est d'Haïti, à la République que fondait Pétion en ce moment ; car son cœur en jeta les bases aussi bien que pour la réunion du Nord et de l'Artibonite¹.

Quelques jours après, le 3 mars, il envoya encore au Sénat un paquet adressé « au chef de l'île d'Haïti, » qui venait de lui être remis, le même jour, par le subrécargue d'un navire entré au Port-au-Prince. Nous en ignorons aussi le contenu et de quelle source venait celui-ci. Dans tous les cas, le sénateur haïtien remplissait son devoir envers l'autorité chargée des relations extérieures par la constitution.

Après la première marche de Pétion à l'Arcahaie, Christophe étant encore à Marchand et *bien résolu* à défendre le territoire qui lui était soumis, songea à fixer la fidélité des officiers supérieurs qui devaient y contribuer. Dans ces vues, il fit de nombreuses promotions, parmi lesquelles on remarque celles des colonels Pierre Toussaint et La-

---

¹ Aussitôt la mort de Dessalines, Pétion permit à tous les indigènes de la partie de l'Est qui se trouvaient dans son département, de retourner dans leurs foyers, après les avoir comblés de présents. 18 mois après, le soulèvement de toute cette population eut lieu contre les Français, par des causes qui seront déduites : et les habitans des communes limitrophes de la partie occidentale manifestèrent dès lors le désir de se réunir sous l'autorité de la République d'Haïti. Pétion annonça immédiatement aussi aux Polonais qui étaient dans l'Ouest et le Sud, qu'ils avaient la faculté de retourner en Europe : on verra un acte du Sénat qui constate cette disposition. Les uns quittèrent Haïti, d'autres y restèrent. Plusieurs Français même partirent pour les Etats-Unis : nous pouvons citer l'imprimeur Fourcand qui était établi au Port-au-Prince. La bienfaisance et la modération sont les seuls moyens de gagner l'affection des hommes.

rose au grade de général de brigade, et des colonels Pierre Cotereau et Guerrier à celui d'adjudant-général. C'étaient quatre vaillans officiers déjà connus par leurs services dans l'armée. Pierre Toussaint alla commander Saint-Marc où il était déjà, et Larose, qui était connu à l'Arcahaie durant la guerre de l'indépendance, eut ordre d'occuper cette commune. On a vu qu'à la seconde marche de Pétion, il avait dû se retirer de là en présence des forces républicaines. Mais, déjà il avait usé de moyens brutaux envers les cultivateurs de cette commune, en les pillant et les maltraitant.

Quand Christophe fut rassuré sur les desseins de Pétion par son retour au Port-au-Prince, il se rendit au Cap. C'est alors qu'il fit arrêter Roumage aîné qui fut tué, quelques semaines après une dure détention. Il publia une proclamation le 22 janvier, adressée aux habitans et aux cultivateurs pour les entretenir de la nécessité de se livrer aux travaux agricoles. Il disait aux uns et aux autres : « Les jouissances d'un peuple libre ne consistent pas dans « le vain appareil *d'un luxe* extérieur. L'union des ci- « toyens, la valeur des soldats, la fertilité des champs et « la richesse du commerce, voilà *le luxe* qu'il faut étaler « aux yeux des nations, » — sauf à faire différemment luimême, toujours ostentateur dans sa mise et la tenue de son palais. Aux cultivateurs, il disait : « que tous les cul- « tivateurs *se réunissent* sur les habitations qui leur ont « été *désignées* ; » c'est-à-dire: Rentrez promptement sur celles *de vos anciens maîtres,* comme sous le règne de Toussaint Louverture et celui de Dessalines ; car tel fut le régime agricole dans le Nord et l'Artibonite durant quatorze années.

En apprenant ensuite la seconde marche de Pétion à

l'Arcahaie et son retour au Port-au-Prince, il ordonna de renforcer les troupes de Larose, d'un bataillon de la 4e sous les ordres de J.-L. Longueval, et d'un autre de la 14e sous ceux d'Éloy Turbet, afin d'aller réduire cette commune *en cendres*, pour qu'elle ne pût pas profiter de sa proximité du Port-au-Prince et y porter ses produits. Larose ne suivit que trop ces barbares instructions : les habitans et les cultivateurs s'enfuirent dans les bois, ou passèrent au Cul-de-Sac pour éviter d'être égorgés. Jean-Charles Courjolles lui-même, ce bandit qui était sous ses ordres dans la guerre de l'indépendance et encore en ce moment, ne put endurer la vue de tant d'excès ; il tua le colonel Éloy Jeanton, de la 8e, l'un des féroces exécuteurs, et Larose le fit tuer à son tour. Ces faits se passèrent dans le courant de février.

Ce sont ces abominables cruautés qui révoltèrent le brave Jean Dugotier, inspecteur des cultures dans le canton du Fond-Blanc. Il se décida à s'armer en faveur de la République, à laquelle il rendit les services les plus signalés jusqu'en 1820. C'était un Africain d'un courage remarquable ; par la suite, il attira au parti républicain une foule de cultivateurs des montagnes de Saint-Marc, des Verrettes et de la plaine de l'Artibonite, et il devint le colonel d'un 25e régiment formé de la plupart de ces hommes.

Malgré les actes criminels et de basse servilité de Larose, Christophe envoya Barthélemy Mirault avec mission de le faire égorger : ce qui eut lieu. Dessalines lui avait pardonné son *insubordination* envers lui en 1802 et 1803, à raison de sa conduite à la Crête-à-Pierrot et antérieurement : Christophe le fit mourir pour avoir été d'une *obéissance passive*. Ce seul fait suffirait pour justifier Pétion d'avoir brisé avec cet ingrat et accepté la guerre; car, quelle garantie aurait-on pu avoir sous le gouvernement d'un chef semblable?

La nouvelle des barbaries commises dans la commune de l'Arcahaie, parvenue au Port-au-Prince, dut y occasionner une sensation pénible, de même qu'on y gémit toujours de tout ce qu'on apprit par la suite, de la férocité de Christophe.

« *Les partisans* de Gérin en jetèrent *toute la faute* sur
« le général Pétion; ils dirent que celui-ci, à la tête de
« 10,000 hommes réunis au Port-au-Prince, distant de
« douze lieues de l'Arcahaie, *avait laissé égorger* des
« malheureux dont *le crime* avait été *d'être dévoués* à
« la République. Cette attitude *d'observation*, prise par
« Pétion, *eût pu être taxée de complète inhabileté, si la
« crainte des projets ambitieux* de Gérin ne l'avait pas
« *contraint* à ne pas s'éloigner de la capitale[1]. »

Nous pensons que cette excuse ainsi présentée, pourrait ajouter à ces accusations injustes. Nous avons prouvé par un précédent document, qu'indépendamment des bonnes raisons politiques qu'il avait pour ne pas entreprendre sérieusement une campagne, Pétion était malade; que de plus, tous ces *zéros* ajoutés hardiment aux chiffres de l'armée, tombent devant la demande pressante qu'il adressa au Sénat, pour qu'il ordonnât un recrutement dont la force fut augmentée par ce corps. En outre, pouvait-il plus empêcher les actes barbares de Christophe ou de ses agents, que ne l'avait pu Rigaud, quand Toussaint Louverture et les siens en commettaient de semblables? Gérin et ses partisans formaient *l'opposition* de cette époque, et l'on sait par expérience, que *la manie* de toute oppo-

---

[1] Hist. d'Haïti, t. 3, p. 400.

sition est de reprocher sans cesse, de tout imputer à fautes sinon à crimes. Gérin avait déjà prétendu qu'il eût été facile d'abattre Christophe d'un seul coup; le succès inespéré qu'on avait obtenu contre Dessalines l'avait enivré, il se persuadait cela : naturellement, suivant son opinion, tout le mal que ferait Christophe devait être imputé à Pétion qui, selon lui, s'obstinait à le laisser faire, et ses partisans partageaient ses idées. Quand à Pétion, toute son *inhabileté* consistait, en ce moment, à voir *organiser* définitivement le gouvernement, car il était temps d'en finir avec ce provisoire.

Revenons à leur commun ennemi.

Christophe aussi reconnaissait l'extrême nécessité de l'organisation politique et administrative du territoire soumis à sa domination absolue. En se retirant au Cap, c'est qu'il pensait qu'il fallait faire *trêve* à la guerre, pour fixer les attributions de son pouvoir.[1] Il composa, dans ces vues, *un conseil d'État* où figurèrent les généraux Romain, Vernet, Toussaint Brave, Martial Besse, Daut, Raphaël et Magny, et les citoyens Fleury et Jean Baptiste, afin de publier *une constitution* : elle était toute faite. C'était celle qui fut rédigée par Rouanez jeune et confiée aux députés du Nord à l'assemblée constituante, pour être votée par leur majorité. Le conseil d'État n'avait donc qu'à remplir la besogne de ces derniers. Voici un extrait de cet acte.

« Les mandataires soussignés, chargés des pouvoirs du
« peuple d'Haïti, légalement convoqués par son Excel-

---

[1] Si le despote qui pouvait tout, qui avait marché, le premier, avec des troupes contre le Port-au-Prince, reconnut la nécessité de suspendre la guerre pour organiser son gouvernement, comment peut-on blâmer Pétion de l'avoir suspendue aussi dans le même but?

« lence le général en chef de l'armée, pénétrés de la né-
« cessité de faire jouir leurs commettans des droits sacrés,
« imprescriptibles et inaliénables de l'homme; procla-
« ment, en présence et sous les auspices du Tout-Puissant,
« les articles contenus dans la présente loi constitution-
« nelle:

« Toute personne résidant sur le territoire d'Haïti est
« libre, dans toute l'étendue du mot. — L'esclavage est
« aboli à jamais dans Haïti. — Nul n'a le droit de violer
« l'asile d'un citoyen, ni d'entrer par la force dans son
« domicile, sans un ordre émané de l'autorité supérieure
« et compétente. — Toute propriété est sous la protec-
« tion du gouvernement. Toute attaque contre les pro-
« priétés d'un citoyen est un crime que la loi punit. —
« La loi punit de mort l'assassinat. — Le gouvernement
« d'Haïti est composé: premièrement, d'un magistrat en
« chef qui prend le titre et la qualité de *Président et de
« Généralissime des forces d'Haïti*, soit de terre, soit
« de mer; *toute autre dénomination est pour jamais
« proscrite* dans Haïti: secondement, d'un conseil d'État.
« — Le gouvernement d'Haïti prend le titre et sera re-
« connu sous la dénomination d'*État d'Haïti*. — La
« constitution nomme le général en chef HENRY CHRIS-
« TOPHE, Président et Généralissime des forces de terre
« et de mer de l'Etat d'Haïti. — Le titre de président et
« de généralissime *est à vie*. — Le président a le droit
« *de choisir son successeur*, mais seulement *parmi les
« généraux*, et de la manière ci-après prescrite. Ce choix
« doit être secret et contenu dans un paquet scellé, qui
« ne sera ouvert que par le conseil d'Etat solennellement
« assemblé à cet effet. — Le président prendra toutes
« les précautions nécessaires pour informer le conseil

« d'Etat où ce paquet sera déposé. — La force armée et
« l'administration des finances seront sous la direction
« du président. — Le président a le pouvoir de faire des
« traités avec les nations étrangères, pour l'établissement
« des relations commerciales, et la sûreté de l'indépen-
« dance de l'Etat. — Il peut faire la paix et déclarer la
« guerre pour maintenir le droit du peuple d'Haïti. Il a
« aussi le droit d'aviser aux moyens de favoriser et d'aug-
« menter la population du pays. — Il propose les lois au
« conseil d'Etat qui, après les avoir rédigées et adoptées,
« les renvoie à sa sanction, sans quoi elles ne sont pas
« exécutoires. — La dotation du président est fixée à 40
« mille gourdes par an. — Le conseil d'Etat est com-
« posé de neuf membres nommés par le président, dont
« *les deux tiers* au moins parmi les généraux. — Les
« fonctions du conseil d'Etat sont de recevoir les pro-
« positions de lois du président, et de les rédiger de la
« manière qu'il juge convenable ; de fixer le montant
« des taxes, et le mode de les recueillir ; de sanctionner
« les traités conclus par le président et de fixer le mode
« de recruter l'armée. Le compte annuel des recettes et
« des dépenses lui sera présenté, aussi bien que celui
« des ressources du pays. — La religion catholique
« apostolique et romaine est *la seule reconnue* par
« le gouvernement. — L'exercice des autres religions
« est *toléré*, mais *non publiquement*. — Il sera établi
« une école centrale dans chaque division, et des écoles
« particulières dans chaque subdivision. — Le gouver-
« nement d'Haïti déclare aux autres puissances qui ont
« des colonies dans son voisinage, qu'il a résolu de ne
« point troubler le gouvernement de ces colonies. — Le
« peuple haïtien ne fait point de conquêtes *hors de son*

« *île*, et il se borne à la conservation de son territoire.
« — Le gouvernement garantit aux marchands étran-
« gers la sûreté de leurs personnes et de leurs propriétés.
« — *Le divorce est strictement défendu*, etc. ¹ »

En outre, cette constitution créa des surintendans généraux de finances, de la marine, et de l'intérieur et un secrétaire d'Etat et des tribunaux. Il y avait d'autres dispositions sur l'armée, sur l'agriculture, etc.

Cet acte ne différait guère de la constitution impériale de 1805. En provoquant la mort de Dessalines, Christophe n'avait donc voulu que se substituer à sa place. Si son caractère et ses antécédens sanguinaires n'étaient pas si connus ; s'il n'avait pas manœuvré comme il a fait et émis sa proclamation du 18 décembre, il est probable que la constitution républicaine eût fait une plus large part à l'autorité du Président d'Haïti ; car on verra bientôt le Sénat déléguer à Pétion plusieurs de ses attributions, inhérentes au pouvoir exécutif, par la confiance qu'il inspirait par son caractère et ses antécédens : confiance qu'on n'aurait pas eue en Gérin, s'il avait pu être élu.

Une seule remarque est à faire dans l'œuvre constitutionnelle du Cap : c'est qu'elle *proscrivit à jamais* toute autre dénomination que celle de *Président*, etc., pour le chef de l'État. Cette déclaration n'interdisait pas *la restriction mentale* attribuée à tort ou à raison à un fameux ordre religieux : Christophe se la fit, en se réservant de

¹ Le lecteur n'aura remarqué dans cette constitution aucune disposition concernant *l'exclusion des blancs* des droits de cité et de propriété. Ne la connaissant nous-même que par l'ouvrage de sir James Barskett, agent anglais dans les Antilles, nous ignorons s'il l'avait supprimée, ou si Christophe et son conseil d'Etat s'en référaient à cet égard aux actes de 1804 et de 1805. Quant aux dispositions concernant *le divorce et le culte*, elles étaient les mêmes que celles de la constitution de Toussaint Louverture.

céder en temps et lieu *au vœu du peuple*, pour prendre le titre de *Roi ;* mais en commençant par substituer la qualification de **Monseigneur** à celle de *Son Excellence*. Sous ce rapport, il ne fut pas plus coupable que certains chefs d'Etat dans d'autres pays ; on en a vu qui ont procédé de la même manière, ou à peu près.

La publication de cet acte eut lieu avec pompe : salves d'artillerie, discours, cérémonies religieuses, banquet splendide, rien n'y manqua [1].

Les proclamations suivirent les discours : l'une d'elles, du 19 février, mit *hors la loi* Pétion, Gérin, et leurs complices dans leurs complots et révolte contre *l'autorité légitime,* en offrant *amnistie, oubli du passé* à tous ceux qui n'y auraient point trempé et qui se rallieraient à cette autorité. C'était répondre aux actes du Sénat ayant le même objet en vue.

Une loi du 25 février divisa le territoire de l'île entière d'Haïti, avec ses petites îles adjacentes, en cinq *provinces* au lieu des six divisions militaires de 1805, et les provinces en arrondissemens. Chacune était commandée par un *lieutenant-général,* et chaque arrondissement par un *maréchal de camp.* Les formes monarchiques apparaissaient dans cette seule dénomination des généraux, comme dans les provinces au lieu de départemens, dans les surintendans généraux au lieu de secrétaires d'Etat ou ministres.

Arrêtons-nous à ces actes d'organisation. Dans les chapitres suivans, on verra la suite de ceux du Sénat républicain, la nomination de Pétion comme Président d'Haïti, la continuation de la guerre civile jusqu'en 1812.

---

[1] Voyez l'Hist. d'Haïti, t. 3, p. 402 à 404.

Pendant cette lutte fratricide, les habitans de l'Est se soulèvent contre les Français et les expulsent de leur territoire, A. Rigaud retourne dans son pays natal et divise le Sud avec l'Ouest, H. Christophe se fait Roi.

Tous ces graves événemens influent sur les destinées d'Haïti ; et l'administration bienfaisante de Pétion, comparée à celle de ses compétiteurs, rehaussera de plus en plus son mérite aux yeux de la postérité.

FIN DU SIXIÈME VOLUME.

www.ingramcontent.com/pod-product-compliance
Lightning Source LLC
Chambersburg PA
CBHW070824230426
43667CB0001IB/1696